Roland Ruedin

Droit des sociétés

Roland Ruedin
Professeur honoraire des Universités de Neuchâtel et de Lausanne

Droit des sociétés

Deuxième édition, entièrement revue et augmentée

Stämpfli Editions SA Berne · 2007

Information bibliographique de la Deutsche Nationalbibliothek
La Deutsche Nationalbibliothek a répertorié cette publication dans la Deutsche Nationalbibliografie; les données bibliographiques détaillées peuvent être consultées sur Internet à l'adresse http://dnb.d-nb.de.

Réalisation intégrale par
Stämpfli Publications SA, Berne
Printed in Switzerland

ISBN 3-7272-2353-7

A Françoise

Avant-propos

Depuis la première édition de ce précis, sept années se sont écoulées, riches en événements pour le droit des sociétés. La Loi sur la fusion, destinée à faciliter les mutations d'entreprise, est entrée en vigueur le 1er juillet 2004. La modification du droit de la société à responsabilité limitée et d'autres formes de société du 16 décembre 2005, en adoptant la société unipersonnelle, a révolutionné les fondements du droit des sociétés, notamment la définition de la société.

Pour tenir compte de ces changements majeurs, cet ouvrage a été profondément remanié et complété. Toutefois, il se caractérise toujours par une approche globale et prend l'aspect d'une partie générale. Partant des problèmes essentiels, y compris de nature transnationale, que rencontre toute forme de société depuis sa création jusqu'à sa disparition, il expose les principales solutions possibles, mentionne celles qui sont retenues pour chaque forme et les compare. Montrant les relations qui existent entre ces différentes formes, il fait ressortir le système du droit des sociétés. Il est à la fois une introduction et une synthèse.

Destiné en priorité aux étudiants, ce précis vise à les initier aux problèmes fondamentaux – élémentaires ou plus complexes – posés par le droit des sociétés. Il s'efforce de présenter la terminologie de base et d'expliquer le fonctionnement des diverses institutions. Pour les étudiants en droit, il fait quelques incursions dans le droit comptable. Pour les étudiants en sciences économiques, il développe un certain nombre de notions juridiques générales indispensables à la compréhension de la matière. Par la force des choses, il procède à des choix et est loin d'être exhaustif.

Cette édition tient déjà compte des modifications adoptées le 16 décembre 2005 en matière, notamment, de société à responsabilité limitée et de révision des comptes (qui n'entreront probablement pas en vigueur avant le 1er janvier 2008). Afin de les distinguer du droit actuellement en vigueur, elles sont indiquées par les abréviations «nCO et nORC».

Je tiens à remercier très chaleureusement de leur disponibilité tous ceux qui ont collaboré à la réalisation de cet ouvrage, en particulier mes assistants, Mme Elsa Dordi et Me Bastien Sandoz, qui m'ont aidé efficacement à réaliser cette deuxième édition, ainsi que M. Nicholas Turin, docteur en droit, directeur suppléant de l'Office fédéral du registre du commerce, qui m'a aimablement renseigné sur un certain nombre de questions en rapport avec le registre du commerce.

Neuchâtel, septembre 2006 *Roland Ruedin*

Sommaire

Table des matières

Bibliographie générale

ALTHERR, HANS/BREM, ERNST/BÜHLMANN, HUBERT, Schweizerisches Obligationenrecht, Textausgabe mit Leitsätzen aus der Praxis des Bundesgerichts, 2e éd., Berne 1994

BAUDENBACHER, CARL, Grundzüge des Gesellschaftrechts, 4e éd., Bâle 1999

BAUMANN, MAX/DÜRR, DAVID/LIEBER, VIKTOR/MARTI, ARNOLD/SCHNYDER, BERNHARD, Schweizerisches Zivilgesetzbuch, Einleitung, Art. 1–7 ZGB, Zürcher Kommentar, Bd. I/1, 3e éd., Zurich 1998

BECKER, HERMANN, Die einzelnen Vertragsverhältnisse, Berner Kommentar, Bd. VI/2 (Art. 184–551 OR), Berne 1934

BERETTA, PIERA, Strukturanpassungen, in: Schweizerisches Privatrecht, Bd. VIII/8, Bâle/Genève/Munich 2006

BÖCKLI, PETER, Schweizer Aktienrecht, 3e éd., Zurich/Bâle/Genève 2004

BÖCKLI, PETER/HUGUENIN, CLAIRE/DESSEMONTET, FRANÇOIS, Le Gouvernement d'entreprise, Rapport du Groupe de travail en vue de la révision partielle du droit de la société anonyme, Lausanne 2004

BOSSARD, ERNST, Die kaufmännische Buchführung, Zürcher Kommentar, Bd. V/6/3b (Art. 957–964 OR), Zurich 1984

BOSSHARD, CORNELIA/KÄHR, MICHEL, Repetitorium Gesellschaftsrecht, Zurich 2004

BROSSET, GEORGES/SCHMIDT, CLAUDE, Guide des sociétés en droit suisse:
- T. 1: Genève 1962
- T. 2: 2e éd., Genève 1975
- T. 3: 2e éd., Genève 1973

BUCHER, EUGEN, Die natürlichen Personen, Berner Kommentar, Bd. I/2, 1. Teilband (Art. 11–26 ZGB), Berne 1976 (cité: BUCHER, BK)
- Schweizerisches Obligationenrecht, Allgemeiner Teil ohne Deliktsrecht, 2e éd., Zurich 1988 (cité: BUCHER, Obligationenrecht)

VON BÜREN, ROLAND, Der Konzern, in: Schweizerisches Privatrecht, Bd. VIII/6, 2e éd., Bâle/Francfort-sur-le-Main, 2005

VON BÜREN, ROLAND/STOFFEL, WALTER A./WEBER ROLF H., Grundriss des Aktienrechts, Zurich 2005

BÜRGI, WOLFHART FRIEDRICH, Die Aktiengesellschaft, Zürcher Kommentar, Bd. V/5b/1–3; 1. Teilband: Rechte und Pflichten der Aktionäre (Art. 660–697 OR), Zurich 1957; 2. Teilband: Organisation der Aktiengesellschaft (Art. 698–738 OR), Zurich 1963; 3. Teilband (avec Ursula Nordmann-Zimmermann): Auflösung der Aktiengesellschaft, Verantwortlichkeit, etc. (Art. 739–771 OR), Zurich 1979

CHAUDET, FRANÇOIS, Droit suisse des affaires, 2e éd., Bâle/Genève/Munich/Bruxelles/Paris 2004.

DESCHENAUX, HENRI, Le titre préliminaire du Code civil, in: Traité de droit privé suisse, II/1, Fribourg 1969

DESSEMONTET, FRANÇOIS, Droit suisse des sociétés anonymes: Répertoire des arrêts fédéraux et cantonaux publiés de 1937 à 1986, Lausanne 1986

DRUEY, JEAN NICOLAS, Grundzüge des schweizerischen Aktienrechts, édition séparée concernant le nouveau droit de la société anonyme de GUHL/MERZ/KUMMER/KOLLER/DRUEY (8e éd.), Zurich 1995

EGGER, AUGUST, Einleitung, Personenrecht, Zürcher Kommentar, Bd. I (Art. 1–89 ZGB), Zurich 1930

ENGEL, PIERRE, Contrats de droit suisse, 2e éd., Berne 2000

FELLMANN, WALTER/MÜLLER KARIN, Die einfache Gesellschaft, Art. 530–544 OR, Berner Kommentar, Band VII/2/1, Berne (à paraître)

FORSTMOSER, PETER, Schweizerisches Aktienrecht, Bd. I, Lieferung 1, Grundlagen, Gründung und Änderungen des Grundkapitals, Zurich 1981 (cité: FORSTMOSER, Aktienrecht)

– Die Genossenschaft, Berner Kommentar, Bd. VII/4; 1. Lieferung: Systematischer Teil und Art. 828–838 OR, Berne 1972; 2. Lieferung: Art. 839–851 OR, Berne 1974 (cité: FORSTMOSER, BK)

FORSTMOSER, PETER/MEIER-HAYOZ, ARTHUR, Einführung in das schweizerische Aktienrecht, 3e éd., Berne 1983

FORSTMOSER, PETER/MEIER-HAYOZ, ARTHUR/NOBEL, PETER, Schweizerisches Aktienrecht, Berne 1996

GAUCH, PETER, Der Zweigbetrieb im schweizerischen Zivilrecht, Zurich 1974

GAUCH, PETER/AEPLI, VIKTOR/CASANOVA, HUGO, Schweizerisches Obligationenrecht, Besonderer Teil, Rechtsprechung des Bundesgerichts (Art. 184–1186 OR), 4e éd., Zurich 1998

GERWIG, MAX, Schweizerisches Genossenschaftsrecht, Berne 1957

VON GREYERZ, CHRISTOPH, Die Aktiengesellschaft, in: Schweizerisches Privatrecht, Bd. VIII/2 (p. 1–314), Bâle 1982

GROUPE DE RÉFLEXION «DROIT DES SOCIÉTÉS», Rapport final, Berne 1993

GUHL, THEO/KOLLER, ALFRED/SCHNYDER, ANTON K./DRUEY, JEAN NICOLAS, Das Schweizerische Obligationenrecht, 9e éd., Zurich 2000

GUTZWILLER, MAX, Das Recht der Verbandspersonen, Grundsätzliches, in: Schweizerisches Privatrecht, Bd. II, p. 425–513, Bâle 1967 (cité: GUTZWILLER, SPR II)

– Genossenschaft, Handelsregister und kaufmännische Buchführung, Zürcher Kommentar, Bd. V/6; 1. Halbband: Art. 828–878 OR, Zurich 1946–1972; 2. Halbband: Art. 879–926 OR, Zurich 1974 (cité: GUTZWILLER, ZK)

HANDSCHIN, LUKAS, Die GmbH, ein Grundriss, Zurich 1996

HARTMANN, WILHELM, Die Kollektiv- und Kommanditgesellschaft, Berner Kommentar, Bd. VII/1 (Art. 552–619 OR), Berne 1943

HEINI, ANTON/PORTMANN, WOLFGANG, Das Schweizerische Vereinsrecht, 3e éd., Bâle/Francfort-sur-le-Main 2005

HIS, EDUARD, Handelsregister, Geschäftsfirmen und kaufmännische Buchführung, Berner Kommentar, Bd. VII/4 (Art. 927–964 OR), Berne 1940

HOMBURGER, ERIC, Der Verwaltungsrat, Zürcher Kommentar, Bd. V/5b (Art. 707–726 OR), Zurich 1997

HONSELL, HEINRICH/VOGT, NEDIM PETER/WATTER, ROLF (éd.), Obligationenrecht II (Art. 530–1186 OR), Commentaire bâlois, 2e éd., Bâle/Genève/Munich, 2002

JANGGEN, ARNOLD/BECKER, HERMANN, Die Gesellschaft mit beschränkter Haftung, Berner Kommentar, Bd. VII/3 (Art. 772–827 OR), Berne 1939

KÄFER, KARL, Die kaufmännische Buchführung, Berner Kommentar, Bd. VIII/2; 1. Teilband: Grundlagen und Art. 957 OR, Berne 1981; 2. Teilband: Art. 958–964 OR, Berne 1981

KOEHLER, DIRK, Die GmbH in der Schweiz und in Deutschland, thèse Lucerne 2003/2004

KÜNG, MANFRED, Das Handelsregister, Berner Kommentar, Bd. VIII/1/1 (Art. 927–943 OR), Berne 2001

KÜNG, MANFRED/HAUSER, ISABEL, GmbH, Bâle/Genève/Munich 2005

KUNZ, PHILIPP, Handels- und Wirtschaftsrecht, Berne 1999

LIVER, PETER/MEIER-HAYOZ, ARTHUR/MERZ, HANS/JÄGGI, PETER/HUBER, HANS/FRIEDRICH, HANS-PETER/KUMMER, MAX, Schweizerisches Zivilgesetzbuch, Einleitung, Art. 1–10 ZGB, Berner Kommentar, Bd. I/1, Berne 1966

MARINI, PHILIPPE, La modernisation du droit des sociétés, Rapport au Premier ministre, Paris 1996

MEIER, ROBERT, Die Aktiengesellschaft, 3e éd., Zurich 2005

MEIER-HAYOZ, ARTHUR/FORSTMOSER, PETER, Schweizerisches Gesellschaftsrecht, 9e éd., Berne 2004 (10e éd. à paraître)

MEIER-HAYOZ, ARTHUR/VON DER CRONE, HANS CASPAR, Wertpapierrecht, 2e éd., Berne 2000

MONTAVON, PASCAL, SARL, Lausanne 1998 (cité: Montavon, SARL)

- Droit suisse de la SA, droit et fiscalité, comptes annuels, comptes de groupe, Tomes I à III, Lausanne 1997 (cité: MONTAVON, SA)
- Droit et pratique de la SARL, Lausanne 1996 (cité: MONTAVON, Droit et pratique)

MONTAVON, PASCAL/CHARPIE, ANNE, SA, Lausanne 1998

MONTAVON, PASCAL/WERMELINGER, AMEDEO, Droit et pratique de la société anonyme, T. I: Droit, T. II: Pratique, Lausanne 1994

NOBEL, PETER/GRONER, ROGER, Aktienrechtliche Entscheide, Praxis zum schweizerischen Aktienrecht, 3e éd., Berne 2006

PATRY, ROBERT, Grundlagen des Handelsrechts, Das Handelsregister, Die Geschäftsfirmen, Die kaufmännische Buchführung, in: Schweizerisches Privatrecht, Bd. VIII/1, p. 1–210, Bâle/Stuttgart 1976 (cité: PATRY, SPR VIII/1)

- Précis de droit suisse des sociétés, vol. I: Les notions fondamentales, Les sociétés sans personnalité juridique, Berne 1976; vol. II: La société anonyme, Les sociétés mixtes, Berne 1977 (cité: PATRY, Précis)

PEDRAZZINI, FEDERICO A., Gesellschaftsrechtliche Entscheide, 4e éd., Berne 1998

REINHARDT, CHRISTOPH, Die Kommanditaktiengesellschaft im schweizerischen Recht, thèse Zurich 1971

REYMOND, JACQUES-ANDRE, La coopérative, in: Traité de droit privé suisse, vol. VIII, tome III/1, Bâle/Francfort-sur-le-Main 1996

RIEMER, HANS MICHAEL, Die juristischen Personen, Systematischer Teil und Kommentar zu Art. 52–59 ZGB, Berner Kommentar, Bd. I/3; 1. Teilband, Berne 1993 (cité: RIEMER, BK)

– Die Vereine, Berner Kommentar, Bd. I/3; 2. Teilband (Art. 60–79 ZGB), Berne 1990 (cité: RIEMER, BK)

– Die Stiftungen, Berner Kommentar, Bd. I/3; 3. Teilband (Art. 80–89bis ZGB), Berne 1975 (cité: RIEMER, BK)

– Personenrecht des ZGB, Studienbuch und Bundesgerichtspraxis, 2e éd., Berne 2002 (cité: RIEMER, Personenrecht)

SCHUCANY, EMIL, Kommentar zum schweizerischen Aktienrecht, 2e éd., Zurich 1960

SCHWENZER, INGEBORG, Schweizerisches Obligationenrecht, Allgemeiner Teil, 3e éd., Berne 2003

SCYBOZ, GEORGES/GILLIERON, PIERRE-ROBERT, Code civil suisse et Code des obligations annotés, 7e éd., Lausanne 2004

SIEGWART, ALFRED, Die Personengesellschaften, Zürcher Kommentar, Bd. V/4 (Art. 530–619 OR), Zurich 1938 (cité: SIEGWART, ZK)

– Die Aktiengesellschaft, Allgemeine Bestimmungen, Zürcher Kommentar, Bd. V/5a (Art. 620–659 OR), Zurich 1945 (cité: SIEGWART, ZK)

DE STEIGER, FRITZ, Le droit des sociétés anonymes en Suisse, Lausanne 1973 (adaptation française par J. Cosandey et P. Subilia) (cité: DE STEIGER, Sociétés anonymes); voir également: VON STEIGER, FRITZ

– Précis de droit coopératif suisse, Zurich 1968 (adaptation française par P. Subilia) (cité: DE STEIGER, Précis), voir également: VON STEIGER, FRITZ

VON STEIGER, FRITZ, Das Recht der Aktiengesellschaft in der Schweiz, 4e éd., Zurich 1970 (cité: VON STEIGER, Aktiengesellschaft)

– Grundriss des Schweizerischen Genossenschaftsrechtes, 2e éd., Zurich 1963 (cité: VON STEIGER, Grundriss)

VON STEIGER, WERNER, Die Gesellschaft mit beschränkter Haftung, Zürcher Kommentar, Bd. V/5c (Art. 772–827 OR), Zurich 1965 (cité: VON STEIGER, ZK)

– Gesellschaftsrecht, Allgemeiner Teil, Besonderer Teil: Die Personengesellschaften, in: Schweizerisches Privatrecht, Bd. VIII/1, p. 211 ss, Bâle/Stuttgart 1976 (cité: VON STEIGER, SPR VIII/1)

TAISCH, FRANCO/BEUTTER, CHRISTIAN, Gesellschafts- und Wertpapierrecht, Saint-Gall/Lachen 1999

TANNER, BRIGITTE, Die Generalversammlung, Zürcher Kommentar, Bd. V/5b (Art. 698–706b OR), Zurich 2003 (cité: Tanner, ZK)

TERCIER, PIERRE, Les contrats spéciaux, 3e éd., Zurich 2003 (cité: TERCIER, Contrats spéciaux)

– Le droit des obligations, 3e éd., Zurich 2004 (cité: TERCIER, Obligations)

TERCIER, PIERRE/AMSTUTZ, MARC (éd.), Code des obligations II (art. 530–1186 CO), Commentaire romand, Genève/Bâle/Munich 2007 (à paraître)

THEVENOZ, LUC/ZULAUF, URS, Droit bancaire et financier 2005 (BF 2005), Réglementation et autoréglementation des banques, bourses, négociants, fonds de placement, assurance et marchés financiers en Suisse, Zurich 2005

VON TUHR, ANDREAS/ESCHER, ARNOLD, Allgemeiner Teil des Schweizerischen Obligationenrechts, Bd. II, 3e éd., Zurich 1974

VON TUHR, ANDREAS/PETER, HANS, Allgemeiner Teil des Schweizerischen Obligationenrechts, Bd. I, 3e éd., Zurich 1979

VON TUHR, ANDREAS/PETER, HANS/ESCHER, ARNOLD, Allgemeiner Teil des Schweizerischen Obligationenrechts, Supplement, Zurich 1984

TUOR, PETER/SCHNYDER, BERNARD/SCHMID, JÖRG/RUMO-JUNGO, ALEXANDRA, Das schweizerische Zivilgesetzbuch, 12e éd., Zurich/Bâle/Genève 2002

VOGELSANG, ALFRED ERWIN, Essai d'une étude dogmatique de la société simple en droit suisse, thèse Lausanne 1931

WEBER, ROLF H., Juristische Personen, in: Schweizerisches Privatrecht, Bd. II/4, Bâle/Francfort-sur-le-Main 1998

WEISS, GOTTFRIED, Zum schweizerischen Aktienrecht, Berne 1968

WEKA (éd.), La société anonyme individuelle, tomes I à VI, Zurich/Paris, depuis 1988 (publication sur feuillets mobiles mise à jour périodiquement)

– Le nouveau droit de la société anonyme, tomes I à III, Zurich, depuis 1993 (publication sur feuillets mobiles mise à jour périodiquement)

WIELAND, KARL, Handelsrecht, 1. Band: Das kaufmännische Unternehmen und die Handelsgesellschaften, Munich/Leipzig 1921/1931; 2. Band: Die Kapitalgesellschaften, Munich/Leipzig 1931

WOHLMANN, HERBERT, GmbH-Recht, Bâle/Francfort-sur-le-Main 1997 (cité: WOHLMANN, GmbH-Recht)

– Die Gesellschaft mit beschränkter Haftung, in: Schweizerisches Privatrecht, Bd. VIII/2, p. 315 ss, Bâle/Stuttgart 1982 (cité: WOHLMANN, SPR VIII/2)

Commentaires

– Commentaire romand (plusieurs auteurs et volumes, Genève/Bâle/Munich) (cité: CR)

– Berner Kommentar zum schweizerischen Privatrecht (plusieurs auteurs et volumes, Berne) (cité: BK)

– Zürcher Kommentar zum schweizerischen Zivilgesetzbuch (plusieurs auteurs et volumes, Zurich) (cité: ZK)

– Basler Kommentar zum Schweizerischen Privatrecht (plusieurs auteurs et volumes, Bâle/Genève/Munich) (cité: BaK)

Cartothèques

– Fiches Juridiques Suisses, divers auteurs, Genève, depuis 1941

Modèles de contrats et d'actes notariés

- WALDER, ROBERT/EGGER, WOLFGANG, Modèles de contrats pour toutes les opérations commerciales, N 11, T. 7 et 8. Contrats de société, Zurich/Paris, depuis 1988 (publication sur feuillets mobiles mise à jour périodiquement)
- Recueil de modèles d'actes notariés de l'Association des Notaires Bernois, recueils IV et V (droit commercial, 1ère et 2e partie), Berne, depuis 1981 (publication sur feuillets mobiles mise à jour périodiquement)

Messages principaux

- Message concernant la loi fédérale sur les placements collectifs de capitaux (du 23 septembre 2005), FF 2005 IV 5993–6156.
- Message concernant la modification du Code des obligations (obligation de révision dans le droit des sociétés) et la loi fédérale sur l'agrément et la surveillance des réviseurs (du 23 juin 2004), FF 2004 III.1 3745–3927.
- Message concernant la révision du Code des obligations (Droit de la société à responsabilité limitée; adaptation des droits de la société anonyme, de la société coopérative, du registre du commerce et des raisons de commerce (du 19 décembre 2001), FF 2002 II 2949–3100.
- Messsage concernant la loi fédérale sur la fusion, la scission, la transformation et le transfert de patrimoine (du 13 juin 2000), FF 2000 III 3995–4229.
- Message concernant la révision du droit des sociétés anonymes (du 23 février 1983), FF 1983 II 757–1027.
- Message du Conseil fédéral à l'Assemblée fédérale à l'appui du projet de loi révisant les titres XXIV à XXXIII du Code des obligations (du 21 février 1928), FF 1928 I 233–540.
- Message du Conseil fédéral à la haute Assemblée fédérale concernant le projet d'une loi fédérale sur les obligations et le droit commercial (du 27 novembre 1879), FF 1880 I 115–189 ainsi que Message du Conseil fédéral à l'assemblée fédérale au sujet des dispositions transitoires relatives au projet d'une loi fédérale sur les obligations et le droit commercial (du 16 novembre 1880), FF 1880 IV 457–470.

Avant-Projets

- Avant-projet de révision du Code des obligations: Droit de la société anonyme et droit comptable (du 2 décembre 2005).

Abréviations

A.	Auflage (édition)
ABGB	Allgemeines bürgerliches Gesetzbuch (Code civil autrichien)
AcP	Archiv für die civilistische Praxis (revue allemande)
AG	Aktiengesellschaft
AGVE	Aargauische Gerichts- und Verwaltungsentscheide
AktG	Aktiengesetz (Loi allemande du 6 septembre 1965 sur la société anonyme)
al.	alinéa
all.	en allemand
AP	avant-projet
ARC	Annuaire du registre du commerce (*JBHReg*)
art.	article(s)
ATF	Recueil officiel des arrêts du Tribunal fédéral suisse
BaK	Basler Kommentar
Bd.	Band (volume)
BGB	Bürgerliches Gesetzbuch (Code civil allemand)
BJM	Basler Juristische Mitteilungen
BK	Berner Kommentar
BlSchK	Blätter für Schuldbetreibung und Konkurs
c.	contre
CA	Concordat suisse du 27 mars 1969 sur l'arbitrage (RS 279)
CC	Code civil suisse du 10 décembre 1907 (RS 210)
CCB	Code civil belge
CCF	Code civil français
CCI	Code civil italien
CComF	Code de commerce français
CE	Communauté européenne
CFO	Code fédéral des obligations du 14 juin 1881 (Recueil officiel des lois et ordonnances de la Confédération Suisse, nouvelle série, tome V, Berne 1882, p. 577–780)
ch.	chiffre(s)
CL	Convention du 16 septembre 1988 concernant la compétence judiciaire et l'exécution des décisions en matière civile et commerciale (Convention de Lugano) (RS 0.275.11)
CO	Code des obligations (Loi fédérale du 30 mars 1911 complétant le Code civil suisse [Livre cinquième: Droit des obligations], RS 220)
cons.	considérant
Coop	société coopérative
CP	Code pénal suisse du 21 décembre 1937 (RS 311.0)
CR	Commentaire romand
CSB	Code des sociétés belge
Cst. féd.	Constitution fédérale (RS 101)

EC	L'Expert-comptable suisse (*ST*)
éd.	édition(s) ou éditeur(s)
EuZW	Europäische Zeitschrift für Wirtschaftsrecht
FER	Fachkommission für Empfehlungen zur Rechnungslegung (Fondation pour les recommandations relatives à la présentation des comptes)
FF	Feuille fédérale
FJS	Fiches juridiques suisses (*SJK*)
FOSC	Feuille officielle suisse du commerce
fr.	en français
FS	Festschrift (Mélanges)
GEIE	Groupement européen d'intérêt économique
GesKR	Gesellschafts- und Kapitalmarktrecht
GestG	Bundesgesetz vom 24. März 2000 über den Gerichtsstand in Zivilsachen
GVP-SG	St. Gallische Gerichts- und Verwaltungspraxis
JdT	Journal des Tribunaux
J.O.	Journal officiel des Communautés européennes/de l'Union européenne
LB	Loi fédérale du 8 novembre 1934 sur les banques et les caisses d'épargne (RS 952.0)
LBVM	Loi fédérale du 24 mars 1995 sur les bourses et le commerce des valeurs mobilières (RS 954.1)
LCart	Loi fédérale du 6 octobre 1995 sur les cartels et autres restrictions à la concurrence (RS 251)
LCD	Loi fédérale du 19 décembre 1986 contre la concurrence déloyale (RS 241)
LCRC	Loi fédérale du 20 décembre 1985 sur la constitution de réserves de crise bénéficiant d'allégements fiscaux (RS 823.33)
LDIP	Loi fédérale du 18 décembre 1987 sur le droit international privé (RS 291)
let.	lettre
LF	Loi fédérale
LFAIE	Loi fédérale du 16 décembre 1982 sur l'acquisition d'immeubles par des personnes à l'étranger (RS 211.412.41)
LFors	Loi fédérale du 24 mars 2000 sur les fors en matière civile (RS 272)
LFus	Loi fédérale du 3 octobre 2003 sur la fusion, la scission, la transformation et le transfert de patrimoine
LGVE	Luzerner Gerichts- und Verwaltungsentscheide
LHID	Loi fédérale du 14 décembre 1990 sur l'harmonisation des impôts directs des cantons et des communes (RS 642.14)
LIA	Loi fédérale du 13 octobre 1965 sur l'impôt anticipé (RS 642.21)
LIFD	Loi fédérale du 14 décembre 1990 sur l'impôt fédéral direct (RS 642.11)
LP	Loi fédérale du 11 avril 1889 sur la poursuite pour dettes et la faillite (RS 281.1)
LPCC	Loi fédérale du 23 juin 2006 sur les placements collectifs de capitaux (RS *)
LPM	Loi fédérale du 28 août 1992 sur la protection des marques et des indications de provenance (RS 232.11)

LSA	Loi fédérale du 23 juin 1978 sur la surveillance des institutions d'assurance privées (RS 961.01)
LSR	Loi fédérale du 16 décembre 2005 sur l'agrément et la surveillance des réviseurs (RS *)
LT	Loi fédérale du 27 juin 1973 sur les droits de timbre (RS 641.10)
Mess. CF	Message du Conseil fédéral
MitbestG	Mitbestimmungsgesetz (Loi allemande du 4 mai 1976 sur la participation des travailleurs)
N	numéro de paragraphe
NB	Le notaire bernois (*BN*)
nCO	modification du CO du 16 décembre 2005
nGS SG	Gesetzessammlung des Kantons St. Gallen, chronologische Ordnung
n^{o}	numéro
nORC	modification complète de l'Ordonnance sur le registre du commerce en cours de préparation (entrée en vigueur probable: début 2008)
not.	notamment
note	note de bas de page
O	ordonnance
OAm	Ordonnance (cantonale bernoise) sur les amortissements du 19 octobre 1994 (RSB 661.312.59)
OB	Ordonnance du 17 mai 1972 sur les banques et les caisses d'épargne (RS 952.02)
OBVM	Ordonnance du 2 décembre 1996 sur les bourses et le commerce des valeurs mobilières (RS 954.11)
OBVM-CFB	Ordonnance de la Commission fédérale des banques du 25 juin 1997 sur les bourses et le commerce des valeurs mobilières (RS 954.193)
OCF	Ordonnance du Conseil fédéral
OERC	Ordonnance du 3 décembre 1954 sur les émoluments en matière de registre du commerce (RS 221.411.1)
OFCoop	Ordonnance du Tribunal fédéral du 20 décembre 1937 sur la faillite de la société coopérative (RS 281.52)
OFRC	Office fédéral du registre du commerce
OJ	Loi fédérale d'organisation judiciaire du 16 décembre 1943 (RS 173.110)
OPC	Ordonnance du Tribunal fédéral du 17 janvier 1923 concernant la saisie et la réalisation de parts de communauté (RS 281.41)
ORC	Ordonnance du 7 juin 1937 sur le registre du commerce (RS 221.411)
ORF	Ordonnance du 22 février 1910 sur le registre foncier (RS 211.432.1)
OS	Ordonnance du 11 septembre 1931 sur la surveillance des institutions d'assurance privées (RS 961.05)
OTF	Ordonnance du Tribunal fédéral
p.	page(s)
PJA	Pratique juridique actuelle (*AJP*)
PKG	Die Praxis des Kantonsgerichtes von Graubünden
Pra	Die Praxis (des Bundesgerichtes)
RC	Règlement de cotation du 24 janvier 1996 (publié in: Thévenoz/Zulauf, 48–2)
RDAF	Revue de droit administratif et de droit fiscal

RDS	Revue de droit suisse (*ZSR*)
Rep	Repertorio di giurisprudenza patria
Reprax	Droit des sociétés et droit du registre du commerce: revue de la législation et de la pratique
rés.	résumé
RFJ	Revue fribourgeoise de jurisprudence (*FZR*)
RGDIP	Revue générale de droit international public
RJB	Revue de la société des juristes bernois (*ZBJV*)
RJJ	Revue jurassienne de jurisprudence
RLN	Recueil chronologique de la législation neuchâteloise
RNRF	Revue suisse du notariat et du registre foncier (*ZBGR*)
RO	Recueil officiel des lois fédérales
RPC	Recommandation pour la présentation des comptes (*FER*)
RS	Recueil systématique des lois fédérales
RSB	Recueil systématique des lois bernoises
RSDA	Revue suisse de droit des affaires et du marché financier (*SZW*); avant 78 (2006): Revue suisse de droit des affaires (*SZW*); avant 62 (1990): La société anonyme suisse (SAS/*SAG*)
RSDIE	Revue suisse de droit international et de droit européen (*SZIER*)
RSG	Recueil officiel systématique de la législation genevoise
RSJ	Revue Suisse de Jurisprudence (*SJZ*)
RSN	Recueil systématique de la législation neuchâteloise
RSPI	Revue suisse de la propriété intellectuelle (*SMI*)
RSV	Recueil systématique de la législation vaudoise
RTDComm.	Revue trimestrielle de droit commercial et de droit économique (revue française)
RVJ	Revue valaisanne de jurisprudence (*ZWR*)
s.	et suivant(e)
SA	société anonyme
SE	société anonyme européenne
Sàrl	société à responsabilité limitée
SAS	La société anonyme suisse (*SAG*); à partir de 62 (1990): Revue suisse de droit des affaires (RSDA/*SZW*); à partir de 78 (2006): Revue suisse de droit des affaires et du marché financier (RSDA/*SZW*)
SC	société en commandite
SCA	société en commandite par actions
SJ	Semaine judiciaire
SNC	société en nom collectif
SOG	Solothurnische Gerichtspraxis
SPR	Schweizerisches Privatrecht
ss	et suivant(e)s
SS	société simple
StE	Der Steuerentscheid
T.	tome
TDP	Traité de droit privé suisse
TF	Tribunal fédéral
th.	thèse

Traité CE	Traité de Rome du 25 mars 1957 instituant la Communauté européenne
vol.	volume
ZGR	Zeitschrift für Unternehmens- und Gesellschaftsrecht (revue allemande)
ZHR	Zeitschrift für das gesamte Handelsrecht und Wirtschaftsrecht (revue allemande)
ZK	Zürcher Kommentar
ZR	Blätter für Zürcherische Rechtsprechung

Première partie
Généralités

Titre 1 Définition

Bibliographie

FORSTMOSER, PETER, Einführung in das Recht, 3e éd., Berne 2003, § 2 N 122. 1

Chapitre 1 Positive

2 Le droit des sociétés (*Gesellschaftsrecht*) est l'ensemble des normes, en général de droit privé, qui régissent la création, le fonctionnement, la dissolution, la liquidation et la mutation des sociétés[1].

Chapitre 2 Négative

3 Le droit des sociétés se distingue notamment:
- du droit de l'entreprise commerciale (section 1),
- du droit économique (section 2),
- du droit commercial (section 3),
- du droit des affaires (section 4),
- du droit des marchés financiers (section 5),
- du droit fiscal (section 6),
- du droit de la poursuite pour dettes et de la faillite (section 7).

4 Les définitions qui vont suivre, de ces différentes branches juridiques, visent à situer le droit des sociétés dans son environnement juridique. Elles ne sont pas unanimement admises.

Section 1 Droit de l'entreprise commerciale

5 Le droit de l'entreprise commerciale (Unternehmensrecht[2]) est l'ensemble des normes juridiques qui régissent toute activité économique

---

1 Pour la définition de la société, voir N 680 s.

2 En allemand, le Code des obligations utilise, au lieu du terme courant *Unternehmen,* le terme *Gewerbe;* au lieu des termes *kaufmännisches Unternehmen*, les termes *nach kaufmännischer Art geführtes Gewerbe.* En droit, le sens de ces termes est identique.

indépendante exercée en la forme commerciale en vue d'un revenu régulier (art. 934 CO, 52 ss ORC).

6 Actuellement, il a un contenu restreint, qui a tendance à s'étendre. Il réglemente principalement l'obligation d'inscription au registre du commerce (art. 927 ss CO), les raisons de commerce (art. 944 ss CO), l'obligation de la tenue d'une comptabilité commerciale (art. 957 ss CO), la révision des comptes annuels (art. 727 ss nCO) et les mutations d'entreprise (LFus).

7 Il a un champ d'application à la fois plus large et plus étroit que le droit des sociétés: plus large, car il s'applique à toutes les entreprises commerciales, y compris à l'entreprise individuelle et à la fondation-entreprise[3], plus étroit, car il ne s'applique pas aux sociétés simples[4].

Section 2 Droit économique

8 Le droit économique (*Wirtschaftsrecht*) est l'ensemble des normes juridiques de droit public et de droit privé qui visent à organiser la vie économique[5].

9 Il comprend notamment le droit des cartels[6], le droit de la concurrence déloyale[7], le droit de la bourse[8] et quelques dispositions relevant du droit des sociétés[9].

Section 3 Droit commercial

10 Traditionnellement, le droit commercial (*Handelsrecht*) comprend le droit de l'entreprise commerciale, le droit des sociétés et le droit des

---

3 MEIER-HAYOZ/FORSTMOSER, § 22 N 2 ss; SCHMID, ROGER, Die Unternehmensstiftung im geltenden Recht, im Vorentwurf zur Revision des Stiftungsrechts und im Rechtsvergleich, thèse Zurich 1997, p. 6.

4 Selon la doctrine majoritaire, la société simple ne peut pas exploiter une entreprise commerciale.

5 KELLERHALS, ANDREAS, Wirtschaftsrecht und europäische Integration, Zurich 2006, p. 46–49; SCHLUEP, WALTER R., Über Funktionalität im Wirtschaftsrecht, in: Aspekte des Wirtschaftsrechts, Festgabe zum Schweiz. Juristentag 1994, p. 139 ss, notamment p. 145; SCHLUEP, WALTER R., Wirtschaftsrechtliche Aspekte der Verleitung zum Vertragsbruch, in: Mélanges Joseph Voyame, Lausanne 1989, p. 241 ss.

6 Voir notamment: Loi fédérale du 6 octobre 1995 sur les cartels et autres restrictions à la concurrence (LCart), RS 251.

7 Voir notamment: Loi fédérale du 19 décembre 1986 contre la concurrence déloyale (LCD), RS 241.

8 Voir notamment: Loi fédérale du 24 mars 1995 sur les bourses et le commerce des valeurs mobilières (LBVM), RS 954.1.

9 SCHLUEP, WALTER R., Was ist Wirtschaftsrecht?, in: Festschrift für Walter Hug, Berne 1968, p. 25 ss, notamment p. 81.

papiers-valeurs (*Wertpapierrecht*), ainsi que certains aspects du droit des contrats.

Section 4 Droit des affaires

Le droit des affaires dépasse la notion de droit commercial. Il a 11
tendance à englober aussi le droit économique[10] et d'autres domaines comme le droit pénal des affaires[11].

Section 5 Droit des marchés financiers

Le droit des marchés financiers (*Finanzmarktrecht, Kapital-* 12
marktrecht) est l'ensemble des normes juridiques de droit public et de droit privé qui visent à assurer le bon fonctionnement des marchés dans lesquels s'effectuent la récolte et le placement de fonds à moyen et à long terme[12].

Il fait partie du droit économique et comprend, notamment, le droit de la 13
bourse[13], le droit des fonds de placement[14], certaines parties du droit bancaire[15] et quelques dispositions du droit de la société anonyme (notamment les articles 652a, 663c, 685d ss, 697h al. 1, 752 CO).

Il est en étroite relation avec le droit des sociétés cotées en bourse[16]. 14

Section 6 Droit fiscal

Le droit fiscal est l'ensemble des normes de droit public qui 15
régissent les contributions publiques, c'est-à-dire les prestations en argent prélevées par l'Etat sur la base de sa souveraineté (impôts et taxes causales).

---

10 En allemand, la «*Revue suisse de droit des affaires et du marché financier*» (RSDA) est intitulée «*Schweizerische Zeitschrift für Wirtschafts- und Finanzrecht*» (SZW). Pour une explication de ce titre, voir RSDA 78 (2006), p. 1. A noter que les dictionnaires juridiques traduisent «*Wirtschaftsrecht*» par «*droit des affaires*» ou «*droit économique et financier*» et vice versa (DOUCET, MICHEL/FLECK, KLAUS E. W., Dictionnaire juridique et économique, 6e éd., Tome 2, Allemand/Français, Bâle/Munich 2002; KÖBLER, GERHARD, Rechtsfranzösisch, 3e éd., Munich 2001; ZEN-RUFFINEN, PIERMARCO, Petit lexique juridique, 6e éd., Bâle 2004).

11 CHAUDET, N 33–42.

12 WERLEN, THOMAS, Konzeptionelle Grundlagen des Schweizerischen Kapitalmarktrechts, thèse Zurich 1994, p. 10 et 28. Voir aussi: ZOBL, DIETER/KRAMER, STEPHAN, Schweizerisches Kapitalmarktrecht, Zurich/Bâle/Genève 2004, § 1 N 19.

13 Voir notamment: Loi fédérale du 24 mars 1995 sur les bourses et le commerce des valeurs mobilières (LBVM), RS 954.1.

14 Voir notamment: Loi fédérale du 23 juin 2006 sur les placements collectifs de capitaux (LPCC), RS * (pas encore entrée en vigueur).

15 Voir notamment: Loi fédérale du 8 novembre 1934 sur les banques et les caisses d'épargne (LB), RS 952.0.

16 Voir N 907 ss.

16 Bien que le droit fiscal et le droit des sociétés soient des disciplines très différentes, ils ont des liens étroits entre eux[17].

17 D'une part, le droit fiscal utilise les termes du droit des sociétés dans leur sens habituel, sauf lorsque, par nécessité, il forge lui-même des définitions spéciales[18]. Pour déterminer le bénéfice imposable d'une société, il se base en principe sur les comptes annuels de celle-ci, établis conformément aux règles de la comptabilité commerciale (art. 58 LIFD)[19].

18 D'autre part, le droit fiscal, bien qu'en principe neutre, influence souvent le droit des sociétés, aussi bien au niveau de la législation que de l'application de la loi. Il peut déterminer le choix de la forme de société, limiter, voire exclure pratiquement l'utilisation de certaines institutions offertes par le droit des sociétés.

Exemple: jusqu'en juillet 1995, l'Administration fédérale des contributions traitait le rachat de ses propres actions par une société anonyme (art. 659 CO) comme une liquidation partielle et imposait la différence entre le prix de vente et la valeur nominale, lorsque la société ne revendait pas les actions en question dans le délai d'une année. Cette manière de procéder condamnait en fait l'acquisition de ses propres actions par la société anonyme. Par circulaire du 27 juillet 1995, l'Administration fédérale des contributions a assoupli sa pratique en portant à deux ans le délai pour la revente. Enfin, une révision de la Loi fédérale sur l'impôt anticipé, entrée en vigueur le 1er janvier 1998, a prolongé le délai de revente à 6 ans (art. 4a al. 2 LIA[20]). L'acquisition par la société de ses propres actions est désormais non seulement admise par la loi, elle est aussi réalisable pratiquement.

Section 7 Droit de la poursuite pour dettes et de la faillite

19 Le droit de la poursuite pour dettes et de la faillite est l'ensemble des normes qui régissent l'exécution forcée des dettes d'argent, c'est-à-dire le recouvrement des créances pécuniaires par des moyens de contrainte indirecte sur les biens du débiteur avec l'aide de la puissance publique.

---

[17] REYMOND, JACQUES-ANDRÉ, L'influence du droit fiscal sur le droit commercial, Rapport à la Société suisse des juristes, 112 (1978), p. 275–501.

[18] HÖHN, ERNST/WALDBURGER, ROBERT, Steuerrecht, Bd. I, 9e éd., Berne/Stuttgart/Vienne 2001, § 5 N 41; RIVIER, JEAN-MARC, Droit fiscal suisse, 2e éd., Lausanne 1998, p. 99; RYSER, WALTER/ROLLI, BERNARD, Précis de droit fiscal suisse, 4e éd., Berne 2002, p. 72.

[19] BEHNISCH, URS R., Zur Massgeblichkeit der Handelsbilanz für die Steuerbilanz, in: Aktienrecht 1992–1997, Versuch einer Bilanz, Zum 70. Geburtstag von Rolf Bär, Berne 1998, p. 21–33; CAGIANUT, FRANCIS/HÖHN, ERNST, Unternehmungssteuerrecht, 3e éd., Berne/Stuttgart/Vienne 1993, p. 144 et 152; RYSER/ROLLI (cité note 18), p. 194; RIVIER, JEAN-MARC, Vérité comptable et vérité fiscale?, in: Das schweizerische Steuerrecht, Eine Standortbestimmung, Festschrift zum 70. Geburtstag von Prof. Dr. Ferdinand Zuppinger, Berne 1989, p. 405–418; StE 15 (1998), B 72.11 N 7.

[20] RS 642.21.

Bien que le droit de la poursuite pour dettes et de la faillite et le droit des sociétés soient des disciplines très différentes, ils ont des liens étroits entre eux. 20

D'une part, le droit de la poursuite pour dettes et de la faillite se substitue au droit des sociétés en cas de dissolution due à une faillite. La société en faillite est en effet liquidée selon les règles du droit de la faillite (art. 197 ss LP) et non pas selon les règles du droit des sociétés. 21

D'autre part, le droit des sociétés vise à obtenir une déclaration de faillite dès le début du surendettement[21] dans le but de protéger les créanciers contre une aggravation de la situation (art. 725 al. 2, 725a, 764 al. 2 CO, 820 al. 1 nCO, 903 al. 2 CO). 22

[21] Pour une définition, voir N 1581.

Titre 2 Histoire

Bibliographie

23 CARONI, PIO (responsable), L'unification du droit privé suisse au XIXe siècle, Fribourg 1986; CARONI, PIO (direction), Le droit commercial dans la société suisse du XIXe siècle, Fribourg 1997; CARRARD, HENRI, Etude comparative des législations civiles de la Suisse romande et celles de la Suisse allemande. Essai de conciliation de leurs principales différences, RJB 9 (1873/1874), p. 133–179; GOLDSCHMIDT, LEVIN, Universalgeschichte des Handelsrechts, Stuttgart 1891; HILAIRE, JEAN, Introduction historique au droit commercial, Paris 1986; GUARINO, ANTONIO, La società in diritto romano, Naples 1988; HILAIRE, JEAN, Le droit, les affaires et l'histoire, Paris 1995; HUBER, EUGEN, System und Geschichte des schweizerischen Privatrechts, 4. Bd., Bâle 1893, p. 261–280; HUVELIN, PAUL, Histoire économique, Droit commercial, in: Revue de synthèse historique VII (1903), p. 60–85, 328–371 et VIII (1904), p. 198–243; KASER, MAX/KNÜTTEL, ROLF, Römisches Privatrecht, 18e éd., Munich 2005, p. 226–230; LIVER, PETER, Schweizerisches Zivilgesetzbuch, Allgemeine Einleitung, in: Berner Kommentar, Bd. I, Berne 1966, p. 7–77; VON MAY, PIERRE, Die Gründung der Aktiengesellschaft in ihrer geschichtlichen Entwicklung in der Schweiz, thèse Berne 1942; MEISSEL, FRANZ-STEFAN, *Societas*, Francfort-sur-le-Main/Berlin/Berne/Bruxelles/New-York/Oxford 2004; MUNZINGER, WALTHER, Motifs du projet de code de commerce suisse, traduit de l'allemand par MARC DUFRAISSE, Zurich 1865; NOBEL, PETER/HIRSCH, ALAIN, Projekt einer privaten Aktiengesellschaft, RSDA 69 (1997), p. 126–135; REHME, PAUL, Geschichte des Handelsrechts, in: Ehrenberg Victor, Handbuch des gesamten Handelsrechts, 1. Bd., Leipzig 1913, p. 28–259; ROBAYE, RENÉ, Le droit romain, 3e éd., Louvain-la-Neuve/Bruxelles 2005, p. 278–283; SCHMIDLIN, BRUNO/CANNATA, CARLO AUGUSTO, Droit privé romain II, 2e éd., Lausanne 1991, p. 161–163; STAMMBACH, ELSE, Die Aktiengesellschaft in der Schweiz bis zum Erlass des Obligationenrechts, thèse Bâle 1935; SZRAMKIEWICZ, ROMUALD, Histoire du droit des affaires, Paris 1989.

24 De tout temps, le commerce a été pratiqué par des marchands de nationalités différentes dans des endroits différents. Le droit commercial a ainsi toujours eu une vocation internationale. Pour tenir compte de cette particularité, le présent aperçu historique du droit des sociétés commence par une approche générale (chapitre 1), pour se focaliser ensuite sur la Suisse (chapitre 2).

Chapitre 1 En général

Section 1 Antiquité

§ 1 Droit babylonien

25 La civilisation babylonienne était caractérisée par un mercantilisme généralisé et un libéralisme économique prononcé. Son célèbre *Code*

du roi Hammourabi (vers 1700 avant J.-C.) contenait des dispositions sur le prêt à intérêt, le contrat de commission et la société de commerce. Dans cette dernière, les associés partageaient les bénéfices et les pertes par tête. La société en commandite existait.

§ 2 Droit phénicien

Peuple de marins, les Phéniciens contribuèrent au développement du commerce méditerranéen. Ils disposaient certainement d'un droit commercial élaboré, malheureusement intégralement perdu. 26

§ 3 Droit grec

Les Grecs possédaient un droit des sociétés assez développé. 27

1. Associations

Les associations jouaient un rôle important. Si elles étaient d'utilité publique, elles avaient la personnalité juridique et la pleine capacité civile. 28

2. Sociétés commerciales

En matière de sociétés commerciales, dont le caractère personnel était très marqué, les Grecs édictèrent des règles: 29

- sur l'obligation de libérer les apports,
- sur la participation des associés aux bénéfices et aux pertes proportionnellement à l'apport effectué, ce qui constituait une grande nouveauté,
- sur la responsabilité des associés envers les autres associés et les tiers.

§ 4 Droit romain

1. *Societas*

Le droit romain connaissait une forme de société de droit privé à caractère personnel très marqué, la *societas*. Basée sur un contrat informel, elle visait la poursuite d'un but commun et prévoyait à cet effet la mise en commun de moyens. Elle n'avait pas la personnalité juridique. Ses associés étaient copropriétaires du patrimoine social et répondaient individuellement des dettes sociales. Elle est considérée comme la première apparition de la société simple. 30

2. Formes d'organisation dotées de la personnalité juridique

31 Le droit romain connaissait aussi des groupements de personnes dotés de la personnalité juridique, agissant par des organes, possédant un patrimoine propre qui répondait de leurs dettes. Ces formes d'organisation étaient réservées aux collectivités de droit public, notamment à l'Etat romain; mais leur structure et leur fonctionnement ont inspiré la réglementation de nos sociétés à personnalité juridique.

3. Système corporatiste

32 Vers la fin de l'Empire romain, les corps de métiers commencèrent à s'organiser selon le système corporatiste. Les collèges de métiers se formèrent d'abord dans un but d'entraide, notamment lors des rites funéraires, en cas de maladie d'un des membres ou simplement pour la célébration de fêtes. Peu à peu, ils devinrent obligatoires, allant jusqu'à rendre certains métiers héréditaires.

Section 2 Moyen-Age

§ 1 Haut Moyen-Age

33 Le haut Moyen-Age se caractérisa par une nette diminution des échanges commerciaux et une régression du droit des sociétés.

§ 2 Bas Moyen-Age

34 Grâce notamment aux croisades et aux foires, le commerce reprit et, avec lui, le développement des institutions commerciales. La société de commerce réapparut, en particulier en Italie, à Venise et à Florence.

35 Les formes de société et leur réglementation variant selon les cités, il n'est possible de dresser qu'une esquisse générale de la situation.

1. *Commenda*

36 Dès le XIe siècle, la *commenda* ou *commande* regroupait un (plusieurs) marchand(s) et un(plusieurs) financier(s) sous la forme d'une société de personnes. Le financier, appelé *commendator*, remettait au marchand un certain capital en vue de le faire travailler dans le commerce maritime. Son risque était limité au capital investi. Cette *société de mer*, avec, à l'origine, une durée limitée et un but précis, finit par devenir permanente.

Les caractéristiques de la *commande* se retrouvent dans les formes actuelles de la société en commandite et de la société tacite. 37

2. *Compagnia*

Peu à peu, le but des sociétés devint général et la *compagnia* ou *compagnie, société de terre,* apparut, notamment à Venise au XIIe siècle. Société de personnes composée de dix à vingt associés solidairement responsables, son capital était divisé en parts non cessibles. Le caractère personnel, jusqu'alors très marqué dans les différentes formes de société, commença à perdre de l'importance. 38

Cette forme de société s'est également développée, de façon relativement autonome, dans les pays germaniques. Elle est la première apparition de la société en main commune (*Gesellschaft zur gesamten Hand*). 39

Les caractéristiques de la *compagnie* se retrouvent dans les formes actuelles de la société simple et de la société en nom collectif. 40

3. Premières ébauches de sociétés de capitaux

Les premières ébauches de sociétés de capitaux apparurent vers la fin du Moyen-Age. La qualité d'associé ne dépendait plus de la participation à un contrat de société, mais de la titularité d'une part de capital, qui était cessible et entraînait un certain anonymat du sociétariat. Toutefois, la responsabilité des associés subsistait. 41

4. Organisation corporatiste

L'organisation corporatiste, dotée parfois de certains attributs de la personnalité juridique, était très répandue dans les pays germaniques et sur le territoire de la Confédération (notamment les corporations de métiers et les gildes). Elle créait des liens étroits entre ses membres, à l'image de la famille. Elle imposait l'idée d'entraide et de solidarité. Les associés étaient en général solidairement responsables des dettes. 42

Section 3 XVIIe et XVIIIe siècles

Le commerce colonial et la révolution industrielle firent évoluer rapidement le droit des sociétés. Les sociétés de personnes continuèrent de se développer. Les sociétés de capitaux s'imposèrent sous la forme de la société anonyme. 43

§ 1 Ordonnance sur le commerce de terre

44 En 1673, en France, sur l'initiative de Colbert, le droit commercial fit l'objet d'une codification. L'ordonnance sur le commerce de terre était divisée en douze titres, dont le quatrième était consacré au droit des sociétés et comprenait, en quatorze articles, une réglementation succincte et lacunaire.

45 Seules les sociétés de personnes étaient réglementées, soit:
- la *société générale* (société en nom collectif),
- la société en commandite,
- la *société anonyme* (société en participation, société de personnes appelée anonyme en raison de son caractère occulte).

46 Les caractéristiques communes de ces sociétés étaient une participation des associés aux bénéfices et aux pertes en proportion de leur apport et leur responsabilité solidaire pour les dettes de la société.

§ 2 Emergence de la société anonyme

47 La société anonyme, société de capitaux, naquit des besoins en capital croissants des sociétés de commerce colonial.

48 La première en général considérée comme telle fut la *Compagnie hollandaise*[22] *des Indes orientales* créée le 20 mars 1602. Elle se caractérisait par une durée prévue de vingt ans, la réunion des fonds nécessaires grâce à un appel au public, la répartition périodique du bénéfice et la possibilité de la sortie des associés (puis de la cession des parts).

49 Elle fut suivie de nombreuses autres, notamment en France, en Angleterre et en Allemagne.

50 Destinée aux grandes entreprises, ses traits caractéristiques étaient:
- la réunion de capitaux très importants,
- la participation du public à côté de l'Etat (sorte de société d'économie mixte),
- la création par concession de l'Etat,
- l'octroi de privilèges régaliens en raison de leur caractère d'intérêt public,
- la personnalité juridique,
- l'absence de responsabilité des associés (actionnaires) pour les dettes sociales,
- la transmissibilité des parts (actions),
- la gestion par des administrateurs.

---

22 Cela explique que les principaux termes en relation avec la société anonyme, notamment les termes *action* et *actionnaire*, proviennent du hollandais.

Section 4 XIXe siècle

Le XIXe siècle se caractérisa par les grandes codifications, notamment du droit commercial, et par la naissance de la société coopérative moderne. 51

§ 1 Codifications

1. France

Le Code de commerce de 1807 mit à jour la codification du droit commercial. Il consacra quarante-sept articles au droit des sociétés. Il reprit largement la réglementation de l'Ordonnance de 1673 pour les sociétés de personnes, tout en adaptant la terminologie. Il réglementa la société anonyme et autorisa expressément la société en commandite par actions (art. 38 Code de commerce français de 1807). 52

La constitution de la société anonyme restait soumise à l'autorisation du gouvernement (*système de l'octroi*). Il fallut attendre 1867 pour que soit introduite la liberté de constitution dans le cadre d'une forme légalement prévue (*système normatif*). 53

Le Code de commerce eut une grande influence en Suisse, non seulement sur la législation des cantons romands, mais aussi sur les règles fédérales unifiées. 54

2. Allemagne

La codification du droit allemand des sociétés se déroula en deux phases. Dans un premier temps (1861–1865), la plupart des Etats allemands adoptèrent en commun un *Allgemeines deutsches Handelsgesetzbuch*. Puis, après la centralisation de la compétence législative, l'Empire allemand édicta un *Handelsgesetzbuch* (1897). 55

Ces codes eurent une très forte influence sur le législateur fédéral suisse. 56

3. Autres codifications

Le XIXe siècle fut le témoin de nombreuses autres codifications, notamment en Suisse, d'abord dans les cantons, puis sur le plan fédéral. 57

§ 2 Mouvement coopératif

La société coopérative moderne est issue de l'organisation corporatiste du Moyen-Age, mais elle en a perdu le caractère contraignant, ne gardant que les idées d'entraide et de solidarité. 58

59 La première société coopérative de consommation moderne fut créée en 1844 dans un contexte de lutte contre la misère par les équitables pionniers de Rochdale, pauvres tisserands de la banlieue de Manchester (Angleterre). Les principes établis pour régir cette société sont encore actuels. Ils se retrouvent soit dans les législations modernes, soit dans les statuts de nombreuses sociétés coopératives.

60 Le *Konsumverein der Stadt Zürich,* créé en 1851, est généralement considéré comme la première société coopérative suisse. Toutefois, cette forme de société ne connut un véritable essor en Suisse qu'après l'unification des règles du droit des sociétés.

Section 5 XXe siècle

61 Le XXe siècle se caractérise par l'adaptation répétée des codifications à l'évolution des besoins, la création de nouvelles formes de société (dont la société à responsabilité limitée[23]), le développement considérable des groupes de sociétés et l'harmonisation des législations dans le cadre de l'Union européenne.

Chapitre 2 En Suisse

Section 1 Avant l'unification du droit des sociétés

§ 1 Avant 1798

62 Les cantons suisses formaient un ensemble d'Etats souverains unis par des liens très lâches. Le droit commercial de la Suisse de l'ancien régime était disparate.

63 Selon leur contenu, il faut distinguer deux types de règles en vigueur dans les villes importantes:

- d'une part, des règles de police du commerce et des règles relatives à l'exercice des professions commerciales et artisanales, soit internes aux corporations de métiers, soit édictées par l'Etat,
- d'autre part, des règles de droit matériel relatives au commerce (contrats commerciaux, sociétés commerciales).

---

[23] Introduite en Allemagne en 1892 déjà.

§ 2 Lois et codifications cantonales du XIXe siècle

Selon les constitutions de la République Helvétique des 12 avril 1798 et 2 juillet 1802, l'Etat central était compétent pour unifier le droit civil et commercial dans toute la Suisse. Il ne fit toutefois pas usage de ce pouvoir. Le seul acquis de cette période est par conséquent l'abolition des corporations et l'introduction de la liberté du commerce et de l'industrie. C'est à cette époque, plus précisément en 1801, que fut créée à Saint-Gall la *Société générale de la filature anglaise de coton*, considérée souvent comme la première société anonyme de notre pays. 64

Dès l'Acte de médiation de 1803 et surtout sous le régime du Pacte fédéral de 1815, les cantons suisses retrouvèrent leurs prérogatives législatives. Progressivement atteints par la vague de libéralisme et de régénération des années 1820 à 1830, ils édictèrent les premières lois et codifications modernes de droit des sociétés. 65

1. Cantons romands

1.1. En général

Les cantons romands, dont la législation civile était en général reprise du droit français, décidèrent soit de maintenir le Code de commerce français de 1807 (Genève 1815–1816), soit d'édicter des lois propres qui s'en inspiraient (Neuchâtel 1833, Fribourg 1849, Vaud 1852, Valais 1853). 66

Le canton de Bâle-Ville s'inspira aussi directement du Code de commerce français en élaborant sa loi sur les sociétés en commandite et les sociétés anonymes (1847). 67

1.2. En particulier: canton de Neuchâtel[24]

La loi neuchâteloise du 3 juin 1833 succéda au droit coutumier. Elle s'inspira toutefois directement du Code de commerce français. Elle contenait des dispositions, très brèves, sur les sociétés commerciales (art. 6 à 26). Elle traitait de la société en nom collectif, de la société en commandite, de la société anonyme et de l'association en participation. Les associés de la société en nom collectif étaient solidairement responsables des dettes sociales. Le commanditaire de la société en commandite n'était tenu qu'à concurrence du capital investi. Curieusement, la constitution de la société anonyme ne nécessitait pas d'autorisation de l'Etat, contrairement au modèle français; un acte notarié, accompagné d'une inscription de la société dans un registre, suffisait. Cette «anomalie» a été corrigée par une modification de la loi (3 décembre 1852) qui a introduit le système de l'obligation de l'autorisation de l'Etat. 68

[24] Pour plus de détails, voir AUGSBURGER-BUCHELI, ISABELLE, La loi neuchâteloise sur quelques matières commerciales du 3 juin 1833, in: CARONI, PIO (direction) (cité N 23), p. 95–105.

2. Cantons alémaniques

2.1. Groupe bernois

69 Le Code civil bernois de 1830 consacrait ses articles 870 à 894 au contrat de société. Il distinguait les sociétés avec but lucratif des sociétés sans but lucratif. Il ne réglementait que les sociétés de personnes. Il prévoyait une répartition égale entre les associés des bénéfices et des pertes. La participation d'un commanditaire, dont le risque était limité au montant du capital investi, était également possible.

70 Cette réglementation a été reprise par le Code civil soleurois de 1847, qui traitait en plus de la société anonyme[25]. Le canton de Berne a suivi cet exemple par une loi de 1860, dont les dispositions, relativement détaillées pour l'époque, ont été une source d'inspiration importante du droit fédéral des sociétés.

2.2. Groupe zurichois

71 A Zurich aussi, le Code civil (1853/55) régissait le droit des sociétés (art. 1235 à 1382). Il réglementait la société simple, la société en nom collectif, la société en commandite et la société anonyme. La réglementation de la société en nom collectif prévoyait une responsabilité solidaire, mais subsidiaire, des associés pour les dettes de la société. Celle de la société en commandite correspondait largement au droit actuel. Quant aux règles sur la société anonyme, elles étaient succinctes, mais déjà bien typées.

72 Cette législation a été reprise, avec quelques modifications, notamment par les cantons de Lucerne (1857), des Grisons (1862) et de Schaffhouse (1864). Elle a aussi influencé notablement le futur droit fédéral des sociétés.

Section 2 Unification du droit des sociétés

§ 1 Nécessité

73 La Constitution fédérale de 1848 fit de la Suisse un Etat fédéral moderne. Elle supprima les barrières douanières entre les cantons, mais elle maintint les compétences législatives de ces derniers en matière de droit des sociétés. Par conséquent, la disparité des législations cantonales subsista. Cette situation présentait de graves inconvénients pour la sécurité du droit et

---

[25] Le canton de Soleure a donc été le premier canton alémanique à réglementer la société anonyme.

le développement du commerce. Il en résulta une volonté d'unification du droit commercial en général et du droit des sociétés en particulier.

§ 2 Genèse

1. Par le moyen du concordat intercantonal

Dans le courant des années 1861–1862, divers rapports commandés par le Département fédéral de justice et police conclurent à l'utilité et à la possibilité d'introduire en Suisse, par la voie d'un concordat intercantonal, un Code de commerce unifié. 74

Le professeur Munzinger, de Berne, fut chargé d'élaborer un projet réglementant notamment le droit des sociétés[26]. Publié en 1864, ce texte, qui tenait compte des derniers progrès réalisés par la science du droit à l'étranger, ainsi que des besoins du commerce moderne, n'eut pas de suite. Il se heurta à un changement de conception relative au moyen de réaliser l'unification, concrétisé par la révision de la Constitution fédérale du 29 mai 1974, qui donnait à la Confédération la compétence d'unifier le droit commercial, donc le droit des sociétés. 75

2. Par le moyen de la loi fédérale

En 1875, le professeur Fick, de Zurich, suite au décès du professeur Munzinger, présenta un nouveau projet tenant compte de l'évolution de la situation. Après une large consultation et un remaniement profond, le Conseil fédéral publia son propre projet avec un message à l'Assemblée fédérale (27 novembre 1879)[27]. Les Chambres fédérales l'examinèrent au cours des années 1880–1881. Elles adoptèrent la loi le 14 juin 1881 (entrée en vigueur: 1er janvier 1883). 76

§ 3 Code fédéral des obligations

Dans ses articles 524 à 715, le Code fédéral des obligations (CFO) de 1881 consacrait et réglementait six formes de société: la société simple, la société en nom collectif, la société en commandite, la société anonyme, la société en commandite par actions et l'association (ancienne dénomination de la société coopérative). 77

Très concis, il laissait une grande liberté aux intéressés dans la détermination des modalités des rapports sociaux. Il n'exigeait pas d'autorisation 78

---

[26] Pour une présentation détaillée de ce projet, voir MUNZINGER (cité N 23), p. 61–188; voir aussi CARRARD (cité N 23), p. 156–157 et 174–175.

[27] FF 1880 I 115–189.

de l'Etat pour la constitution d'une société, mais prévoyait déjà des règles de publicité.

79 Pour les travaux préparatoires: FASEL, URS, Handels- und obligationenrechtliche Materialien, Berne/Stuttgart/Vienne 2000.

Section 3 Révisions du droit des sociétés

§ 1 Réalisées

1. 1936

80 En 1898, la Confédération reçut la compétence d'unifier l'ensemble du droit privé. Le Code civil fut adopté le 10 décembre 1907, rendant nécessaire une refonte du Code des obligations. Par manque de temps, la révision se fit en deux étapes.

81 Les parties générale et spéciale du Code des obligations, auxquelles appartiennent les règles sur la société simple, furent remaniées pour entrer en vigueur le même jour que le Code civil (1er janvier 1912).

82 Pour diverses raisons, notamment la Première Guerre mondiale, la révision de la partie commerciale du Code des obligations, donc du droit des sociétés sauf la société simple, prit plus de temps.

83 En 1911, le professeur Eugen Huber, père du Code civil, fut chargé de préparer un projet de réforme, notamment du droit des sociétés. Son projet de 1919 fut remanié, après son décès, par l'ancien conseiller fédéral Arthur Hoffmann, et adressé par le Conseil fédéral à l'Assemblée fédérale avec un message le 21 février 1928[28]. Les Chambres fédérales l'examinèrent au cours des années 1931 à 1936. Elles adoptèrent la loi le 18 décembre 1936 (entrée en vigueur: 1er juillet 1937).

84 Le Code des obligations révisé crée une nouvelle forme de société, la société à responsabilité limitée, société mixte, plus précisément société de personnes à caractère capitaliste. Il est plus détaillé et plus précis que le Code de 1881, mais reste d'inspiration très libérale. Il essaie de concilier les intérêts de la société et de l'entreprise avec ceux des associés et des créanciers.

2. 1991

85 En 1968, pour faire suite à plusieurs interventions parlementaires, le Département fédéral de justice et police nomma un groupe de travail chargé de préparer un projet de révision partielle du droit de la société

[28] FF 1928 I 233–540.

anonyme. En raison de la réticence de certains milieux, de l'évolution rapide des besoins et de la transformation du but poursuivi (de partielle, la révision est devenue totale, en tout cas sur le fond), la procédure de révision dura 23 ans et nécessita l'intervention d'un second groupe de travail.

Le Conseil fédéral adressa son projet avec un message à l'Assemblée fédérale le 23 février 1983[29]. Les Chambres fédérales l'examinèrent au cours des années 1985 à 1991. Elles adoptèrent la loi le 4 octobre 1991 (entrée en vigueur: 1er juillet 1992/93). 86

Le nouveau droit de la société anonyme a pour buts: 87
- d'améliorer la transparence,
- de renforcer la protection des actionnaires,
- d'améliorer la structure et le fonctionnement des organes,
- de faciliter l'obtention de capitaux, d'éviter les abus.

3. 1999

Après l'adaptation en 1975 des dispositions sur la comptabilité commerciale aux nouveaux moyens technologiques de conservation des livres[30], pièces comptables et de la correspondance, une révision plus importante eut lieu en 1999 (entrée en vigueur: le 1er juin 2002). 88

Cette révision a pour buts: 89
- d'éliminer la distinction juridique entre supports de données et supports d'images,
- d'autoriser la tenue et la conservation électronique des livres[31] en admettant tous les moyens électroniques ou comparables[32],
- de supprimer la notion d'original,
- d'autoriser les supports de mémoire modifiables.

Suite à cette révision, l'ordonnance concernant la tenue et la conservation des livres de comptes fut adoptée en avril 2002 (entrée en vigueur: le 1er juin 2002) et l'ordonnance concernant l'enregistrement des documents à conserver abrogée. 90

4. 2003

Le Conseil fédéral adressa un projet de loi sur la fusion, la scission, la transformation et le transfert de patrimoine[33] (loi sur la fusion, LFus) avec un message à l'Assemblée fédérale le 13 juin 2000[34]. Les 91

---

29 FF 1983 II 757–1027.
30 À l'exception du compte d'exploitation et du bilan.
31 La distinction artificielle entre tenue et conservation de la comptabilité est supprimée.
32 À la condition que le principe de régularité soit respecté.
33 FF 2000 III 4184–4229.
34 FF 2000 III 3995–4183.

Chambres fédérales l'examinèrent et adoptèrent la loi[35] le 3 octobre 2003 (entrée en vigueur: le 1er juillet 2004).

92 La loi sur la fusion a pour buts:

- d'améliorer la mobilité, la sécurité du droit et la transparence dans l'organisation des sociétés, autrement dit d'élargir la palette des possibilités de mutation tout en protégeant les intérêts menacés (associés minoritaires, créanciers et travailleurs),
- de réaliser une certaine harmonisation de l'ordre juridique suisse avec le droit de l'Union européenne et des pays voisins.

5. 2005

5.1. Transparence des indemnités versées aux membres du conseil d'administration et de la direction

93 Le 27 juin 2004, le Conseil fédéral adressa à l'Assemblée fédérale un projet de révision du Code des obligations en matière de transparence de la rémunération des administrateurs et des directeurs[36], avec un message[37].

94 Les Chambres fédérales l'examinèrent et adoptèrent la loi[38] le 7 octobre 2005 (entrée en vigueur: 1er janvier 2007).

95 Cette révision a pour buts, dans les sociétés cotées en bourse:

- de favoriser le droit de contrôle des actionnaires sur les rémunérations perçues par les administrateurs et les directeurs,
- de remédier aux conflits d'intérêts pouvant provenir de la fixation par les administrateurs de leur propre rémunération.

5.2. Société à responsabilité limitée

96 Le 19 décembre 2001, le Conseil fédéral adressa un projet de révision du droit de la société à responsabilité limitée[39] à l'Assemblée fédérale avec un message[40].

97 Les Chambres fédérales l'examinèrent et adoptèrent la loi[41] le 16 décembre 2005 (entrée en vigueur: probablement début 2008).

98 Les principales modifications sont les suivantes:

---

35 Loi sur la fusion, la scission, la transformation et le transfert de patrimoine (LFus), RS 221.301.

36 FF 2004 III.2 4247–4249.

37 FF 2004 III.2 4223–4246.

38 Modification du Code des obligations (Transparence des indemnités versées aux membres du conseil d'administration et de la direction), RO 2006 III 2629.

39 FF 2002 II 3061–3100.

40 FF 2002 II 2949–3060.

41 Modification du Code des obligations (Droit de la société à responsabilité limitée; adaptation des droits de la société anonyme, de la société coopérative, du registre du commerce et des raisons de commerce), RS 220.

- la société à responsabilité limitée devient, de société de personnes à caractère capitaliste qu'elle était, une société de capitaux à caractère personnel,
- elle peut être créée par une seule personne,
- elle n'entraîne plus de responsabilité pour les associés,
- son capital minimal, qui reste fixé à 20 000 francs, doit être entièrement libéré,
- la procédure de transfert des parts sociales est simplifiée,
- la réglementation des composantes capitalistes est harmonisée avec celle de la société anonyme (règles comptables, révision).

5.3. Révision

Le 23 juin 2004, le Conseil fédéral adressa un projet de loi sur l'agrément et la surveillance des réviseurs[42] (LSR), un projet de modification du Code des obligations[43] en ce qui concerne l'obligation de révision dans le droit des sociétés, ainsi qu'un message[44] à l'Assemblée fédérale. 99

Les Chambres les examinèrent et adoptèrent les lois[45] le 16 décembre 2005 (entrée en vigueur: probablement début 2008). 100

Le but de ces deux lois est de créer une réglementation en principe uniforme pour toutes les formes de société à personnalité juridique en matière de révision des comptes et d'introduire une assurance-qualité de cette révision. 101

§ 2 Envisagées

1. Droit comptable

Avant-projet de modification du Code des obligations du 2 décembre 2005. 102

2. Nouvelle révision du droit de la société anonyme

Avant-projet de modification du Code des obligations du 2 décembre 2005. 103

---

[42] FF 2004 III.1 3911–3928.
[43] FF 2004 III.1 3889–3910.
[44] FF 2004 III.1 3745–3888.
[45] Modification du Code des obligations (Droit de la société à responsabilité limitée; adaptation des droits de la société anonyme, de la société coopérative, du registre du commerce et des raisons de commerce), RS 220; Loi sur l'agrément et la surveillance des réviseurs (LSR), RS * (pas encore entrée en vigueur).

Titre 3 Sources

Bibliographie

104 FORSTMOSER/MEIER-HAYOZ/NOBEL, § 6–12; FORSTMOSER, PETER, Einführung in das Recht, 3e éd., Berne 2003, 5. Teil (p. 343–439); MARTI, ZK, Vorbem. zu Art. 5 und 6 ZGB, N 91–124, 130–134, 140–144, 151–167; DU PASQUIER, CLAUDE, Introduction à la théorie générale et à la philosophie du droit, 6e éd., Neuchâtel 1988, p. 47–80; PATRY, SPR VIII/1, p. 42–59; VON STEIGER, SPR VIII/1, p. 254–281.

105 Les sources du droit des sociétés sont le siège des règles de droit applicables aux sociétés. Elles comprennent les sources externes (chapitre 1) et les sources internes (chapitre 2).

Chapitre 1 Sources externes

106 Les sources externes émanent de la volonté de tiers par rapport à la société.

107 Elles comprennent[46]:

- les règles édictées,
- la coutume,
- l'usage commercial,
- le droit judiciaire,
- les moyens auxiliaires (jurisprudence et doctrine).

108 Selon leur champ d'application territorial, on distingue:

- les sources suisses (section 1),
- les sources étrangères (section 2),
- les sources internationales (section 3),
- les sources supranationales (section 4).

Section 1 Suisses

§ 1 Règles édictées

109 Les règles édictées sont les normes générales et abstraites créées soit par l'Etat, soit par un organisme privé.

[46] Voir notamment art. 1 al. 2 et 3 CC.

1. Par l'Etat

Les règles édictées par l'Etat forment une hiérarchie. Une norme constitutionnelle donne à la Confédération la compétence de légiférer dans le domaine du droit civil, donc du droit des sociétés (art. 122 al. 1 Cst. féd). La loi confie au Conseil fédéral le soin de régler certains points par voie d'ordonnance (exemple: art. 4 al. 3 LSR). L'exécution de certaines dispositions légales ou d'ordonnances, ainsi que l'élaboration de règles de procédure, sont confiées aux cantons (exemple: art. 927 al. 2 et 3 CO). 110

Afin qu'elles soient facilement accessibles, les règles édictées par l'Etat sont en général publiées dans un recueil systématique. 111

Exemples: recueil systématique du droit fédéral (RS)[47], recueil systématique des lois bernoises (RSB), recueil systématique de la législation neuchâteloise (RSN), recueil systématique de la législation vaudoise (RSV).

1.1. Constitution fédérale

L'article 122[48] de la Constitution fédérale (Cst. féd.) du 18 avril 1999[49]) dispose que la législation en matière de droit civil relève de la compétence de la Confédération. Pour le droit des sociétés, cette compétence a été utilisée depuis 1881 dans le cadre du Code (fédéral) des obligations[50]. 112

Les articles 23 Cst. féd. (liberté d'association) et 27 Cst. féd. (liberté économique) jouent aussi un rôle important. 113

1.2. Lois et ordonnances fédérales

1.2.1. Code des obligations

Le Code des obligations (CO)[51], du 30 mars 1911, révisé notamment le 18 décembre 1936, le 4 octobre 1991 et le 16 décembre 2005, est la source la plus importante du droit des sociétés. Ses titres XXIII à XXIX lui sont spécialement consacrés. Leur contenu est le suivant: 114

- titre XXIII: société simple (art. 530 à 551 CO),
- titre XXIV: société en nom collectif (art. 552 à 593 CO),
- titre XXV: société en commandite (art. 594 à 619 CO),
- titre XXVI: société anonyme (art. 620 à 763 CO),

---

47 Le recueil systématique du droit fédéral peut être consulté sur Internet (http://www.admin.ch/ch/f/rs/rs.html).

48 Art. 64 Cst. féd. du 29 mai 1874.

49 RS 101.

50 Voir N 76 ss.

51 RS 220.

- titre XXVII: société en commandite par actions (art. 764 à 771 CO),
- titre XXVIII: société à responsabilité limitée (art. 772 à 827 CO),
- titre XXIX: société coopérative (art. 828 à 926 CO).

115 D'autres règles du Code des obligations sont en relation avec le droit des sociétés, notamment:

- les dispositions de la partie générale (titres I à V, art. 1 à 183 CO),
- les règles relatives aux fondés de procuration et autres mandataires commerciaux (titre XVII, art. 458 à 465 CO),
- les règles relatives au registre du commerce, aux raisons de commerce et à la comptabilité commerciale (titres XXX à XXXII, art. 927 à 964 CO),
- les règles relatives aux papiers-valeurs (titres XXXIII à XXXIV, art. 965 à 1186 CO),
- les dispositions finales et transitoires des titres XXIV à XXXIII (19 articles), du 18 décembre 1936, les dispositions finales du titre XXVI (9 articles), du 4 octobre 1991 et les dispositions transitoires de la modification du 16 décembre 2005 (11 articles).

1.2.2. Législation accessoire ou complémentaire

116 Les règles accessoires et complémentaires au Code des obligations ont été édictées par le Conseil fédéral sous la forme d'ordonnances.

117 Les trois ordonnances les plus importantes concernent le registre du commerce. Il s'agit de:

118 – l'Ordonnance sur le registre du commerce (ORC)[52], du 7 juin 1937, qui règle en détails notamment l'organisation du registre du commerce, la tenue des livres, l'assujettissement à l'inscription et la teneur des inscriptions;

119 – l'Ordonnance sur les émoluments en matière de registre du commerce (OERC)[53], du 3 décembre 1954, qui a pour but de fixer les émoluments de l'Office fédéral du registre du commerce ainsi que des émoluments identiques pour tous les offices cantonaux; elle règle aussi le partage des émoluments entre la Confédération et les cantons;

120 – l'Ordonnance sur la Feuille officielle suisse du commerce (Ordonnance FOSC)[54], du 15 février 2006, qui est l'organe de publication officiel suisse des faits importants de la vie du commerce (notamment inscriptions au registre du commerce, sommations, convocations publiques).

121 Les autres ordonnances d'exécution du Code des obligations sont:

---

52 RS 221.411.
53 RS 221.411.1.
54 RS 221.415.

- l'Ordonnance concernant la tenue et la conservation des livres (Olico), du 24 avril 2002[55], qui énumère et définit les livres, et qui réglemente leur conservation;
- l'Ordonnance sur la communauté des créanciers dans les emprunts par obligations, du 9 décembre 1949[56], qui contient des règles particulières sur le droit de participer à l'assemblée des créanciers, sur sa convocation et son déroulement.

1.2.3. Code civil

Plusieurs dispositions du Code civil (CC)[57], du 10 décembre 1907, sont déterminantes pour le droit des sociétés. Il s'agit: 122

- des dispositions du titre préliminaire (articles 1 à 10 CC) qui s'appliquent de manière générale en droit privé;
- des articles 28 à 28f CC qui ont trait à la protection de la personnalité;
- des articles 52 à 59 CC qui constituent la partie générale du droit des personnes morales.

1.2.4. Loi fédérale sur l'agrément et la surveillance des réviseurs

La loi fédérale sur l'agrément et la surveillance des réviseurs (LSR)[58], du 16 décembre 2005, «vise à garantir une exécution régulière et la qualité des prestations en matière de révision» (art. 1 al. 2 LSR). 123

1.2.5. Loi fédérale sur la fusion

La loi fédérale sur la fusion (LFus)[59], du 3 octobre 2003, réglemente les mutations des sociétés et d'autres entités dans le but de les faciliter tout en assurant la sécurité du droit. 124

1.2.6. Loi fédérale sur le droit international privé

Le chapitre 10 (art. 150 à 165) de la Loi fédérale sur le droit international privé (LDIP)[60], du 18 décembre 1987, détermine le tribunal compétent et la loi applicable en cas de litige de droit des sociétés à caractère international. Son chapitre 12 (art. 176 à 194) contient des règles sur l'arbitrage international en Suisse, très utilisé dans ce domaine. 125

---

55 RS 221.431.
56 RS 221.522.1.
57 RS 210.
58 RS * (pas encore entrée en vigueur).
59 RS 221.301.
60 RS 291.

1.2.7. Autres lois et ordonnances

126 Diverses autres lois et ordonnances jouent un rôle important en droit des sociétés. Il s'agit de:

127 – la Loi fédérale sur les banques et les caisses d'épargne (LB)[61], du 8 novembre 1934. Elle institue un régime d'autorisation et de surveillance par la Commission fédérale des banques. Elle prévoit aussi des règles particulières en matière comptable, notamment en ce qui concerne les fonds propres, et de révision;

128 – la Loi fédérale sur les cartels et autres restrictions à la concurrence (LCart)[62], du 6 octobre 1995. Elle soumet la concentration des grandes entreprises à autorisation;

129 – la Loi fédérale sur les placements collectifs de capitaux (LPCC)[63], du 23 juin 2006. Elle crée une législation complète sur les placements collectifs. Elle augmente l'attrait de la place suisse des fonds de placement en créant notamment de nouvelles formes juridiques pour les placements collectifs. Elle améliore la transparence pour renforcer la protection des investisseurs;

130 – la Loi fédérale sur la surveillance des entreprises d'assurance (LSA)[64], du 17 décembre 2004. Elle cherche à protéger les assurés par diverses mesures;

131 – la Loi fédérale sur la poursuite pour dettes et la faillite (LP)[65], du 11 avril 1889. Elle soumet les sociétés commerciales et, dans certains cas, leurs associés, à la poursuite par voie de faillite. Elle est complétée notamment par l'Ordonnance du Tribunal fédéral concernant la saisie et la réalisation de parts de communautés (OPC)[66], du 17 janvier 1923, qui prévoit des règles spéciales pour les cas de poursuite contre un associé d'une société de personnes;

132 – la Loi fédérale sur les bourses et le commerce des valeurs mobilières (LBVM)[67], du 24 mars 1995. Elle régit notamment le commerce des actions et des obligations cotées en bourse en cherchant à favoriser le bon fonctionnement et la transparence du marché. Elle établit en outre des règles relatives à la publicité des participations et aux offres publiques d'achat. Elle est complétée par plusieurs ordonnances et règlements.

1.3. Règles cantonales d'exécution et de procédure

1.3.1. Règles d'exécution

133 Les principales tâches d'exécution confiées aux cantons concernent l'organisation et la surveillance du Registre du commerce. Elles sont réglementées dans les lois cantonales d'introduction au Code civil ou au Code des obligations et dans des ordonnances ou décrets cantonaux spéciaux.

---

61 RS 952.0.
62 RS 251.
63 RS * (pas encore entrée en vigueur).
64 RS 961.01.
65 RS 281.1.
66 RS 281.41.
67 RS 954.1.

1.3.2. Règles de procédure

Les litiges de droit des sociétés sont essentiellement de droit privé. Ils sont par conséquent régis par les règles cantonales de procédure civile (art. 122 al. 2 Cst. féd.). Certains cantons (Argovie, Berne, Saint-Gall et Zurich) ont institué un tribunal spécial, appelé tribunal de commerce (*Handelsgericht*), pour connaître des litiges relatifs au droit commercial. 134

Les cantons ont en outre adopté, par voie de concordat (traité intercantonal), des règles sur l'arbitrage interne (en Suisse). Il s'agit du Concordat sur l'arbitrage du 27 mars 1969 (CIA), approuvé par le Conseil fédéral le 27 août 1969[68]. 135

2. Par un organisme privé

Certains organismes privés élaborent aussi des règles générales et abstraites. Ces règles, bien que non contraignantes, jouent un rôle important, car elles sont souvent acceptées volontairement par les intéressés. 136

2.1. Association suisse des banquiers

L'Association suisse des banquiers édicte des directives, des circulaires, des recommandations et des modèles de contrat dans de nombreux domaines (notamment le contrôle interne et l'obligation de diligence)[69]. 137

2.2. Fondation pour les recommandations relatives à la présentation des comptes

La fondation pour les recommandations relatives à la présentation des comptes (FER) édicte régulièrement et publie des recommandations ayant pour but l'amélioration de la qualité de l'information comptable, la comparaison des comptes annuels et l'harmonisation avec les normes internationales, en concrétisant et en complétant les dispositions légales en vigueur[70]. 138

---

68 RO 1969, 1117 ss.

69 THÉVENOZ/ZULAUF, 45–0 ss.

70 FONDATION POUR LES RECOMMANDATIONS RELATIVES A LA PRESENTATION DES COMPTES, RPC 2007, Recommandations relatives à la présentation des comptes, Zurich 2007.

§ 2 Coutume

139 La coutume est un usage prolongé et ininterrompu dont la valeur juridique est reconnue de manière générale sur le territoire concerné (Confédération, canton).

140 En droit des sociétés, depuis la codification du principe de l'égalité de traitement et de l'exercice mesuré des droits en matière de société anonyme (art. 706 al. 2 ch. 3 CO), la coutume joue un rôle marginal.

§ 3 Usage commercial

141 L'usage commercial est une pratique généralement suivie par les commerçants dans un domaine déterminé.

142 L'usage commercial peut être considéré comme source de droit lorsque la loi y renvoie expressément (art. 662a al. 1, 959 CO). De plus, à défaut d'une disposition légale applicable ou d'une coutume (art. 1 al. 2 CC), l'usage commercial fait partie des moyens auxiliaires dont le juge s'inspire pour combler la lacune (art. 1 al. 3 CC). Enfin, l'usage commercial a des effets juridiques lorsque les parties s'y soumettent conventionnellement.

§ 4 Droit judiciaire

143 Le droit judiciaire est le droit créé par le juge en cas de lacune du droit édicté ou de la coutume (art. 1 al. 2 in fine CC), c'est-à-dire en cas d'absence de règle dans un domaine qui en nécessiterait une.

§ 5 Moyens auxiliaires

144 Les moyens auxiliaires ne sont pas des sources du droit au sens strict du terme, mais des instruments dont le juge doit s'inspirer, aussi bien lorsqu'il fait œuvre de législateur que lorsqu'il applique le droit[71].

1. Jurisprudence

145 La jurisprudence est l'ensemble des décisions des autorités judiciaires et administratives.

---

[71] FORSTMOSER (cité N 104), § 15 N 182.

1.1. Tribunaux étatiques

La jurisprudence étatique est moins abondante en droit des sociétés que dans d'autres domaines du droit, car l'arbitrage est très fréquent dans ce domaine. 146

1.1.1. Tribunal fédéral

Le Tribunal fédéral publie ses arrêts les plus importants dans le Recueil officiel des arrêts du Tribunal fédéral suisse (ATF), qui est divisé en cinq parties. Les jugements relatifs au droit des sociétés sont principalement contenus dans la troisième partie (deuxième partie pour les années antérieures à 1995). 147

Ces arrêts peuvent aussi être consultés dans des revues juridiques[72] et, s'agissant de ceux rendus depuis 1954, sur Internet (adresse: http://www.bger.ch). Swisslex-Westlaw, système d'information électronique en matière de droit suisse, donne accès à la jurisprudence du Tribunal fédéral dès 1954. 148

1.1.2. Tribunaux cantonaux

La jurisprudence cantonale est publiée dans les diverses revues cantonales, notamment dans le Journal des Tribunaux (JdT, canton de Vaud), dans la Semaine Judiciaire (SJ, canton de Genève), dans le Recueil de jurisprudence neuchâteloise (RJN), dans la Revue de la société des juristes bernois (RJB) et dans les Blätter für Zürcherische Rechtsprechung (ZR). 149

Elle est en partie reprise dans d'autres revues juridiques à caractère plus universel ou matériellement spécialisées, notamment dans: 150

- la Revue Suisse de Jurisprudence (RSJ),
- la Revue suisse de droit des affaires et du marché financier (RSDA). Avant 2006: Revue suisse de droit des affaires (RSDA). Avant 1990: La société anonyme suisse (SAS),
- Gesellschafts- und Kapitalmarktrecht (GesKR).

Des répertoires en facilitent l'accès, notamment: 151

- GAUCH, PETER/AEPLI, VIKTOR/STÖCKLI, HUBERT, Präjudizienbuch zum OR, Rechtsprechung des Bundesgerichts, Zurich 2002,
- NOBEL, PETER/GRONER, ROGER, Aktienrechtliche Entscheide, Berne 2006,
- PEDRAZZINI, FEDERICO A.: Gesellschaftsrechtliche Entscheide, 4e éd., Berne 1998.

Swisslex-Westlaw donne également accès à la jurisprudence cantonale récente (en général dès 1965). 152

---

[72] Notamment dans *Die Praxis* (Pra) et le *Journal des Tribunaux* (JdT).

1.2. Tribunaux arbitraux

153 Pour des raisons de discrétion, de rapidité et d'efficacité, les litiges de droit des sociétés sont souvent tranchés par des tribunaux arbitraux.

154 Le tribunal arbitral est une juridiction privée, basée sur la volonté des parties exprimée dans une convention, destinée à trancher un litige en lieu et place d'un tribunal étatique.

155 La jurisprudence des tribunaux arbitraux n'est en général pas publiée.

2. Doctrine

156 La doctrine est la science du droit.

157 Elle est contenue dans:

- les manuels et les traités, qui exposent systématiquement la matière de manière plus ou moins approfondie,
- les commentaires, qui exposent la matière article par article,
- les monographies, qui traitent de manière approfondie un sujet particulier,
- les articles de revue.

158 SWISSLEX-WESTLAW[73] en facilite l'accès.

2.1. Manuels et traités

159 Parmi les plus importants:

- GUHL, THEO/KOLLER, ALFRED/SCHNYDER, ANTON/DRUEY, JEAN NICOLAS, Das Schweizerische Obligationenrecht, 9e éd., Zurich 2000,
- MEIER-HAYOZ, ARTHUR/FORSTMOSER, PETER, Schweizerisches Gesellschaftsrecht, 9e éd., Berne 2004,
- PATRY, ROBERT, Précis de droit suisse des sociétés, 2 vol., Berne 1976–1977,
- Traité de droit privé suisse (TDP) (éd. allemande: Schweizerisches Privatrecht, SPR):
  - SPR II/4 (éd. allemande): WEBER, ROLF H., Juristische Personen, Bâle et Francfort-sur-le-Main 1998,
  - SPR VIII/1 (éd. allemande): PATRY, ROBERT, Grundlagen des Handelsrechts; VON STEIGER, WERNER, Gesellschaftsrecht, Allgemeiner Teil, Besonderer Teil: Die Personengesellschaften, Bâle et Stuttgart 1976,
  - SPR VIII/2 (éd. allemande): VON GREYERZ, CHRISTOPH, Die Aktiengesellschaft; WOHLMANN, HERBERT, Die Gesellschaft mit beschränkter Haftung, Bâle et Francfort-sur-le-Main 1982,

[73] Voir N 152.

- TDP VIII/III/1 (éd. française, existe aussi en allemand, SPR VIII/5): REYMOND, JACQUES-ANDRÉ, La coopérative, Fribourg, Bâle et Francfort-sur-le-Main 1996,
- SPR VIII/6 (éd. allemande): VON BÜREN, ROLAND, Der Konzern, 2e éd., Bâle/Genève/Munich 2005,
- SPR VIII/8, (édition allemande): BERETTA, PIERA, Strukturanpassungen, Bâle/Genève/Munich 2006.

2.2. Commentaires

Le commentaire est l'ouvrage de référence par excellence, aussi bien du praticien que du chercheur. 160

Quatre commentaires sont à disposition, dénommés en général par rapport à leur lieu d'édition: 161

- Commentaire bâlois (BaK), édité par Helbing & Lichtenhahn, à Bâle. La partie consacrée au droit des sociétés, rédigée par divers auteurs, date de 2002 (2e édition). Il s'agit d'un commentaire bref, destiné avant tout aux praticiens.
- Commentaire bernois (BK), édité par Stämpfli, à Berne. La partie consacrée au droit des sociétés n'est pas complète. Elle est divisée en plusieurs tomes, rédigés par divers auteurs et dont les dates de parution sont échelonnées dans le temps.
- Commentaire romand (CR), édité par Helbing & Lichtenhahn, à Bâle. La partie consacrée au droit des sociétés, rédigée par divers auteurs, paraîtra probablement en 2007. Il s'agit de l'équivalent, en français, du commentaire bâlois.
- Commentaire zurichois (ZK), édité par Schulthess, à Zurich. La partie consacrée au droit des sociétés est complète, exception faite de la société en commandite par actions. Elle est divisée en plusieurs tomes, rédigés par divers auteurs et dont les dates de parution sont échelonnées dans le temps.

2.3. Revues

Outre la Revue suisse du droit des affaires et du marché financier (RSDA) et Gesellschafts- und Kapitalmarktrecht (GesKR) déjà citées[74], il faut mentionner l'Expert comptable suisse (EC), revue fondée en 1926. La Revue de droit suisse (RDS) publie occasionnellement des articles de fond consacrés au droit des sociétés, ainsi que la plupart des autres revues. 162

[74] Voir N 150.

2.4. Fiches juridiques suisses

163 Les Fiches juridiques suisses (FJS) méritent une place à part entre la monographie et la cartothèque. Il s'agit de brèves monographies, à l'origine sous forme de fiches, actuellement sous forme de fascicules. Chaque fiche-fascicule traite un thème précis et appartient souvent à un ensemble.

Exemple: la société anonyme fait l'objet d'une quinzaine de fiches consacrées notamment à la création, au capital social, aux actions, à l'assemblée générale, au conseil d'administration et à l'organe de révision.

Section 2 Etrangères

164 En droit des sociétés, le droit étranger joue un rôle particulièrement important. L'International Encyclopedia of Comparative Law, éditée par l'International Association of Legal Science, renseigne de manière générale à son sujet[75].

165 Le droit étranger des sociétés se compose de trois groupes principaux:
- le groupe germanique,
- le groupe latin,
- le groupe de la common law.

166 A titre d'exemple, seront présentées de manière succincte les principales sources du droit des sociétés en Allemagne (groupe germanique), en France (groupe latin) et au Royaume-Uni (groupe de la common law). Malgré les efforts d'harmonisation entrepris en Europe, les législations de ces différents Etats présentent encore de grandes différences, surtout en matière de droit des sociétés de personnes.

§ 1 Allemagne

1. Règles édictées

167 Le droit allemand des sociétés ne fait pas l'objet d'une codification globale. Les principales lois qui le composent, parfois modifiées à plusieurs reprises, sont:

168 – le Code civil allemand (Bürgerliches Gesetzbuch, BGB), du 18 août 1896 (§ 705–740),

169 – le Code de commerce (Handelsgesetzbuch, HGB), du 10 mai 1897,

170 – la loi sur les sociétés anonymes (Aktiengesetz, AktG), du 6 septembre 1965,

---

[75] Voir aussi: ANDENAS, MADS/WOOLDRIDGE, FRANK, European comparative company law, Cambridge 2005; MAITLAND-WALKER, JULIAN, Guide to European Company Law, 2e éd., Londres 1997.

- la loi sur les sociétés à responsabilité limitée (Gesetz betreffend die Gesellschaften mit beschränkter Haftung, GmbHG), du 20 avril 1892, 171
- la loi sur les sociétés coopératives (Gesetz betreffend die Erwerbs- und Wirtschaftsgenossenschaften, GenG), du 19 août 1994, 172
- la loi sur la comptabilité de certaines entreprises et des groupes de sociétés (Gesetz über die Rechnungslegung von bestimmten Unternehmen und Konzernen, PublG), du 15 août 1969, 173
- la loi sur les mutations d'entreprises (Umwandlungsgesetz, UmwG), du 28 octobre 1994. 174

Elles sont publiées dans un recueil officiel, la *Bundesgesetzblatt* (BGBl). Certaines d'entre elles sont aussi publiées dans des recueils spécialisés. 175

Exemple: NWB-Textausgabe, Wichtige Wirtschaftsgesetze, 19e éd., Herne/Berlin 2006.

2. Jurisprudence

Le tribunal étatique supérieur est la 2e chambre civile du Tribunal fédéral allemand (II. Zivilsenat des Bundesgerichtshofes). Sa jurisprudence est publiée dans un recueil officiel qui s'appelle *Entscheidungen des Bundesgerichtshofes in Zivilsachen.* 176

L'arbitrage est très fréquent. 177

3. Doctrine

La doctrine allemande est plus abondante que la doctrine suisse. Elle joue un rôle considérable. 178

Parmi les ouvrages récents présentant le droit allemand des sociétés de manière systématique, il faut mentionner: 179

- EISENHARDT, ULRICH, Gesellschaftsrecht, 11ère éd., Munich 2003,
- FLUME, WERNER, Allgemeiner Teil des bürgerlichen Rechts I/1 et I/2, 4e éd., Berlin/Heidelberg [etc.] 1992,
- GRUNEWALD, BARBARA, Gesellschaftsrecht, 6e éd., Tübingen 2005,
- KÜBLER, FRIEDRICH, Gesellschaftsrecht, 5e éd., Heidelberg 1998,
- SCHMIDT, KARSTEN, Gesellschaftsrecht, 4e éd., Cologne/Berlin/Bonn/Munich 2002,
- SCHMIDT, KARSTEN, Handelsrecht, 5e éd., Cologne/Berlin/Bonn/Munich 1999,
- WIEDEMANN, HERBERT, Gesellschaftsrecht, Bd I, Grundlagen, Munich 1980, Bd. II, Recht der Personengesellschaften, Munich 2004.

Une des principales revues est la *Zeitschrift für Unternehmens- und Gesellschaftsrecht* (ZGR). 180

§ 2 France

1. Règles édictées

181 Le droit français est essentiellement régi par les textes suivants, modifiés à de nombreuses reprises:

182 – le Code civil français, du 21 mars 1804 (art. 1832 à 1873),

183 – le Code de commerce français, du 18 septembre 2000.

184 Ils sont publiés dans un recueil officiel, le *Journal officiel de la République française* (J.O.). Certains d'entre eux sont aussi publiés dans des recueils spécialisés.

Exemple: Dalloz, Code de commerce, 101ère éd., Paris 2006.

2. Jurisprudence

185 Le tribunal étatique supérieur est la quatrième chambre civile, appelée chambre commerciale, de la Cour de cassation ou, éventuellement, l'assemblée plénière civile de cette dernière. Sa jurisprudence est publiée dans le *Bulletin des arrêts de la Cour de cassation, chambres civiles.*

186 L'arbitrage est très fréquent.

3. Doctrine

187 Parmi les ouvrages récents présentant le droit français des sociétés de manière systématique, il faut mentionner:

- COZIAN, MAURICE/VIANDIER, ALAIN/DEBOISSY, FL., Droit des sociétés, 17e éd., Paris 2004,
- DIDIER, PAUL, Droit commercial, T. 1, Introduction, L'entreprise, L'entreprise individuelle, 3e éd., Paris 1999; T. 2, L'entreprise en société, Les groupes de sociétés, 3e éd., Paris 1999,
- GUYON, YVES, Droit des affaires, T. 1, Droit commercial général et sociétés, 11ère éd., Paris 2001; T. 2, Entreprises en difficultés, Redressement judiciaire-Faillite, 8e éd., Paris 2001,
- LE CANNU, PAUL, Droit des sociétés, Paris 2002,
- MERLE, PHILIPPE, Droit commercial, sociétés commerciales, 10e éd., Paris 2005,
- RIPERT, GEORGES/ROBLOT, RENÉ/GERMAIN, MICHEL, Traité de droit commercial, T. 1, Vol. 2: Les sociétés commerciales, 18e éd., Paris 2002,
- SALOMON, RENAUD, Précis de droit commercial, Paris 2005,
- VIDAL, DOMINIQUE, Droit des sociétés, 5e éd., Paris 2006.

188 Une des principales revues est la *Revue trimestrielle de droit commercial et de droit économique* (RTDCom.).

§ 3 Royaume-Uni

1. Règles édictées

Malgré le rôle primordial de la *common law* en droit anglais, les règles édictées, qui ne font pas l'objet d'une codification globale, sont une source importante du droit des sociétés. Les principaux actes législatifs sont: 189

- les lois sur les sociétés (Companies Act), de 1985, 1989 et 2004, 190
- les lois sur l'insolvabilité (Insolvency Act), 1986, 1994 et 2000, 191
- la loi sur les gérants de sociétés (Company Directors [Disqualification] Act), de 1986, 192
- la loi sur les services financiers et les marchés (Financial Services and Markets Act), de 1986 et 2000. 193

Ils font l'objet de publications inofficielles: 194

- Halsbury's Statutes of England and Wales, 4e éd., Londres 1985 ss,
- site internet de *Office of Public Sector Information* (www.opsi.gov.uk).

2. Jurisprudence

La jurisprudence anglaise est basée sur le système du précédent, qui veut que le juge tranche, sauf cas exceptionnel, en respectant les règles établies par les décisions précédentes présumées conformes au droit. Par conséquent: 195

- en l'absence d'une disposition légale, le juge s'en tient en principe aux précédents, en tout cas à ceux des juridictions supérieures et aux siens propres; 196
- en présence d'une disposition légale, le juge l'applique et s'en tient aux précédents en ce qui concerne son interprétation. 197

La jurisprudence relative au droit des sociétés est présentée de manière systématique notamment dans SEALY, LEN S., Cases and Materials in Company Law, 7e éd., Londres 2001. 198

L'arbitrage est très fréquent. 199

3. Doctrine

Parmi les ouvrages récents présentant le droit anglais des sociétés de manière systématique, il faut mentionner: 200

- CHEFFINS, BRIAN R., Company Law: Theory, Structure and Operation, Oxford 1997,
- DAVIES, PAUL L., Gower and Davies' Principles of Modern Company Law, 7e éd., Londres 2003,
- DAVIES, PAUL L., Introduction to Company Law, Oxford 2002,
- GRIER, NICHOLAS J.M., Company law, 2e éd., Edinburgh 2005,

- KRAAKMAN, REINIER H. et autres, The Anatomy of Corporate Law, Oxford 2004,
- MORSE, GEOFFREY/GIRVIN, STEPHEN, Charlesworth, Company law, 17e éd., Londres 2005,
- PENNINGTON, ROBERT ROLAND¸ Company Law, 8e éd., Londres 2001.

Section 3 Internationales

201 De même que les autres branches juridiques qui touchent au commerce, le droit des sociétés a une vocation internationale. De nombreux efforts ont été réalisés, par le moyen de traités internationaux, pour supprimer les barrières entre Etats dues aux différences de législations. Ils ont essentiellement porté sur les règles de procédure, notamment sur la compétence des tribunaux et l'exécution de leurs décisions (1), ainsi que sur l'arbitrage international (2). Il existe aussi des conventions en matière d'entraide judiciaire (entre autorités et tribunaux de pays différents) et d'exécution forcée (cas de faillites internationales).

1. Compétence des tribunaux et exécution des décisions

202 Le traité le plus important dans ce domaine est la Convention concernant la compétence judiciaire et l'exécution des décisions en matière civile et commerciale (Convention de Lugano, CL), du 16 septembre 1988[76], conclue entre les pays de l'Union européenne et ceux de l'Association européenne de libre-échange (dont la Suisse). Elle précise quel juge est compétent pour trancher les litiges de droit civil ou commercial, par conséquent aussi de droit des sociétés, et à quelles conditions la décision de ce juge doit être reconnue et exécutée dans les autres Etats parties.

203 A ce sujet, on consultera avec profit l'ouvrage de DONZALLAZ, YVES, La Convention de Lugano du 16 septembre 1988 concernant la compétence judiciaire et l'exécution des décisions en matière civile et commerciale, 3 vol., Berne 1996/1998.

2. Arbitrage international

204 Plusieurs traités internationaux et règles émanant d'organisations internationales traitent de l'arbitrage international. On citera notamment:

205 – la Convention (de New York) pour la reconnaissance et l'exécution de sentences arbitrales étrangères, du 10 juin 1958, entrée en vigueur pour la Suisse le 30 août 1965[77],

---

[76] RS 0.275.11. Entrée en vigueur pour la Suisse le 1er janvier 1992.
[77] RS 0.277.12.

- le Règlement de conciliation et d'arbitrage de la Chambre de commerce internationale, du 1er janvier 1998. 206

Section 4 Supranationales

Les organes de l'Union européenne ont édicté plusieurs directives, qui ont pour but l'harmonisation du droit des sociétés de ses membres, ainsi que des règlements visant l'unification de ce droit[78]. 207

Chapitre 2 Sources internes

Bibliographie

FORSTMOSER/MEIER-HAYOZ/NOBEL, § 7–12; HÜPPI, DAVID, Die Methode zur Auslegung von Statuten, thèse Zurich 1971; KÖNIG, WALTER, Statut, Reglement, Observanz, thèse Zurich 1933; VON STEIGER, WERNER, SPR VIII/1, p. 266–281. 208

Les sources internes émanent de la volonté de la société ou de ses associés. Par conséquent, leur contenu varie pour chaque société, dans les limites du cadre légal. 209

Elles peuvent prendre les formes suivantes: 210

- contrat de société ou acte constitutif (section 1),
- statuts (section 2),
- règlement (section 3),
- décision (section 4),
- usance ou observance (section 5).

Section 1 Contrat de société ou acte constitutif

§ 1 Définition

Le contrat de société ou l'acte constitutif est l'acte juridique créateur de la société. 211

Toute société est basée sur un contrat ou un acte constitutif (art. 530, 552 al. 1, 594 al. 1, 629 al. 1, 764 al. 2 CO, 777 al. 1 nCO) ou un succédané (art. 834 CO). 212

[78] Voir N 2527 ss.

§ 2 Nature juridique

213 Le contrat de société ou l'acte constitutif de la société pluripersonnelle[79] est un acte juridique bi(multi)latéral, plus particulièrement un contrat[80]; l'acte constitutif de la société unipersonnelle[81] est un acte juridique unilatéral[82].

§ 3 Forme

214 La forme du contrat de société ou de l'acte constitutif varie en fonction de la forme de société choisie[83].

§ 4 Contenu

215 Le contenu du contrat de société ou de l'acte constitutif varie en fonction de la forme de société choisie et de la volonté de l'associé(des associés)[84].

Section 2 Statuts

§ 1 Définition

216 Les statuts sont un ensemble de règles, adopté par le(s) fondateur(s) à l'unanimité, modifiable par l'assemblée générale ou par l'assemblée des associés par une décision au moins majoritaire, servant de constitution (charte fondamentale) à la société. Seules les sociétés à personnalité juridique (société anonyme, société en commandite par actions, société à responsabilité limitée et société coopérative) possèdent des statuts.

§ 2 Nature juridique

217 Les statuts ont une double nature juridique, contractuelle et normative. En effet, les règles qu'ils contiennent ont aussi une portée générale et abstraite.

218 Cette double nature juridique influence la manière de les interpréter. Selon le type de société (fermée ou publique notamment) ou la norme en

---

[79] Voir N 392.
[80] Voir N 394 ss.
[81] Voir N 635.
[82] Voir N 669.
[83] Voir N 1055 ss.
[84] Voir N 962 ss.

cause, la jurisprudence utilise les méthodes d'interprétation des contrats ou des lois[85].

Les statuts sont subordonnés aux sources externes. 219

§ 3 Forme

Les statuts revêtent toujours la forme écrite. Ils doivent être déposés au registre du commerce. 220

§ 4 Contenu

Le contenu des statuts est fixé librement par le(s) fondateur(s) ou, 221 en cas de modification subséquente, par l'assemblée générale (ou l'assemblée des associés), dans les limites de la loi.

Parmi les clauses statuaires, il faut distinguer: 222

1. Clauses nécessaires

Les clauses nécessaires doivent figurer dans les statuts pour que la 223 société puisse être inscrite au registre du commerce. Un renvoi par les statuts à une autre source interne ne suffit pas. Elles sont donc une condition de validité de la procédure de fondation. Elles concernent notamment le but, la raison sociale et le siège de la société (art. 626, 764 al. 2 CO, 776 nCO, 832 CO). Leur énumération par la loi est exhaustive.

2. Clauses facultativement nécessaires

Les clauses facultativement nécessaires doivent figurer dans les 224 statuts pour être valables. Un renvoi par les statuts à une autre source interne ne suffit pas. Elles sont donc simplement une condition de leur propre validité. Les fondateurs peuvent décider de n'en introduire aucune. Elles concernent des questions particulièrement importantes comme le droit de vote privilégié (art. 627 ch. 9 CO, 776a al. 2 ch. 4 nCO) ou les restrictions de transfert du sociétariat (art. 627 ch. 8 CO, 776a al. 2 ch. 2 nCO). Leur énumération par la loi n'est pas absolument exhaustive.

3. Clauses facultatives

Les clauses facultatives peuvent ne pas figurer dans les statuts, 225 sans conséquence pour la validité de la procédure de fondation ou leur

[85] TF, 12.10.04, SJ 2005 I 365, *372;* ATF 114 II 193, *196* s. (fr.); ATF 107 II 179, *186*/JdT 1981 I 375, *381 s.*

propre validité. Elles peuvent figurer dans une autre source interne. Elles regroupent toutes les dispositions statutaires:
- qui répètent le contenu de règles légales impératives ou dispositives,
- qui dérogent à des règles légales dispositives ou
- qui réglementent une question non soumise à la forme statutaire.

Section 3 Règlement

§ 1 Définition

226 Le règlement est un ensemble de règles, adopté et modifiable par l'organe compétent, concernant un domaine social non réglementé par la loi de manière impérative ni par les statuts, ni attribué impérativement au contenu des statuts.

§ 2 Nature juridique

227 Subordonné aux statuts, le règlement a une nature juridique analogue à ceux-ci. Il est aux statuts ce que l'ordonnance est à la loi.

§ 3 Forme

228 Pour des raisons pratiques, le règlement est écrit, mais il n'est pas soumis à l'obligation de dépôt au registre du commerce.

§ 4 Contenu

229 Le règlement peut notamment contenir:

230 – des règles d'organisation relatives aux organes de la société, à leurs droits et à leurs obligations, ainsi qu'à la procédure de prise des décisions (règlement d'organisation),

231 – des règles d'administration et(ou) de gestion relatives à la conduite de l'entreprise d'un point de vue technique, commercial et(ou) juridique (règlement de gestion).

232 Selon le contenu, l'organe compétent peut adopter un ou plusieurs règlements.

Section 4 Décision

§ 1 Définition

La décision est un acte juridique par lequel la manifestation de volonté individuelle d'une personne physique ou les manifestations de volonté individuelles, parfois très différentes, de plusieurs personnes physiques, est(sont) transformée(s) en une manifestation de volonté unique d'une société, d'un organe ou d'un autre groupe de personnes. 233

Une personne morale ou une société peut participer à la prise d'une décision (par exemple: une société à responsabilité limitée, actionnaire d'une société anonyme, participe à une assemblée générale de celle-ci et prend part aux votes), mais sa propre volonté est déterminée par une ou plusieurs personnes physiques. Par conséquent, une décision implique toujours, directement ou indirectement, l'intervention d'une personne physique. 234

La décision est subordonnée au contrat de société et aux statuts. Elle est également subordonnée aux règlements qui ont été adoptés par le même organe ou par un organe supérieur. 235

§ 2 Forme

Selon les cas, la décision est ou n'est pas soumise à une forme déterminée. 236

Section 5 Usance (observance)

§ 1 Définition

L'usance est un usage prolongé et ininterrompu, ne faisant l'objet d'une règle ni dans le contrat de société ni dans les statuts ou un règlement, mais qui est reconnu comme contraignant par la société, ses associés et, le cas échéant, ses organes. 237

Sur le plan interne, elle est comparable à la coutume. 238

Elle est subordonnée aux statuts et aux règlements. Elle ne peut aller à l'encontre ni d'une disposition légale impérative, ni d'une disposition statutaire ou réglementaire. 239

Exemple: disposition statutaire peu claire appliquée systématiquement de la même manière pendant une longue période.

§ 2 Forme

240 L'usance n'est soumise à aucune forme. Elle peut être abrogée en tout temps par une décision formelle.

Titre 4 Caractéristiques

Bibliographie

BUCHER, EUGEN, Der Gegensatz von Zivilrecht und Handelsrecht, Bemerkungen zur Geschichte und heutigen dogmatischen Bedeutung der Unterscheidung, in: Aspekte der Rechtsentwicklung, Festschrift zum 50. Geburtstag von Professor Meier-Hayoz, Zurich 1972, p. 1–14; LEFÈBVRE, D., La spécificité du droit commercial, RTDComm. 29 (1976), p. 285–305; OFTINGER, KARL, Handelsrecht und Zivilrecht, in: Ausgewählte Schriften, Zurich 1978, p. 101–119; SALOMON, RENAUD, Précis de droit commercial, Paris 2005, p. 11–14; SZRAMKIEWICZ, ROMUALD, Histoire du droit des affaires, Paris 1989, p. 18–20; WIEDEMANN, HERBERT, Gesellschaftsrecht, Bd. I, Grundlagen, Munich 1980, p. 82–88. 241

Le droit des sociétés ne fait pas partie d'un Code de commerce, qui n'existe pas en Suisse, mais du Code des obligations, considéré comme le cinquième livre du Code civil. D'un point de vue formel, il y a donc unité du droit civil et du droit commercial (comprenant le droit des sociétés). D'un point de vue matériel, tout en étant très proche du droit civil, le droit des sociétés présente un certain nombre de particularités. 242

A titre exemplatif, les caractéristiques suivantes du droit des sociétés par rapport au droit des obligations et au droit civil méritent d'être mentionnées. 243

1. But

Le droit des sociétés a pour but premier l'organisation de la vie des affaires, c'est-à-dire la mise à disposition des intéressés d'institutions leur permettant d'exercer leurs activités commerciales avec efficacité. 244

2. Destinataires

Vu son but, le droit des sociétés est conçu pour les commerçants et principalement destiné aux commerçants. Noyau dur du droit commercial, il peut néanmoins être utilisé par les non-commerçants (art. 553, 595, 620 al. 3 CO). 245

3. Influence de l'économie

Le droit des sociétés est étroitement lié aux besoins nombreux, variés et changeants de l'économie, qui a les moyens de s'imposer au 246 législateur (groupes de pression). Par conséquent, il a tendance à évoluer rapidement[86].

247 Cette caractéristique est encore plus marquée à l'étranger. En France, par exemple, le droit des sociétés est modifié en moyenne tous les trois ans.

4. Autonomie

248 Vu notamment l'influence de l'économie, le droit des sociétés s'est, dans une large mesure, développé de manière indépendante aussi bien par rapport à la science juridique que par rapport à la législation.

249 D'une part, il est pragmatique et s'embarrasse peu de théories.

250 D'autre part, il est souvent en avance sur la législation. Ses institutions sont en général créées et utilisées par la pratique, avant que le législateur n'intervienne. Le législateur se borne dans la plupart des cas à codifier les institutions inventées et éprouvées par la pratique (sociétés unipersonnelles, bons de participation, obligations convertibles et à option, dématérialisation des papiers-valeurs). Il a parfois de la peine à imposer ses propres créations (société à responsabilité limitée). Il doit souvent assister à des évolutions de la pratique et de la jurisprudence qui vont à l'encontre des dispositions légales[87].

5. Technicité

251 Le droit des sociétés est technique. Evitant le dogmatisme, il cherche à donner des solutions pratiques aux problèmes posés, des recettes à la fois simples et complètes (procédures de constitution, de mutation, de liquidation, de prise de décision).

252 Cette technicité se manifeste dans le Code des obligations:

253 – d'une part, par le fait que la division tripartite des articles est en partie abandonnée au profit de dispositions parfois très longues (art. 657, 671, 715a, 743 CO, 814 nCO, 871, 903 CO);

254 – d'autre part, par le fait que la langue employée est elle-même technique, qu'elle se caractérise par un vocabulaire propre (capital-actions, bon de jouissance, bon de participation, agio, réserve).

255 Il en résulte notamment:

256 – des dispositions légales détaillées,

257 – la nécessité d'une adaptation plus fréquente à l'évolution de l'économie,

258 – une plus grande difficulté d'accès pour le profane.

---

[86] Le phénomène inverse peut toutefois aussi se produire, lorsque l'économie n'a pas d'intérêt à l'intervention du législateur et joue le rôle de frein.

[87] Voir notamment ATF 121 III 219/JdT 1996 I 162.

6. Souplesse

Le droit des sociétés n'en reste pas moins dominé par le principe de la liberté contractuelle[88]. Cela contribue à lui assurer la souplesse dont il a besoin, spécialement dans le domaine des rapports internes[89]. 259

7. Sanctions

Dans l'intérêt d'un déroulement rapide et sûr des transactions, le droit des sociétés prévoit parfois des sanctions sévères en cas de violation des obligations. 260

Exemples:

- en principe, la société qui ne paie pas ses dettes est soumise à la poursuite par voie de faillite (art. 39 LP) aux effets plus graves que la poursuite par voie de saisie.
- le fait qu'une société anonyme ne possède pas les organes prescrits ou qu'un de ces organes ne soit pas composé conformément aux prescriptions peut entraîner sa dissolution (art. 731b nCO).

Toutefois, en général, il se contente de l'action en dommages-intérêts contre le responsable. Par conséquent, dans ces cas, la sanction n'est pas automatique. Elle suppose l'intervention du lésé. 261

Exemples:

- l'acquisition par la société anonyme de 30 pour cent de ses propres actions, manifestement contraire à la loi (art. 659 CO), n'entraîne pas de sanction automatique (nullité ou autre). En cas de dommage, le lésé peut intenter une action en responsabilité contre les administrateurs.
- la violation par un administrateur de son obligation de diligence n'entraîne pas non plus de sanction automatique, mais le lésé peut intenter une action en responsabilité contre lui.

8. Vocation internationale

Vu que le commerce ne connaît pas de frontières, qu'il est exercé par des personnes de nationalités différentes, le droit des sociétés a eu, tout au long de son histoire, une vocation internationale. Aujourd'hui, les droits nationaux des différents Etats présentent des solutions souvent similaires. La tendance à l'uniformité ressort aussi des efforts internationaux d'harmonisation et d'unification de cette branche du droit[90]. 262

[88] Voir N 291–299.
[89] Voir N 1160 ss.
[90] Voir N 201–207.

Titre 5 Principes généraux

Bibliographie

263 BERTREL, JEAN-PIERRE, Liberté contractuelle et sociétés, RTDComm 49 (1996), p. 595–631; BÖCKLI, § 13 N 679–705; VON BÜREN/STOFFEL/WEBER, N 832–841; CARONI, PIO, Die Einleitungsartikel des Zivilgesetzbuches, Bâle/Francfort-sur-le-Main 1996; ENGEL, PIERRE, Traité des obligations en droit suisse, 2e éd., Berne 1997, p. 94–122; FORSTMOSER, PETER, Einführung in das Recht, 3e éd., Berne 2003; GAUCH, PETER/SCHLUEP, WALTER R./SCHMID, JÖRG/REY, HEINZ, Schweizerisches Obligationenrecht, Allgemeiner Teil, Band I, 8e éd., Zurich 2003, § 6 N 611a–729; HOVAGEMYAN, HRANT, Transparence et réalité économique des sociétés, Lausanne 1994; HUGUENIN JACOBS, CLAIRE, Das Gleichbehandlungsprinzip im Aktienrecht, Zurich 1994; JUNG, PETER, Der Beitrag des Europäischen Gesellschaftsrechts zum System des Gemeinschaftsprivatrechts, Revue de droit privé communautaire, 2004, p. 233–244; KRAMER, ERNST A., Das Obligationenrecht, Berner Kommentar, Bd. VI/1/2/1a, Art. 19–22 OR, Berne 1991; KRAMER, ERNST A./SCHMIDLIN, BRUNO, Das Obligationenrecht, Berner Kommentar, Bd. VI/1/1, Art. 1–18 OR, Berne 1986; KUNZ, PETER V., Der Minderheitenschutz im schweizerischen Aktienrecht, Berne 2001, § 8; MEIER-HAYOZ, ARTHUR/ZWEIFEL, MARTIN, Der Grundsatz der schonenden Rechtsausübung im Gesellschaftsrecht, in: Festschrift für Harry Westermann, Karlsruhe 1974, p. 383–397; PELLI, FULVIO, Der Grundsatz der schonenden Rechtsausübung als Schranke der Ermessensfreiheit der Generalversammlung einer Aktiengesellschaft, thèse Zurich 1978; RUEDIN, ROLAND, Le fondement du principe de l'égalité de traitement des actionnaires, in: De la Constitution, études en l'honneur de Jean-François Aubert, Bâle/Francfort-sur-le-Main 1996, p. 543–552; RÜTTIMANN, FELIX MATTHIAS, Rechtsmissbrauch im Aktienrecht, thèse Zurich 1994; VON TUHR, ANDREAS/PETER, HANS, Allgemeiner Teil des schweizerischen Obligationenrechts, Bd. I, Zurich 1979, p. 247–266 ainsi que Supplément 1984; WIDMER, PIERRE/COTTIER, BERTIL (éd.), Abus de droit et bonne foi, Fribourg 1994; ZELLER, ERNST, Treu und Glauben und Rechtsmissbrauchsverbot, thèse Zurich 1980.

264 Les principes généraux sont de grandes idées, des vérités très largement admises qui forment, sciemment ou inconsciemment, la base de notre conscience du droit[91]. Ils font partie du droit positif écrit ou non écrit. Ils sont applicables soit à l'ensemble de l'ordre juridique, soit à plusieurs branches du droit.

265 Les principes généraux les plus importants du droit des sociétés sont:
- la bonne foi (chapitre 1),
- l'interdiction de l'abus de droit (chapitre 2),
- le fondement objectif (chapitre 3),
- l'égalité de traitement (chapitre 4),
- l'exercice mesuré des droits (chapitre 5),

---

[91] Dans ce sens HUBER, EUGEN, Code civil suisse, Exposé des motifs de l'avant-projet du Département fédéral de Justice et Police, Berne 1902, p. 8.

– la liberté contractuelle (chapitre 6).

Ils seront d'abord définis de manière générale, puis ils seront examinés dans le contexte du droit des sociétés. 266

Chapitre 1 Bonne foi

Section 1 Généralités

Le principe de la bonne foi (*Treu und Glauben*, art. 2 al. 1 CC) oblige les particuliers à respecter, dans leurs relations juridiques, les valeurs éthiques d'honnêteté et de loyauté[92]. Les titulaires de droits et d'obligations sont tenus d'avoir des égards mutuels[93], afin de créer des rapports de confiance réciproque[94]. 267

Le principe de la bonne foi est une norme générale de comportement. Il n'est pas applicable directement. Il a une fonction interprétative et complétive[95] du contrat et de la loi[96], notamment par rapport aux droits et obligations des parties. 268

Section 2 Application en droit des sociétés

Le principe de la bonne foi est inhérent à de nombreuses dispositions légales de droit des sociétés. Il est déterminant dans les cas où il s'agit de trancher des conflits mettant en cause des intérêts contradictoires, notamment dans les actions visant l'annulation de décisions sociales ou visant la dissolution de la société pour de justes motifs. 269

Exemple: l'actionnaire majoritaire désire se retirer d'une société anonyme déficitaire, parce qu'il ne veut pas investir (augmentation de capital-actions) en vue de l'assainissement de cette dernière. Il vend à cet effet toutes ses actions à l'actionnaire minoritaire. Peu après, l'actionnaire minoritaire conteste la validité du contrat de vente des actions, ce qui impliquerait que le vendeur est toujours actionnaire majoritaire. L'actionnaire minoritaire convoque ensuite une assemblée générale, à laquelle le vendeur ne participe pas, étant donné que s'il participait, il admettrait lui aussi l'invalidité du contrat de vente. Sous l'impulsion du seul actionnaire minoritaire la société prend alors une décision d'augmentation du capital-actions. Le Tribunal fédéral a considéré le comportement de l'actionnaire minoritaire comme contraire aux règles de la bonne foi,

---

[92] BAUMANN, ZK, ad art. 2 CC, N 3.
[93] MERZ, BK, ad art. 2 CC, N 17.
[94] DESCHENAUX, p. 137.
[95] Cela signifie que le principe aide à combler les lacunes (points non réglementés) du contrat ou de la loi.
[96] DESCHENAUX, p. 139.

dans la mesure où il a profité de l'incertitude née du litige provoqué par lui-même concernant la qualité d'actionnaire du vendeur pour convoquer une assemblée générale en vue d'une augmentation de capital-actions à laquelle le vendeur s'opposait[97].

Chapitre 2 Interdiction de l'abus de droit

Section 1 Généralités

270 L'interdiction de l'abus de droit (*Rechtsmissbrauchsverbot*, art. 2 al. 2 CC) empêche l'exercice manifestement injuste d'un droit[98]. «Le droit cesse où l'abus commence»[99].

271 L'interdiction de l'abus de droit est une norme d'exception. Elle est applicable directement. Elle a une fonction corrective du contrat et de la loi[100].

Section 2 Application en droit des sociétés

§ 1 Transparence

272 Voir N 744–750.

§ 2 Abus de majorité ou de minorité

273 En entrant dans une société qui prend ses décisions à la majorité des associés ou des participations financières, chaque associé se soumet à cette majorité, même lorsque la décision prise ne constitue pas la meilleure solution possible.

274 La loi protège cependant les intérêts de chaque associé par l'exigence de majorités qualifiées pour certaines décisions importantes (art. 704 CO, 808b al. 1 nCO, 888 al. 2, 889 al. 1 CO), par la protection particulière de certains droits et par le droit d'attaquer en justice les décisions contraires à la loi, aux statuts ou au contrat (art. 706, 706b, 764 al. 2 CO, 808c nCO, 891 al. 1 CO).

---

97 ATF 98 II 96/JdT 1973 I 178.

98 Dans ce sens: BAUMANN, ZK, ad art. 2 CC, N 14(b); DESCHENAUX, p. 138–140; MERZ, BK, ad art. 2 CC, N 21; Message du 28 mai 1904 du Conseil fédéral à l'Assemblée fédérale concernant le projet de Code civil suisse (FF 1904 IV 14).

99 PLANIOL, MARCEL/RIPERT, GEORGES, Traité élémentaire de droit civil, T. II, 3e éd., Paris 1949, N 978.

100 BAUMANN, ZK, ad art. 2 CC, N 21–22; DESCHENAUX, p. 139; MERZ, BK, ad art. 2 CC, N 23; RÜTTIMANN (cité N 263), p. 56.

Malgré ces précautions, une décision peut être prise par la majorité des associés sans porter préjudice à la société, mais sans motif économique raisonnable[101], dans l'unique dessein de favoriser la majorité au détriment de la minorité. L'exercice du droit de vote de la majorité constitue alors un abus de droit (*Mehrheitsmissbrauch*)[102]. 275

Exemple: dans une société anonyme (possédant des réserves importantes) composée de deux actionnaires, l'un majoritaire, l'autre minoritaire, l'actionnaire majoritaire réussit à faire décider par l'assemblée générale une augmentation de capital superflue pour la société (mais qui ne lui occasionne aucun dommage) à des conditions manifestement défavorables pour l'actionnaire minoritaire (émission au pair) qui n'entend pas participer à cette augmentation, dans le seul but de bénéficier de la dilution de la fortune sociale au détriment de l'actionnaire minoritaire.

Bien que plus rarement, l'abus peut aussi être le fait de la minorité (*Minderheitsmissbrauch*), notamment par blocage, lorsque les décisions doivent être prises à une majorité qualifiée[103]. Dans le cadre d'une offre publique d'acquisition, l'article 33 LBVM, permettant à l'offrant détenant au moins 98 pour cent des droits de vote de la société en question d'obtenir l'annulation judiciaire des titres des actionnaires minoritaires, vise à éviter de tels abus. 276

Chapitre 3 Fondement objectif

Section 1 Généralités

Le principe du fondement objectif (*Sachlichkeit*) implique que toute décision qui porte atteinte à des droits dignes de protection soit justifiée par rapport au but à atteindre, c'est-à-dire nécessaire pour atteindre le but poursuivi. 277

Section 2 Application en droit des sociétés

Toute décision qui porte atteinte à des droits dignes de protection doit être justifiée par le but final et le but social de la société[104]. Par conséquent, l'assemblée générale ou l'assemblée des associés ne doit pas 278

[101] VON GREYERZ, SPR VIII/2, p. 173; ATF 95 II 157, *164*/JdT 1970 I 344, *348*; 93 II 393, *402 s.*/JdT 1969 I 9, *18*; ATF 92 II 243, *247* (fr.); ATF 82 II 148 (fr.).

[102] Le législateur a codifié ce cas en matière de société anonyme (art. 706 al. 2 ch. 2 CO).

[103] L'abus de minorité peut aussi se rencontrer dans les sociétés qui prennent leurs décisions à l'unanimité.

[104] Message du Conseil fédéral du 23 février 1983 concernant la révision du droit des sociétés anonymes (FF 1983 II 909).

supprimer ou limiter les droits des associés de manière non fondée (art. 706 al. 2 ch. 2, 764 al. 2 CO, 808c nCO). La suppression ou la limitation du droit préférentiel de souscription des actionnaires ou des associés doit éviter d'avantager ou de désavantager quiconque de manière non fondée (art. 652b al. 2/3 CO, 781 al. 5 ch. 2 nCO).

Chapitre 4 Egalité de traitement

Section 1 Généralités

279 Le principe de l'égalité de traitement (*Gleichbehandlung*) procède de l'idée de justice. Il interdit les différences injustifiées. Il commande de traiter de façon égale ce qui est pareil et de façon différente ce qui est dissemblable[105].

280 Il domine l'ensemble de notre système juridique, aussi bien public que privé. En droit privé, il est considéré par la doctrine et la jurisprudence comme découlant de l'art. 2 CC[106].

Section 2 Application en droit des sociétés

281 Le principe de l'égalité de traitement concerne essentiellement les associés. Il est prévu expressément (art. 706 al. 2 ch. 3, 717 al. 2 CO, 808c, 816 nCO, 854 CO) ou implicitement par la loi (art. 531 al. 2, 533 al. 1, 534 al. 2, 535 al. 1, 557 al. 2, 598 al. 2, 661, 692 al. 1 CO, 798 al. 3 nCO, 859 al. 2, 885, 913 al. 3 CO).

282 L'égalité à laquelle ont droit les associés peut être absolue ou relative.

283 Elle est absolue lorsque le critère d'égalité de traitement se rapporte à l'associé lui-même. Chaque associé est traité de la même manière.

Exemple: dans les sociétés de personnes, chaque associé a droit à une voix en matière de décisions sociales (art. 534, 557 al. 2, 598 al. 2, 885 CO) et participe de manière égale aux bénéfices et aux pertes (art. 533 al. 1, 557 al. 2 CO). Chaque associé a les mêmes obligations (art. 531 al. 1, 557 al. 2 CO).

284 Elle est relative lorsque le critère d'égalité ne se rapporte pas directement à l'associé, mais à l'importance de sa participation financière (notamment art. 661, 692 al. 1 CO, 798 al. 3, 806 al. 1/1 nCO) ou de son utilisation des institutions sociales (art. 859 al. 2 CO). Chaque associé n'est pas traité de la même manière, mais le critère de traitement est le même.

---

105 ATF 129 I 346, *357* (fr.).

106 ATF 102 II 265, *268*/JdT 1977 I 102, *105*; MERZ, BK, ad art. 2 CC, N 327; RUEDIN (cité N 263), p. 543 ss.

Le principe de l'égalité de traitement est souple. Il admet des exceptions. Le Tribunal fédéral a déclaré à de nombreuses reprises, en matière de société anonyme, qu'on peut s'en écarter dans la mesure absolument nécessaire à la poursuite du but de la société dans l'intérêt de tous les actionnaires. Autrement dit, une inégalité de traitement est admissible lorsqu'elle est fondée, c'est-à-dire lorsqu'elle est un moyen adéquat d'atteindre un but légitime[107]. 285

Exemple: dans le cadre de la limitation du droit de vote à un certain nombre de voix (art. 692 al. 2/2 CO), il est possible de faire une exception en faveur des banques exerçant les droits de vote des actions en dépôt. En effet, il s'agit de favoriser, au moins par représentation, l'exercice du droit de vote des petits actionnaires[108].

Chapitre 5 Exercice mesuré des droits (proportionnalité)

Section 1 Généralités

Le principe de l'exercice mesuré des droits (*schonende Rechtsausübung*)[109] commande à celui(ceux) qui a(ont) le pouvoir de s'imposer à autrui d'exercer ses(leurs) droits avec ménagement, c'est-à-dire de la façon la moins dommageable possible[110]. Autrement dit, lorsque plusieurs moyens peuvent mener au résultat souhaité, le moins dommageable pour les autres intéressés doit être choisi. 286

Ce principe s'applique à certaines branches du droit privé, notamment aux droits réels et au droit des sociétés[111]. 287

De même que le principe de l'égalité de traitement, le principe de l'exercice mesuré des droits est considéré par la doctrine et la jurisprudence comme découlant de l'article 2 CC[112]. 288

---

[107] ATF 131 III 459, *465*/JdT 2005 I 588, *594*; ATF 117 II 290, *312* (fr.); ATF 102 II 265, *267*/JdT 1977 I 102, *104*; ATF 91 II 298, *301*/JdT 1966 I 264, *267*.

[108] ATF 117 II 290, *312* (fr.).

[109] Aussi désigné comme principe du ménagement dans l'exercice des droits (DESCHENAUX, p. 171).

[110] BAUMANN, ZK, ad art. 2 CC, N 301; PATRY, ROBERT, SAS 46 (1974), p. 38–41, 40; PELLI (cité N 263), p. 73.

[111] ATF 117 II 290, *300* (fr.).

[112] MEIER-HAYOZ/ZWEIFEL (cité N 263), p. 389; PELLI (cité N 263), p. 59–61.

Section 2 Application en droit des sociétés

289 Le principe de l'exercice mesuré des droits est prévu par la loi en matière de société anonyme et de société à responsabilité limitée (art. 706 al. 2 ch. 3 CO, 808c nCO)[113]. La doctrine avait anticipé l'intervention du législateur[114]. Elle admet que ce principe s'applique aussi aux autres formes de société[115]. Le Tribunal fédéral, après lui avoir été longtemps réfractaire[116], l'a admis en 1991[117].

290 Le principe s'applique notamment lorsque la loi, les statuts ou le contrat donnent à la majorité des associés (ou des participations financières) le pouvoir de s'imposer à la minorité.

Exemple: une société anonyme, composée d'un actionnaire majoritaire et d'un actionnaire minoritaire, possède des réserves importantes. Elle a néanmoins besoin d'une augmentation de capital pour faire face à de gros investissements. Même si l'actionnaire minoritaire s'oppose à l'augmentation et n'entend pas y participer, la société doit fixer les conditions de l'augmentation de manière à éviter à ce dernier un préjudice financier dans toute la mesure du possible. Elle doit notamment prévoir une émission des actions au-dessus du pair plutôt qu'au pair, ce qui évitera de faire baisser la valeur réelle des actions de l'actionnaire minoritaire[118].

Chapitre 6 Liberté contractuelle

Section 1 Généralités

291 La liberté contractuelle (*Vertragsfreiheit*) est la liberté de conclure ou de ne pas conclure des accords privés ayant un effet juridique[119], c'est-à-dire la liberté de s'obliger ou de ne pas s'obliger par sa volonté indi-

---

113 Message du Conseil fédéral du 23 février 1983 concernant la révision du droit des sociétés anonymes (FF 1983 II 908–910); ATF 131 III 459, *464*/JdT 2005 I 588, *593*; opinion contraire: BÖCKLI, § 16 N 113; FORSTMOSER/MEIER-HAYOZ/NOBEL, § 25 N 25, qui rattachent ce principe à l'article 706 al. 2 ch. 2 CO.

114 BAUMANN, ZK, ad art. 2 CC, N 301; FORSTMOSER/MEIER-HAYOZ/NOBEL, § 39 N 95–102a; VON GREYERZ, SPR VIII/2, p. 176–177; MEIER-HAYOZ/ZWEIFEL (cité N 263), p. 390–393; PELLI (cité N 263), p. 17–19; RÜTTIMANN (cité N 263), p. 118–131.

115 TRUFFER/DUBS, BaK, ad art. 808 CO, N 36; WOHLMANN, GmbH-Recht, p. 41 s.

116 Voir notamment ATF 102 II 265, *268 s.*/JdT 1977 I 102, *105 s.*

117 ATF 117 II 290, *300* (fr.).

118 Cet exemple est inspiré de l'ATF 102 II 265/JdT 1977 I 102 s'agissant des faits, mais pas de la solution.

119 KRAMER (cité N 263), BK, ad art. 19/20 CO, N 17; MERZ, HANS, Vertrag und Vertragsschluss, 2e éd., Fribourg 1992, p. 48; VON TUHR/PETER (cité N 263), p. 247.

viduelle[120]. Elle est le pendant en droit privé de la liberté du commerce et de l'industrie (art. 27 Cst. féd.)[121]. Elle domine tout le droit des obligations[122].

Elle se présente sous plusieurs aspects[123]: 292

- la liberté de conclure un contrat ou non, qui constitue l'aspect central de la liberté contractuelle;
- la liberté de choisir son ou ses cocontractants;
- la liberté de choisir l'objet du contrat, dans les limites de la loi (art. 19 s. CO). La loi règle expressément un certain nombre de formes de contrat, comme par exemple la vente, le contrat de travail, le mandat. Les parties ont cependant la possibilité de conclure un contrat qui ne correspond pas à une forme légale, c'est-à-dire un contrat innomé (notamment: un contrat de leasing);
- la liberté de choisir la forme du contrat, sauf disposition contraire de la loi (art. 11 al. 1 CO);
- la liberté de modifier le contrat ou d'y mettre fin.

Section 2 Application en droit des sociétés

Le droit des sociétés faisant partie du droit des obligations, la 293 liberté contractuelle le régit aussi[124], sous réserve des dispositions légales impératives (art. 19 CO). Elle est toutefois fréquemment restreinte, s'agissant notamment des associés ou des futurs associés, dans le but de protéger les intérêts des tiers qui peuvent être touchés par la conclusion d'un contrat de société[125].

§ 1 Liberté de conclure un contrat

La liberté de conclure un contrat de société n'est pas restreinte par 294 le droit des sociétés[126]. Nul ne peut donc être contraint ou empêché de conclure un contrat de société.

---

120 ENGEL (cité N 263), p. 98.

121 AUER, ANDREAS/MALINVERNI, GIORGIO/HOTTELIER, MICHEL, Droit constitutionnel suisse, vol. II, 2e éd., Berne 2006, N 914; AUBERT, JEAN-FRANÇOIS/MAHON, PASCAL, Petit commentaire de la Constitution fédérale de la Confédération suisse du 18 avril 1999, Zurich 2003, ad art. 27, N 7; VON TUHR/PETER (cité N 263), p. 248.

122 VON TUHR/PETER (cité N 263), p. 249.

123 ENGEL (cité N 263), p. 97 ss. GAUCH/SCHLUEP/SCHMID/REY (cité N 263), N 612–618a; KRAMER (cité N 263), BK, ad art. 19/20 CO, N 43, 46, 48–49, 86; KRAMER/SCHMIDLIN (cité N 263), BK, ad art. 11 CO, N 1; VON TUHR/PETER (cité N 263), p. 247.

124 KRAMER (cité N 263), BK, ad art. 19/20 CO, N 10.

125 PATRY, SPR VIII/1, p. 57.

126 Sauf en matière de société coopérative, de 1950 à 1964 (entrée en vigueur de la première loi sur les cartels). A ce sujet, voir notamment ATF 98 II 221/JdT 1973 I 309.

295 En revanche, dans le cadre de la constitution ou du fonctionnement d'une société, des obligations de contracter peuvent exister.

Exemple: dans la société anonyme, les apports en espèces doivent être déposés auprès d'une banque (art. 633 al. 1 CO).

§ 2 Liberté de choisir son(ses) cocontractant(s)

296 Le libre choix du ou des cocontractants est garanti par le droit des sociétés. La loi se borne parfois à exiger un nombre minimal de parties pour que le contrat soit valablement conclu (art. 831 al. 1 CO).

§ 3 Liberté de choisir l'objet du contrat

297 Contrairement au principe général, la loi restreint la liberté de choisir l'objet du contrat de société à sept formes de société. Elle impose donc un *numerus clausus* des formes de société[127].

§ 4 Liberté de choisir la forme du contrat

298 Pour les contrats de sociétés sans personnalité juridique, les fondateurs peuvent en principe choisir librement la forme du contrat. Pour les contrats de sociétés à personnalité juridique, la loi impose des conditions de forme qui vont de la forme écrite qualifiée[128] (art. 834 al. 1 CO) à la forme authentique qualifiée[129] (art. 629 CO et 777 nCO).

§ 5 Liberté de modifier ou de mettre fin au contrat

299 Les associés peuvent décider en tout temps de modifier le contrat de société ou d'y mettre fin par une décision sociale (art. 545 al. 1 ch. 4, 574 al. 1, 619 al. 1, 698 al. 2 ch. 1, 736 ch. 2, 770 al. 2 CO, 804 al. 2 ch. 1, 821 al 1 ch. 2 nCO, 879 al. 2 ch. 1, 911 ch. 2 CO).

---

127 Voir N 588–599.

128 KRAMER/SCHMIDLIN (cité N 263), BK, ad art. 11 CO, N 63–65.

129 KRAMER/SCHMIDLIN (cité N 263), BK, ad art. 11 CO, N 84–86.

Deuxième partie
Raison d'être de la société

Titre 1 Formes économiques d'organisation de l'entreprise

L'entreprise peut être construite sur la base: 300
- d'un seul entrepreneur (entreprise unipersonnelle) (chapitre 1),
- de deux ou plusieurs entrepreneurs (entreprise pluripersonnelle) (chapitre 2).

Chapitre 1 Entreprise unipersonnelle

L'entreprise unipersonnelle repose sur **un seul pilier,** l'entrepreneur: 301
- l'entrepreneur **apporte** lui-même les éléments nécessaires à la création et au fonctionnement de l'entreprise: capital, travail et direction. Il peut les apporter: 302
  - directement: il finance l'entreprise par ses propres moyens, y travaille seul et la dirige. 303

    Exemple: certains artisans ou commerçants.
  - indirectement: il se procure auprès de tiers, contre rémunération en général indépendante du résultat de l'entreprise, les éléments qu'il ne peut pas apporter lui-même. 304

    Exemple: artisan employant quelques travailleurs ou (et) finançant en partie ses activités par l'emprunt.
- l'entrepreneur détient seul le **pouvoir** sur l'entreprise. Il décide les investissements nouveaux, les réorientations d'activités, les engagements de personnel, les licenciements ou la cessation des activités de l'entreprise. 305
- l'entrepreneur, selon la forme juridique de l'organisation de l'entreprise, assume seul la **responsabilité pour les dettes** de l'entreprise à l'égard des créanciers de celle-ci (entreprise individuelle) ou ne l'assume pas du tout (société unipersonnelle). 306
- l'entrepreneur récolte seul le **résultat** de l'entreprise: 307
  - il profite seul du bénéfice 308

309 – il supporte seul la perte, qui peut toutefois être limitée (société unipersonnelle). La faillite de l'entreprise individuelle est celle de l'entrepreneur.

310 Si l'entreprise a la forme juridique de l'entreprise individuelle, l'entrepreneur fait corps avec elle. Il se confond avec elle. Si l'entreprise prospère, l'entrepreneur prospère. Si l'entreprise périclite, l'entrepreneur périclite. Si l'entreprise sombre, l'entrepreneur sombre.

Figure n° 1 *Organisation unipersonnelle*

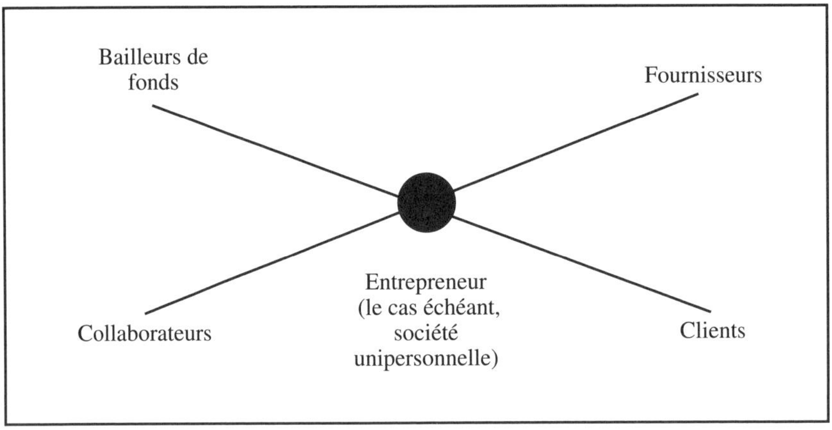

311 L'entreprise unipersonnelle est exigeante en matière d'apports. Elle l'est aussi, sous forme d'entreprise individuelle, en matière de responsabilité et de risque. Elle peut procurer de grandes satisfactions à celui qui possède les moyens et les qualités de les assumer.

Chapitre 2 Entreprise pluripersonnelle

312 L'entreprise pluripersonnelle repose sur **plusieurs piliers,** les associés:

313 – les associés participent chacun pour une part à l'apport des éléments nécessaires à la création et au fonctionnement de l'entreprise: capital, travail et direction. Ils peuvent les apporter:

314 – directement: ils financent l'entreprise par leurs propres moyens, y travaillent à l'exclusion de toute autre personne et la dirigent.

Exemple: certaines petites sociétés artisanales.

- indirectement: ils se procurent auprès de tiers, contre rémunération en général indépendante du résultat de l'entreprise, les éléments qu'ils ne peuvent apporter eux-mêmes. 315

  Exemple: société employant des travailleurs ou (et) finançant en partie ses activités par l'emprunt.
- les associés se partagent le **pouvoir** sur l'entreprise, selon des critères qui varient d'une forme juridique d'entreprise à l'autre, voire d'une entreprise à l'autre dans le cadre de la même forme juridique. 316
- les associés se partagent la **responsabilité pour les dettes** de l'entreprise à l'égard des créanciers de celle-ci. Dans certaines formes juridiques d'entreprise, ils peuvent, de plus, la limiter ou la supprimer. 317
- les associés se partagent le **résultat** de l'entreprise: 318
  - ils se partagent le bénéfice. 319
  - ils se partagent la perte, qu'ils peuvent limiter dans certaines formes juridiques d'entreprise. La faillite de l'entreprise n'entraîne pas nécessairement celle des associés.

Les associés ne font pas corps avec l'entreprise. Ils ne se confondent pas avec elle. 320

Figure n° 2 *Organisation pluripersonnelle*

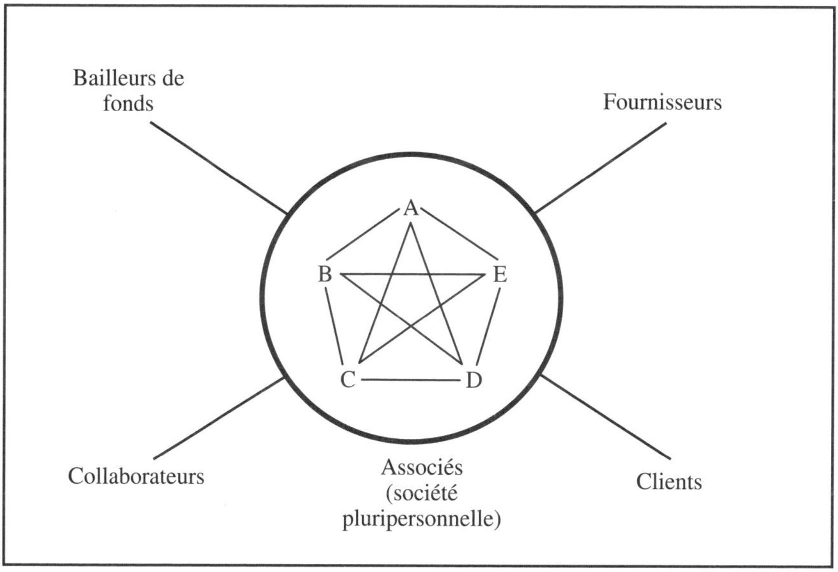

L'entreprise pluripersonnelle facilite la réunion de moyens importants. Elle entraîne un partage du risque de l'entreprise, voire une limitation du 321

risque de l'entreprise avec, en contrepartie, un partage du pouvoir et du résultat.

322 La comparaison de ces deux formes économiques d'organisation de l'entreprise montre que l'entreprise pluripersonnelle pose des problèmes supplémentaires par rapport à l'entreprise unipersonnelle:

323 – d'une part, les rapports entre associés doivent être pris en considération[130],

324 – d'autre part, les rapports des associés ou de l'entreprise pluripersonnelle avec les tiers posent des questions supplémentaires[131] (représentation, responsabilité pour les dettes de la société)[132].

---

130 Voir N 1160 ss.

131 Qui se posent aussi, dans une certaine mesure, dans la société unipersonnelle.

132 Voir N 1704 ss.

Titre 2 Formes juridiques d'organisation de l'entreprise

Afin de tenir compte de la diversité des besoins de l'économie, la loi met plusieurs formes juridiques d'organisation de l'entreprise à la disposition des entrepreneurs: 325

- pour l'entreprise unipersonnelle: l'entreprise individuelle et trois formes sociétaires à personnalité juridique (société anonyme, société en commandite par actions et société à responsabilité limitée), 326
- pour l'entreprise pluripersonnelle: sept formes sociétaires, dont quatre à personnalité juridique[133]. 327

Figure n° 3 Formes économiques et juridiques d'organisation de l'entreprise

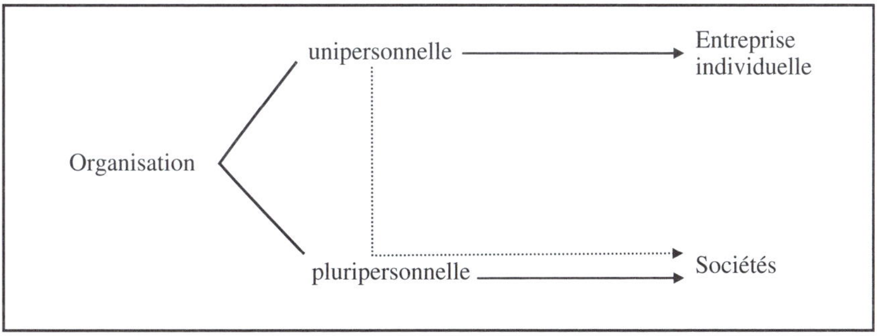

Elle tente, pour chaque forme, de proposer une réglementation harmonieuse tenant compte des intérêts contradictoires dignes de protection. 328

La situation actuelle est le résultat d'une longue évolution.

Jusqu'à la modification du Code des obligations du 16 décembre 2005, la loi ne prévoyait qu'une forme juridique pour l'entreprise unipersonnelle – l'entreprise individuelle – et sept formes de société pour les entreprises pluripersonnelles. Ces dernières devaient être composées, au moment de leur création, de deux ou plusieurs associés. Toutefois, pour les sociétés à personnalité juridique, la loi tolérait que le nombre des associés tombât au-dessous du minimum légal, même à une seule unité (société à un seul membre/Einmanngesellschaft) (art. 625 al. 2, 775 al. 2 et 831 al. 2 CO). Il devenait alors possible de créer une entreprise unipersonnelle revêtue de la forme d'une société à personnalité juridique en recourant à des hommes de paille, c'est-à-dire à des fondateurs purement formels. En autorisant expressément la création de sociétés anonymes et de 329

[133] Pour les détails, voir N 580.

sociétés à responsabilité limitée à un seul associé (art. 625 et 775 nCO), le nouveau droit ne fait que codifier une pratique largement répandue en fait.

Titre 3 Formes juridiques d'organisation de l'entreprise et risque de l'entreprise

Fondamentalement, dans toute forme d'entreprise, l'entrepreneur 330
ou les associés supportent le risque de l'entreprise et, en contrepartie, bénéficient des profits de l'entreprise. Toutefois, afin de promouvoir les grands projets difficilement réalisables en raison du risque parfois considérable qu'ils engendrent, la loi a permis progressivement de limiter dans une certaine mesure le risque des associés. Elle l'a fait d'abord dans le cadre de la société anonyme, forme de société destinée aux plus grandes sociétés, en supprimant toute responsabilité des actionnaires pour les dettes sociales et, par conséquent, en limitant leur risque à leur mise de fonds dans la société. Elle l'a fait ensuite dans la société coopérative, puis dans la société à responsabilité limitée, en se contentant, dans un premier temps, de limiter la responsabilité des associés. Dans le cadre de la révision du Code des obligations du 16 décembre 2005, elle a aussi supprimé toute responsabilité pour les associés de la société à responsabilité limitée.

Grâce à ces interventions législatives, il est peu à peu devenu possible, 331
dans le cadre des sociétés à personnalité juridique, de limiter le risque des entrepreneurs de l'entreprise pluripersonnelle, puis, par l'intermédiaire des hommes de paille, de limiter le risque du seul entrepreneur de l'entreprise unipersonnelle, enfin, suite à la révision du Code des obligations du 16 décembre 2005, de limiter directement, sans aucun artifice, le risque du seul entrepreneur de l'entreprise unipersonnelle. Le résultat de l'évolution est qu'il est possible, actuellement, de limiter le risque de l'entrepreneur aussi bien dans l'entreprise unipersonnelle que dans l'entreprise pluripersonnelle.

Figure n° 4
Formes économiques et juridiques d'organisation de l'entreprise, risque de l'entreprise I

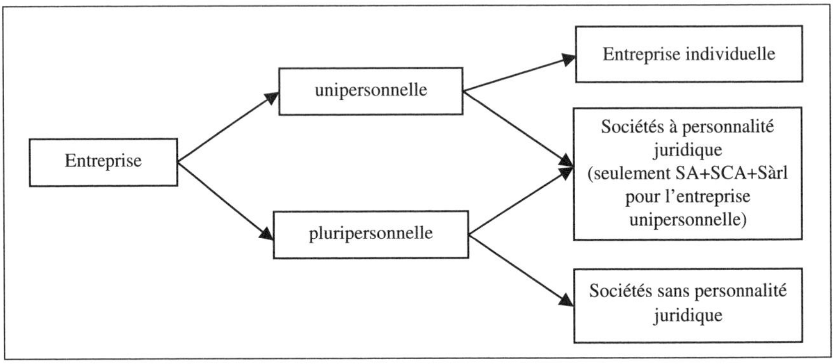

Titre 4 Utilité de la forme sociétaire (société)

La société favorise notamment la réalisation de projets ambitieux en matière d'investissement, de force de travail et (ou) de direction, grâce à la répartition des efforts et des risques, dans certains cas à la limitation des risques. Dans un nombre grandissant de cas, la limitation du risque est la principale, voire la seule, raison d'être de la société[134]. Encore faut-il remarquer que cette limitation est souvent illusoire. En effet, plus les fonds propres de la société sont faibles et la responsabilité des associés limitée, plus les créanciers exigent des sûretés de la part des associés eux-mêmes. 332

La société peut aussi présenter des avantages pour les tiers (notamment stabilité, responsabilité pour les dettes). 333

[134] Une personne physique peut utiliser la forme de la société anonyme uniquement pour limiter sa responsabilité, même si elle est actionnaire unique (ATF 113 V 92, *95* [all.]).

Titre 5 Limitation directe du risque de l'entreprise unipersonnelle?

334 Par l'intermédaire de la forme sociétaire, l'entreprise unipersonnelle peut limiter le risque de son unique entrepreneur. Mais la réglementation de la forme sociétaire doit être respectée, notamment celle de l'organisation conçue pour le type de l'entreprise pluripersonelle. Le système sociétaire est donc lourd pour l'entreprise unipersonnelle.

335 Le législateur ne devrait-il pas avoir le courage de la transparence et prévoir la possibilité de limiter directement le risque de l'entreprise unipersonnelle, sans passer par le détour de la forme sociétaire, en créant une nouvelle forme d'entreprise, celle de l'entreprise individuelle à responsabilité limitée? Une telle réglementation supposerait évidemment la prise en compte de tous les intérêts, notamment de ceux des créanciers. La problématique n'est pas fondamentalement différente de celle rencontrée en matière de limitation du risque dans les entreprises pluripersonnelles.

Figure n° 5
Formes économiques et juridiques d'organisation de l'entreprise, risque de l'entreprise II

			Forme juridique d'organisation	
			individuelle	collective
Forme économique d'organisation	Entreprise unipersonnelle	Risque illimité	Entreprise individuelle	
		Risque limité	(à créer?)	3 sociétés à personnalité juridique (SA + SCA + Sàrl)
	Entreprise pluripersonnelle	Risque illimité		Sociétés sans personnalité juridique
		Risque limité		Sociétés à personnalité juridique

Troisième partie
Formes juridiques d'organisation de l'entreprise unipersonnelle

L'entreprise unipersonnelle peut être organisée juridiquement sous deux formes: 336
- l'entreprise individuelle (titre 1),
- la société unipersonnelle (titre 2).

Titre 1 Entreprise individuelle

Bibliographie

MEIER-HAYOZ/FORSTMOSER, § 25. 337

L'entreprise individuelle est la forme juridique ordinaire, traditionnelle, de l'entreprise unipersonnelle. Elle correspond le mieux à la conception habituelle de l'entrepreneur. 338

Chapitre 1 Définition

Section 1 Positive

La définition positive est la détermination et l'analyse des éléments constitutifs d'un rapport juridique. 339

L'entreprise individuelle est une entreprise exploitée sous une raison individuelle par une personne physique en son propre nom et sans restreindre sa responsabilité. 340

§ 1 Entreprise

L'entreprise individuelle peut être commerciale ou non commerciale (art. 52 ss ORC). 341

§ 2 Personne physique

342 L'entreprise individuelle est nécessairement exploitée par une personne physique (art. 11 ss CC), à l'exclusion de toute personne morale (art. 52 ss CC).

343 La personne physique doit avoir l'exercice des droits civils (art. 12 ss CC). Autrement dit, elle doit être majeure et capable de discernement (art. 13 CC). La réalisation d'autres conditions n'est pas exigée.

344 Le mineur ou l'interdit capable de discernement peuvent toutefois recevoir de leur représentant légal l'autorisation d'exploiter une entreprise (art. 412, 421 ch. 7 CC en relation avec l'art. 305 al. 1 CC). Ils peuvent alors faire seuls tous les actes ordinaires relatifs à celle-ci et sont engagés par eux.

345 Une seule et même personne physique peut exploiter plusieurs entreprises individuelles.

§ 3 Raison individuelle

346 L'entreprise individuelle doit être inscrite au registre du commerce sous une raison de commerce, en l'espèce une raison individuelle (art. 945 CO), c'est-à-dire un nom l'identifiant et l'individualisant, dont elle a l'usage exclusif dans sa localité (art. 946 al. 1 CO).

347 Si une seule et même personne physique exploite plusieurs entreprises individuelles dans la même localité, elle doit le faire sous des raisons individuelles différentes. Par exemple: Dupont Coiffure et Transports Dupont.

§ 4 Responsabilité pour les dettes de l'entreprise

348 L'entrepreneur répond exclusivement de toutes les dettes de l'entreprise[135].

Section 2 Négative

349 La définition négative est la distinction entre le rapport juridique étudié et les principaux autres rapports juridiques qui lui ressemblent et avec lesquels il ne faut pas le confondre. Elle permet de le situer dans son contexte juridique et, en général, de mieux comprendre sa définition positive.

350 L'entreprise individuelle se distingue de la société unipersonnelle par le fait que:
- son unique entrepreneur ne peut être qu'une personne physique,

---

[135] Voir N 380.

- elle n'est pas juridiquement distincte de l'entrepreneur,
- elle ne permet pas de limiter le risque de l'entreprise unipersonnelle,
- elle ne peut pas s'adjoindre de nouveaux entrepreneurs sans changer de forme juridique.

Chapitre 2 Généralités

Section 1 Importance économique

Au 31 décembre 2005, 148'982 entreprises individuelles étaient 351
inscrites au registre du commerce.

En nombre d'unités, l'entreprise individuelle représente la forme 352
d'entreprise la plus importante après la société anonyme[136]. Son importance relative a pourtant tendance à diminuer depuis le début du vingtième siècle.

Section 2 Avantages et inconvénients

§ 1 Avantages

- Frais de création: ils sont minimes. Ils se limitent aux frais d'inscription 353
  au registre du commerce.
- Simplicité: l'entrepreneur prend les décisions sans formalités parti- 354
  culières. Une réunion d'associés ou d'administrateurs n'est pas nécessaire. Les frais de gestion peuvent être réduits à l'extrême.
- Souplesse: l'entreprise individuelle peut s'adapter rapidement aux 355
  changements de circonstances. Une décision de l'entrepreneur suffit.
- Crédit: l'entrepreneur répondant de manière illimitée des dettes de 356
  l'entreprise, celle-ci jouit du crédit de l'entrepreneur.
- Révision des comptes: l'entreprise individuelle échappe à l'obligation de 357
  révision de ses comptes.
- Pas de double imposition: seul l'entrepreneur est imposé sur le bénéfice 358
  et la fortune de l'entreprise.

§ 2 Inconvénients

- Financement: l'entrepreneur dépend largement de sa propre situation 359
  financière.

[136] Au nombre de 172 793 au 31 décembre 2005.

360 – Responsabilité pour les dettes de l'entreprise: l'entrepreneur répond seul de toutes les dettes de l'entreprise.

361 – Risque de l'entreprise: l'entrepreneur supporte seul tous les risques de l'entreprise.

362 – Pérennité de l'entreprise: la succession de l'entrepreneur est difficile à organiser.

Section 3 Utilité

363 L'entreprise individuelle répond aux besoins des petites entreprises, pouvant se contenter d'investissements modestes, présentant des risques mesurables et contrôlables, dirigées par un entrepreneur à forte personnalité, capable de maîtriser l'ensemble des problèmes.

Section 4 Réglementation

364 L'entreprise individuelle ne fait pas l'objet d'une réglementation spéciale, si ce n'est en matière de raison de commerce (art. 945 s. CO).

365 Par conséquent, elle est soumise aux règles générales concernant l'entreprise. Elle peut conférer à ses collaborateurs les statuts de directeur, de fondé de procuration ou de mandataire commercial (art. 458 ss CO). Elle bénéficie de la protection des raisons de commerce (art. 956 CO).

366 Si elle est commerciale, elle doit notamment se faire inscrire au registre du commerce (art. 934 al. 1 nCO) et tenir une comptabilité pour ses affaires commerciales (art. 957 CO). Elle est soumise à toutes les règles spéciales concernant l'entreprise commerciale (notamment art. 190, 215, 313 al. 2 CO).

Chapitre 3 Création

367 La seule formalité éventuelle à remplir au moment de la création d'une entreprise individuelle est l'inscription au registre du commerce.

368 Celui qui exploite une entreprise commerciale doit se faire inscrire au registre du commerce (art. 934 al. 1 nCO, 52 al. 1 ORC). Celui qui n'exploite pas une entreprise commerciale a le droit de le faire (art. 934 al. 2 nCO).

369 L'inscription doit se faire au lieu où l'entreprise a son principal établissement (art. 934 al. 1 nCO), qui ne coïncide pas nécessairement avec le domicile de l'entrepreneur.

Elle est déclarative. Elle ne donne pas naissance à l'entreprise; elle ne fait que constater son existence. 370

Chapitre 4 Nature juridique

Par rapport à l'entrepreneur, l'entreprise individuelle n'a pas d'indépendance juridique. Par conséquent: 371

- les droits créés au nom de l'entreprise individuelle appartiennent à l'entrepreneur. 372

  Exemple: l'immeuble acheté par l'entrepreneur au nom de l'entreprise individuelle appartient à l'entrepreneur.

- les obligations contractées au nom de l'entreprise individuelle lient l'entrepreneur. 373

  Exemple: en cas d'achat de matières premières effectué par l'entrepreneur au nom de l'entreprise individuelle, le débiteur du prix est l'entrepreneur.

- seule la faillite de l'entrepreneur peut être déclarée. 374

  Exemple: en cas d'insolvabilité de l'entreprise individuelle, seul l'entrepreneur peut être poursuivi et mis en faillite.

- le patrimoine de l'entrepreneur et de l'entreprise individuelle forment un tout. Le droit privé ne distingue pas entre patrimoine commercial et patrimoine privé. 375

  Exemple: en cas de faillite de l'entrepreneur due à l'insolvabilité de l'entreprise individuelle, tous les biens de l'entrepreneur entrent dans la masse en faillite, qu'ils soient affectés à l'activité de l'entreprise (immeuble servant à l'exploitation de l'entreprise) ou non (collection de tableaux de l'entrepreneur).

Chapitre 5 Vie

Section 1 Rapports internes[137]

Les rapports internes sont inexistants, vu que l'entreprise individuelle n'a pas d'indépendance juridique et qu'elle se confond avec l'entrepreneur. 376

[137] Pour une définition, voir N 1160.

Section 2 Rapports externes[138]

§ 1 Représentation

377 Du moment que l'entreprise individuelle n'a pas d'indépendance juridique, l'entrepreneur qui agit au nom de l'entreprise individuelle crée des droits ou des obligations pour lui-même.

Exemple: l'entrepreneur qui achète un véhicule au nom de l'entreprise individuelle en devient propriétaire.

378 Dans son rôle d'entrepreneur, il peut se faire représenter:

- soit conformément aux règles générales sur la représentation (art. 32 à 40 CO);
- soit en conférant à certains de ses collaborateurs des statuts standards de représentation (directeur, fondé de procuration, mandataire commercial).

379 Les actes accomplis par les représentants au nom de l'entreprise individuelle engagent l'entrepreneur.

Exemple: si un directeur de l'entreprise individuelle vend au nom de celle-ci un bien produit par elle, il crée une obligation de livraison à charge de l'entrepreneur.

§ 2 Responsabilité pour les dettes

380 L'entrepreneur répond exclusivement, directement, de manière illimitée et sur tous ses biens des dettes de son entreprise individuelle.

381 **Responsabilité exclusive:** l'entrepreneur est seul tenu des dettes de l'entreprise individuelle à l'exclusion de toute autre personne.

382 **Responsabilité directe:** l'entrepreneur est tenu des dettes de l'entreprise individuelle sans que celle-ci puisse être amenée à payer avant lui.

383 **Responsabilité illimitée:** l'entrepreneur est tenu des dettes de l'entreprise individuelle quel qu'en soit le montant global.

384 **Responsabilité sur tous ses biens:** l'entrepreneur répond des dettes de l'entreprise individuelle sur les biens affectés à l'entreprise (immeubles, machines, véhicules utilitaires) et sur les biens affectés à son usage personnel (voiture privée, maison familiale).

[138] Pour une définition, voir N 1704.

Chapitre 6 Fin

L'entreprise individuelle prend fin: 385

- par une décision de cessation d'activité (avec liquidation) ou de transfert d'activité (par exemple, par transfert de patrimoine) prise par l'entrepreneur individuel, 386
- par la faillite de l'entrepreneur individuel, 387
- par la mort de l'entrepreneur individuel. 388

Titre 2 Société unipersonnelle

389 Voir Cinquième partie N 632 ss.[139]

[139] La compréhension de ce titre suppose une bonne connaissance au moins de la définition de la société.

Quatrième partie
Formes juridiques d'organisation de l'entreprise pluripersonnelle: les sociétés pluripersonnelles (sociétés)

Titre 1 Définition positive

Bibliographie

ENGEL, p. 693–729; FELLMANN, WALTER, Grundfragen im Recht der einfachen Gesellschaft, RJB 113 (1997), p. 285–316; FREI, ALEXANDER, *Societas leonina*, thèse Bâle 2001; FURRER, MARTIN, Der gemeinsame Zweck als Grundbegriff und Abgrenzungskriterium im Recht der einfachen Gesellschaft, thèse Zurich 1996; KELLER, MARCEL, Die ungewollte einfache Gesellschaft, thèse Bâle 2002; KICK, MARKUS, Die verbotene juristische Person: unter besonderer Berücksichtigung der Vermögensverwendung nach Art. 57 Abs. 3 ZGB, thèse Fribourg 1992; MEIER-HAYOZ/FORSTMOSER, § 1; MABILLARD, RAMON, Gesellschaftsrechtliche Aspekte der Vertragsverhandlungen, thèse Fribourg 2003; MÜLLER, ROBERT, Gesellschaftsvertrag und Synallagma, thèse Zurich 1971; MURET, PHILIBERT, La notion de but dans les sociétés et les fondations et son application en droit suisse, thèse Lausanne 1941; NEESE, MARTIN, Fehlerhafte Gesellschaften, thèse Zurich 1991; PEGLOW, KERSTIN, Le contrat de société en droit allemand et en droit français comparés, Paris 2003; RECORDON, PIERRE-ALAIN, La société simple I, FJS 676; SIEGWART, ZK, Vorbemerkungen zu Art. 530–551 OR; VON STEIGER, SPR VIII/1, § 27; PATRY, Précis, vol. 1, p. 17–52; TERCIER, Contrats spéciaux, N 6527–5592; WIEDEMANN (cité N 179), p. 3–16; ZUMSTEIN, JAQUES, Du caractère institutionnel de la société anonyme: étude de droit suisse, thèse Lausanne 1954. 390

La société pluripersonnelle est la forme juridique d'organisation de l'entreprise pluripersonnelle, permettant à plusieurs personnnes ou entités d'exploiter collectivement une entreprise dotée d'une indépendance juridique plus ou moins grande, avec ou sans limitation de leur risque. Elle est donc le cadre d'organisation d'un partenariat[140]. 391

Il est généralement admis que la définition positive de la société pluripersonnelle[141] se trouve à l'article 530 al. 1 CO: «*La société est un contrat par lequel deux ou plusieurs personnes conviennent d'unir leurs efforts ou leurs ressources en vue d'atteindre un but commun*». 392

[140] MARINI, p. 22.

[141] Dans la suite de l'exposé, le terme «société» sera utilisé de préférence à celui de «société pluripersonnelle», dans un but d'allègement de la terminologie. En revanche, par souci de clarté, celui de société unipersonnelle sera utilisé pour désigner la société à un seul membre.

393 Par conséquent, les éléments constitutifs de la société sont:
- la nature contractuelle (chapitre 1),
- le groupement de personnes (chapitre 2),
- le but commun (chapitre 3),
- la collaboration (chapitre 4).

Chapitre 1 Nature contractuelle

394 Fondamentalement, la société est un contrat (art. 530 al. 1 CO), c'est-à-dire un échange de manifestations de volontés concordantes (art. 1 al. 1 CO) visant à produire l'effet juridique correspondant à l'accord. Par conséquent, à la base de toute société, y compris de celles qui ont la personnalité juridique[142], il y a un contrat[143].

395 Souvent multilatéral, le contrat de société se distingue des contrats bilatéraux ordinaires principalement par le fait qu'il crée une communauté d'intérêts. Au lieu de sceller une divergence d'intérêts entre les parties, il scelle une convergence d'intérêts entre les associés. Au lieu de ne servir que les intérêts des associés, il peut les dépasser en subordonnant les associés à un intérêt supérieur, celui de la société (caractère institutionnel). En donnant naissance à une société, il crée une entité plus ou moins indépendante par rapport aux associés (collectivité ou personne morale), qui peut échapper à leur volonté individuelle.

Exemple: dans les sociétés qui ont la personnalité juridique, les décisions se prennent en principe à la majorité. Certains droits des associés peuvent être réduits ou supprimés contre la volonté des minoritaires lorsque l'intérêt de la société l'exige.

396 Une conséquence importante de cette nature juridique est que les dispositions générales du Code des obligations, conçues pour les contrats bilatéraux, ne s'appliquent pas directement aux contrats de société. En revanche, elles s'appliquent par analogie, d'une part, parce que le droit des sociétés fait partie du Code des obligations, d'autre part, parce que «*les dispositions générales du droit des obligations relatives à la conclusion, aux effets et à l'extinction des contrats sont aussi applicables aux autres matières du droit civil*» (art. 7 CC). Cela implique que, en l'absence de normes spéciales du droit des sociétés[144], elles apparaissent comme objectivement indiquées pour remplir les besoins du droit des sociétés[145].

---

142 Selon le Tribunal fédéral, la société anonyme est «*une institution fondée sur un contrat*» (ATF 69 II 246, *248*/JdT 1944 I 45, *47*).

143 ATF 100 Ib 246, *249* (fr.). Cet arrêt concerne une société en nom collectif.

144 ATF 116 II 316, *317 s.*/JdT 1991 I 54, *56*.

145 Dans ce sens: ATF 119 II 12, *14*/JdT 1995 I 324, *325*.

Exemples:
- l'article 75 CO régit l'échéance en matière d'exécution de l'obligation d'apport.
- l'article 82 CO ne s'applique pas à l'obligation d'apport, qui doit être exécutée même si l'un ou plusieurs des autres associés sont défaillants.

Chapitre 2 Groupement de personnes

Section 1 Nombre d'associés

§ 1 Minimum

Par définition, la société est un groupement de personnes. La réglementation diffère en fonction des étapes de la vie de la société. 397

1. Au moment de la fondation

Etant un contrat et un groupement de personnes, la société doit impérativement être conclue entre deux personnes (ou sociétés commerciales sans personnalité juridique[146]) au moins (art. 530 al. 1 CO). 398

Pour la société simple (art. 530 al. 1 CO), la société en nom collectif (art. 552 al. 1 CO), la société en commandite (art. 594 al. 1 CO), la société anonyme (art. 625 nCO), la société en commandite par actions (art. 764 al. 2 CO) et la société à responsabilité limitée (art. 775 nCO), ce nombre suffit.[147] 399

Pour la société coopérative, un nombre minimal plus élevé est nécessaire: au moins sept (art. 831 al. 1 CO). 400

2. En cours de vie sociale

Du moment que, pour la création de la société, un nombre minimal de fondateurs est nécessaire, il serait logique que cette exigence soit maintenue pendant toute la durée de la société (2.1). Toutefois, pour certaines formes de société, une diminution du nombre des associés au-dessous du minimum initial, même jusqu'à un seul, est tolérée, et même admise (2.2). 401

---

[146] Voir N 790–799.

[147] La société anonyme, la société en commandite par actions et la société à responsabilité limitée peuvent même être créées par une seule personne (sociétés unipersonnelles).

2.1. Sociétés sans personnalité juridique[148]

402 Comme les sociétés sans personnalité juridique n'ont pas une existence juridique indépendante de celle de leurs associés[149], elles n'existent que par la pluralité de ceux-ci. Si cette pluralité disparaît, c'est-à-dire si le nombre des associés tombe à un, la société ne peut pas continuer d'exister. Elle est dissoute et, en principe, liquidée. Dans le cadre de la liquidation, les biens sociaux peuvent être vendus séparément ou en bloc. L'entreprise elle-même peut être vendue avec actifs et passifs (art. 69 ss LFus, éventuellement 181 CO).

403 La loi prévoit une réglementation spéciale en matière de société en nom collectif composée de deux associés pour le cas où l'associé qui n'a pas donné lieu à la dissolution désire poursuivre l'exploitation de l'entreprise. Il peut reprendre l'entreprise avec actifs et passifs sans liquidation (art. 579 CO)[150]. Sa fortune personnelle s'accroît alors, sans formalités, de celle de la société[151]. En contrepartie, l'associé qui a donné lieu à la dissolution a droit à une indemnité. La transformation doit faire l'objet d'une inscription au registre du commerce (art. 581 CO).

2.2. Sociétés à personnalité juridique[152]

404 Comme les sociétés à personnalité juridique ont une existence juridique indépendante de celle de leurs associés[153], la loi tolère pour la société coopérative (art. 831 al. 2 nCO, qui renvoie à art. 731b nCO), admet pour les autres (art. 625 nCO, 764 al. 2 CO[154], 775 nCO), qu'elles continuent d'exister malgré la disparition de la pluralité de leurs associés, c'est-à-dire lorsque le nombre de leurs associés tombe à un[155], donc qu'elles se transforment en sociétés unipersonnelles. Autrement dit, elle considère que:

– une fois créées, les sociétés à personnalité juridique sont indépendantes de leurs associés,

---

[148] Société simple, société en nom collectif, société en commandite.

[149] Voir N 751–757.

[150] ATF 81 II 358, *362*/JdT 1956 I 114, *116 s.*

[151] ATF 101 Ib 456, *460* (all.).

[152] Société anonyme, société en commandite par actions, société à responsabilité limitée, société coopérative.

[153] Voir N 737–750.

[154] L'actionnaire restant doit nécessairement être responsable des dettes sociales de manière illimitée (art. 770 al. 1 CO).

[155] A plus forte raison, elle tolère que la société coopérative continue d'exister lorsque le nombre de ses associés tombe au-dessous du minimum légal sans tomber à un (art. 831 al. 2 nCO, qui renvoie à art. 731b nCO).

- elles restent indépendantes de leurs associés même si, n'en ayant plus qu'un, elles forment avec lui une unité économique.

Logiquement, la loi applique strictement à ces sociétés les conséquences 405
de la dualité juridique. Cela mène, notamment, aux résultats suivants:

- la société unipersonnelle à personnalité juridique est seule propriétaire 406
des biens sociaux, indépendamment de son associé unique;
- la société unipersonnelle à personnalité juridique répond en principe 407
seule de ses dettes. Par conséquent, dans le cadre d'une poursuite contre une société unipersonnelle à personnalité juridique, le poursuivant ne peut s'en prendre qu'aux biens de la société, à l'exclusion de ceux de l'associé unique. Inversement, dans le cadre de la poursuite contre un associé unique d'une société à personnalité juridique, le poursuivant ne peut s'en prendre qu'aux biens de l'associé unique, à l'exclusion de ceux de la société[156].

Même dans la société coopérative, le nombre des associés peut tomber à 408
un immédiatement après la création de la société. Le retrait de tous les associés sauf un peut même être programmé à l'avance. Tous les associés sauf un peuvent participer à la création dans le seul but de réaliser les exigences légales en matière de nombre minimal des associés. Ils engagent toutefois tous leur responsabilité en tant que fondateurs (art. 920 CO)[157].

En matière de société coopérative, la continuation de la société n'est 409
qu'une tolérance de la loi. En effet, dans cette forme de société, la solidarité, l'entraide jouent un rôle prépondérant. Par conséquent, la dissolution de la société peut être prononcée par le juge sur requête d'un associé, d'un créancier ou du préposé au registre du commerce (art. 831 al. 2 nCO, qui renvoie à art. 731b nCO).

L'associé unique doit nécessairement être une autre entité que la société 410
elle-même, afin qu'il puisse en être juridiquement indépendant, c'est-à-dire qu'il ne se confonde pas avec elle. Par conséquent, ce que l'on appelle parfois, de manière inexacte, la société sans associé (*Keinmanngesellschaft*) n'est pas conforme à la loi[158]. Une société anonyme, une société en commandite par actions ou une société à responsabilité limitée ne peut pas acquérir la totalité de ses propres actions ou parts sociales.

---

156 ATF 105 III 107, *112* (fr.).

157 Voir N **Fehler! Verweisquelle konnte nicht gefunden werden.**.

158 RUEDIN, ROLAND, L'acquisition par la société anonyme de toutes ses propres actions, in: Mélanges Robert Patry, Genève 1988, p. 177–189.

§ 2 Maximum

411 Directement, la loi n'impose pas de maximum s'agissant du nombre des associés. Un contrat de société peut donc être conclu entre davantage de personnes que le nombre minimal imposé.

412 Indirectement, la loi impose parfois un maximum.

Exemples:

- dans une société anonyme, il ne peut pas y avoir plus d'actionnaires que d'actions.
- dans une société à responsabilité limitée, il ne peut pas y avoir plus d'associés que de parts sociales.

413 Enfin, certaines limites de fait existent. Une société de personnes ne fonctionne pas de manière satisfaisante si le nombre des associés est trop grand.

Section 2 Nature juridique des associés

414 En principe, la nature juridique des associés n'est pas déterminante. Les associés peuvent être:

- des personnes physiques,
- des personnes morales,
- des entités sans personnalité juridique (notamment des sociétés sans personnalité juridique, des communautés héréditaires, des communautés de propriétaires par étage).

415 Toutefois, dans les sociétés de personnes, les associés doivent être des personnes physiques, s'ils sont responsables des dettes sociales de manière illimitée. Il en va ainsi pour les associés de la société en nom collectif (art. 552 al. 1 CO), les commandités de la société en commandite (art. 594 al. 2 CO) et les actionnaires indéfiniment responsables de la société en commandite par actions (art. 764 al. 1 CO qui renvoie à art. 552 al. 1 CO).

416 Une société peut-elle être son propre associé? Malgré les difficultés d'ordre théorique qu'implique cette construction, cela est généralement admis pour la société anonyme, la société en commandite par actions et la société à responsabilité limitée.

Chapitre 3 But commun

Section 1 Notion de but

417 Le but est l'objectif visé, ce qu'on se propose d'atteindre, ce à quoi on tente de parvenir.

418 Le but formel se distingue du but réel.

Le **but formel** est celui qui est déclaré expressément par la société dans son contrat, ses statuts, son inscription au registre du commerce ou d'une autre manière. 419

Le **but réel** est celui qui, sans être déclaré expressément par la société, est effectivement poursuivi par la société. 420

Le but réel coïncide en général avec le but formel. 421

Exemple: une société bancaire exécute en général des opérations bancaires.

Toutefois, il arrive que le but réel diverge du but formel. 422

Exemple: une société industrielle exécute en fait des opérations financières.

En principe, le **but déterminant** est le but réel[159]. 423

La loi utilise le terme *but* au moins dans deux sens: 424

- but final,
- but social.

§ 1 But final

1. Définition

Le but final (art. 620 al. 3, 828 al. 1 CO) est l'objectif général de la société, à l'échelon le plus élevé, sans référence à une activité concrète. 425

2. Sortes

Le but final peut être économique ou non économique. En général, il est économique. 426

- Le but final est **économique** lorsqu'il vise des avantages exprimables en argent en faveur de ses seuls associés, autrement dit lorsqu'il vise l'amélioration de la situation patrimoniale de ses seuls associés. Il peut être pécuniaire ou matériel. 427
  - Le but final économique est **pécuniaire** (ou **lucratif**) lorsque la société cherche à satisfaire ses associés par son intermédiaire, autrement dit lorsqu'elle tente d'abord de réaliser des bénéfices pour ensuite les distribuer à ses associés, en principe sous la forme neutre d'argent. 428

    Exemple: la société anonyme cherche à réaliser des bénéfices pour verser des dividendes à ses actionnaires.
  - Le but final économique est **matériel** lorsque la société cherche à satisfaire ses associés directement, c'est-à-dire sans réaliser préalablement des avantages pour elle-même, en principe sous la forme de prestation en nature. 429

---

[159] ATF 115 II 401, *404*/JdT 1991 I 526, *528*.

Exemple: la société coopérative de consommation vend à ses coopérateurs des produits au prix le plus avantageux possible pour eux, en renonçant à faire elle-même un bénéfice.

430 – Le but final est **non économique** lorsqu'il ne vise pas des avantages exprimables en argent en faveur de ses seuls associés, autrement dit lorsqu'il ne vise pas l'amélioration de la situation patrimoniale de ses seuls associés. Il peut être altruiste ou idéal.

431 – Le but non économique est **altruiste** lorsqu'il vise des avantages exprimables en argent en faveur de tiers.

Exemple: une société simple cherche à réaliser des bénéfices pour les distribuer intégralement à une association de protection de l'environnement.

432 – Le but non économique est **idéal** lorsqu'il vise à promouvoir d'autres intérêts que les intérêts exprimables en argent de ses associés ou de tiers.

Exemple: une société simple cherche à promouvoir la santé de ses associés ou de tiers en organisant régulièrement des courses en montagne.

433 En résumé:

Figure n° 6 *Sortes de buts finaux I*

		Associés		Tiers
		Par l'intermédiaire de la société	Sans intermédiaire	
Amélioration de la situation	économique	**but pécuniaire (lucratif)**	**but matériel**	**but altruiste**
	non économique	**but idéal**	**but idéal**	**but idéal**

434 Par conséquent:

Figure n° 7 *Sortes de buts finaux II*

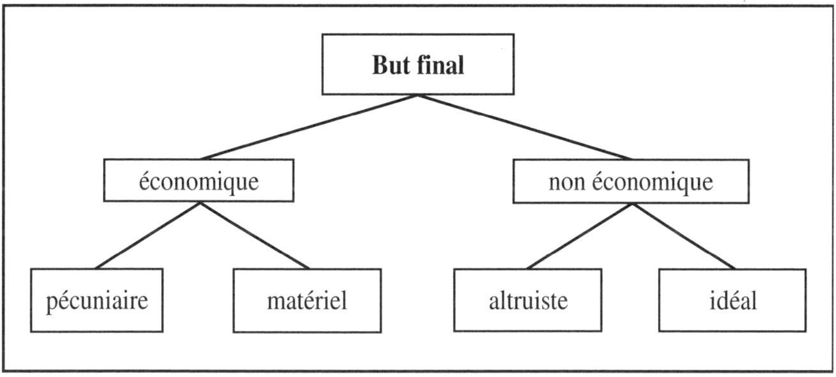

La poursuite d'un but économique n'est pas nécessairement liée à l'exploitation d'une entreprise commerciale. Inversement, la poursuite d'un but non économique, y compris idéal, n'exclut pas l'exploitation d'une entreprise commerciale. 435

Les combinaisons suivantes sont admissibles: 436

Figure n° 8 *But final/moyen*

But \ Moyen		avec entreprise commerciale	sans entreprise commerciale
économique	pécuniaire	SNC, SC, SA, SCA, Sàrl	SS, SNC, SC, SA, SCA, Sàrl
	matériel	Coop	Coop
non économique		SNC, SC, SA, SCA, Sàrl, Coop	SS, SNC, SC, SA, SCA, Sàrl, Coop

3. Importance pratique

Le but final est important à plusieurs égards: 437

- il fait ressortir la nature fondamentale de la société. Il détermine son objectif général. 438
- il détermine le choix de la forme de société. 439

Exemple: si le but visé est économique pécuniaire, la forme de société choisie ne peut pas être la société coopérative. 440

- il concrétise les obligations des administrateurs/gérants. 441

Exemple: un but final économique oblige les administrateurs/gérants à gérer la société de manière à procurer aux associés des avantages pécuniaires ou matériels.

442 – il influence la responsabilité des administrateurs/gérants.

Exemple: dans une société à but économique pécuniaire, les administrateurs/gérants qui renoncent à poursuivre une politique de recherche de bénéfice violent leur obligation de fidélité et engagent leur responsabilité personnelle.

4. Détermination

443 Le but final économique est présumé. Sa mention expresse dans le contrat de société ou dans les statuts, ainsi que son inscription au registre du commerce ne sont pas nécessaires.

444 En revanche, le but non économique doit être indiqué dans le contrat ou les statuts et dans l'inscription au registre du commerce[160].

5. Cumul

445 En général, la société poursuit un seul but final.

446 Un cumul de buts finaux est envisageable. Une société peut décider de poursuivre principalement un but final économique pécuniaire et accessoirement un but final non économique altruiste.

Exemple: une société anonyme prévoit dans ses statuts qu'elle affectera le quart du bénéfice de chaque exercice à l'Ecole polytechnique fédérale de Lausanne pour lui permettre de promouvoir sa recherche dans le domaine de l'énergie solaire.

447 En matière de société coopérative la loi mentionne expressément cette possibilité (art. 828 al. 1 CO, 92 ORC).

Exemple: la société coopérative d'agriculture du District d'Echallens a pour but de favoriser les intérêts économiques de ses membres en matière agricole et d'encourager le développement général de l'agriculture dans ce district.

6. Modification

448 Vu son importance, le changement du but final en cours de vie sociale nécessite toujours l'accord unanime des associés. En pratique, en tout cas formellement, il est exceptionnel.

---

[160] Pour la société simple, qui ne peut pas être inscrite au registre du commerce (ATF 79 I 179, *181 s.*/JdT 1954 I 66, *67*) l'indication ne peut figurer que dans le contrat, qui est souvent oral.

§ 2 But social

1. Définition

Le but social (art. 626 ch. 2, 704 al. 1 ch. 1 CO, 776 ch. 2 nCO, 832 ch. 2 CO, 42 al. 1 ORC) est la concrétisation du but final, l'objectif spécial de la société par lequel elle entend réaliser son but final. 449

2. Sortes

La palette des possibilités est plus variée que pour le but final. Le but social peut notamment être: 450

- industriel: fabrication et vente de machines, d'outils, de produits divers;
- commercial: achat et vente d'objets ou de produits divers;
- de service: banque, assurance, transport, fiduciaire.

Exemple: la société Novartis SA a pour but la participation à des entreprises actives dans le domaine de la santé ou de l'alimentation.

3. Importance pratique

Le but social caractérise la société au deuxième degré. Il permet de la distinguer de toutes celles qui ont le même but final. 451

Il est important à plusieurs égards: 452

- il détermine les obligations des administrateurs/gérants, qui doivent toujours viser sa réalisation (art. 536, 561, 598 al. 2, 717 al. 1, 764 al. 2 CO, 812 al. 1 nCO, 902 al. 1 CO). 453

  Exemple: l'administrateur d'une société anonyme chimique ne peut pas se contenter d'utiliser les biens de la société pour faire des placements en bourse. Il doit fabriquer et vendre des produits chimiques.
- il influence la responsabilité des administrateurs/gérants. 454

  Exemple: l'administrateur d'une société anonyme chimique qui, plutôt que de développer ses activités industrielles, utilise les fonds de la société pour faire des placements malheureux en bourse, engage sa responsabilité personnelle.
- il détermine l'étendue du pouvoir des représentants (art. 564 al. 1, 603, 718a al. 1, 764 al. 2 CO, 814 al. 4 nCO, 899 CO). 455

  Exemple: le représentant d'une société à responsabilité limitée qui a pour but la production d'eau minérale ne peut pas engager la société en concluant un contrat portant sur l'achat d'une grande quantité de vins.
- il peut être décisif en matière d'action en annulation des décisions de l'assemblée générale (art. 706 al. 2 ch. 3, 764 al. 2 CO, 808c nCO, 891 CO), ainsi qu'en matière de juste motif de refus d'inscription au registre des actions (art. 685b al. 1 et 2 CO). 456

Exemple: la société anonyme, qui exploite un journal à tendance politique bien marquée et qui prévoit dans ses statuts que l'appartenance à cette tendance politique est une condition de l'actionnariat, peut refuser d'approuver le transfert d'un certain nombre de ses actions à une personne qui ne remplit pas cette condition.

457 – il peut déterminer les règles légales applicables.

Exemple: une société anonyme qui a pour but social l'exploitation d'une banque est soumise à la Loi fédérale sur les banques et les caisses d'épargne.

4. Détermination

458 Vu la grande variété de la palette de ses possibilités et son importance pratique, le but social doit pouvoir être facilement connu de tous les intéressés. Elément essentiel du contrat de société, il doit faire l'objet d'un accord entre les fondateurs. Il doit figurer dans les statuts des sociétés qui ont la personnalité juridique (art. 626 ch. 2, 764 al. 2 CO, 776 ch. 2 nCO, 832 ch. 2 CO). Il doit être inscrit au registre du commerce pour toutes les sociétés (art. 42 al. 1 ORC), sauf la société simple[161].

459 La connaissance du but social ne suffit pas à déterminer le but final. En effet, de nombreux buts sociaux peuvent être poursuivis en vue de buts finaux différents.

Exemple: une société anonyme qui a pour but social l'organisation de concerts peut viser un but final économique ou non économique.

5. Cumul

460 Le cumul de divers buts sociaux est possible. De nombreuses sociétés le pratiquent.

Exemple: une société à responsabilité limitée peut être constituée pour fabriquer des objets en bois de toute nature et faire le commerce des immeubles.

6. Modification

461 Vu son importance, le changement du but social en cours de vie sociale exige le respect de règles particulières:

462 – décision unanime des associés en matière de société simple (art. 534 CO), de société en nom collectif (art. 557 al. 2 CO) et de société en commandite (art. 598 al. 2 CO),

463 – décision de l'assemblée générale ou de l'assemblée des associés recueillant au moins les deux tiers des voix représentées et la majorité absolue du capital représenté en matière de société anonyme (art. 704 al. 1 ch. 1

[161] La société simple ne peut pas être inscrite au registre du commerce.

CO), de société à responsabilité limitée (art. 808b al. 1 nCO) et de société en commandite par actions (art. 764 al. 2 CO),

– décision de l'assemblée générale prise à la majorité des deux tiers des voix émises en matière de société coopérative (art. 888 al. 2 CO). 464

Pour éviter de telles modifications, souvent difficiles à réaliser, il est important de choisir un (des) but(s) social(aux) plutôt large(s), afin de garantir une marge de manœuvre à la société. 465

Exemple: une société qui se crée pour commercialiser des petits pains a intérêt à choisir un but un peu plus large, par exemple la commercialisation de tout article de boulangerie.

Toutefois, il n'est pas possible de choisir un but social trop vaste ou trop imprécis. Le législateur exige que le but social soit défini avec une certaine précision pour protéger tous les intérêts en présence[162]. 466

Exemple: «fournir des services en tout genre» est un but social trop large qui ne pourrait pas être inscrit au registre du commerce.

Section 2 Communauté de but

Le but poursuivi par les associés doit être commun, c'est-à-dire **identique,** parfaitement semblable. 467

Exemple: plusieurs personnes ont pour but d'entreprendre la même course au même moment.

Des buts final et social, communs à tous les associés, il faut soigneusement distinguer les motifs qui conduisent les associés à conclure un contrat de société. Ces motifs peuvent être identiques, mais ils peuvent aussi être différents. 468

Exemple: en créant une société anonyme, un fondateur peut agir dans le but de s'assurer une position dominante dans la société, un autre un revenu principal par le fait de sa participation au conseil d'administration, un troisième un placement le plus rémunérateur possible.

Les motifs des associés ne sont en principe pas pris en compte. 469

---

162 SAS 55 (1983), p. 32 ss (commentaire Peter Forstmoser).

Section 3 Exigences à remplir par le but commun[163]

§ 1 Principe

470 Le droit des sociétés est régi par le principe de la liberté contractuelle (art. 19 CO)[164]. Par conséquent, le but[165] de toute société peut, en principe, être choisi librement. Il peut notamment être durable ou passager. Toutefois, il doit être licite, conforme aux bonnes mœurs et possible (art. 20 al. 1 CO, 52 al. 3 CC).

§ 2 Buts non conformes

1. But illicite

471 Le but est illicite lorsqu'il viole une norme impérative écrite ou non écrite du droit positif suisse[166].

Exemple: une société a pour but la fabrication et la vente sans autorisation de produits stupéfiants au sens de la Loi fédérale du 3 octobre 1951 sur les stupéfiants et les substances psychotropes (Lstup)[167].

472 La société qui vise un but illicite ne le dit en général pas ouvertement. Elle cherche à le camoufler derrière un but formel licite.

Exemple: une société qui fabrique et vend des produits stupéfiants sans autorisation choisit comme but formel la fabrication et la vente de produits alimentaires de toute nature.

473 Pour lutter contre ces manœuvres, le Tribunal fédéral considère comme déterminant «le but effectivement vécu, celui que l'activité sociale a marqué de son empreinte»[168], c'est-à-dire le but réel.

474 Il arrive qu'un but licite soit réalisé par des moyens illicites.

Exemple: dans le cadre de la poursuite de son but licite d'élimination des déchets toxiques, une société brûle une partie des déchets dans un four ordinaire et pollue gravement l'environnement.

475 Les moyens illicites ne rendent pas le but illicite, à moins qu'ils ne deviennent prépondérants et se substituent en fait à lui[169].

---

163 Ces exigences concernent principalement le but social.

164 Voir N 291–299.

165 Ou les buts. Voir N 445–447, 460.

166 Le but contraire à une norme de droit positif étranger n'est pas illicite au sens de l'article 20 al. 1 CO. Il pourrait, le cas échéant, être considéré comme contraire aux mœurs (ATF 80 II 49, *51–52*/JdT 1954 I 581, *583–584*).

167 RS 812.121.

168 ATF 115 II 401, *404*/JdT 1991 I 526, *528*.

169 ATF 115 II 401, *405*/JdT 1991 I 526, *529*.

Exemple: une société qui a pour but licite l'élimination des déchets toxiques les brûle systématiquement dans un four ordinaire et pollue gravement l'environnement.

2. But contraire aux mœurs

Selon le Tribunal fédéral «sont contraires aux mœurs au sens de l'art. 20 al. 1 CO les contrats condamnés par la moralité courante, par le sentiment général des convenances, par les principes et jugements de valeur qu'implique l'ordre juridique considéré dans son ensemble (...). Un contrat peut être contraire aux mœurs soit en raison de la prestation promise, soit indirectement par le but ou le résultat visés par les contractants, soit encore par la combinaison d'une prestation nécessairement gratuite avec une contre-prestation appréciable en argent.»[170] 476

Le critère des bonnes mœurs est un critère objectif. Peu importent l'appréciation personnelle et les motifs des cocontractants[171]. 477

Exemple: société de prostituées ayant pour but de promouvoir leur activité[172].

3. But impossible

Le but est impossible lorsque, objectivement, pour des raisons de fait ou de droit, il ne peut pas être réalisé. 478

Exemples:

- une société a pour but de fabriquer des voitures qui fonctionnent sans énergie (impossibilité de fait).
- une société a pour but la construction d'une fabrique dans une zone résidentielle (impossibilité de droit).

§ 3 Sanctions

Plusieurs distinctions s'imposent: 479

- société à personnalité juridique et société sans personnalité juridique.
- but originellement non conforme (but non conforme dès la création de la société) et but subséquemment non conforme (but non conforme en cours de vie sociale).

Exemples:

- une société est créée pour blanchir de l'argent sale (but originellement non conforme).

---

170 ATF 115 II 232, *235*/JdT 1990 I 66, *69*.
171 ATF 42 II 485, *492*/JdT 1917 I 297, *300*.
172 ATF 111 II 295, *298* (all.); ATF 18, 324, *328* (fr.).

   - le but d'une société de production d'un médicament devient illicite en raison d'une interdiction ultérieure de ce médicament (but subséquemment non conforme).
- rapports internes et externes.

1. Société sans personnalité juridique

1.1. Non-conformité originelle

1.1.1. Rapports internes

480 Le contrat de société est nul (art. 20 CO). Il ne déploie aucun effet. La société n'existe pas. Les prestations effectuées peuvent être récupérées.

481 Si la société a exercé une activité, certains auteurs, pour des raisons pratiques, estiment que la liquidation peut se faire en application des règles du droit des sociétés[173].

1.1.2. Rapports externes

482 Dans la mesure où la société a eu des rapports avec des tiers de bonne foi, la liquidation par rapport à ces tiers se fait en application des règles spécifiques à chaque forme de société (société de fait).

1.2. Non-conformité subséquente

483 La société est dissoute de plein droit[174].

484 La liquidation se fait toujours en application des règles spécifiques à chaque forme de société.

2. Société à personnalité juridique

2.1. Non-conformité originelle

485 Malgré le texte de l'article 52 al. 3 CC, le Tribunal fédéral estime qu'une société à but illicite ou contraire aux mœurs acquiert la personnalité par son inscription au registre du commerce (art. 643 al. 2 CO, 779 al. 2 nCO)[175]. Cette conception vaut aussi pour la société à but impossible. Par conséquent, une fois inscrite au registre du commerce, la société existe malgré son but initial non conforme.

---

173 SIEGWART, ZK, Vorbemerkungen zu Art. 530–551 OR, N 117; VON STEIGER, SPR VIII/1, p. 365; MEIER-HAYOZ/FORSTMOSER, § 1 N 40, précisent que les règles de la société simple s'appliquent par analogie.

174 Pour les détails, voir N 1917 ss.

175 Pour plus de détails: KICK (cité N 390), p. 83–87, ainsi que la jurisprudence citée.

La société à but non conforme est sanctionnée: 486
- dans tous les cas, par la dissolution judiciaire[176], 487
- en plus, en cas de but illicite ou contraire aux mœurs, par la dévolution de ses biens à une corporation de droit public (art. 57 al. 3 CC)[177]. 488

Une partie de la doctrine estime que l'article 57 al. 3 CC ne s'applique pas aux sociétés, mais seulement aux associations et aux fondations: 489

- soit parce que l'article 52 al. 3 CC s'applique aux sociétés et que, par conséquent, une société qui n'a pas acquis la personnalité juridique ne peut pas être dissoute[178];
- soit parce que les dispositions légales spécifiques applicables aux sociétés traitent exhaustivement des causes et conséquences de la dissolution et excluent ainsi toute application de l'article 57 al. 3 CC[179].

2.2. Non-conformité subséquente

Les sanctions sont les mêmes que pour les cas de but originellement non conforme. 490

Chapitre 4 Collaboration

La poursuite d'un but commun est nécessaire, mais pas suffisante à remplir les conditions de la société. 491

Exemple: plusieurs personnes ont le but de faire l'ascension du même sommet.

En effet, chaque intéressé peut poursuivre le but commun de manière individuelle, parallèle, sans référence aux autres intéressés. Lorsque le but est unique, c'est-à-dire réalisable une seule fois, chaque intéressé peut même agir dans un esprit de concurrence, cherchant à empêcher les autres de l'atteindre. 492

Exemple: plusieurs personnes ont le but de faire la première ascension du même sommet encore inviolé.

---

176 ATF 112 II 1, *7*/JdT 1986 I 633, *638*; ATF 107 Ib 186, *190* (fr.); KICK (cité N 390), p. 108–112.

177 ATF 115 II 401, *408 ss*/JdT 1991 I 526, *531 ss*; ATF 112 II 1, *3 ss*/JdT 1986 I 633, *635 ss*; BRÜESCH, ANDREA, Der unrechtmässige Erwerb von Liegenschaften in der Schweiz durch Ausländer, RNRF 69 (1988), p. 353–365; KICK (cité N 390), p. 238–252; MARANTA, GIOVANNI, Der unrechtmässige Erwerb von Liegenschaften in der Schweiz durch Ausländer, RSJ 84 (1988), p. 359–363.

178 Notamment: RIEMER, HANS MICHAEL, Aktiengesellschaft mit widerrechtlichem Zweck, SAS 54 (1982), p. 86–87.

179 Notamment: BROGGINI, GERARDO, Der unrechtmässige Erwerb von Liegenschaften in der Schweiz durch Ausländer, RSJ 84 (1988), p. 113–120.

493 La poursuite individuelle d'un même but ne suffit donc pas à remplir les conditions de la société.

494 Pour qu'il y ait société, il faut, en plus, que les intéressés **collaborent** pour réaliser le but commun.

Exemples: si plusieurs personnes ont le but de de faire l'ascension du même sommet et agisssent en ordre dispersé, elles ne remplissent pas les conditions de la société. En revanche, si elles unissent leurs efforts et leurs ressources pour faire l'ascension du même sommet, elles remplissent les conditions de la société.

495 Selon la forme de société et la volonté des associés, la collaboration peut prendre des formes (section 1) et présenter des degrés d'intensité (section 2) différents.

Section 1 Formes

496 Pour collaborer, les associés doivent unir leurs efforts **ou** leurs ressources (art. 530 al. 1 CO), c'est-à-dire faire un apport à la société. Ils peuvent aussi unir leurs efforts **et** leurs ressources. Autrement dit, peu importe comment ils collaborent, l'essentiel est qu'ils collaborent[180]. Ils doivent collaborer quel que soit leur motif personnel de participation.

497 En principe, toute prestation qui permet de promouvoir le but de la société remplit la condition de la collaboration, c'est-à-dire peut faire l'objet d'un apport. Il importe toutefois de distinguer entre les efforts et les ressources, car leur régime juridique est en partie différent.

§ 1 Union d'efforts

498 La collaboration peut prendre la forme d'une union d'efforts.

499 L'effort est une prestation personnelle de l'associé. Il peut consister en:
- prestation positive, notamment travail (de gestion, de recherche, de conseil),
- abstention, notamment non-concurrence.

500 La société anonyme et la société à responsabilité limitée n'admettent pas les efforts à titre d'apport[181].

§ 2 Union de ressources

501 La collaboration peut prendre la forme d'une union de ressources.

---

[180] MEIER-HAYOZ/FORSTMOSER, § 1 N 52 utilisent une formule particulièrement percutante: «*mit Geld und/oder Geist, Rat und/oder Tat*».

[181] Voir N 978.

La ressource est un bien (en espèce ou en nature) ou un droit appartenant à l'associé[182]. 502

L'union de ressources peut consister en transfert de propriété, d'usage, 503
de jouissance ou de droit de disposition, ainsi qu'en garantie de crédit, mais toutes ces possibilités ne sont pas admises dans chaque forme de société.

1. Propriété

L'associé collabore à la réalisation du but de la société en lui 504
transférant la propriété d'un bien nécessaire à son activité. Par cette opération, le bien sort du patrimoine individuel de l'associé pour entrer dans le patrimoine social.

Exemple: le fondateur d'une société anonyme libère ses actions en transférant à la société en formation la propriété d'une certaine somme d'argent.

2. Usage

L'associé collabore à la réalisation du but de la société en lui 505
procurant l'usage d'un bien nécessaire à son activité. Par cette opération, le bien reste dans le patrimoine de l'associé, mais la société peut l'utiliser.

Exemple: le fondateur d'une société en nom collectif met gratuitement à la disposition de la société l'usage des locaux nécessaires à l'installation de ses bureaux pendant cinq ans.

L'apport en usage est surtout utile dans le cadre de sociétés à durée de 506
vie limitée (société occasionnelle) ou de nature particulière (communauté de recherche dont les membres mettent des appareils à disposition).

3. Jouissance

L'associé collabore à la réalisation du but de la société en lui 507
procurant la jouissance d'un bien nécessaire à son activité. Par cette opération, le bien reste dans le patrimoine de l'associé, mais la société peut en récolter les fruits, c'est-à-dire tout ce qu'il produit.

Exemple: le fondateur d'une société en commandite apporte à la société la jouissance d'un immeuble locatif dont il est propriétaire. Par conséquent, il autorise la société à encaisser les loyers.

L'apport en jouissance permet notamment d'assurer à la société des 508
ressources régulières dans les premières années de son existence.

[182] Voir N 967–972.

4. Disposition

509 L'associé collabore à la réalisation du but de la société en lui procurant un droit de disposition sur un bien. Par cette opération, le bien reste provisoirement dans la propriété de l'associé, qui doit, sur demande de la société, procéder aux actes de disposition nécessaires.

Exemple: pour éviter des frais, plutôt que de transférer l'immeuble à la société qui envisage de le revendre par la suite, le fondateur s'engage à le transférer à un tiers sur demande de la société.

5. Garantie de crédit

510 L'associé collabore à la réalisation du but de la société en garantissant son crédit.

Exemples:

- le fondateur d'une société simple met en gage un de ses immeubles pour garantir les dettes sociales futures jusqu'à concurrence d'un montant déterminé.
- une personne financièrement très à l'aise et jouissant d'une excellente réputation dans le milieu des affaires accepte d'entrer dans une société en nom collectif en formation. Sa solvabilité est suffisante pour assurer le crédit de la société par le jeu de la responsabilité illimitée de l'associé pour les dettes sociales (art. 552 al. 1 CO)[183].

Section 2 Intensité

511 L'intensité de la collaboration entre les associés varie selon la forme, le type et la taille de la société. Autrement dit, peu importe dans quelle mesure les associés collaborent, l'essentiel est qu'ils collaborent.

512 L'intensité de la collaboration est en général plus forte dans les sociétés de personnes que dans les sociétés de capitaux, dans les petites sociétés que dans les grandes.

513 Dans les sociétés de personnes, surtout si elles sont petites, les associés font souvent un apport sous forme de travail. Ils ont une obligation de fidélité. Ils participent à la gestion et à la représentation[184]. Ils répondent des dettes sociales.

514 Dans les sociétés de capitaux, surtout si elles sont grandes, les associés se bornent à mettre à disposition les ressources nécessaires. Ils n'ont pas d'obligation de fidélité. Ils ne participent pas à la gestion et à la représentation. Ils ne répondent pas des dettes sociales.

---

[183] TF, 13.06.95, SJ 1995, p. 724.

[184] Exception faite de l'associé commanditaire dans la société en commandite.

Section 3 Conséquence

La collaboration en vue d'atteindre un but commun est souvent appelée l'*animus societatis* ou l'*affectio societatis*[185]. Elle a pour conséquence que les associés n'ont pas la garantie de récupérer l'objet ou la valeur de leur apport. Ils participent à la perte de la société. Ils en assument l'échec. 515

Exemple: si une société en nom collectif fait de mauvaises affaires et subit une perte, les associés, en cas de liquidation, ne récupèrent leur apport qu'en partie ou pas du tout.

En revanche, en tout cas si le but final est économique ou idéal, ils bénéficient du succès de la société, soit sous forme de répartition de bénéfice ou d'augmentation de la valeur de leur part sociale (sociétés commerciales et société simple), soit sous forme d'utilisation des institutions sociales (société coopérative), soit sous forme d'amélioration de leur qualité de vie (société à but idéal). 516

[185] ATF 99 II 303, *305* (fr.).

Titre 2 Définition négative

517 La définition négative facilite notamment la qualification des rapports juridiques plus ou moins complexes que les intéressés n'ont pas effectuée eux-mêmes et, par conséquent, la détermination des règles applicables à ces rapports juridiques. Il arrive en effet relativement souvent que deux ou plusieurs personnes concluent un contrat sans le qualifier juridiquement.

Exemple: un jeune ingénieur développe un produit qu'il désire exploiter. Son beau-père accepte de mettre à sa disposition les fonds nécessaires à la réalisation du projet. Ils concluent par écrit, sans le qualifier, un contrat très sommaire contenant les trois clauses suivantes:

- l'ingénieur fabrique et vend le produit,
- le beau-père fournit les fonds nécessaires au lancement de l'affaire à concurrence de 500 000 francs,
- le bénéfice réalisé est partagé par moitié.

518 En général, si les affaires vont bien, ce genre de contrat ne pose pas de problème. Mais si elles vont moins bien, notamment si le résultat de l'entreprise est une perte, ou si pour une autre raison les parties ne s'entendent plus, il devient nécessaire de déterminer leurs droits et obligations réciproques. Pour y parvenir, il est indispensable, préalablement, de qualifier le contrat.

519 Les choses se compliquent si les parties n'ont pas conclu expressément de contrat, mais qu'elles se sont contentées d'agir (contrat tacite).

520 Dans l'exemple précédent, les qualifications qui entrent en ligne de compte sont notamment le contrat de société et le contrat de prêt. S'il s'agit d'un contrat de société, les parties doivent partager la perte de manière égale. S'il s'agit d'un contrat de prêt, la perte est à la charge exclusive de l'ingénieur.

521 La qualification d'un contrat est une opération délicate. Il ne suffit pas de se reporter aux termes du contrat. Il faut également tenir compte du comportement des parties lors de l'exécution du contrat[186]. Il faut analyser tous les indices qui permettent de déceler la réelle et commune intention des parties[187], notamment:

- l'éventuelle qualification du contrat par les parties,
- la réglementation relative à la participation à la perte et (ou) au bénéfice,
- la réglementation relative aux garanties et sûretés particulières concernant la restitution des prestations effectuées,
- la réglementation relative aux droits de gestion et de contrôle.

---

186 SJ 1960, p. 153, *157 ss*; SJ 1946, p. 422, *427*.
187 SJ 1954, p. 599.

Il faut donc procéder à une appréciation globale de la situation en tenant compte de toutes les circonstances. 522

Pour qu'un rapport juridique puisse être qualifié de société, il doit contenir tous les éléments constitutifs de la définition positive de la société. 523

Chapitre 1 Nature contractuelle

La société est toujours basée sur un contrat. Par conséquent, tout groupement de personnes qui n'est pas basé sur un contrat, mais notamment sur la loi, n'est pas une société. 524

Exemples:

- la communauté héréditaire (art. 602 CC)[188],
- la communauté des créanciers dans les emprunts par obligations (art. 1157 ss CO),
- la communauté des porteurs de bons de jouissance dans une société anonyme (art. 657 al. 4 CO)[189],
- certains cas de copropriété (art. 670 et 727 CC, 484 CO),
- la communauté des créanciers en matière de faillite (art. 235 ss LP),
- les corporations de droit public (Confédération, Cantons, Communes, CFF, Banque nationale, certaines banques cantonales).

Chapitre 2 Groupement de personnes

La société est un groupement de personnes (*universitas personarum*). Elle se distingue des ensembles de biens affectés à un but particulier et organisés, qui n'ont pas de membres (*universitas bonorum*). 525

Exemples:

- ensembles de biens de droit privé:
  - les fondations[190] (art. 80 ss CC),
  - les fonds de placement contractuels (art. 25 ss LPCC).
- ensembles de biens de droit public:
  - les fondations de droit public («Pro Helvetia»[191], «Parc national suisse»[192]),

---

188 Les membres d'une communauté héréditaire peuvent toutefois créer une société pour continuer l'exploitation de l'entreprise individuelle du défunt (ATF 97 I 14, *17 ss*/JdT 1972 I *603 s.* [rés.]).

189 ATF 113 II 528, *530–532* (all.).

190 Il existe des fondations qui exploitent des entreprises (fondations-entreprise), ainsi que des fondations-holding (SJ 2002 I 193).

191 Loi fédérale concernant la fondation Pro Helvetia, du 17 décembre 1965 (RS 447.1).

192 Loi fédérale sur le Parc national suisse dans le canton des Grisons (Loi sur le Parc national), du 19 décembre 1980 (RS 454).

- certains établissements de droit public (Caisse nationale suisse d'assurance[193], Ecoles polytechniques fédérales[194], Universités[195]).

Chapitre 3 But commun

526 Dans la société, les associés poursuivent un but commun. La société se distingue ainsi des contrats d'échange et des contrats de service, dans lesquels les parties ne poursuivent pas un but commun.

527 L'enjeu de la distinction est important. Les normes applicables diffèrent.

Exemples:

- le contrat de société n'est pas nul par le fait que seule la prestation de l'un des fondateurs est illicite, impossible ou contraire aux mœurs (art. 20 CO).
- un associé ne peut pas refuser son apport parce qu'un autre associé n'a pas exécuté son obligation d'apport (art. 82 CO).
- un associé ne peut pas refuser son apport parce qu'un autre associé est devenu insolvable (art. 83 CO).

Section 1 Contrats d'échange

528 Dans les contrats d'échange, chaque partie fait une prestation pour en recevoir une autre de valeur plus ou moins équivalente. Chaque partie poursuit son propre but, égoïste. Le but de l'un ne peut être pleinement réalisé qu'au détriment de celui de l'autre.

529 Dans le contrat de société, les associés n'échangent pas des prestations. Ils additionnent des prestations pour réaliser le but commun. Chaque associé apporte sa pierre pour réaliser la construction. Le but est toujours réalisé au même degré pour chacun des associés. L'obligation de chaque associé de faire une prestation ne dépend pas de la prestation des autres associés, mais des besoins de la société[196].

[193] Art. 61 al. 1 de la Loi fédérale sur l'assurance-accidents (LAA), du 20 mars 1981 (RS 832.20).

[194] Art. 5 al. 1 de la Loi fédérale sur les écoles polytechniques fédérales (Loi sur les EPF), du 4 octobre 1991 (RS 414.110).

[195] De manière expresse: art. 1 al. 1 de la Loi neuchâteloise sur l'Université, du 5 novembre 2002 (RSN 416.10); art. 1 al. 2 de la Loi saint-galloise sur l'Université, du 26 mai 1988 (sGS 217.11); art. 1 al. 1 de la Loi genevoise sur l'Université, du 26 mai 1973 (RSG C 1 30); art. 1 de la Loi vaudoise sur l'Université de Lausanne, du 6 juillet 2004 (RSV 414.11).

[196] ATF 104 II 108, *112*/JdT 1980 I 77, *80*.

§ 1 Contrat de vente

Par le contrat de vente (art. 184 ss CO), le vendeur s'oblige à livrer une chose que l'acheteur s'engage à lui payer. Les parties ne poursuivent pas un but commun. Le vendeur cherche à vendre au prix le plus élevé possible. L'acheteur cherche à acquérir la propriété d'un bien au prix le plus bas possible. 530

§ 2 Contrat d'entreprise

Par le contrat d'entreprise (art. 363 ss CO), l'entrepreneur s'oblige à exécuter un ouvrage que le maître d'ouvrage s'engage à lui payer. A l'instar du contrat de vente, le but poursuivi par chaque partie n'est pas commun. Chaque partie cherche à obtenir le prix le plus favorable pour elle-même. 531

§ 3 Contrat de travail

Par le contrat de travail (art. 319 ss CO), le travailleur s'oblige à fournir pendant une certaine durée un certain travail que l'employeur s'engage à lui payer. Comme dans les contrats précédents, le but poursuivi par chacune des parties n'est pas commun. Chacune des parties cherche à obtenir les conditions du contrat les plus favorables pour elle-même. 532

Section 2 Contrats de service

Les contrats de service se caractérisent par le fait que, tout en restant indépendante, l'une des parties s'engage à exercer une activité déterminée au profit de l'autre. Ils se rapprochent du contrat de société par le fait que le but de l'une des parties n'est plus totalement étranger à celui de l'autre. Il est même promu par l'activité de l'autre. Néanmoins, le but de chacune des parties n'est pas commun. Si l'une des parties participe à la réalisation du but de l'autre, elle ne le fait pas sien et la réciproque n'existe pas. De plus, celle qui rend le service poursuit en général un but supplémentaire qui est d'être rémunérée pour son activité. Or, en général, la rémunération ne dépend pas de la réalisation du but de la partie servie. 533

§ 1 Mandat

Par le mandat onéreux (art. 394 ss CO), le mandataire s'oblige à rendre des services que le mandant s'engage à rémunérer. 534

Exemples:

- l'avocat s'engage à défendre les intérêts de son client et à essayer de lui faire gagner son procès. Même en cas de perte du procès, il a droit à des honoraires.
- le médecin s'engage à tout mettre en œuvre pour essayer de soigner son patient. Même en cas de décès de son patient, il a droit à des honoraires.

535 Si la distinction entre le contrat de société et les contrats d'échange ne pose en général pas de difficultés majeures, il en va différemment de la distinction entre le contrat de société et le contrat de mandat.

Exemple: une jeune chanteuse, aspirant à une brillante carrière, conclut avec le «Talent Studio», intéressé par la participation aux honoraires résultant de ce succès, un contrat de «*management*» lui cédant le droit exclusif d'organiser ses spectacles et productions. Ce contrat doit être qualifié de contrat de mandat, car les intérêts des parties, qui ne visent pas le même but, sont de nature différente[197].

§ 2 Dépôt, transport, agence

536 Les contrats de dépôt (art. 472 ss CO), de transport (art. 440 ss CO) et d'agence (art. 418a ss CO) sont proches du contrat de mandat. Leurs parties (déposant et dépositaire, expéditeur et voiturier, mandant et agent) ne poursuivent pas non plus un but commun.

Chapitre 4 Collaboration

537 Dans la société, les associés collaborent, c'est-à-dire qu'ils unissent leurs efforts ou(et) leurs ressources en vue d'atteindre un but commun. La société se distingue ainsi notamment du contrat partiaire[198], c'est-à-dire du contrat dans lequel la rémunération de la prestation de l'une des parties dépend totalement ou partiellement de la réalisation du but poursuivi par l'autre partie.

538 L'enjeu de la distinction est important. Les normes applicables diffèrent.

Exemple: la partie qui met à disposition des fonds sous forme de prêt partiaire peut produire sa créance dans la faillite de son cocontractant, alors que l'associé n'a pas cette possibilité.

---

197 ATF 104 II 108, *110 ss*/JdT 1980 I 77, *79 ss*. Voir aussi: SJ 2002 I 618, *620 ss;* ZR 88 (1989), p. 310–314 (n° 104); RSJ 71 (1975), p. 94–96 (n° 44).

198 AUBERT, GABRIEL, Le contrat de travail partiaire, RSJ 79 (1983), p. 169–174; GUERY, MICHAEL, Die Abgrenzung des partiarischen Darlehens von der Gesellschaft mit Vergleichen zum deutschen und französischen Recht, thèse Zurich 1999; SOMMER, UELI, Die stille Gesellschaft, thèse Zurich 1999, p. 56–80.

Dans le contrat de prêt partiaire[199], le prêteur est en général rémunéré en partie sous forme fixe (intérêts), en partie sous forme aléatoire (participation au bénéfice réalisé par l'emprunteur). Il peut l'être entièrement sous forme aléatoire. Dans ce dernier cas, la différence avec le contrat de société est souvent difficile à déceler. Elle existe toutefois. En effet, le prêteur ne collabore pas pleinement avec l'emprunteur; il collabore pour le meilleur, mais pas pour le pire. Il ne partage pas entièrement le résultat avec lui. En général, le partage ne concerne que le bénéfice. Les pertes sont à la seule charge de l'emprunteur[200]. De plus, le prêteur ne répond pas des dettes de l'emprunteur. Il ne participe pas aux décisions. Il n'est pas dans un rapport d'égalité avec l'emprunteur[201]. 539

Le système est fondamentalement le même dans les autres contrats partiaires[202] comme le contrat de travail partiaire (art. 322a CO)[203] ou le contrat d'édition partiaire (art. 389 al. 2 CO)[204]. 540

---

199 TF, 15.02.05, 4C.355/2004, cons. 4; SJ 1957, p. 273, *280–283*.

200 ATF 99 II 303, *306* (fr.). Malgré une participation aux pertes convenue entre les parties, le Tribunal fédéral a qualifié le contrat de prêt partiaire. Par conséquent, la participation aux pertes n'est pas l'indice absolu de l'existence d'une société. En revanche, il n'y a pas de société sans participation aux pertes.

201 SJ 2002 I 618, *621* (cons. 3b).

202 A titre d'exemples: SAS 47 (1975), p. 147, *150 s.* (commentaire CHRISTOPH VON GREYERZ); RSJ 62 (1966), p. 361–363 (n° 225).

203 ATF 106 II 45, *46–47* (fr.). Dans cet arrêt, le Tribunal fédéral laisse toutefois ouverte la question de la qualification. Voir aussi: SJ 1960, p. 153–159; SJ 1946, p. 422–428.

204 ATF 94 II 122, *125–127* (fr.).

Titre 3 Définition comparative

541 Fondamentalement, les définitions légales étrangères retiennent les mêmes éléments constitutifs que le droit suisse. Parfois, elles les précisent.

Exemples:

542 Droit français (art. 1832 CCF). «*La société est instituée par deux ou plusieurs personnes qui conviennent par un contrat d'affecter à une entreprise commune des biens ou leur industrie en vue de partager le bénéfice ou de profiter de l'économie qui pourra en résulter.*

Les associés s'engagent à contribuer aux pertes.»

543 Droit allemand (§ 705 BGB). «*Durch den Gesellschaftsvertrag verpflichten sich die Gesellschafter gegenseitig, die Erreichung eines gemeinsamen Zweckes in der durch den Vertrag bestimmten Weise zu fördern, insbesondere die vereinbarten Beiträge zu leisten.*»

544 Droit autrichien (§ 1175 ABGB). «*Durch einen Vertrag, vermöge dessen zwei oder mehrere Personen einwilligen, ihre Mühe allein, oder auch ihre Sachen zum gemeinschaftlichen Nutzen zu vereinigen, wird eine Gesellschaft zu einem gemeinschaftlichen Erwerbe errichtet.*»

545 Droit belge (art. 1 al. 1 CSB). «*Une société est constituée par un contrat aux termes duquel deux ou plusieurs personnes mettent quelque chose en commun, pour exercer une ou plusieurs activités déterminées et dans le but de procurer aux associés un bénéfice patrimonial direct ou indirect.*»

546 Droit italien (art. 2247 CCI). «*Con il contratto di società due o più persone conferiscono beni o servizi per l'esercizio in comune di un'attività economica allo scopo di dividerne gli utili.*»

547 Grande-Bretagne (Partnership Act 1890, § 1 [1]). «*Partnership is the relation which subsists between persons carrying on a business in common with a view of profit.*»

548 Etats-Unis (Uniform Partnership Act 1997, Section 101 [6]). «*Partnership means an association of two or more persons to carry on as co-owners a business for profit ...*»

Titre 4 Intérêts en présence

Bibliographie

DRUEY, JEAN NICOLAS, Der Interessenkonflikt im Unternehmen, in: *De lege ferenda*: réflexions sur le droit désirable en l'honneur du professeur Alain Hirsch, Genève 2004, p. 235–244; FORSTMOSER/MEIER-HAYOZ/NOBEL, § 3; VON STEIGER, SPR VIII/1, p. 217–222. 549

Selon la définition de la société, les associés unissent leurs efforts ou(et) leurs ressources en vue d'atteindre un but commun (art. 530 al. 1 CO). 550

A première vue, le rapport de société est idyllique. Chaque associé apporte sa pierre à l'édifice commun. Mais la réalité est souvent très différente. Derrière la façade de l'union pour un but commun se déroulent parfois des luttes terribles, non pas pour atteindre le but commun, mais pour réaliser des objectifs particuliers. Les associés ne sont pas les seuls à s'affronter. D'autres intérêts peuvent se manifester, notamment ceux de la société, de l'entreprise, des administrateurs/gérants, des travailleurs, des créanciers et du public. 551

Exemple: depuis 2004, un conflit oppose le conseil d'administration et la direction de SWISSMETAL-UMS Usines Métallurgiques Suisses SA à ses travailleurs du site de production de Reconvilier, qui a mené à des grèves.

Par conséquent, la situation est complexe. Une société peut se composer d'un tissu d'intérêts contradictoires et mouvants. Les divergences peuvent l'emporter sur les convergences. 552

Chapitre 1 Catalogue

Section 1 Intérêt de la société (intérêt social)

L'intérêt central, principal, est celui de la société elle-même (intérêt social). En effet, sa satisfaction est la condition de la satisfaction de la plupart des autres intérêts en présence (en tout cas dans une optique à long terme). 553

Exemples:

- la réalisation de bénéfice par la société est la condition du versement de parts de bénéfice aux associés et aux administrateurs/gérants;
- la prospérité de la société est la condition du maintien ou de la création de places de travail, ainsi que du paiement des dettes sociales.

554 L'intérêt social est souvent difficile à concrétiser. Il dépend des buts (final et social) de la société et de sa réglementation conventionnelle ou statutaire.

555 Vu son importance, la loi attache une grande importance à sa promotion (art. 536, 561, 598 al. 2, 717 al. 1, 764 al. 2 CO, 812 nCO, 866 CO).

556 L'intérêt de la société à la constitution de réserves ou au secret des affaires peut notamment entrer en conflit avec l'intérêt:
- des associés à la répartition du bénéfice ou à l'information,
- des administrateurs/gérants à un traitement élevé,
- du public à l'information.

Section 2 Intérêt de l'entreprise[205]

557 Dans l'immense majorité des cas, pour réaliser son but, la société exploite une entreprise. De même que la réalisation de l'intérêt de la société est la condition de la réalisation de la plupart des autres intérêts, la réalisation de l'intérêt de l'entreprise est la condition de la réalisation de la plupart des autres intérêts.

Exemple: la prospérité de l'entreprise est la condition de la prospérité de la société. Elle est aussi la condition du maintien ou de la création de places de travail et du paiement des dettes sociales.

558 En général l'intérêt de l'entreprise coïncide avec celui de la société. Mais ce n'est pas toujours le cas. Des conflits peuvent exister.

Exemples:
- l'entreprise n'est pas très lucrative. La société pourrait être tentée de renoncer à son exploitation et d'investir les moyens qu'elle mobilise dans une autre activité plus avantageuse.
- dans le cadre d'une société exploitant plusieurs entreprises, le transfert de cadres d'une entreprise à l'autre peut favoriser l'intérêt de la société, mais défavoriser celui de l'une des entreprises.

559 La loi tente aussi de promouvoir l'intérêt de l'entreprise (art. 669 al. 3, 674 al. 2 ch. 2, 863 al. 2, 902 al. 1 CO).

560 Il peut entrer en conflit avec les mêmes intérêts que celui de la société.

Section 3 Intérêt des associés

561 L'intérêt des associés coïncide souvent avec celui de la société et de l'entreprise. La prospérité de la société entraîne l'augmentation de la valeur des parts sociales ou la distribution de bénéfice. De plus, il ne faut pas oublier que l'intérêt social, par l'intermédiaire des buts de la société, est

[205] Pour une définition de l'entreprise, voir N 5.

déterminé par les associés eux-mêmes. Des conflits peuvent toutefois exister.

Exemple: l'associé souhaite une distribution généreuse de bénéfice, alors que la société et l'entreprise entendent créer d'importantes réserves pour affronter les défis de l'avenir.

L'intérêt des associés à l'information ou à la répartition du bénéfice peut 562
aussi entrer en conflit avec d'autres intérêts, notamment ceux:
- des administrateurs/gérants au secret des affaires,
- des travailleurs à l'amélioration de leurs conditions de travail.

Les associés ne constituent pas un bloc monolithique. Ils ne sont pas 563
assimilables à un produit de série. Ils peuvent former des catégories, dont les intérêts entrent en conflit:

- l'**associé entrepreneur** est un associé à long terme, directement inté- 564
ressé à influencer la marche des affaires de la société. En général, il est aussi administrateur/gérant. Par conséquent, il a intérêt à la prospérité durable de l'entreprise et de la société (pour conserver son mandat). Il a aussi intérêt à la répercussion de la prospérité de l'entreprise et de la société sous forme de traitement élevé, voire de participation au bénéfice. Dans les sociétés de personnes, il est le type de la grande majorité des associés. Dans les sociétés de capitaux, il est celui de l'associé majoritaire ou appartenant à la majorité.
- l'**associé investisseur** est un associé à moyen ou long terme, en général 565
non administrateur/gérant. Il est surtout intéressé par le rendement à long terme de son placement. Il a donc intérêt à la prospérité durable de l'entreprise et de la société. Mais il vise principalement la part au bénéfice la plus élevée possible ou (et) le gain en capital. Dans les sociétés anonymes, les investisseurs institutionnels (sociétés d'assurance, caisses de pension) sont les représentants typiques de cette catégorie.
- l'**associé spéculateur** est un associé à court terme. Il vise des gains en 566
capital rapides. Il ne s'inquiète ni du sort de l'entreprise et de la société à long terme, ni même du bénéfice réalisé. Il se rencontre surtout dans les sociétés de capitaux.

Section 4 Intérêt des administrateurs/gérants

Les administrateurs/gérants jouissent d'une situation privilégiée. 567
D'une part, en général, ils sont associés, d'autre part, ils détiennent en fait le pouvoir. Ils appartiennent par conséquent à la catégorie des associés entrepreneurs et visent à influencer la marche des affaires de la société. Ils cherchent même souvent à renforcer leur pouvoir grâce à l'extension de leur liberté d'action, qui dépend largement d'un certain secret sur les affaires sociales.

568 Ils ont notamment intérêt au meilleur revenu possible (parts au bénéfice et traitements élevés), à la sécurité de leur poste de travail, à un certain prestige, voire à un environnement luxueux.

569 L'intérêt des administrateurs/gérants à un traitement élevé, au maintien de leur mandat ou au secret des affaires peut notamment entrer en conflit avec celui:

- de la société ou(et) de l'entreprise à l'augmentation du bénéfice ou à la limitation des pertes,
- des autres associés à l'information ou à des dividendes élevés,
- des créanciers, des travailleurs ou du public à l'information ou au maintien de postes de travail.

Section 5 Intérêt des travailleurs

570 L'intérêt des travailleurs présente deux aspects parfois en opposition:

- maintien de l'emploi,
- amélioration des conditions de travail et augmentation du salaire.

571 Afin de promouvoir leur intérêt, les travailleurs cherchent à influencer la marche de l'entreprise (question de la participation des travailleurs aux décisions au plus haut niveau).

572 L'intérêt des travailleurs au maintien de leur emploi ou à l'amélioration de leurs conditions de travail peut notamment entrer en conflit avec l'intérêt:

- de la société ou(et) de l'entreprise à la constitution de réserves,
- des associés à l'augmentation du dividende ou à l'exercice du pouvoir sans partage.

Section 6 Intérêt des créanciers

573 L'intérêt des créanciers est le moins conflictuel. Il coïncide en général avec ceux de la société et de l'entreprise, dont la prospérité garantit le paiement de leurs créances.

Section 7 Intérêt du public

574 L'intérêt du public est surtout un intérêt à l'information sur la situation et l'évolution réelles de la société. Cette information est la condition de la prise, en connaissance de cause, de toute éventuelle décision d'entrer en relation juridique avec la société (en tant qu'associé, travailleur, créancier).

Il peut notamment entrer en conflit avec l'intérêt de la société ou des administrateurs/gérants au secret des affaires. 575

Chapitre 2 Rôle du législateur

En matière de droit des sociétés, le rôle du législateur consiste notamment à harmoniser les intérêts contradictoires, à éviter les trop grands déséquilibres, les trop grandes tensions. 576

Selon les époques, le cercle des personnes considérées comme intéressées et les groupes de pression varient. Il en va de même du besoin de protection. Par conséquent, l'accent n'est pas toujours mis sur les mêmes intérêts. 577

Exemple 1: en matière de société anonyme, le Code des obligations de 1936 prenait en considération l'intérêt de la société (entreprise), celui des actionnaires et celui des créanciers. Il mettait l'accent (période de crise) sur la protection de la société et des créanciers. 578

La révision du droit de la société anonyme de 1991 prend en plus en considération l'intérêt du public et celui des travailleurs. Elle met l'accent sur la protection de la société (entreprise), comme par le passé, ainsi que sur celle des actionnaires, spécialement minoritaires, et sur celle du public. Elle a par conséquent introduit les modifications suivantes:

- intérêt de la société (entreprise): amélioration du financement de départ (augmentation du montant minimal du capital-actions et du montant minimal de libération, renforcement du contrôle des apports en nature et des reprises de biens) et du financement en cours de vie sociale (introduction de l'augmentation autorisée et de l'augmentation conditionnelle du capital-actions, des bons de participation, de l'acquisition par la société de ses propres actions, de la réévaluation des immeubles et des participations).
- intérêt des actionnaires: renforcement des droits (protection accrue du droit préférentiel de souscription, limitation des restrictions de transfert des actions nominatives liées, réglementation du droit de vote pour les actions en dépôt), amélioration de l'information (introduction de règles de présentation des comptes, de l'obligation d'établir des comptes de groupe et du contrôle spécial, exigences de transparence pour la dissolution des réserves latentes et de qualifications pour les réviseurs), amélioration de l'accès aux actions judiciaires.
- intérêt du public: obligation de publication des comptes annuels et des comptes de groupe des grandes sociétés.
- intérêt des créanciers: avis au juge par l'organe de révision.
- intérêt des travailleurs: encouragement à la participation au capital.

Exemple 2: en matière de société à responsabilité limitée, la modification du Code des obligations du 16 décembre 2005 met aussi l'accent sur la protection de la société (entreprise) et des associés: 579

- intérêt de la société (entreprise): amélioration du financement de départ (augmentation du montant minimal de libération, contrôle des apports en nature et des reprises de biens) et du financement en cours de vie sociale (simplification de la procédure d'augmentation du capital social), introduction de la société unipersonnelle.
- intérêt des associés: suppression de la responsabilité pour les dettes sociales, introduction de la révision des comptes, simplification du transfert des parts sociales.

Exemple 3: l'avant-projet de révision du droit de la société anonyme et du droit comptable du 2 décembre 2005 va dans le même sens:

- intérêt de la société: assouplissement des procédures d'augmentation et de réduction du capital-actions, abandon du concept de la valeur nominale minimale et de la limitation du montant du capital-participation, modernisation des règles de l'assemblée générale.
- intérêt des actionnaires: renforcement du gouvernement d'entreprise (amélioration des droits à l'information, réforme du droit comptable).

Titre 5 Formes

Bibliographie

BÖCKLI, PETER, Partnerschaft mit beschränkter Haftung – ein Vorschlag *de lege ferenda*, in: Wirtschaftsrecht zu Beginn des 21. Jahrhunderts, Festschrift für Peter Nobel zum 60. Geburtstag, Berne 2005, p. 17–55; FORSTMOSER, PETER, Abschied vom *Numerus clausus* im Gesellschaftsrecht?, in: Wirtschaftsrecht zu Beginn des 21. Jahrhunderts, Berne 2005, p. 77–98; GERBER, WALTER, Die Genossenschaft als Organisationsform von Mittel- und Grossunternehmen, thèse Berne 2003; HANDSCHIN, LUKAS, Kaufmännische einfache Gesellschaften, in: Entwicklungen im Gesellschaftsrecht I, Berne 2006, p. 31–45; KRATZ, BRIGITTA, Die genossenschaftliche Aktiengesellschaft: Möglichkeiten und Grenzen einer atypischen Ausgestaltung der Aktiengesellschaft, thèse Zürich 1996; MEIER-HAYOZ/FORSTMOSER, § 2 N 2–6; § 11 N 1–6b; RUEDIN, ROLAND, Formes de société et risque de l'associé, in: Temi scelti de diritto societario, Bâle/Genève/Munich 2002, p. 99–118; VON STEIGER, SPR VIII/1, p. 236–241; WEBER, SPR II/4, p. 78–87. 580

Une forme de société est un ensemble de règles de droit constituant un modèle de rapports sociaux. 581

Chapitre 1 Catalogue

La réalité économique est diverse, les besoins de l'économie en matière de sociétés aussi. Les petites sociétés côtoient les grandes sociétés, les sociétés fermées côtoient les sociétés ouvertes, les sociétés de personnes côtoient les sociétés de capitaux. Pour tenir compte de cette diversité, la loi met sept formes de société à la disposition des entrepreneurs: 582

- la société simple (*einfache Gesellschaft*) (art. 530–551 CO),
- la société en nom collectif (*Kollektivgesellschaft*) (art. 552–593 CO),
- la société en commandite (*Kommanditgesellschaft*) (art. 594–619 CO),
- la société anonyme (*Aktiengesellschaft*) (art. 620–763 CO),
- la société en commandite par actions (*Kommanditaktiengesellschaft*) (art. 764–771 CO),
- la société à responsabilité limitée (*Gesellschaft mit beschränkter Haftung*) (art. 772–827 nCO),
- la société coopérative (*Genossenschaft*) (art. 828–926 CO).

Ce catalogue n'est pas immuable. Il pourrait être restreint ou élargi par le législateur. 583

Il pourrait être restreint, car toutes les formes de société offertes n'ont pas le même succès. La forme de la société en commandite par actions 584 n'étant pratiquement pas utilisée[206], on pourrait, par exemple, imaginer de la supprimer. Il ne doit toutefois pas être restreint de manière excessive, car il ne répondrait plus aux besoins variés de l'économie.

585 Il pourrait être élargi, notamment conformément aux souhaits de certains milieux[207] d'introduire de nouvelles formes de société (notamment: petite société anonyme, société anonyme privée[208], société de personnes à responsabilité limitée[209]) pour mieux répondre aux besoins variés de l'économie. Il ne peut toutefois pas être étendu sans limite, car il ne s'enrichirait plus de nouvelles formes de société, mais plutôt de nouvelles variétés de mêmes formes de société. En effet, si les éléments fondamentaux restent les mêmes et que seuls quelques détails changent, on ne peut pas parler de forme de société indépendante.

586 Il a été récemment élargi par la Loi fédérale du 23 juin 2006 sur les placements collectifs de capitaux (LPCC), mais dans un cadre très particulier:

- société d'investissement à capital variable (SICAV) (art. 36 ss LPCC),
- société d'investissement à capital fixe (SICAF) (art. 110 ss LPCC),
- société en commandite de placements collectifs (art. 97 ss LPCC).

587 A l'étranger, le catalogue tend à être un peu plus large.

Exemples:

- l'Allemagne connaît la société tacite (§ 230–237 HGB) et la GmbH & Co. KG (société en commandite dont un, souvent l'unique, commandité est une société à responsabilité limitée) (§ 4 MitbestG);
- la France connaît le groupement d'intérêt économique (L251 CComF).

Chapitre 2 *Numerus clausus*

588 Le catalogue des formes de société mises à disposition par la loi est exhaustif (*numerus clausus*). Par conséquent, d'autres formes de société (sociétés innommées) ne peuvent pas être utilisées.

589 A première vue, ce système paraît strict. En réalité, surtout si on prend aussi en considération le contenu des formes proposées, il est plutôt libéral. Il est le résultat d'une longue évolution.

590 Au Moyen-Age, on était très libéral en matière de création de groupements de personnes. En revanche, à l'époque des Temps modernes, une concession de l'Etat était nécessaire. Au XIXe siècle, on revient à un

---

206 Voir N 600–607.

207 Voir notamment: Groupe de réflexion «Droit des sociétés», p. 21 ss, 54.

208 Voir projet HIRSCH/NOBEL, RSDA 69 (1997), p. 126–135.

209 Groupe de réflexion «Droit des sociétés», p. 54; voir aussi: BÖCKLI, PETER, Partnerschaft mit beschränkter Haftung – ein Vorschlag *de lege ferenda*, in: Wirtschaftsrecht zu Beginn des 21. Jahrhunderts, Festschrift für Peter Nobel zum 60. Geburtstag, Berne 2005, p. 17 ss.

système plus souple par le moyen de l'inscription des groupements sur un registre: on peut créer librement des sociétés, mais l'inscription sur un registre est nécessaire à l'acquisition de la personnalité juridique. Cette liberté n'est toutefois pas absolue. On ne peut pas créer n'importe quelle société. Il faut choisir dans une liste établie par le législateur (*numerus clausus*).

Le *numerus clausus* des formes de société a pour but principal d'assurer 591
la sécurité du droit, aussi bien dans l'intérêt des tiers que dans celui des associés:

- intérêt des tiers. Les tiers qui entrent en rapport avec une société doivent 592
  pouvoir connaître aisément ses principales caractéristiques, notamment le système de la responsabilité pour les dettes sociales, afin d'être à même d'apprécier les risques qu'ils prennent, notamment en matière de paiement de leurs créances. Les rapports avec les sociétés seraient extrêmement complexes et périlleux si les intéressés pouvaient à volonté créer des formes nouvelles.
- intérêt des associés. Les associés eux-mêmes ont intérêt à savoir quelles 593
  sont les règles du jeu de la société qu'ils créent ou dans laquelle ils entrent. Sauf exception, les sociétés sont faites pour durer et les relations sociales sont souvent compliquées.

Le but recherché par le *numerus clausus* ne peut pas être atteint par la 594
seule limitation du nombre des formes de société. Il faut encore déterminer, avec plus ou moins de précision, le contenu des différentes formes. Autrement dit, il faut encore réglementer, par un nombre plus ou moins grand de normes impératives, le contenu de ces formes.

Pour atteindre ce but, on peut jouer avec deux variables: 595

- le nombre des formes,
- la précision de la réglementation des formes.

Plus le nombre des formes de société est petit, plus la liberté des inté- 596
ressés est restreinte; plus le nombre des formes de société est grand, plus la liberté des intéressés est large. Plus la réglementation du contenu est détaillée, plus la liberté des intéressés est limitée; plus la réglementation du contenu est concise, plus la liberté des intéressés est large. Le moyen de la réglementation est plus souple que celui du nombre des formes. Il permet un dosage plus fin.

Le nombre des formes de société et le degré d'intensité de la régle- 597
mentation dépend de l'importance relative que l'on accorde:

- à la liberté d'association,
- à la sécurité du droit.

La solution la plus satisfaisante consiste évidemment à trouver un 598
compromis entre ces deux objectifs contradictoires.

599 Le système suisse est libéral. Il met plutôt l'accent sur la liberté d'association. Le nombre de formes de société est plus petit que dans d'autres pays, la réglementation est moins détaillée, plus souple. Encore faut-il préciser que le contenu des différentes formes de société n'est pas fixé avec la même intensité dans chaque forme. Une large place est laissée à la liberté dans les sociétés sans personnalité juridique, une place moins large dans les sociétés à personnalité juridique.

Chapitre 3 Statistiques[210]

600 Au 31 décembre 2005, le nombre des entreprises individuelles et des sociétés inscrites au registre du commerce était le suivant pour chaque forme:

– entreprises individuelles	148 982
– sociétés en nom collectif	14 524
– sociétés en commandite	2 632
– sociétés anonymes	172 793
– sociétés en commandite par actions[211]	10
– sociétés à responsabilité limitée	84 291
– sociétés coopératives	11 860

601 L'entreprise individuelle s'est développée de manière régulière et constante. De 70 728 unités en 1950, elle a passé à 148 982 unités en 2005.

602 La société en nom collectif, qui a passé de 9920 unités en 1950 à 14 524 unités en 1998, a tendance à décroître depuis le début du 21e siècle.

603 La société en commandite, qui a passé de 3361 unités en 1950 à 2632 unités en 2005, est restée stable à un niveau modeste pendant longtemps, mais a aussi tendance à décroître depuis le début du 21e siècle.

604 La société anonyme présente le plus fort développement jusqu'en 1992. Elle passe de 21 303 unités en 1950 à 170 597 unités en 1992, soit un taux moyen d'augmentation de 3555 unités par année. Depuis 1992, elle stagne, passant de 170 597 unités en 1992 à 172 793 en 2005. Ce revirement de tendance est dû à l'entrée en vigueur de la révision du droit de la société anonyme de 1991.

605 Le développement des sociétés à caractère capitaliste ne s'est toutefois pas brutalement arrêté en 1992, mais il a changé de forme de société. En effet, la société à responsabilité limitée, qui avait végété depuis sa création en 1936, évoluant entre 1398 unités en 1950 et 2964 unités en 1992, a pris le relais en passant à 84 291 unités en 2005.

---

[210] Sources: FOSC n° 25 du 31 janvier 1951, FOSC n° 16 du 25 janvier 1993, FOSC n° 8 du 12 janvier 2006.

[211] Les sociétés en commandite par actions ne représentaient que dix unités au 9 septembre 2006.

La société coopérative, qui a passé de 12 256 unités en 1950 à 11 860 unités en 2005, tend à décroître après un sommet en 1996. 606

La société en commandite par actions n'a jamais eu de succès. Elle évolue autour d'une dizaine d'unités. Elle a tout de même été choisie par une société importante: la Compagnie financière Michelin, à Granges-Paccot. 607

Chapitre 4 Utilité

Les différentes formes de société visent à répondre aux besoins divers de l'économie. 608

Section 1 Société simple

Contrairement aux sociétés commerciales, la société simple n'est pas destinée à exploiter une entreprise commerciale, mais à coordonner certaines activités d'autres sociétés ou de personnes physiques. Ses associés s'investissent personnellement dans ses activités et assument la responsabilité de ses dettes. 609

Exemples: consortium de construction, syndicat bancaire d'émission, accord de frais généraux (étude d'avocats, de notaires).

En tant que forme de base, la société simple est la forme de toutes les sociétés qui ne remplissent pas les conditions d'une autre forme. 610

Section 2 Société en nom collectif

La société en nom collectif est faite pour exploiter une entreprise commerciale petite ou moyenne, ne nécessitant pas de capitaux importants, aux risques modestes ou en tout cas maîtrisables. Ses associés s'investissent personnellement dans ses activités. Ils répondent de ses dettes. Ils ont souvent entre eux des liens étroits (familiaux ou professionnels notamment). 611

Exemple: deux frères reprennent sous forme de société en nom collectif l'entreprise viticole de leur père pour l'exploiter en commun.

Section 3 Société en commandite

La société en commandite est faite pour exploiter une entreprise commerciale petite ou moyenne, nécessitant des capitaux d'une certaine importance, aux risques modestes ou en tout cas maîtrisables. Ses associés s'investissent personnellement, mais à des titres différents, dans ses activités. Le(s) commandité(s) la gère(nt) et répond(ent) de ses dettes de ma- 612 nière illimitée. Le(s) commanditaire(s) apporte(nt) les fonds nécessaires et répond(ent) de manière limitée de ses dettes. Ils ont souvent entre eux des liens étroits (familiaux ou professionnels notamment).

Exemple: deux jeunes architectes décident d'ouvrir un bureau sous forme de société en commandite, dont le financement sera assuré par l'oncle de l'une d'elles. Elles seront les commanditées, l'oncle sera le commanditaire.

Section 4 Société anonyme

613 La société anonyme est conçue pour exploiter une grande entreprise commerciale, nécessitant des capitaux importants, impliquant des risques importants. Ses actionnaires, qui apportent les fonds, ne s'investissent pas personnellement dans ses activités, à l'exception de ceux qui s'occupent de la gestion. Ils n'assument pas de responsabilité pour ses dettes. Ils ne sont pris en considération qu'en fonction de leur mise de fonds. Ils peuvent être anonymes, y compris à l'égard de la société. Leur sociétariat est, en principe, librement transmissible.

Exemples: Nestlé SA, Novartis SA.

614 De nombreuses sociétés anonymes sont atypiques (sociétés anonymes de famille, sociétés anonymes filiales).

Section 5 Société en commandite par actions

615 La société en commandite par actions est une société mixte, qui combine les caractéristiques de la société en nom collectif et de la société anonyme en se composant de deux catégories d'actionnaires: d'une part, les actionnaires ordinaires, dont le statut est analogue à celui des actionnaires de la société anonyme, d'autre part, les actionnaires indéfiniment responsables, dont le statut est analogue à celui des associés de la société en nom collectif. Elle est fondamentalement une société de capitaux avec un ou plusieurs associés qui lui donnent un caractère personnel. Elle est destinée aux entreprises commerciales moyennes, voire grandes, nécessitant des capitaux d'une certaine importance, impliquant des risques importants. Ses actionnaires ordinaires ne s'investissent pas personnellement dans ses activités et n'assument pas de responsabilité pour ses dettes. Ils ne sont pris en considération qu'en fonction de leur mise de fonds. Ils peuvent être anonymes, y compris à l'égard de la société. Leur sociétariat est, en principe, librement transmissible. Ses actionnaires indéfiniment responsables s'investissent personnellement dans ses activités et assument la responsabilité de ses dettes.

Exemple: Compagnie financière Michelin.

Section 6 Société à responsabilité limitée

La société à responsabilité limitée est une société mixte, qui combine les caractéristiques de la société en nom collectif et de la société anonyme dans un seul et même statut d'associé. 616

Elle est conçue pour exploiter une entreprise commerciale petite ou moyenne, nécessitant des capitaux d'une certaine importance, impliquant des risques moyens. Ses associés s'investissent personnellement dans ses activités. Ils n'assument pas de responsabilité pour ses dettes. Ils sont pris en considération en fonction de leur mise de fonds. Ils ne peuvent pas être anonymes. Le transfert de leur sociétariat est soumis à une réglementation relativement lourde. 617

Exemple: entreprise de menuiserie composée de deux associés.

Section 7 Société coopérative

Contrairement aux autres formes de société, la société coopérative ne vise pas à réaliser un bénéfice pour elle-même en vue de le distribuer ensuite à ses associés. Elle cherche à favoriser directement les intérêts économiques de ses associés. 618

Exemples:

- une société coopérative d'habitation cherche à mettre à la disposition de chacun de ses associés un appartement à un prix avantageux.
- une société coopérative d'auto-partage cherche à mettre à la disposition de chacun de ses associés un véhicule automobile à un prix avantageux chaque fois qu'il en a besoin.

Il existe des sociétés coopératives atypiques qui présentent des caractères capitalistes. 619

Exemple: la Société coopérative Migros Neuchâtel-Fribourg met à la disposition du public des marchandises et des services aux mêmes conditions qu'à ses associés et réalise un bénéfice.

Titre 6 Typologie

Bibliographie

620 FORSTMOSER/MEIER-HAYOZ/NOBEL, § 2; JOLIDON, PIERRE, Problèmes de structure dans le droit des sociétés, portée et limites de la théorie des types, RDS 1968 II 427–567; KOLLER, ARNOLD, Grundfragen einer Typuslehre im Gesellschaftsrecht, thèse Fribourg 1967; MEIER-HAYOZ, ARTHUR/SCHLUEP, WALTER R./OTT, WALTER, Zur Typologie im schweizerischen Gesellschaftsrecht, RDS 1971 I 293–338; MENGIARDI, PEIDER, Strukturprobleme des Gesellschaftsrechts, RDS 1968 II 1–221; OTT, WALTER, Die Problematik einer Typologie im Gesellschaftsrecht, thèse Zurich 1972; PATRY, PRÉCIS I, p. 66–71; VON STEIGER, SPR VIII/1, § 24; WEBER, SPR II/4, p. 78–87; WOHLMANN, GmbH-Recht, p. 14–15.

Chapitre 1 Notions

621 Lorsque le législateur réglemente une forme de société, il travaille en général sur la base d'un modèle plus ou moins précis de société, c'est-à-dire sur la base d'un type réel de société, qu'il élève au rang de type légal.

Exemples:

- lors de la révision du droit de la société anonyme de 1991, le législateur s'est principalement référé au type réel de la société publique, c'est-à-dire de la grande société dont les actions sont en général cotées en bourse. Il en a fait son principal type légal. Toutefois, il a aussi pris en considération les particularités de certains autres types réels, notamment des sociétés de famille et des sociétés fermées, en prévoyant à leur intention quelques règles particulières[212].
- pour la société en nom collectif, le législateur est manifestement parti du type réel de la société de personnes, composée d'un petit nombre d'associés et fermée.

622 A côté du(des) type(s) légal(aux) coexistent ou se développent d'autres types réels (pour la société anonyme, notamment: société filiale, société immobilière, société de famille). Des différences importantes peuvent exister entre le type légal et certains types réels.

Chapitre 2 Importance du type légal

Section 1 Législation

623 Du point de vue législatif, la référence à un type de société favorise la cohérence de la réglementation.

[212] Voir notamment les articles 685b ss, 697h CO, 727b ss nCO.

Section 2 Enseignement

Du point de vue didactique, la référence au type légal facilite la compréhension de la réglementation. 624

Section 3 Application du droit

Du point de vue de l'application du droit, l'importance et la portée du type légal ont été fortement discutées dans le courant des années 1960 et 1970. Actuellement, elles sont en général considérées comme très restreintes. 625

§ 1 Pas d'exclusivité du type légal

La loi n'admet-elle que les sociétés qui correspondent au type légal ou admet-elle toutes les sociétés qui entrent dans le cadre de la définition et de la réglementation de la forme de société en question? Autrement dit, une société peut-elle se contenter de remplir les conditions légales ou doit-elle, en plus, correspondre aux caractéristiques du type légal? 626

Pour des raisons théoriques (système du *numerus clausus*) et pratiques (difficulté de délimiter le type légal, volonté de garantir une certaine souplesse), il est généralement admis que seules les conditions légales doivent être remplies. Autrement dit, la forme légale doit être considérée comme un cadre. Tout ce qui réussit à y entrer, même sans avoir exactement la forme du cadre, est admissible. Par conséquent, dans certaines formes légales, plusieurs types réels peuvent coexister à côté du type légal. L'atypicité n'est pas, en principe, contraire au droit. 627

Exemple: tous les types réels de société (société publique, société de famille, société immobilière) qui remplissent les conditions légales de la société anonyme peuvent être créés sous forme de société anonyme.

Lorsque les types réels s'éloignent trop du type légal, le législateur peut avoir intérêt à intervenir pour préciser la forme de la société. 628

Exemples:

- en 1936, le législateur a essayé, sans réussir complètement, de lutter contre les pseudo-coopératives (en fait souvent des sociétés anonymes).
- dans le cadre de la révision du droit de la société anonyme de 1991 s'est posée la question de la scission du droit de la société anonyme pour mieux appréhender les besoins, notamment, des sociétés publiques et des sociétés privées. Finalement, l'unité de principe a été sauvegardée, mais quelques normes spéciales ont été prévues pour tenir compte de types réels particuliers.

§ 2 Interprétation

629 La loi ou les statuts doivent-ils être interprétés différemment selon qu'ils sont appliqués à une situation typique ou à une situation atypique?

1. De la loi

630 Lorsqu'il s'agit d'interpréter la loi, on ne peut pas, en principe[213], faire des différences selon que la société est typique ou atypique. Une interprétation dépendant du type réel créerait une insécurité juridique intolérable. La même interprétation, conforme au type légal, est appliquée aux sociétés typiques et aux sociétés atypiques. Les entrepreneurs qui choisissent une forme de société insolite doivent respecter les règles du jeu de la forme choisie[214]. On choisit une forme de société pour le meilleur et pour le pire.

Exemple: la société anonyme à caractère personnel composée de trois actionnaires ne peut pas invoquer à l'encontre de ceux-ci l'interdiction de faire concurrence prévue pour les sociétés de personnes. En effet, en matière de société anonyme, la loi ne permet pas d'imposer aux actionnaires d'autres obligations que la libération de leurs apports (art. 680 al. 1 CO).

2. Des statuts

631 Lorsqu'il s'agit d'interpréter des statuts, les méthodes d'interprétation peuvent varier en fonction du type de société. Pour l'interprétation des statuts des grandes sociétés, on recourt plutôt aux méthodes d'interprétation de la loi. Pour celle des statuts des petites sociétés, on recourt plutôt aux méthodes d'interprétation des contrats[215].

---

[213] Certains auteurs font preuve d'une certaine souplesse s'agissant de l'interprétation des normes dispositives. Voir notamment: KOLLER (cité N 620), p. 171; MEIER-HAYOZ/SCHLUEP/OTT (cité N 620), p. 323–330.
Le Tribunal fédéral laisse entendre qu'il pourrait interpréter différemment l'article 651 al. 3 CO selon que la société est cotée en bourse ou pas (ATF 121 III 219, *233 s.*/JdT 1996 I 162, *177 s.*).

[214] ATF 91 II 298, *306 s.*/JdT 1966 I 264, *272 s.*

[215] ATF 107 II 179, *186*/JdT 1981 I 375, *381 s.*

Cinquième partie
Société unipersonnelle

Bibliographie

632 BERNARDONI, GIORGIO, L'azionista unico e l'azionista sovrano nel diritto svizzero e italiano, thèse Berne 1971; BÖCKLI, § 1 N 187–193; COUCHEPIN, RENÉ, La société unipersonnelle, SAS 43 (1971), p. 146–148; EZRAN-CHARRIÈRE, NADINE, L'entreprise unipersonnelle dans les pays de l'Union européenne, Paris 2002; KOPPENSTEINER, HANS-GEORG, Zum Vertragsrecht der Einpersonengesellschaft, in: Privatrecht und Methode, Festschrift für Ernst A. Kramer, Bâle/Genève/Munich 2004, p. 551–564; KUNZ, PETER V., Ein- und Zweipersonen-Aktiengesellschaften in der Schweiz, EC 1997, p. 65–72; MEYER, NORWIN, Die Einmann- und die Zweimann-Aktiengesellschaft in der Praxis, SAS 43 (1971), p. 241–260; FORSTMOSER/MEIER-HAYOZ/NOBEL, § 62 N 26–97; MEIER-HAYOZ/FORSTMOSER, § 1 N 6–7, § 2 N 135, § 16 N 25–27a, § 18 N 13, § 25 N 25; OBERHOLZER, DOMINIK, Die Einmann-GmbH, thèse Fribourg 2000; SCHÖNLE, HERBERT, Die Einmann- und die Strohmanngesellschaft unter besonderer Berücksichtigung der Fiducia, thèse Fribourg 1957; TEITLER, ERIC, Die Einmann-Immobilien-Aktiengesellschaft, thèse Zurich 1969.

633 La société unipersonnelle (*Einmanngesellschaft*) est la forme juridique extraordinaire, insolite, de l'entreprise unipersonnelle. En effet, elle consiste à utiliser pour l'entreprise unipersonnelle la forme juridique de l'entreprise pluripersonnelle, c'est-à-dire la forme sociétaire. Elle permet à l'entrepreneur individuel, contrairement à sa nature fondamentale traditionnelle, de limiter le risque de son entreprise. Elle est de plus en plus fréquente.

Chapitre 1 Définition

Section 1 Positive

634 La loi ne définit pas pour elle-même la société unipersonnelle. Elle se borne à élargir la définition de la société pluripersonnelle en disant qu'elle peut être formée d'une ou de plusieurs personnes (art. 772 al. 1/1 nCO) ou qu'elle peut être fondée par une ou plusieurs personnes (art. 625, 775 nCO).

635 La société unipersonnelle est une entité à personnalité juridique composée d'un seul associé visant un but avec des efforts ou(et) des ressources déterminées[216].

636 Dans la pratique, on assimile parfois à la société unipersonnelle la société composée de plusieurs associés, mais dominée par un seul d'entre eux (levée du voile corporatif en cas d'abus de droit)[217].

§ 1 Entité

637 La société unipersonnelle est un phénomène très particulier, une sorte de dédoublement de la personnalité de l'entrepreneur unipersonnel. Elle prend la forme d'une société anonyme, d'une société en commandite par actions, d'une société à responsabilité limitée ou d'une société coopérative[218].

638 Pour qu'une société en commandite par actions puisse être unipersonnelle, l'associé unique doit être responsable des dettes sociales de manière illimitée et posséder toutes les actions (art. 770 al. 1 CO)[219].

§ 2 Personnalité juridique

639 La société unipersonnelle est dotée de la personnalité juridique[220].

§ 3 Un seul associé

640 La société unipersonnelle se compose d'un seul associé, qui peut être une personne physique, une personne morale ou une entité sans personnalité juridique (notamment une société en nom collectif ou une société en commandite).

§ 4 But

641 La société unipersonnelle poursuit en principe un but économique.

---

216 ATF 128 II 329, *333* (fr.).

217 ZR 104 (2005), 257, *260*.

218 Pour cette dernière forme de société, seulement en cours de vie sociale.

219 Le cas de la société en commandite par actions unipersonnelle est si particulier et si peu important pratiquement qu'il ne sera pas traité dans cet ouvrage.

220 Voir N 691–728.

§ 5 Efforts ou(et) ressources

L'associé fournit à la société unipersonnelle les efforts ou(et) les ressources qui lui sont nécessaires pour atteindre son but. 642

Section 2 Négative

§ 1 Par rapport à la société pluripersonnelle

La société unipersonnelle se distingue de la société pluripersonnelle par le fait: 643
- qu'elle n'est pas un contrat,
- qu'elle n'est pas un groupement de personnes,
- qu'elle n'a pas de but commun,
- qu'elle n'implique pas de collaboration pour atteindre le but commun.

Autrement dit, la société unipersonnelle ne contient aucun élément constitutif de la société pluripersonnelle. Elle ne doit sa dénomination de société qu'au fait qu'elle revêt la forme juridique de la société, s'appropriant en quelque sorte un habit qui, originellement, ne lui était pas destiné et qui, par conséquent, est loin de correspondre parfaitement à ses besoins. Par exemple, la réglementation de l'organisation est beaucoup trop lourde pour elle. 644

Si on voulait adapter la forme juridique aux besoins de l'entreprise unipersonnelle à risque limité, il faudrait certainement renoncer à la forme sociétaire pour passer à l'entreprise individuelle à responsabilité limitée. 645

§ 2 Par rapport à l'entreprise individuelle

La société unipersonnelle se distingue de l'entreprise individuelle par le fait: 646
- qu'elle revêt une forme sociétaire à personnalité juridique,
- qu'elle est juridiquement distincte de son unique associé, dont la nature juridique est indifférente,
- qu'elle permet de limiter le risque de l'entreprise unipersonnelle,
- qu'elle peut recevoir de nouveaux associés sans devoir se transformer en une autre forme d'entreprise.

Section 3 Comparative

Certaines lois étrangères définissent la société unipersonnelle pour elle-même. 647

Exemple: droit belge (art. 1 CSB). La société *«peut être constituée par un acte juridique émanant de la volonté d'une seule personne qui affecte des biens à l'exercice d'une ou plusieurs activités déterminées.»*

648 D'autres, comme la loi suisse, se bornent à élargir la définition de la société pluripersonnelle.

Exemple: droit français (art. 1832 al. 2 CCF). La société *«peut être instituée, dans les cas prévus par la loi, par l'acte de volonté d'une seule personne.»*

Chapitre 2 Généralités

Section 1 Importance économique

649 Les sociétés unipersonnelles sont nombreuses. En pratique, elles ne se rencontrent que sous la forme de la société anonyme et de la société à responsabilité limitée[221].

650 Des statistiques ne peuvent pas exister pour la société anonyme, la société en commandite par actions et la société coopérative, les associés n'étant pas ou pas tous inscrits au registre du commerce. Elles pourraient exister, mais n'existent pas, pour les sociétés à responsabilité limitée, dont les associés sont inscrits au registre du commerce (art. 791 al. 1 nCO).

Section 2 Avantages et inconvénients

§ 1 Avantages

651 – Responsabilité pour les dettes de l'entreprise: l'associé unique ne répond pas des dettes de l'entreprise.

652 – Risque de l'entreprise: l'associé unique peut limiter son risque à sa mise de fonds (société anonyme et société à responsabilité limitée) ou à un autre montant déterminé (société coopérative).

653 L'associé unique ne peut pas bénéficier de cet avantage dans la société en commandite par actions, car il doit nécessairement être responsable des dettes sociales de manière illimitée.

654 – Pérennité de l'entreprise: les chances de survie de l'entreprise par rapport à l'entrepreneur sont améliorées.

---

[221] Une société coopérative unipersonnelle n'est pas exclue, mais elle est incompatible avec un des éléments constitutifs de la société coopérative, la collaboration intense, l'entraide. De plus, elle ne peut exister qu'en violation de l'article 894 al. 1 CO.

- Transfert: le transfert de l'entreprise est facilité, notamment dans le cadre de la société anonyme et de la société à responsabilité limitée. 655
- Affiliation: la société unipersonnelle facilite le fonctionnement des groupes de sociétés[222]. 656

§ 2 Inconvénients

- Frais de constitution: les frais de constitution sont élevés. Ils consistent notamment en: 657
  - la libération minimale du capital social (société anonyme, société en commandite par actions et société à responsabilité limitée),
  - l'intervention d'un officier public, en général d'un notaire (société anonyme, société en commandite par actions et société à responsabilité limitée),
  - l'inscription au registre du commerce.
- Financement: pas plus que l'entreprise individuelle, la société unipersonnelle ne résout les problèmes de financement. Si la dotation en capital propre de la société est trop faible, elle n'obtient des fonds étrangers que moyennant des garanties, fournies en général par l'associé unique à titre personnel. 658
- Crédit: en raison de l'absence de responsabilité de l'associé unique pour les dettes sociales, la société unipersonnelle ne bénéficie pas du crédit éventuel de l'associé unique. 659
- Formalisme: l'associé unique doit respecter les règles de fonctionnement de la forme de société choisie. Il doit tenir, le cas échéant, des assemblées générales et des séances de conseil d'administration. Il doit rédiger un protocole des décisions prises. 660
- Révision des comptes: en principe, la société unipersonnelle est soumise à l'obligation de révision de ses comptes (art. 727a al. 2 nCO). 661
- Double imposition: le bénéfice et la fortune de l'entreprise sont imposés deux fois: d'abord auprès de la société, ensuite auprès de l'associé unique. 662

Section 3 Utilité

La société unipersonnelle répond notamment aux besoins des entreprises à haut risque et des filiales dans les groupes de sociétés. 663

Elle convient aussi aux entreprises qui envisagent un certain développement après un départ modeste. Elle évite en effet le transfert ultérieur de l'entreprise individuelle à une société à créer. 664

[222] La société mère est souvent l'unique associée de la filiale.

665 Dans tous les cas, elle suppose que l'associé unique ait des qualités lui permettant de faire face à l'ensemble des problèmes qui se posent.

Section 4 Réglementation

666 La société unipersonnelle est soumise à la réglementation de la forme de société choisie.

Exemple: la société anonyme unipersonnelle doit respecter toutes les règles de la société anonyme.

Chapitre 3 Création

667 La société unipersonnelle peut être créée directement ou indirectement.

Section 1 Création directe

668 La société unipersonnelle peut être créée en tant que telle, à la condition qu'elle prenne la forme d'une société anonyme, d'une société en commandite par actions ou d'une société à responsabilité limitée (art. 625 nCO, 764 al. 2 CO, 775 nCO). En principe, les règles de création de la forme de société choisie doivent être respectées[223].

669 La société unipersonnelle en création se distingue pourtant sur plusieurs points de la société pluripersonnelle en création:

1° **Une** seule **personne** ou société commerciale participe à la création[224].

2° Par conséquent, la société n'est pas la conséquence de la conclusion d'un contrat, mais la conséquence d'une **déclaration unilatérale** de volonté. Les deux autres éléments constitutifs de la société pluripersonnelle (but commun et collaboration) n'existent pas non plus. En revanche, la déclaration porte aussi sur le but et l'apport.

670 Il résulte de ces considérations que la société unipersonnelle ne possède aucun élément constitutif de la société pluripersonnelle. Elle n'est pas le cadre d'organisation d'un partenariat. Elle n'est qu'une forme juridique d'organisation[225].

---

[223] Voir N 959 ss.

[224] La Communauté européenne, ainsi que la plupart de ses membres, autorisent la constitution de sociétés unipersonnelles (voir la 12e directive de la Communauté européenne [J.O. n° L 395 du 30.12.1989, p. 40–42]).

[225] MARINI, p. 22.

Section 2 Création indirecte

La société unipersonnelle peut être créée par la réduction à un seul du nombre des associés de toute société pluripersonnelle à personnalité juridique. La réduction peut se produire en tout temps. Tous les fondateurs endossent la responsabilité en rapport avec la création[226]. 671

Il s'agit du système qui existait déjà avant la modification du Code des obligations du 16 décembre 2005. Toutefois, avant cette date, la société unipersonnelle était seulement tolérée. Le juge pouvait la dissoudre. Dès cette date, la société unipersonnelle est expressément admise (art. 625 nCO, 764 al. 2 CO, 775 nCO), sauf la société coopérative unipersonnelle qui continue à être seulement tolérée (art. 831 al. 2 nCO, qui renvoie à art. 731b nCO). 672

Chapitre 4 Nature juridique

Juridiquement, la société unipersonnelle acquiert ou conserve la forme d'une société à personnalité juridique, avec toutes les conséquences que cela implique[227]. 673

Economiquement, la société unipersonnelle consiste en l'individualisation et en l'affectation à un but déterminé d'une partie du patrimoine de l'entrepreneur, autrement dit, en la création d'une entreprise unipersonnelle à risque limité. 674

Chapitre 5 Vie

L'organisation et le fonctionnement de la société unipersonnelle sont soumis aux règles de la forme de société à laquelle elle appartient. Cela peut poser des problèmes délicats. 675

Exemple: dans une société anonyme unipersonnelle, le vote de la décharge est problématique:

- ou bien il n'a pas lieu, parce que le seul actionnaire, qui est aussi le seul administrateur, n'a pas le droit de voter en cette matière (art. 695 al. 1 CO);
- ou bien il a lieu. Comme le seul actionnaire, qui est aussi le seul administrateur, n'a pas le droit de voter en cette matière, la décision est annulable (art. 706 al. 1 CO). En général, elle finit par devenir valable, car elle n'est pas attaquée en justice.

La société unipersonnelle bénéficie évidemment des allégements prévus par la loi pour les petites sociétés. 676

---

[226] Voir ATF 115 II 468, *471*/JdT 1990 I 374, *376*; ATF 81 II 534, *541*/JdT 1956 I 269, *274*.

[227] ATF 128 II 329, *333* (fr.). Voir aussi N 699–728.

Exemple: la société unipersonnelle dont l'effectif ne dépasse pas dix emplois peut renoncer à la révision de ses comptes annuels (art. 727a al. 2 nCO).

Chapitre 6 Fin

677 En principe, la société unipersonnelle prend fin comme la société pluripersonnelle.

678 Toutefois, pour la société coopérative, la loi fait de la diminution du nombre des associés au-dessous du minimum légal une cause de dissolution de la société (art. 831 al. 2 nCO, qui renvoie à art. 731b nCO)[228]. Encore faut-il que la dissolution soit demandée au juge, qui n'a pas l'obligation de la prononcer, par un associé, un créancier ou le préposé au registre du commerce. Le fait que la requête puisse émaner du préposé au registre du commerce pourrait donner une certaine importance à cette cause de dissolution.

[228] Voir N 1937.

Sixième partie
Définition générale de la société

Du moment que la société unipersonnelle ne possède aucun élément constitutif de la société pluripersonnelle, on peut se demander si elle est encore une société. Elle n'est évidemment pas une société pluripersonnelle. Toutefois, du moment qu'elle est soumise à la même réglementation que la forme qu'elle revêt et qu'elle peut se transformer en société pluripersonnelle par la simple entrée d'un associé supplémentaire, il n'y a pas de raison de lui refuser la qualification de société, d'autant plus que cette qualification est largement admise dans le monde des affaires. 679

Encore faut-il préciser que, si la société unipersonnelle est une société, elle ne peut en aucun cas être assimilée à une société pluripersonnelle. Par conséquent, il faut la distinguer de la société pluripersonnelle et donner de la société en général une définition qui englobe la société pluripersonnelle et la société unipersonnelle. Cette définition ne peut être que très générale. Elle peut se résumer à la formule suivante: **la société est une forme juridique d'organisation de l'entreprise qui confère à l'entreprise une certaine autonomie par rapport à l'entrepreneur (aux entrepreneurs).** 680

Elle peut aussi être développée et prendre la forme suivante: **la société est une forme juridique d'organisation permettant soit à plusieurs personnes ou entités d'exploiter collectivement une entreprise (société pluripersonnelle), sous forme plus ou moins indépendante, avec un risque plus ou moins grand, soit à une seule personne ou entité d'exploiter individuellement une entreprise (société unipersonnelle), sous forme d'entité juridiquement indépendante, avec un risque limité, le passage de l'un des systèmes à l'autre pouvant se faire par l'entrée ou la sortie d'un ou de plusieurs associés.** 681

Septième partie
Systématique

Les sociétés forment un système. Elles peuvent être classées sur la base d'un certain nombre de critères. 682

Cette classification fait ressortir leurs principales caractéristiques. Elle favorise leur mise en relation réciproque (approche comparée des différentes catégories). Elle facilite la compréhension de leur réglementation et de la structure de la loi. 683

Exemple: on peut déduire la règle de la répartition du droit de vote entre les associés de la société en nom collectif dès le moment où l'on sait qu'elle est une société de personnes et que dans cette catégorie de sociétés le droit de vote se répartit par tête.

Certaines catégories de sociétés ressortent directement de la loi. 684

Exemple: le législateur distingue expressément les sociétés commerciales des autres sociétés[229].

D'autres catégories émanent de la doctrine. 685

Exemple: la doctrine distingue traditionnellement les sociétés de personnes des sociétés de capitaux.

Vu le but de cet ouvrage, seuls les critères de classification faisant ressortir les caractéristiques fondamentales des sociétés seront retenus: 686

- degré d'indépendance juridique par rapport aux associés (titre 1),
- nature du but final (titre 2),
- nature du moyen utilisé pour atteindre les buts (titre 3),
- rôle respectif des éléments constitutifs de la société (titre 4),
- degré d'indépendance économique par rapport à d'autres entreprises (titre 5),
- rapport avec la bourse (titre 6),
- source des normes (titre 7).

Les trois premiers critères font clairement ressortir la systématique de la loi[230]. 687

Remarque: les caractéristiques retenues pour chaque catégorie de sociétés sont les plus typiques. A l'état pur, elles existent rarement dans toutes les formes de société de la catégorie. Toutefois, afin de favoriser la lisibilité du texte, les situations atypiques ne seront souvent pas mentionnées. 688

[229] Voir, par exemple, l'intitulé de la troisième partie du Code des obligations.
[230] Voir figure 31.

Titre 1 Degré d'indépendance juridique par rapport aux associés

Bibliographie

689 ABEGGLEN, SANDRO, Wissenszurechnung bei der juristischen Person und im Konzern, bei Banken und Versicherungen, Berne 2004; BECKER, MICHAEL, Zur Auflösung juristischer Personen wegen widerrechtlicher oder gemeinwohlgefährdender Zweckverfolgung nach schweizerischem und deutschem Recht, RDS 107 (1988) I, p. 613–634; BOLLE, PIERRE-HENRI, La responsabilité pénale des personnes morales, FJS 6; BREHM, ROLAND, BK, Bd. VI/1/3/1, Die Entstehung durch unerlaubte Handlungen, Kommentar zu Art. 41–61 OR, 2e éd., Berne 1998; BRÜCKNER, CHRISTIAN, Das Personenrecht des ZGB, Zurich 2002, N 998–1131; BUCHER, EUGEN, BK, Bd. I/2/1, Die natürlichen Personen, Kommentar zu den Art. 11–26 ZGB, 3e éd., Berne 1976; CHOU HAN-LIN, Wissen und Vergessen bei juristischen Personen, thèse Bâle 2002; DENNLER, MARKUS, Durchgriff im Konzern, thèse Zurich 1984; EBENROTH, CARSTEN THOMAS, Zum «Durchgriff» im Gesellschaftsrecht, SAS 57 (1985), p. 124–136; EGGER, AUGUST, ZK, Bd. I, Das Personenrecht, Art. 1–89 ZGB, 2e éd., Zurich 1930; FÖGEN, MARIE THERES, «Mehr Sein als Schein»?: Anmerkungen zur juristischen Person in Theorie und Praxis, RSJ 95(1999), p. 393–400; FORSTMOSER/MEIER-HAYOZ/NOBEL, § 1 N 11–37; GEHRIGER, PIERRE-OLIVIER, Faktische Organe im Gesellschaftsrecht, thèse Saint-Gall 1978; GRAVEN, PHILIPPE/JUNOD, CHARLES-ANDRÉ, Societas delinquere potest?, in: Mélanges Robert Patry, Lausanne 1988, p. 351–365; GROSSEN, JACQUES-MICHEL, Droit suisse, in: La personnalité morale et ses limites, Paris 1960, p. 143–156; Gutzwiller, SPR II, p. 425–513; HAUSHEER, HEINZ/AEBI-MÜLLER, REGINA E., Das Personenrecht des Schweizerischen Zivilgesetzbuches, Berne 2005, § 17; HOMBURGER, ERIC, Zum «Durchgriff» im schweizerischen Gesellschaftsrecht, RSJ 67 (1971), p. 249–254; HOVAGEMYAN, HRANT, Transparence et réalité économique des sociétés, Lausanne 1994; KEHL, DIETER, Der sogenannte Durchgriff, thèse d'habilitation, Zurich 1991; LANZ, RAPHAEL Die wirtschaftliche Betrachtungsweise im schweizerischen Privatrecht, thèse Berne 2000; KUNZ, ROMANO, Über die Rechtsnatur der Gemeinschaft zur gesamten Hand, thèse Zurich 1963; LÜTOLF, SANDRA HILDA, Strafbarkeit der juristischen Personen, thèse Zurich 1997; MEIER-HAYOZ, ARTHUR, BK, Bd. IV/1/1, Das Eigentum, Systematischer Teil und Allgemeine Bestimmungen, Art. 641–654 ZGB, 5e éd., Berne 1981; MEIER-HAYOZ/FORSTMOSER, § 2–5; MÜLLER, JÖRG PAUL/BALDEGGER, MIRJAM, Grundrechte juristischer Personen, in: Norm und Wirkung, Festschrift für Wolfgang Wiegand zum 65. Geburtstag, Berne/Munich 2005, p. 551–572; MÜLLER, KARIN, Die Übertragung der Mitgliedschaft bei der einfachen Gesellschaft, thèse Lucerne 2003; NOBEL PETER, Gedanken zum Persönlichkeitsschutz juristischer Personen, in: Festschrift für Mario M. Pedrazzini, Berne 1990, p. 411–425; OTT, WALTER, Jenseits von Fiktions- und Realitätstheorie: Die juristische Person als institutionelle Tatsache, in: Festschrift für Peter Forstmoser, Zurich 2003, p. 3–13; PEDRAZZINI, MARIO M./OBERHOLZER, NIKLAUS, Grundriss des Personenrechts, 4e éd., Berne 1993; RIEMER, HANS MICHAEL, Personenrecht des ZGB, 2e éd., Berne 2002; RIEMER, HANS MICHAEL, BK, Bd. I/3/1, Die juristischen Personen, Allgemeine Bestimmungen, Systematischer Teil und Kommentar zu Art. 52–59 ZGB, 3e éd., Berne 1993; RIEMER, HANS MICHAEL, BK, Bd. I/3/2, Die juristischen Personen, Die Vereine, Systematischer Teil und Kommentar zu Art. 60–79 ZGB, 3e éd., Berne 1990; RITTNER,

FRITZ, Rechtsperson und juristische Person, in: Freiheit und Verantwortung im Recht, Festschrift zum 60. Geburtstag von Arthur Meier-Hayoz, Berne 1982, p. 331–344; RUEDIN, ROLAND, L'abus de pouvoirs ou de fonctions en droit commercial suisse, in: L'abus de pouvoirs ou de fonctions, Journées grecques 1977, Association Henri Capitant, T. 28, Paris 1980, p. 259–272; SAUSER-HALL, GEORGES, Capacité civile des personnes morales, FJS 578–580; SCHWANDER, IVO, Die juristischen Personen im schweizerischen Recht, in: Rapports suisses présentés au XIIIe congrès international de droit comparé, Montréal, 19–24 août 1990, Zurich 1990, p. 23–40; SIMONART, VALÉRIE, La personnalité morale en droit privé comparé, Bruxelles 1995; SPITZ, PHILIPPE, Deliktische Eigenhaftung von Organ- und Hilfspersonen, RSJ 99 (2003), p. 165–174; TRÜMPY-WARIDEL, FRANÇOISE, Le droit de la personnalité des personnes morales et en particulier des sociétés commerciales, thèse Lausanne 1986; TUOR/SCHNYDER/SCHMID/RUMO-JUNGO, § 15; VONZUN, RETO, Rechtsnatur und Haftung der Personengesellschaften, thèse Bâle 2000; WALTER MARIA, Die Wissenszurechnung im schweizerischen Privatrecht, thèse Zurich 2003; WEBER, SPR II/4; WICK, MARKUS, Der Durchgriff und das auf ihn anwendbare Recht gemäss IPRG, thèse Bâle 1994; ZAPPELLI, PIERRE, La responsabilité pénale des organes d'une personne morale, RPS 105 (1988), p. 190–216; ZUBER, ROGER, Wirtschaftliche Betrachtungsweise und Durchgriff im Zivilprozessrecht, thèse Berne 2004.

Par rapport à ses associés, la société peut avoir une indépendance juridique totale, c'est-à-dire être une personne morale. Elle peut n'avoir aucune indépendance juridique ou avoir une certaine indépendance juridique: elle est alors une collectivité. 690

Chapitre 1 Notions

Section 1 Personne morale

§ 1 Personne

Au sens juridique du terme, une personne[231] est une entité à laquelle la loi confère la jouissance des droits civils. Par conséquent, elle est apte à devenir sujet de droits et d'obligations (art. 11, 53 CC). Autrement dit, elle est un sujet de droit. 691

A l'instar des systèmes juridiques modernes[232], le droit suisse attribue la personnalité à tous les êtres humains (personnes physiques [*natürliche Personen*]), ainsi qu'à certains groupements (personnes morales [*juristische Personen*])[233]: 692

[231] En latin, le mot «*persona*» signifie «*masque de théâtre*».
[232] Voir SIMONART (cité N 689).
[233] Voir la structure du livre premier du Code civil.

– de personnes: corporation (*Körperschaft*),
– de biens: établissement (*Anstalt*).

Figure n° 9 *Notion de personne*

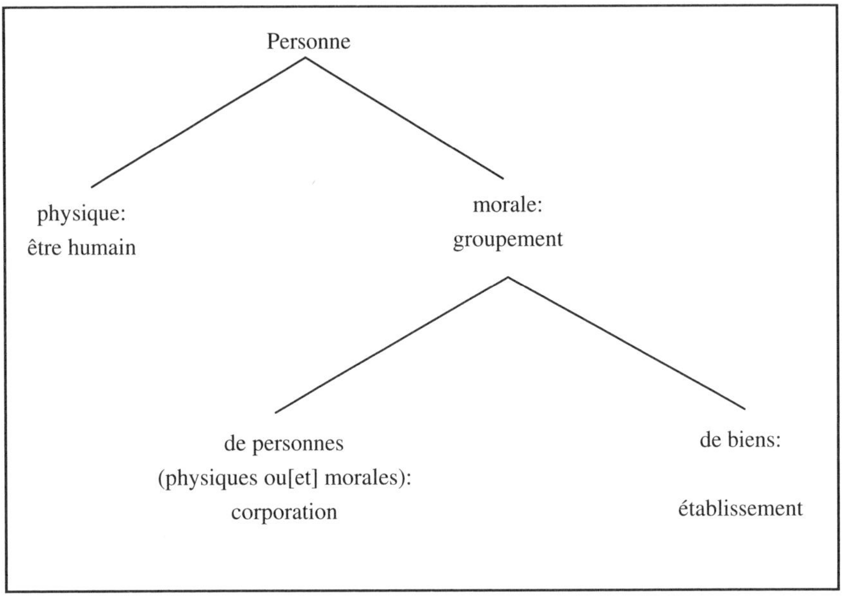

693 L'octroi de la personnalité aux êtres humains s'impose pour deux raisons:
– d'une part, ils sont une réalité naturelle, corporelle, concrète,
– d'autre part, l'éthique l'exige.

694 Il n'en va pas de même pour les groupements de personnes et les groupements de biens. En effet, ceux-ci ne sont pas des réalités matérielles, palpables, mais des créations de l'esprit humain. Ils sont une réalité – dans la mesure où l'on peut parler de réalité – artificielle, immatérielle. Le législateur leur attribue la personnalité pour des raisons pratiques. En effet, de nombreux buts ne peuvent être poursuivis et réalisés efficacement par ces groupements que dans la mesure où ils ont la possibilité de participer en tant que tels à la vie juridique.

Exemple: un groupement de personnes sous forme de société anonyme peut prendre une décision de gestion, notamment la décision d'acheter une machine, par l'intermédiaire de ses administrateurs sans devoir en référer à tous ses associés.

§ 2 Fondement de la personnalité morale

La possibilité d'attribuer la personnalité à des groupements est actuellement incontestée, mais le fondement juridique de cette construction fait l'objet de nombreuses théories. Les plus importantes sont la théorie romaniste de la fiction et la théorie germaniste de la réalité[234]. 695

Selon la théorie de la **fiction,** développée notamment par Savigny[235], seuls les êtres humains peuvent être titulaires de droits et d'obligations, donc être des sujets de droit, donc des personnes. Toutefois, pour tenir compte des besoins des groupements de personnes existant en fait, il est possible de leur attribuer, par pure fiction, la personnalité. Bien que qualifiés de personnes, ils ne sont cependant pas des personnes au même titre que les êtres humains. Ils doivent recourir à des représentants pour participer à la vie juridique. Comme les représentants ne peuvent obliger les représentés que lorsqu'ils sont au bénéfice d'un pouvoir de représentation, les groupements ne peuvent pas être obligés par les actes illicites de leurs représentants. Ainsi, ils ne possèdent ni la pleine capacité civile, ni la capacité délictuelle. 696

Selon la théorie de la **réalité,** soutenue notamment par Gierke[236], les groupements de personnes peuvent être de véritables personnes au même titre que les personnes physiques. Ils s'en distinguent simplement par le fait qu'ils n'ont pas une nature corporelle, mais une nature sociale. Dotés de la personnalité, qualifiés de personnes morales, ils ont la pleine capacité civile, à l'exception des droits liés intimement à la personne humaine. Pour agir, ils n'ont pas besoin de représentants. Ils interviennent par leurs organes, personnes physiques dont les actes leur sont imputés et les engagent directement[237]. Ils ont ainsi la capacité délictuelle. 697

Le droit suisse est imprégné de la théorie de la réalité[238], mais le législateur et la pratique ont tendance à répondre de manière pragmatique aux questions qui se posent[239]. 698

---

[234] Voir par exemple: GUTZWILLER, SPR II, p. 429–448; WEBER, p. 46–50.

[235] Juriste allemand, 1779–1861.

[236] Juriste allemand, 1841–1921.

[237] ATF 112 II 172, *190*/JdT 1986 I 574, *585 s.*

[238] EUGEN HUBER, père spirituel du Code civil, était partisan de la théorie de la réalité. Voir HUBER, EUGEN, Erläuterungen zum Vorentwurf eines schweizerischen Zivilgesetzbuches, I, 2e éd., Berne 1914, p. 61, 82 s.

[239] La théorie de la fiction se manifeste notamment par le fait de ne pas reconnaître de personnes morales innommées (principe du *numerus clausus*) et de ne lever le voile corporatif (transparence) qu'exceptionnellement.

§ 3 Contenu de la personnalité morale

699 Fondamentalement, comme la personne physique, la personne morale a la jouissance et l'exercice des droits civils.

1. Jouissance des droits civils

700 La jouissance des droits civils (*Rechtsfähigkeit*) est l'aptitude à être sujet de droits et d'obligations (art. 11 al. 2 CC), par exemple à être propriétaire d'un ordinateur.

701 «*Les personnes morales peuvent acquérir tous les droits et assumer toutes les obligations qui ne sont pas inséparables des conditions naturelles de l'homme, telles que le sexe, l'âge ou la parenté*» (art. 53 CC).

702 La personne morale a donc notamment[240] l'aptitude à devenir sujet de droits et d'obligations dans les domaines:

- des droits réels (propriété, possession, servitude, gage),
- des droits personnels (de créance, de succession, à un siège, à une nationalité, à être exécuteur testamentaire, à être membre d'un groupement de personnes, membre de l'organe de révision ou liquidateur d'une autre personne morale),
- des droits immatériels (brevets, droits d'auteur, marques[241]),
- de la protection de la personnalité[242] en matière de raison de commerce[243] ou de nom[244], d'honneur[245], de sphère privée et intime[246],
- de la responsabilité civile (art. 55 al. 2 CC),
- de la procédure (droit d'être partie à un procès[247] ou à une poursuite[248]).

---

240 Pour plus de détails: RIEMER, BK, ad art. 53 CC, N 11–89.
241 ATF 115 II 276/JdT 1990 I 603.
242 Voir TRÜMPY-WARIDEL (cité N 689).
243 ATF 76 II 77, *86* (fr.).
244 ATF 117 II 513, *517* (all.); 102 II 161, *165*/JdT 1978 I 237, *240.*
245 ATF 108 II 241/JdT 1984 I 66; ATF 95 II 481, *489*/JdT 1971 I 226, *231.*
246 ATF 97 II 97, *100 ss*/JdT 1972 I 242, *244 ss.*
247 ATF 42 II 553, *555*/JdT 1917 I 304, *306.*
248 ATF 100 III 19, *21*/JdT 1976 II 67, *69.*

Figure n° 10 *Jouissance des droits civils par la personne morale*

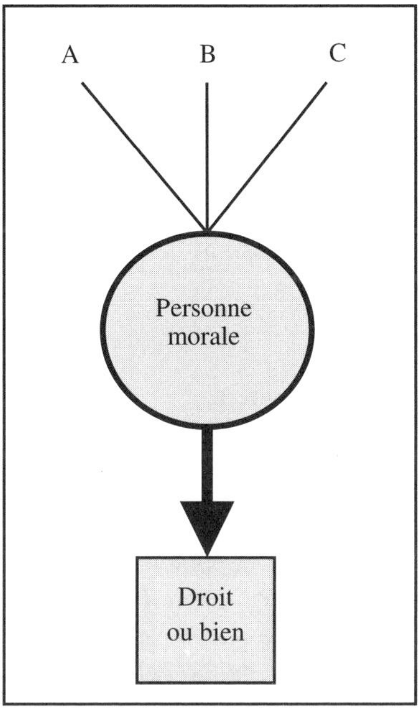

Pour le reste, elle a un statut à la fois plus restreint et plus large que la personne physique. 703

Son statut est plus restreint dans le sens où elle ne peut pas se marier, ni être témoin à un mariage, tuteur, travailleur, fondé de procuration, administrateur[249] ou mandataire commercial. 704

Elle ne peut pas non plus engager sa responsabilité en matière pénale. *Societas delinquere non potest*[250]. Par conséquent, à moins d'une règle légale expresse (par exemple: 100^{quater} CP)[251], elle ne peut pas être punie[252]. 705

[249] ATF 108 II 122, *129* (fr.).

[250] La société ne peut pas commettre de délits. Pour une remise en cause de ce principe, voir LÜTOLF (cité N 689); ROTH, ROBERT, Responsabilité pénale de l'entreprise: modèles de réflexion, RPS 1997, p. 345–381.

[251] Voir aussi: articles 6 et 7 de la Loi fédérale du 22 mars 1974 sur le droit pénal administratif (DPA, RS 313.0). Selon cette loi, la responsabilité pénale de la personne morale est subordonnée à deux conditions cumulatives: l'amende entrant en ligne de compte ne doit pas dépasser 5000 francs et l'enquête nécessaire pour désigner le véritable responsable individuel de l'infraction doit être hors de proportion avec la peine encourue. Voir également: article 181 de la Loi fédérale du 14 décembre 1990 sur l'impôt fédéral direct (LIFD, RS 642.11).

[252] ATF 116 IV 26, *28*/JdT 1992 IV 147, *148*; ATF 105 IV 172, *175*/JdT 1981 IV 17, *18*; ATF 100 IV 38, *40* (fr.).

706 Cette absence de responsabilité de principe n'a pas pour conséquence l'impunissabilité des infractions commises. En effet, le code pénal prévoit d'une manière générale la responsabilité pénale des personnes physiques qui ont agi en qualité d'organe, membre d'un organe, collaborateur ou dirigeant effectif d'une personne morale en ce qui concerne toutes les infractions contre le patrimoine (art. 172 CP[253]).

707 Le statut de la personne morale peut aussi être plus large que celui de la personne physique, dans le sens où la personne morale peut notamment:
- choisir librement son siège (art. 56 CC) et son nom ou sa raison de commerce (art. 950 nCO),
- muter (LFus)[254].

2. Exercice des droits civils

708 L'exercice des droits civils (*Handlungsfähigkeit*) est l'aptitude à acquérir des droits et à s'obliger par ses propres actes, par exemple à acheter un ordinateur pour en devenir propriétaire.

709 Comme la personne physique, la personne morale a l'exercice des droits civils, mais les conditions de leur exercice diffèrent. En effet, «*les personnes morales ont l'exercice des droits civils dès qu'elles possèdent les organes que la loi et les statuts exigent à cet effet*» (art. 54 CC).

2.1. Définition de l'organe

710 L'organe d'une personne morale, non défini par la loi, est un centre de fonction auquel la loi ou les statuts attribuent certaines tâches, telles que la formation de la volonté sociale, l'administration, la gestion, la représentation ou la révision (notamment assemblée générale, conseil d'administration, organe de révision), ainsi que les personnes qui agissent pour la personne morale sur le plan externe (administrateur, directeur, fondé de procuration)[255].

---

[253] En vigueur depuis le 1er janvier 1995 (RS 311.0.). Le champ d'application de l'ancien article 172 CP était plus restrictif. Cet article ne permettait notamment pas de réprimer certaines infractions contre le patrimoine tel que l'abus de confiance et la gestion déloyale commises dans le cadre de l'activité d'une société. Pour plus de détails voir: Message du Conseil fédéral du 24 avril 1991 concernant la modification du code pénal suisse et du code pénal militaire (Infractions contre le patrimoine et faux dans les titres) ainsi que la modification de la loi fédérale sur l'approvisionnement économique du pays (Dispositions pénales) (FF 1991 II 933 ss, notamment 1044 ss).

[254] Voir N 2166 ss.

[255] RIEMER, BK, ad art. 54/55 CC, N 16–17. La notion d'organe est nuancée en matière de responsabilité. A ce sujet, voir: ATF 117 II 570, *571 s.*/JdT 1993 I 80, *81 s.*; DRUEY, JEAN NICOLAS, Organ und Organisation, Zur Verantwortlichkeit aus aktienrechtlicher Organschaft, SAS 53 (1981), p. 77–87. Voir également la définition donnée par le Tribunal fédéral dans l'ATF 122 III 225, *227*/JdT 1997 I 195, *197*.

L'organe fait partie intégrante de la personne morale[256]. Il forme et exprime directement la volonté de celle-ci (art. 55 CC)[257] et l'engage directement. Il agit de manière indépendante, sans suivre d'instructions, et la portée juridique de ses actes se détermine selon les règles du droit des personnes et du droit des sociétés. Il doit être soigneusement distingué du représentant et de l'auxiliaire. En effet, ces derniers agissent selon des instructions et la portée juridique de leurs actes se détermine selon les règles générales du droit des obligations (art. 32 ss, 55 et 101 CO)[258]. 711

La loi fixe le genre et le nombre des organes nécessaires. Elle prévoit trois organes obligatoires pour les sociétés à personnalité juridique: l'assemblée des associés, l'administration et l'organe de révision (art. 698 ss, 765 ss CO, 804 ss nCO, 879 ss CO, 906 nCO). Il est possible d'instituer statutairement des organes supplémentaires (notamment direction générale). 712

2.2. Espèces d'organes

La doctrine et la jurisprudence distinguent trois espèces d'organes selon leur source: 713
- l'organe formel,
- l'organe matériel
- l'organe apparent.

2.2.1. Organe formel

L'organe formel est prévu dans la loi (organe légal) ou dans les statuts (organe statutaire) et créé conformément à la loi ou aux statuts. 714

Exemple: un actionnaire est nommé administrateur par l'assemblée générale et inscrit comme tel au registre du commerce.

Peu importe que la personne désignée formellement comme organe exerce ou non ses attributions. 715

2.2.2. Organe matériel (organe de fait)[259]

L'organe matériel, sans remplir les conditions de l'organe formel, résulte de la participation effective et décisive à la formation de la volonté sociale[260], comme le fait normalement un organe formel[261]. 716

---

[256] ATF 122 III 225, *227*/JdT 1997 I 195, *196*; ATF 121 III 176, *182* (fr.); ATF 112 II 172, *190*/JdT 1986 I 574, *585 s.*; ATF 54 II 250, *254*/JdT 1929 I 38, *41*.

[257] ATF 115 Ib 274, *281* (all.); ATF 112 II 172, *190*/JdT 1986 I 574, *585 s.*; ATF 107 II 151, *155*/JdT 1981 I 604, *607*; ATF 54 II 250, *254*/JdT 1929 I 38, *41*.

[258] PEDRAZZINI/OBERHOLZER (cité N 689), p. 217.

[259] Voir GEHRIGER (cité N 689).

[260] Par exemple: ATF 121 III 176, *179* (fr.); ATF 87 II 184, *187 s.* (fr.).

717 L'influence, même déterminante, sur les décisions de la personne morale ne suffit pas. En effet, il arrive que des tiers, notamment des créanciers, influencent ses décisions sans revêtir la qualité d'organe matériel. Il faut, en plus, que l'intervenant concerné ait un rang équivalent à celui d'un organe.

718 L'organe matériel peut être visible ou caché. Est visible celui qui intervient dans le cadre d'une fonction connue des tiers. Est caché celui qui intervient sans être connu des tiers.

Exemple: un représentant de la banque de la personne morale participe systématiquement aux séances du conseil d'administration. Aucune décision n'est prise sans son avis[262].

719 La jurisprudence a admis la qualité d'organe matériel des personnes suivantes: secrétaire d'une coopérative[263], secrétaire d'une association[264], directeur d'une banque[265], fondé de procuration d'une banque[266], rédacteur d'un journal[267], ingénieur d'une société anonyme qui s'occupe de la gestion et de la surveillance d'un chantier[268]. En revanche, un ouvrier ne s'est pas vu reconnaître cette qualité[269].

2.2.3. Organe apparent

720 L'organe apparent, ni formel, ni matériel, résulte d'une information imputable à la personne morale et à l'intéressé, de quelque nature qu'elle soit, dont un tiers peut déduire de bonne foi la qualité d'organe de l'intéressé qu'il ne possède pas en réalité[270].

Exemple: dans une lettre adressée par une société anonyme à ses clients, un collaborateur de la société est présenté comme administrateur, alors que, en réalité, il n'a pas été élu en tant que tel, ne fonctionne pas en tant que tel et n'est pas inscrit comme tel au registre du commerce.

721 L'organe apparent se distingue de l'organe formel par le fait qu'aucune désignation au sens formel du terme n'a été effectuée. Il se distingue de

---

261 ATF 128 III 92, *93*/JdT 2003 I 23, *24 s.*; ATF 128 III 29, *30 s.*/JdT 2003 I 18, *19 s.*; ATF 124 III 418, *420–421* (fr.); ATF 122 III 225, *227*/JdT 1997 I 195, *197*; ATF 117 II 432, *442*/JdT 1993 I 72, *79*; ATF 117 II 570, *571 ss*/JdT 1993 I 80, *81 ss.*

262 ATF 107 II 349, *353 ss*/JdT 1982 I 173, *177 ss.*

263 ATF 48 II 1, *6–9*/JdT 1922 I 241, *246–248.*

264 ATF 54 II 142, *145* (fr.); ATF 51 II 525, *529*/JdT 1926 I 81, *85.*

265 ATF 117 II 432, *441–443*/JdT 1993 I 72, *79 s.*; ATF 104 II 190, *197*/JdT 1979 I 8, *14*; ATF 68 II 295, *301*/JdT 1943 I 262, *268 s.*

266 ATF 68 II 295, *301*/JdT 1943 I 262, *268 s.*

267 ATF 72 II 65/JdT 1946 I 369.

268 ATF 87 II 184, *187 s.* (fr.).

269 ATF 88 II 516, *527*/JdT 1963 I 331, *342.*

270 ATF 117 II 570, *571*/JdT 1993 I 80, *82*; FORSTMOSER, PETER, Der Organbegriff im aktienrechtlichen Verantwortlichkeitsrecht, in: Freiheit und Verantwortung im Recht, Festschrift zum 60. Geburtstag von Arthur Meier-Hayoz, Berne 1982, p. 125–150, notamment p. 134 s.; FORSTMOSER, PETER, Die aktienrechtliche Verantwortlichkeit, 2e éd., Zurich 1987, N 676–679.

l'organe matériel par le fait que sa qualité ne dépend pas d'une participation effective et déterminante à la formation de la volonté de la personne morale.

2.3. Etendue du pouvoir des organes

2.3.1. Principe

Les organes peuvent accomplir au nom de la personne morale tous les actes que peut impliquer le but social (art. 718a al. 1, 764 al. 2 CO, 814 al. 4 nCO, 899 al. 1 CO). Selon la jurisprudence et la doctrine «*les actes que peut comporter le but social ne sont pas seulement ceux qui sont utiles à la société ou qui rentrent dans l'activité normale de l'entreprise. Ils comprennent aussi les affaires exceptionnelles dans la mesure où elles peuvent contribuer à atteindre le but social. C'est-à-dire toutes celles que le but social n'exclut pas nettement.*»[271] 722

Exemple: le conseil d'administration d'une société anonyme qui a pour but de fabriquer des appareils ménagers peut acheter au nom de celle-ci un lot de jouets pour récompenser les gagnants d'un concours. En revanche, il ne peut pas vendre l'entreprise exploitée par la société.

A titre tout à fait exceptionnel, il est possible d'étendre de manière appropriée les pouvoirs des organes de la personne morale. 723

Exemple: en cas de faillite imminente, lorsque le but social n'est plus réalisable et que le conseil d'administration est le seul organe opérationnel, ses pouvoirs ne sont plus déterminés par le but, mais par d'autres critères, tels que l'intérêt des travailleurs, l'intérêt des créanciers et l'intérêt général[272].

La compatibilité des actes des organes avec le but social doit être appréciée du point de vue du tiers de bonne foi. 724

2.3.2. Limites

Le pouvoir de représentation peut être limité, mais l'effet de la limite diffère selon la nature des rapports considérés: 725

- dans les rapports internes, notamment dans les rapports avec son organe, la personne morale peut opposer les limites du pouvoir de représentation. 726

  Exemple: un administrateur/gérant peut se voir valablement interdire de conclure des contrats dont la valeur dépasse 50 000 francs. En cas de dépassement de la limite, il est tenu de réparer le dommage causé à la société.

- dans les rapports externes, la personne morale ne peut pas opposer les limites du pouvoir de représentation aux tiers de bonne foi, c'est-à-dire au tiers auxquels ces limites n'ont pas été communiquées (directement ou par l'intermédiaire d'une inscription au registre du commerce). Or, 727

[271] ATF 116 II 320, *323*/JdT 1991 I 373, *374*; ATF 111 II 284, *288–290* (fr.).

[272] ATF 116 II 320, *323*/JdT 1991 I 373, *374 s.*

dans un but de protection de ces tiers, seules deux limites peuvent être inscrites au registre du commerce:

- la représentation exclusive de l'établissement principal ou d'une succursale,
- la représentation collective de la personne morale.

728 Par conséquent, un organe engage valablement la personne morale à l'égard d'un tiers de bonne foi, même si, sur le plan interne, il n'avait pas l'autorisation d'accomplir l'acte en question.

Exemple: l'administrateur d'une société anonyme immobilière n'est pas autorisé, en vertu d'une limite de ses pouvoirs au niveau interne, à acquérir des biens immobiliers pour un montant supérieur à 500 000 francs. En violation de cette limite, il signe, au nom de la société, un contrat portant sur l'achat d'un immeuble pour un montant de 800 000 francs. Bien que l'administrateur ait outrepassé ses pouvoirs internes, il a valablement engagé la société, pour autant que le tiers ait été de bonne foi et que l'achat en question soit couvert par le but de la société. Reste la question de la responsabilité personnelle de l'administrateur face à la société pour le dommage éventuellement causé.

Section 2 Collectivité

729 La collectivité (*Rechtsgemeinschaft*) est un groupement de personnes titulaires d'un seul et même droit portant sur la totalité d'un même objet. Contrairement à la personne morale, elle n'est pas dotée de la personnalité juridique, donc elle n'est pas un sujet de droit[273]. Par conséquent, elle n'est jamais, en tant que telle, titulaire de droits et d'obligations.

730 Seul le groupement de personnes peut disposer de tout ou partie de l'objet du droit.

731 Selon la manière dont le droit collectif est réglementé, on distingue entre:

- la copropriété,
- la communauté.

§ 1 Copropriété

732 Dans la copropriété (*Bruchteilsgemeinschaft*), un lien préexistant entre les membres n'est pas requis. Chaque membre peut disposer (vente, constitution de gage), individuellement et librement, de sa part dans la collectivité (art. 646 al. 3 CC).

[273] Voir figures 26 et 27.

Figure n° 11 *Jouissance des droits civils par les membres d'une copropriété*

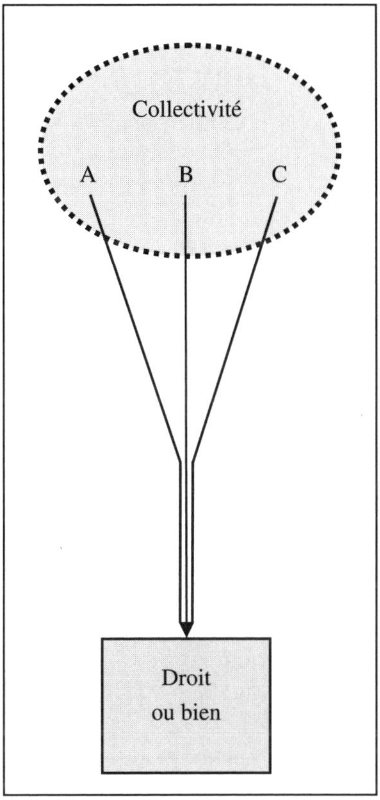

§ 2 Communauté

Dans la communauté (*Gesamthandsgemeinschaft*), un lien préexistant entre les membres est requis. Chaque membre ne peut pas disposer individuellement de sa part dans la collectivité (art. 653 al. 3 CC). 733

Figure n° 12 *Jouissance des droits civils par les membres d'une communauté*

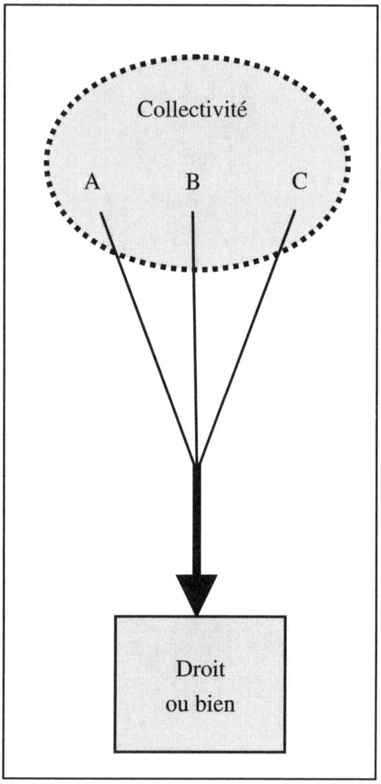

734 Cette réglementation est particulièrement bien adaptée aux sociétés sans personnalité juridique, qui, en principe, sont des communautés (art. 544 al. 1 CO).

735 La communauté peut être dotée par la loi d'une certaine indépendance juridique, qui ne va cependant jamais jusqu'à la personnalité juridique (art. 562, 602 CO).

Chapitre 2 Différences

736 Pour une société, le fait d'être dotée, ou de ne pas être dotée, de la personnalité juridique a des conséquences déterminantes. Les différences entre ces deux catégories de sociétés sont fondamentales. Elles se manifestent notamment dans:

- les rapports entre la société et ses associés (section 1),
- les rapports entre la société et son actif social (section 2),
- le système de responsabilité pour les dettes sociales (section 3),
- l'organisation de la société (section 4).

Section 1 Rapports entre la société et ses associés

§ 1 Société à personnalité juridique

1. Principe

La société à personnalité juridique a une existence indépendante de celle de ses associés. Elle n'est pas seulement l'ensemble de ses associés. Elle est un autre sujet de droit. Pour ses associés, elle apparaît comme un tiers. Inversement, les associés ne sont pas la société. Chacun d'eux est un autre sujet de droit. Par conséquent, lorsqu'on est en présence d'une société à personnalité juridique, on est toujours en face d'autant de sujets de droit qu'il y a d'associés[274] plus un (la société), même si la société n'a qu'un associé. 737

Figure n° 13 *Indépendance juridique (société pluripersonnelle)*

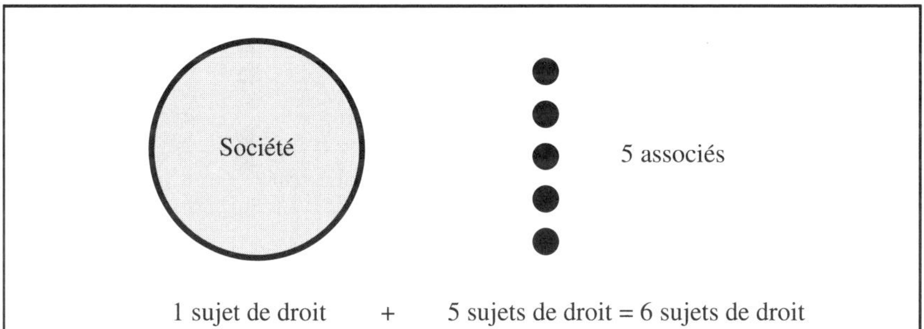

[274] Pour autant que les associés soient tous des sujets de droit. Voir N 414 s.

Figure n° 14 *Indépendance juridique (société unipersonnelle)*

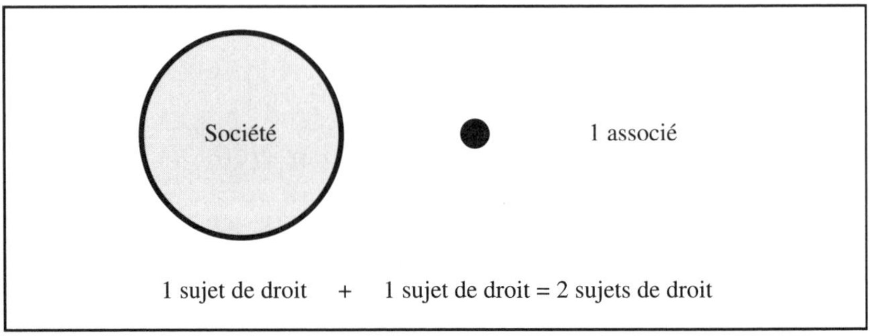

738 Ainsi, au moment de la fondation, dans le cadre du contrat de société, chaque fondateur crée uniquement des rapports juridiques entre lui-même et la société.

739 En cours de vie sociale, lorsque la société conclut un contrat avec un tiers, elle est seule titulaire de droits et(ou) d'obligations, à l'exclusion des associés.

Figure n° 15 *Contrat de vente entre société pluripersonnelle et tiers*

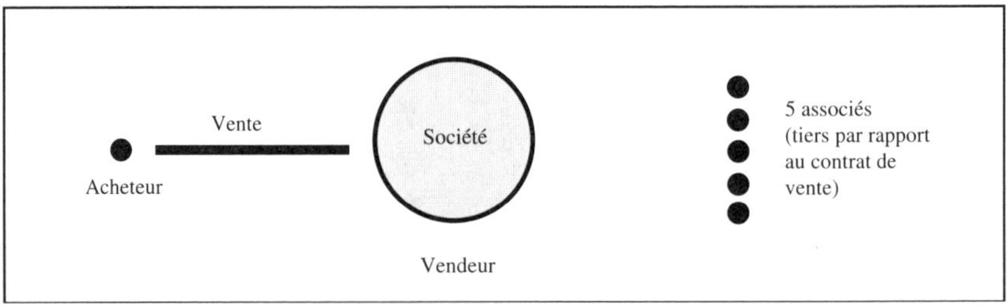

Figure n° 16 *Contrat de vente entre société unipersonnelle et tiers*

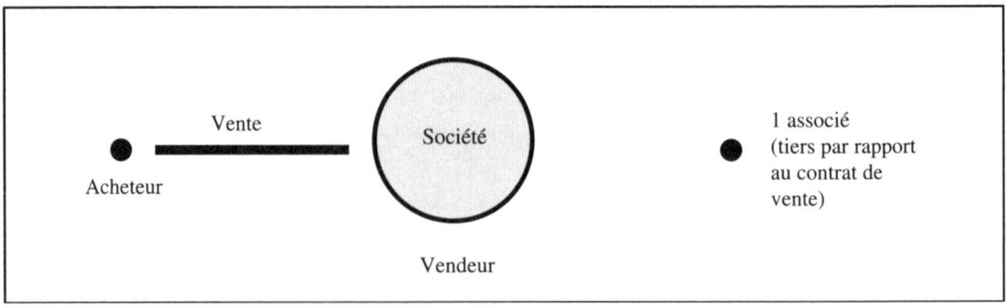

Inversement, lorsqu'un associé conclut un contrat en son nom personnel, 740
il est seul titulaire de droits et(ou) d'obligations, à l'exclusion de la société et des autres associés.

Figure n° 17 *Contrat de vente entre associé et tiers*

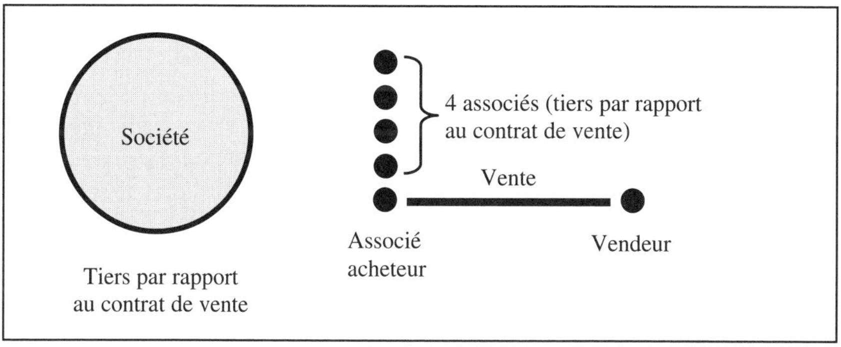

Une société et un de ses associés peuvent conclure entre eux un contrat. 741

Figure n° 18 *Contrat de vente entre société pluripersonnelle et associé*

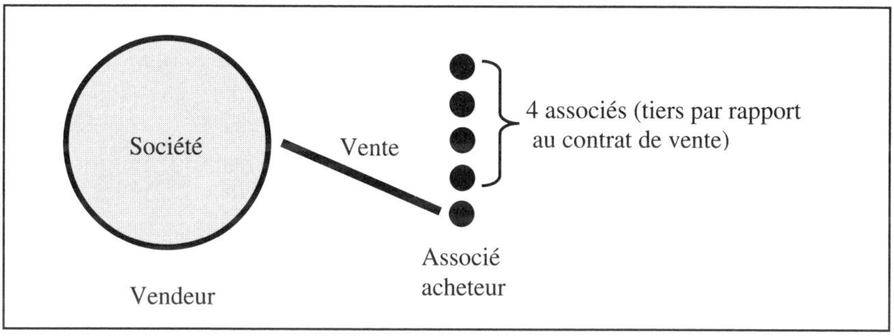

Figure n° 19 *Contrat de vente entre société unipersonnelle et associé*

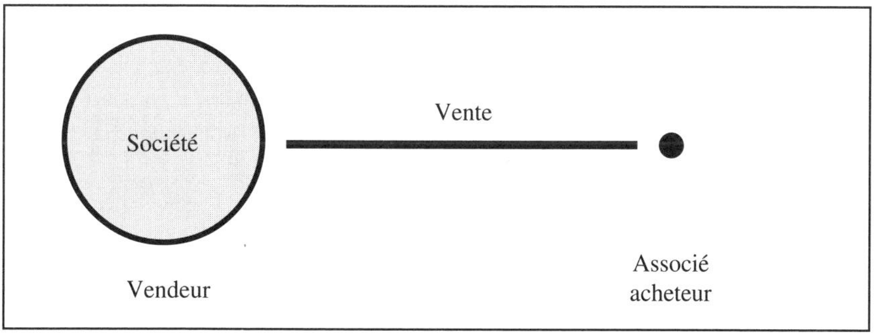

742 En matière fiscale, la société et chacun de ses associés sont des sujets fiscaux, ce qui peut mener à des situations de double imposition économique.

743 Les changements qui se produisent dans la personne des associés (notamment entrée, sortie, exclusion, transfert) n'affectent en rien l'existence de la société, même si le nombre des associés tombe à un[275].

2. Exception: transparence

744 Dans le but, notamment, d'échapper à des obligations légales ou contractuelles, il arrive que l'indépendance juridique de la société soit utilisée abusivement par la société ou par les associés, surtout lorsque la société est unipersonnelle.

Exemple: une personne soumise à une interdiction de concurrence fait exécuter les actes qui lui sont interdits par la société anonyme dont elle est l'actionnaire unique[276].

745 Dans de tels cas, la jurisprudence et la doctrine font abstraction de l'indépendance juridique de la société et prennent en considération la réalité économique au lieu de la réalité juridique. On parle alors de transparence ou de levée du voile corporatif (*Durchgriff*).

746 Seuls les tiers lésés par l'indépendance juridique de la société peuvent invoquer l'abus et obtenir la levée du voile corporatif. L'associé unique[277] et la société qu'il domine ne le peuvent pas, afin d'éviter que, selon leur convenance, ils invoquent soit l'indépendance juridique, soit l'unité économique. Ils sont liés par les règles de la forme juridique choisie librement pour l'entreprise[278].

747 La transparence peut aller:

748 – soit dans le sens d'une prise en compte de l'associé unique en plus de la société (levée directe du voile, *direkter Durchgriff*),

Exemple: X, personne physique, est actionnaire unique de deux sociétés anonymes: A SA dont il a cautionné les emprunts bancaires solidairement avec une seconde caution (Y), et B SA. B SA se fait céder par la banque la créance en remboursement de l'emprunt de A SA et en demande le remboursement à la seconde caution (Y). Selon le Tribunal fédéral, X, en sa qualité d'actionnaire unique de A SA, ne doit pas être considéré, économiquement, comme caution, mais comme débiteur principal de l'emprunt (première levée du voile corporatif). De plus, il y a lieu de faire abstraction de l'indépendance juridique de B SA (seconde levée du voile corporatif). Par conséquent, en obtenant une cession de la créance de la banque à B SA, X a, en réalité, remboursé sa propre dette et B SA ne peut pas se retourner contre la seconde caution (Y), dont l'engagement s'est éteint avec le remboursement de la dette principale par X[279].

---

275 Voir N 404.

276 ATF 71 II 272, *274 ss*/JdT 1946 I 270, *272 ss.*

277 Ou quasiment unique.

278 ATF 121 III 319, *321 ss* (fr.).

279 AFT 81 II 455, *458 ss*/JdT 1956 I 491, *493 ss.*

- soit dans le sens d'une prise en compte de la société en plus de l'associé unique (levée inversée du voile, *umgekehrter Durchgriff*), 749

  Exemples:
  - l'interdiction de concurrence contractée par une personne physique engage aussi les sociétés qu'elle domine[280];
  - un immeuble appartenant à la société peut être séquestré au profit des créanciers de l'actionnaire unique, lorsque ce dernier soustrait de manière abusive ses actions à l'emprise de ses créanciers[281].
- soit dans le sens d'une prise en compte d'une société sœur (filiale d'une même société mère) en plus de la société (levée latérale du voile, *Querdurchgriff*). 750

  Exemple: obligation, au moins de fait, pour une banque, de renflouer une banque sœur[282].

§ 2 Société sans personnalité juridique

La société sans personnalité juridique n'a pas une existence indépendante de celle de ses associés. Elle n'est que l'ensemble de ses associés. Elle n'est pas un sujet de droit. Par conséquent, lorsqu'on est en présence d'une société sans personnalité juridique, on est en face d'autant de sujets de droit qu'il y a d'associés[283] et pas un de plus. La société ne peut donc pas avoir un seul associé. 751

Figure n° 20 *Société sans personnalité juridique*

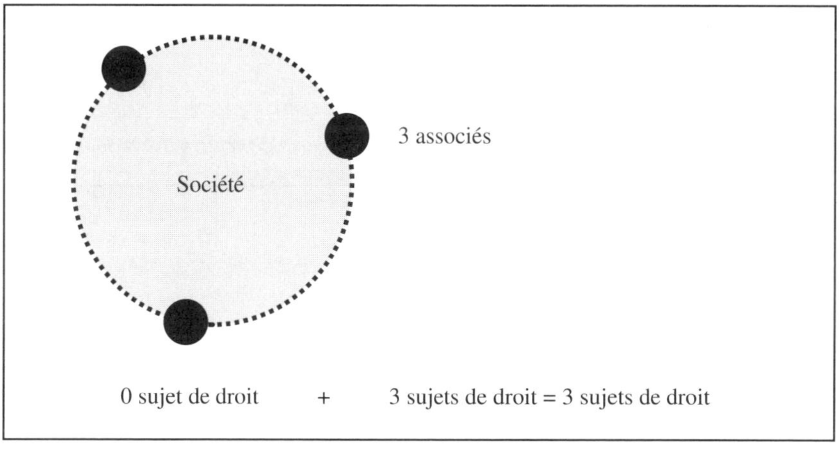

[280] ATF 71 II 272, *274 ss*/JdT 1946 I 270, *272 ss*.
[281] ATF 102 III 165, *169 ss* (fr.).
[282] ATF 116 Ib 331 (all.).
[283] Pour autant que les associés soient tous des sujets de droit. Voir N 414 s.

752 Ainsi, au moment de la fondation, dans le cadre du contrat de société, les fondateurs créent des rapports juridiques entre eux, ainsi qu'entre chacun d'eux et la société, ensemble des associés.

753 En cours de vie sociale, lorsque la société conclut un contrat avec un tiers, tous les associés, collectivement, sont titulaires de droits et d'obligations.

Figure n° 21 *Contrat de vente entre société et tiers*

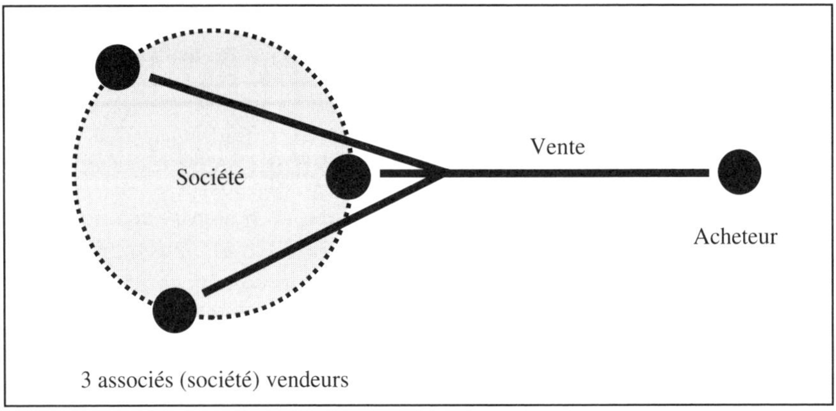

754 Lorsqu'un associé conclut un contrat en son nom personnel, il est, comme lorsque la société a la personnalité juridique, seul titulaire de droits et(ou) d'obligations, à l'exclusion des autres associés.

Figure n° 22 *Contrat de vente entre associé et tiers*

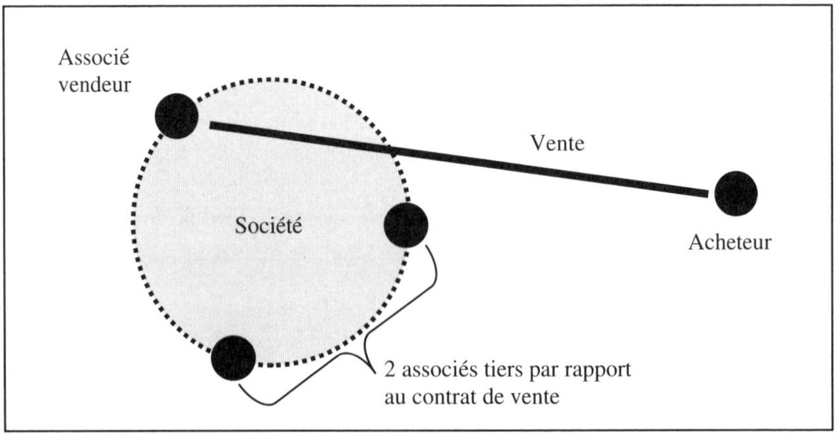

Une société et un de ses associés peuvent conclure entre eux un contrat. Dans ce cas, l'associé intervient deux fois: une fois en tant que membre de la collectivité à côté des autres associés, une fois seul, en son nom personnel. 755

Figure n° 23 *Contrat de vente entre société et associé*

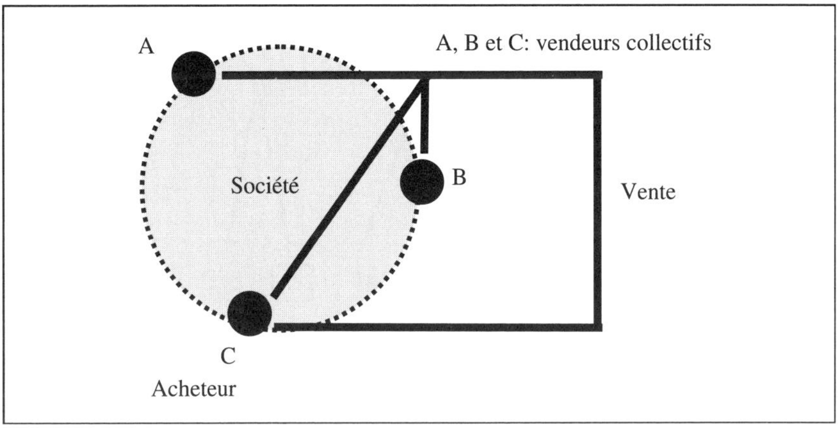

En matière fiscale, seuls les associés sont des sujets fiscaux. 756

Les changements qui se produisent dans la personne des associés (entrée, sortie, exclusion, transfert) affectent l'existence de la société. Si le nombre des associés tombe à un, la société est dissoute[284]. 757

Section 2 Rapports entre la société et son actif social

§ 1 Société à personnalité juridique

En tant que sujet de droit, la société est propriétaire de tous les biens qui composent son actif social[285]. Par conséquent, au moment de sa création, les apports faits par les associés passent de la propriété individuelle de chaque associé dans la propriété individuelle de la société[286]. 758

759

[284] Voir N 402.

[285] Pour la notion d'actif social, voir N 1005–1008.

[286] Exemple des conséquences de cette règle: l'actionnaire, même s'il est unique, qui détruit par le feu la voiture de sa société anonyme est punissable pour incendie intentionnel (art. 221 al. 1 CP), car il porte préjudice à autrui (sa société) (ATF 85 IV 224/JdT 1960 IV 51).

En revanche, les biens des associés qui ne font pas l'objet d'apport restent dans la propriété individuelle respective de chaque associé.

Figure n° 24
Propriété des biens dans le cadre de la création d'une société à personnalité juridique

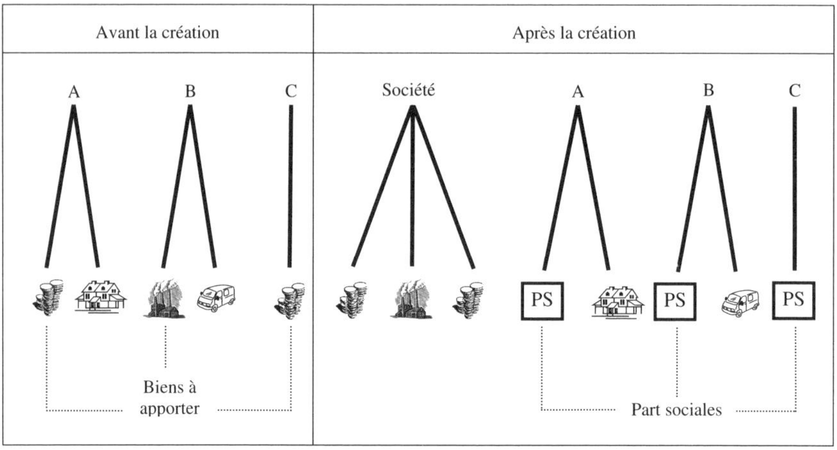

§ 2 Société sans personnalité juridique

760 N'étant pas sujet de droit, la société ne peut pas être propriétaire des biens qui composent son actif social. Ils appartiennent aux associés. Cependant, en raison de la création de la société qui crée des liens entre les associés, la nature de la propriété sur les biens sociaux change. De propriétaires individuels respectifs des biens apportés, les associés deviennent propriétaires collectifs, en général communs[287]. En revanche, les biens des associés qui ne font pas l'objet d'apport restent respectivement dans la propriété individuelle de chaque associé, comme lorsque la société a la personnalité juridique.

[287] Voir N 733 s.

Figure n° 25
Propriété des biens dans le cadre de la création d'une société sans personnalité juridique

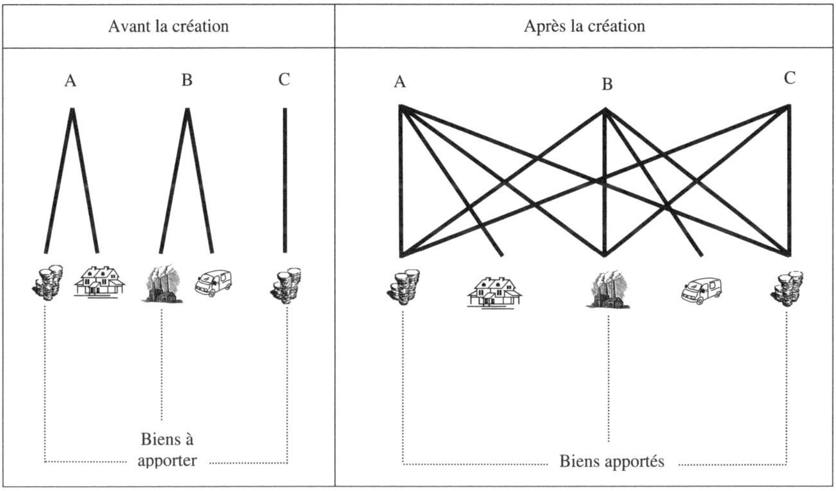

Section 3 Responsabilité pour les dettes sociales[288]

§ 1 Société à personnalité juridique

En tant que sujet de droit pouvant être propriétaire de biens, la 761
société répond de ses dettes (art. 620 al. 1, 764 al. 2 CO, 772 al. 1/3 nCO, 868 CO). Dans la société anonyme (art. 620 al. 1 et 2 CO) et dans la société à responsabilité limitée (art. 772 al. 1/3, 794 nCO), elle en répond seule. Dans la société en commandite par actions[289] (art. 764 al. 1 CO) et dans la société coopérative (art. 869 ss CO), les associés peuvent être amenés à en répondre subsidiairement, c'est-à-dire après elle.

§ 2 Société sans personnalité juridique

N'étant pas sujet de droit, ne pouvant donc pas être propriétaire de 762
biens, la société ne répond pas de ses dettes. Ses associés en répondent à sa place (art. 544 al. 3 CO)[290].

---

[288] Pour les détails, voir N 1765–1823.

[289] Seulement en ce qui concerne les actionnaires indéfiniment responsables.

[290] Seule la société simple connaît ce système à l'état pur. Pour la réglementation hybride de la société en nom collectif et de la société en commandite, voir N 796–798.

Section 4 Organisation de la société

763 Afin de permettre à une société de fonctionner, une organisation minimale s'impose, notamment en ce qui concerne la formation de la volonté sociale, la gestion et la représentation.

§ 1 Source des règles

1. Société à personnalité juridique

764 L'attribution de la personnalité juridique à une société a des répercutions importantes sur les rapports internes et sur les rapports externes. Elle fait naître un besoin particulier de protection des intérêts en présence. De plus, elle favorise la transmissibilité, donc la mobilité du sociétariat. Par conséquent, elle nécessite une organisation de la société indépendante des associés, prévue en grande partie de manière impérative par la loi.

Exemple: la loi impose trois organes à la société anonyme et les réglemente en détail: une assemblée générale (art. 698 ss CO), un conseil d'administration (art. 707 ss CO) et un organe de révision (art. 727 ss nCO).

2. Société sans personnalité juridique

765 Dans une société sans personnalité juridique, les rapports internes et externes sont peu modifiés par l'existence de la société. Le besoin de protection des intérêts en présence est faible. De plus, le sociétariat est stable. Les associés peuvent assurer le fonctionnement de la société, pour lequel la loi ne prévoit que quelques règles dispositives.

Exemple: la loi ne prévoit aucun organe particulier pour garantir le fonctionnement de la société simple. Sauf disposition contraire du contrat de société, chaque associé a le droit d'administrer la société (art. 535 al. 1 CO) et, s'il l'administre, de la représenter (art. 543 al. 3 CO).

§ 2 Formation de la volonté sociale

766 En tant que pure réalité immatérielle[291], la société, même si elle a la personnalité juridique, ne peut pas former par elle-même sa volonté. Elle ne peut le faire que par l'intermédiaire de personnes physiques[292]. S'agissant de la volonté sociale, relative aux questions les plus fondamentales

[291] Voir N 694.
[292] Voir N 233 s.

(décisions sociales[293]), ces personnes physiques ne peuvent être que ses associés ou les personnes physiques qui représentent ses associés.

Chaque associé a évidemment sa propre volonté, qui peut diverger fortement de celle des autres. La transformation de la volonté individuelle du seul associé ou de la pluralité des volontés de tous les associés, parfois très diverses, en volonté de la société, nécessairement unique, s'opère par le mécanisme de la décision[294]. 767

Le principal problème posé par la décision est celui de la manière de traiter les divergences de volontés des associés. Il est résolu différemment selon que la société a ou n'a pas la personnalité juridique. 768

1. Société à personnalité juridique

Dans la société à personnalité juridique, les décisions sociales se prennent en principe à la majorité (art. 703, 764 al. 2 CO, 808 al. 1 nCO, 888 al. 1 CO). Seules les volontés concordantes du plus grand nombre d'associés comptent. La volonté de la minorité n'est pas prise en considération. 769

Ce système s'explique par la nature de la société. Dotée de la personnalité juridique, elle est davantage que l'ensemble de ses associés, elle dépasse cet ensemble, elle en est indépendante. Par conséquent, ses décisions peuvent se distancer de la volonté de certains de ses associés. 770

Cette solution s'impose de plus pour des raisons pratiques. Dès le moment où le nombre des associés dépasse quelques unités, ce qui est fréquemment le cas dans cette catégorie de sociétés, l'unanimité est difficile, voire impossible, à obtenir. Par conséquent, seul le système majoritaire permet de prendre des décisions. 771

2. Société sans personnalité juridique

Dans la société sans personnalité juridique, les décisions sociales se prennent en principe à l'unanimité (art. 534 al. 1, 557 al. 2, 598 al. 2 CO). La volonté de chaque associé est prise en considération, dans la mesure où une décision sociale n'est acquise qu'en cas de volonté concordante de tous les associés. 772

Ce système s'explique aussi par la nature de la société. Sans personnalité juridique, fortement marquée par son élément contractuel, elle n'existe que par tous ses associés, dont elle dépend. Par conséquent, ses décisions ne peuvent pas se distancer de la volonté de certains de ses associés. 773

293 Voir N 1169–1172.
294 Pour la définition de la décision, voir N 233.

774 Cette solution est praticable. En effet, l'unanimité peut être obtenue lorsque le nombre des associés est petit, ce qui est en général le cas dans les sociétés de cette catégorie. La règle est d'ailleurs dispositive (art. 534 al. 2 CO), ce qui permet d'assouplir le système en cas de besoin.

775 L'exigence de l'unanimité n'est toutefois pas garante de la bonne qualité des décisions sociales. En effet, la concordance des volontés des associés n'empêche pas qu'une décision objectivement mauvaise soit prise.

§ 3 Gestion et représentation

776 En général, le terme gestion est utilisé dans deux sens:

777 – au sens large, la gestion est le fait de s'occuper des affaires de la société afin de réaliser les buts social et final. Elle comprend la représentation;

778 – au sens étroit, la gestion est le fait de s'occuper des affaires de la société sur le plan interne afin de réaliser les buts social et final. Elle ne comprend pas la représentation. Elle ne crée aucun droit ou obligation à l'égard des tiers.

Exemples:

- dans une société en nom collectif, les gérants décident d'acheter une nouvelle machine pour l'usine de la société;
- dans une société à responsabilité limitée, les gérants établissent les comptes annuels.

779 Dans le cadre de cet ouvrage, le terme gestion est utilisé au sens étroit.

780 La représentation est le fait de s'occuper des affaires de la société sur le plan externe afin de réaliser les buts social et final. Elle crée des droits ou des obligations à l'égard des tiers.

Exemple: dans une société en nom collectif, les gérants, qui ont décidé d'acheter une nouvelle machine pour l'usine de la société (décision de gestion), concluent un contrat de vente avec une entreprise qui vend ce genre de machines (représentation).

781 Toutes les sociétés doivent être gérées et représentées pour qu'elles puissent réaliser leurs buts social et final. Selon leur nature juridique, elles s'organisent de manière différente.

1. Société à personnalité juridique

782 La société à personnalité juridique a une existence juridique indépendante de celle de ses associés, dont le nombre est souvent grand et peut varier fréquemment et fortement. Souvent, elle ne les connaît pas.

Exemple: une société anonyme cotée en bourse dont toutes les actions sont au porteur ne connaît pas ses actionnaires.

783 L'attribution automatique du pouvoir de gestion et de représentation aux associés en leur qualité d'associé (même à l'associé unique) ne serait pas satisfaisante. Le système doit assurer une meilleure stabilité et une meilleure

continuité à ces fonctions. La solution consiste à attribuer ces pouvoirs à des personnes compétentes, indépendamment de leur qualité d'associé, suite à une élection ou à une nomination. C'est le système de l'organisation exogène par rapport aux associés (*Drittorganschaft*). La société anonyme (art. 707 ss CO) et la société coopérative (art. 894 ss CO) doivent posséder un conseil d'administration élu par l'assemblée générale; la société à responsabilité limitée peut confier la gestion à certains associés ou à des tiers (art. 809 al. 1/2 nCO).

Ce système n'exclut pas les associés de la gestion et de la représentation, 784
mais il ne leur confère pas automatiquement ces attributions. Autrement dit, les associés peuvent être investis des pouvoirs de gestion et de représentation, mais ils n'ont pas un droit à être investis de ces pouvoirs.

2. Société sans personnalité juridique

La société sans personnalité juridique n'a pas une existence 785
juridique indépendante de celle de ses associés, connus de la société, dont le nombre est en général petit et ne varie pas.

Exemple: société en nom collectif familiale composée de trois associés, un père et ses deux filles.

L'attribution du pouvoir de gestion et de représentation aux associés en 786
leur qualité d'associé s'impose, tant il paraît naturellement inhérent à cette qualité. Les associés sont les gérants et les représentants nés de la société. C'est le système de l'organisation endogène (*Selbstorganschaft*). Il est typique de la société simple (art. 535 al. 1, 543 al. 3 CO), de la société en nom collectif (art. 557 al. 2, 563 CO) et de la société en commandite pour les commandités (art. 599, 603 CO).

Ce système régit aussi la société en commandite par actions (art. 765 al. 1 CO) et, en 787
principe, la société à responsabilité limitée (art. 809 al. 1/1 nCO), bien que ces formes de société aient la personnalité juridique.

Chapitre 3 Classification

La société anonyme (art. 643 al. 1 CO), la société en commandite 788
par actions (art. 764 al. 2 CO), la société à responsabilité limitée (art. 779 al. 1 nCO) et la société coopérative (art. 838 al. 1 CO) possèdent la personnalité juridique. En revanche, la société simple, la société en nom collectif et la société en commandite ne possèdent pas la personnalité juridique.

Figure n° 26 *Classification fondamentale selon le degré d'indépendance juridique*

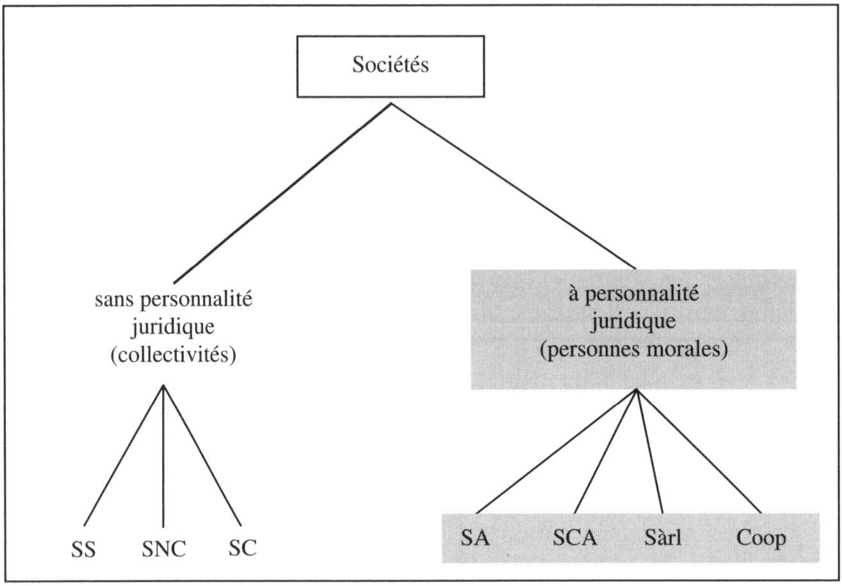

789 Encore faut-il préciser que la réalité sociale est plus complexe que les classifications théoriques. Les types à l'état pur sont rares. Un certain nombre de formes de société, tout en appartenant en principe à une catégorie déterminée, sont dotées par la loi d'attributs appartenant à une autre catégorie. Elles présentent alors un caractère hybride. Il s'agit de la société en nom collectif et de la société en commandite.

Chapitre 4 Sociétés hybrides

790 Bien que n'ayant pas la personnalité juridique, la société en nom collectif et la société en commandite en possèdent quelques attributs. Elles peuvent notamment, en tant que communautés d'associés, sous leur raison sociale, acquérir des droits et s'engager, actionner et être actionnées en justice, poursuivre et être poursuivies, à l'instar d'une société à personnalité juridique (art. 562, 602 CO). Certains parlent de quasi-personnalité[295].

---

[295] Voir ATF 55 III 146, *151*/JdT 1930 II 50, *54*. Pour les différents termes utilisés, voir MEIER-HAYOZ/FORSTMOSER, § 2 N 59a. Pour un état complet de la situation, voir VONZUN (cité N 689).

Si, pratiquement, le statut de ces sociétés se rapproche de celui des personnes morales, il n'en va pas de même juridiquement. En effet, la société en tant que telle ne peut pas acquérir des droits et s'engager, actionner et être actionnée en justice. Elle ne le peut qu'en tant que communauté des associés. Mais, sous sa raison sociale, il est possible d'agir pour (ou contre) la communauté des associés et de l'engager. 791

Exemples:

- si un associé ayant le pouvoir de représenter une société en nom collectif achète un immeuble au nom de la société, l'immeuble devient la propriété de la communauté des associés.
- si un créancier poursuit une société en commandite, seuls les biens de la communauté des associés peuvent être appréhendés, la société n'en possédant pas.

Section 1 Rapports entre la société et son actif social

Dans les sociétés sans personnalité juridique, l'actif social a un statut particulier, aussi bien par rapport à la société que par rapport aux associés: 792

- par rapport à la société: l'actif social n'appartient pas à la société en tant que telle, mais aux associés en commun; 793
- par rapport aux associés: l'actif social appartient aux associés en commun et non pas à titre individuel comme leurs biens personnels. 794

En plus, dans les sociétés hybrides, l'actif social est réservé pour les créanciers sociaux (art. 570 al. 1, 616 al. 1 CO). Ce n'est en effet qu'après le désintéressement complet de ces derniers (suite à une liquidation ordinaire ou par voie de faillite de la société) qu'un éventuel excédent peut être distribué aux associés ou à leurs créanciers personnels. Les créanciers sociaux sont ainsi privilégiés par rapport aux créanciers personnels des associés[296]. 795

Exemple: une société en nom collectif a des dettes sociales de 50 000 francs et un actif social de 20 000 francs. Si elle tombe en faillite, les créanciers de la société peuvent prétendre à la totalité du produit de la réalisation de l'actif social, soit à 20 000 francs, à l'exclusion des créanciers personnels des associés.

Section 2 Responsabilité pour les dettes sociales

Conformément au principe régissant les sociétés sans personnalité juridique, les associés des sociétés hybrides répondent personnellement des dettes sociales. 796

[296] Ce qui n'est en principe pas le cas dans la société simple.

797 Toutefois, il s'agit d'un système plus complexe que dans la société simple. En effet, selon la loi, la société peut actionner et être actionnée en justice, poursuivre et être poursuivie (art. 562, 602 CO), bien qu'elle n'ait pas la personnalité juridique. En d'autres termes, sous la raison sociale de sa société, la communauté des associés peut actionner et être actionnée, poursuivre et être poursuivie.

798 Il y a plus. Pour les dettes sociales, la société, c'est-à-dire la communauté des associés, propriétaire de l'actif social, doit être poursuivie avant chaque associé individuellement. Autrement dit, la responsabilité de la société, c'est-à-dire de la communauté des associés, est directe, alors que celle des associés à titre individuel n'est que subsidiaire. Dans un premier temps, les créanciers doivent se contenter de l'actif social qui leur est réservé.

Exemple: une société en nom collectif a des dettes sociales de 200 000 francs. Son actif social est de 150 000 francs. Pour se faire payer, les créanciers sociaux doivent, dans un premier temps, poursuivre la société. Une fois la société dissoute par la faillite, ils peuvent réclamer le paiement aux associés à titre personnel. En revanche, dans une société simple, les créanciers sociaux peuvent, et doivent, directement réclamer le paiement des créances sociales aux associés à titre personnel.

Section 3 Responsabilité de la société pour les actes illicites de ses associés

799 Contrairement à la réglementation des sociétés sans personnalité juridique[297] et conformément à celle des sociétés à personnalité juridique (art. 55 al. 2 CC), les sociétés hybrides répondent du dommage résultant d'actes illicites commis par leurs associés dans la gestion des affaires sociales (art. 567 al. 3 CO).

[297] ATF 84 II 381, *383*/JdT 1959 I 150, *152*.

Figure n° 27 *Classification nuancée selon le degré d'indépendance juridique*

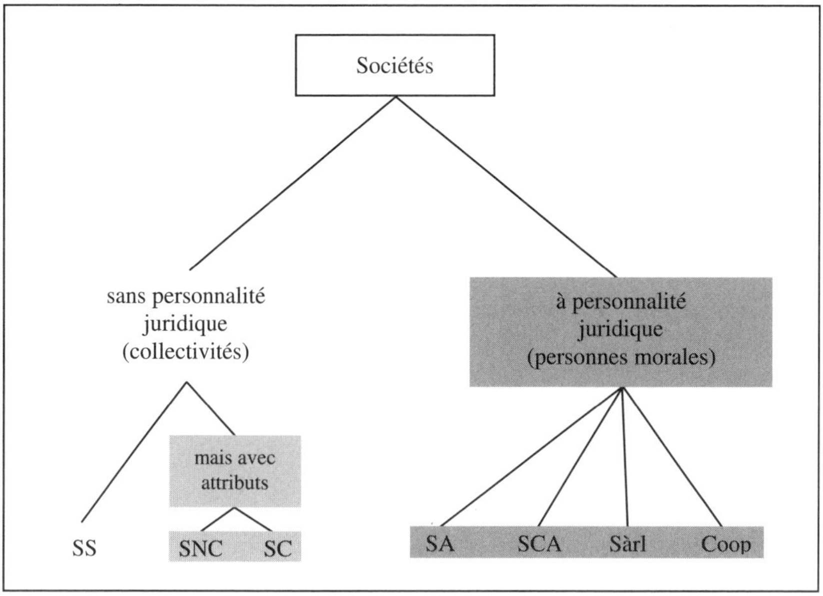

Titre 2 Nature du but final

Chapitre 1 Notions

800 Une société poursuit en général un but final économique, parfois un but final non économique[298]. Dans la plupart des cas, pour atteindre son but final, elle exploite une entreprise commerciale[299], c'est-à-dire, selon la terminologie légale, elle fait le commerce, exploite une fabrique ou exerce en la forme commerciale quelque autre industrie (art. 934 al. 1 nCO, 52 ss ORC).

801 Il ressort de ces considérations que les notions de but final et d'exploitation d'une entreprise commerciale sont liées, mais ne sont pas synonymes. Du but final, par exemple économique, il faut toujours distinguer le moyen, par exemple l'exploitation d'une entreprise commerciale[300].

Chapitre 2 Différences

Section 1 Forme juridique

802 La différence principale découlant du critère de la nature du but final concerne la forme juridique du groupement de personnes.

803 Si le groupement de personnes vise un but final économique, il doit, en principe, revêtir l'une des sept formes de société du Code des obligations (art. 59 al. 2 CC).

804 Si le groupement de personnes vise un but final non économique, il doit, en principe, revêtir la forme de l'association du Code civil (art. 60 al. 1 CC).

805 Le système n'est toutefois pas rigide. La loi, la jurisprudence et la doctrine permettent de nombreuses exceptions.

806 S'agissant des sociétés, la loi prévoit expressément que la société anonyme peut poursuivre un but non économique (art. 620 al. 3 CO) et que la société coopérative doit avoir principalement un but économique matériel, laissant la place, accessoirement, à un but non économique (art. 828

[298] Pour la définition de ces notions, voir N 427–431.

[299] Pour la définition de cette notion, voir N 5.

[300] Ce que ne fait pas clairement la loi aux articles 552 al. 1 et 594 al. 1 CO. Dans ces dispositions légales, «*faire le commerce, exploiter une fabrique ou exercer en la forme commerciale quelque autre industrie*» représente le moyen et non le but final.

al. 1 CO)[301]. Il est généralement admis que la société simple, la société en nom collectif, la société en commandite, la société en commandite par actions et la société à responsabilité limitée[302] peuvent avoir un but non économique.

S'agissant des associations, contrairement à la loi qui les limite à la poursuite de buts non économiques (art. 60 al. 1 CC), la jurisprudence, pour des raisons purement pratiques et après plusieurs revirements, admet la poursuite d'un but économique, à condition qu'il ne se réalise pas par l'exploitation d'une entreprise commerciale[303]. 807

Section 2 Acquisition de la personnalité juridique

L'acquisition de la personnalité juridique est soumise à des exigences différentes selon le but final de la corporation[304]. 808

Si la corporation vise un but économique, donc est une société, elle acquiert la personnalité par son inscription au registre du commerce (art. 52 al. 1 CC), avec les contrôles que cela implique. 809

Si elle vise un but non économique, donc est une association, elle acquiert la personnalité de manière beaucoup plus simple, par l'adoption de ses statuts (art. 60 al. 1 CC). 810

Section 3 Nature de la réglementation

La nature de la réglementation varie selon le but final de la corporation. 811

Si la corporation vise typiquement un but économique, sa réglementation est plutôt dense et impérative. 812

Si elle vise typiquement un but non économique, sa réglementation est très libérale. 813

---

301 ATF 80 II 71, *75*/JdT 1955 I 66, *68*. L'article 92 al. 2 ORC admet toutefois les sociétés coopératives à but exclusif d'utilité publique.

302 Voir Message du Conseil fédéral du 19 décembre 2001 concernant la révision du droit de la Sàrl (CO) (FF 2002 II, p. 2970).

303 ATF 131 III 97, *103*/JdT 2005 I 188, *194*; ATF 108 II 6/JdT 1983 I 171; ATF 90 II 333, *334 ss* (fr.); ATF 76 II 281/JdT 1951 I 226; ATF 62 II 32, *34 s.*/JdT 1936 I 354, *356 s.*; JdT 1935 I 66, *70*. *Contra:* ATF 88 II 209, *216 ss*/JdT 1963 I 109, *116 ss*; ATF 44 II 77, *80* (fr.).

304 Pour la définition, voir N 692.

Chapitre 3 Classification

814 Les sociétés peuvent avoir un but économique ou non économique selon la volonté des associés.

815 La société simple peut poursuivre indifféremment un but économique ou non économique.

816 La société en nom collectif, la société en commandite, la société anonyme, la société en commandite par actions et la société à responsabilité limitée poursuivent en principe un but économique pécuniaire, mais elles peuvent poursuivre un autre but.

817 La société coopérative poursuit en principe un but économique matériel (art. 828 al. 1 CO). Elle peut, accessoirement, voire à titre principal[305], poursuivre un but non économique.

Figure n° 28 *Classification selon la nature du but final*

	But non économique	But économique pécuniaire	But économique matériel
Société simple	x	x	x
Société en nom collectif	x	**X**	x
Société en commandite	x	**X**	x
Société anonyme	x	**X**	x
Société en commandite par actions	x	**X**	x
Société à responsabilité limitée	x	**X**	x
Société coopérative	x (si subsidiaire)		**X**
X gras: but typique.			

[305] Voir N 806.

Titre 3 Nature du moyen utilisé pour atteindre les buts

Chapitre 1 Notions

Pour réaliser son but final, qu'il soit économique ou non économique, ainsi que son but social, une société peut choisir entre deux moyens différents: exploiter ou ne pas exploiter une entreprise commerciale[306]. 818

Chapitre 2 Différences

Section 1 Nature de l'inscription au registre du commerce

En matière de société en nom collectif et de société en commandite[307], la nature du moyen utilisé pour atteindre les buts détermine la nature de l'inscription au registre du commerce. Si la société exploite une entreprise commerciale, l'inscription au registre du commerce est déclarative, si elle n'exploite pas d'entreprise commerciale, l'inscription au registre du commerce est constitutive (art. 553, 595 CO). 819

Section 2 Tenue d'une comptabilité

En matière de société en nom collectif et de société en commandite, seule la société qui exploite une entreprise commerciale doit tenir une comptabilité commerciale[308]. 820

Section 3 Conservation des livres

En matière de société en nom collectif et de société en commandite, seule la société qui exploite une entreprise commerciale et doit tenir 821

---

[306] Pour la définition de l'entreprise commerciale, voir N 5.

[307] Dans les autres formes de société, l'inscription au registre du commerce est ou bien impossible (société simple) ou bien constitutive (sociétés à personnalité juridique). Le critère de la nature du moyen utilisé pour atteindre les buts ne joue aucun rôle.

[308] ATF 79 I 57, *59*/JdT 1954 I 348; BOSSHARD, ZK, ad art. 957 CO, N 34; KÄFER, BK, ad art. 957 CO, N 97 s.; NEUHAUS/BINZ, BaK, ad art. 957 CO, N 8. *Contra:* BAUDENBACHER, BaK, ad art. 553 CO, N 2 et ad art. 554 CO, N 27.

une comptabilité commerciale doit aussi conserver ses livres pendant dix ans (art. 962 CO).

Chapitre 3 Classification

822 Bien que le critère de classification basé sur la nature du moyen utilisé pour atteindre les buts ne fasse ressortir des différences que dans des domaines très limités, il est important pour la compréhension de la structure de la loi.

823 La société simple ne peut pas exploiter une entreprise commerciale[309].

824 La société en nom collectif (art. 552 al. 1 CO), la société en commandite (art. 594 al. 1 CO), la société anonyme, la société en commandite par actions et la société à responsabilité limitée exploitent typiquement une entreprise commerciale, mais elles n'ont pas l'obligation de le faire (art. 553, 595 CO). La société coopérative peut exploiter une entreprise commerciale, sans que cela soit typique.

Figure n° 29 *Classification selon la nature du moyen utilisé*

	Entreprise commerciale	Pas d'entreprise commerciale
Société simple		**X**
Société en nom collectif	**X**	x (rare)
Société en commandite	**X**	x (rare)
Société anonyme	**X**	x (rare)
Société en commandite par actions	**X**	x (rare)
Société à responsabilité limitée	**X**	x (rare)
Société coopérative	x (fréquent)	**X**
X: typique x: atypique		

825 Les sociétés qui, typiquement, poursuivent un but économique pécuniaire et exploitent une entreprise commerciale sont qualifiées de **sociétés commerciales** (*Handelsgesellschaften*). Il s'agit de la société en nom collectif, de la société en commandite, de la société anonyme, de la société

309 Au sujet de la controverse à ce sujet, voir MEIER-HAYOZ/FORSTMOSER, § 4 N 61–67.

en commandite par actions et de la société à responsabilité limitée. Elles relèvent de la troisième partie du Code des obligations intitulée expressément «*Des sociétés commerciales et de la société coopérative*» (art. 552–926 CO).

Figure n° 30 *Classification selon la nature du but final et du moyen utilisé*

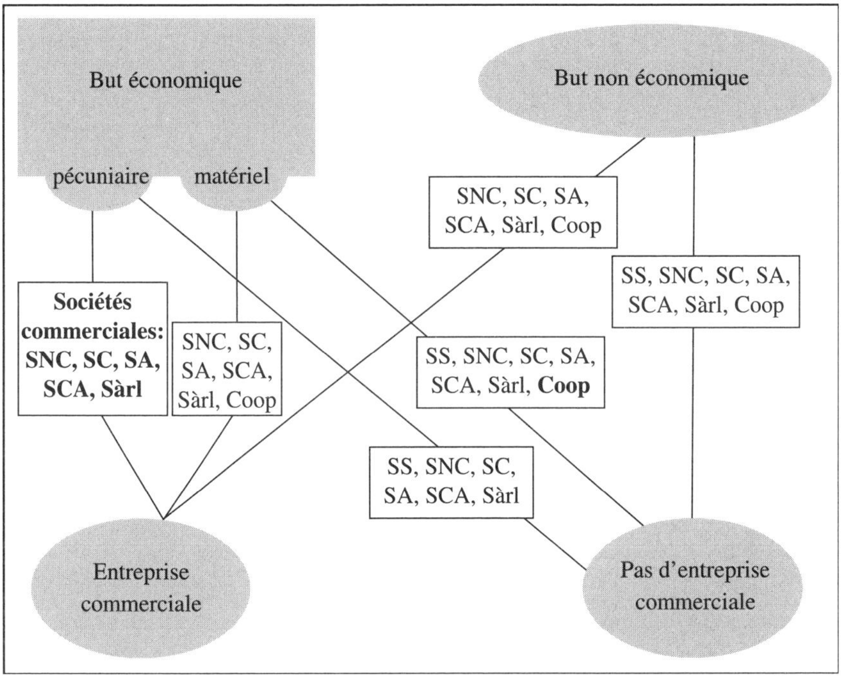

Ces trois premières classifications permettent d'esquisser le système légal du droit des sociétés. 826

Figure n° 31 *Système légal du droit des sociétés*

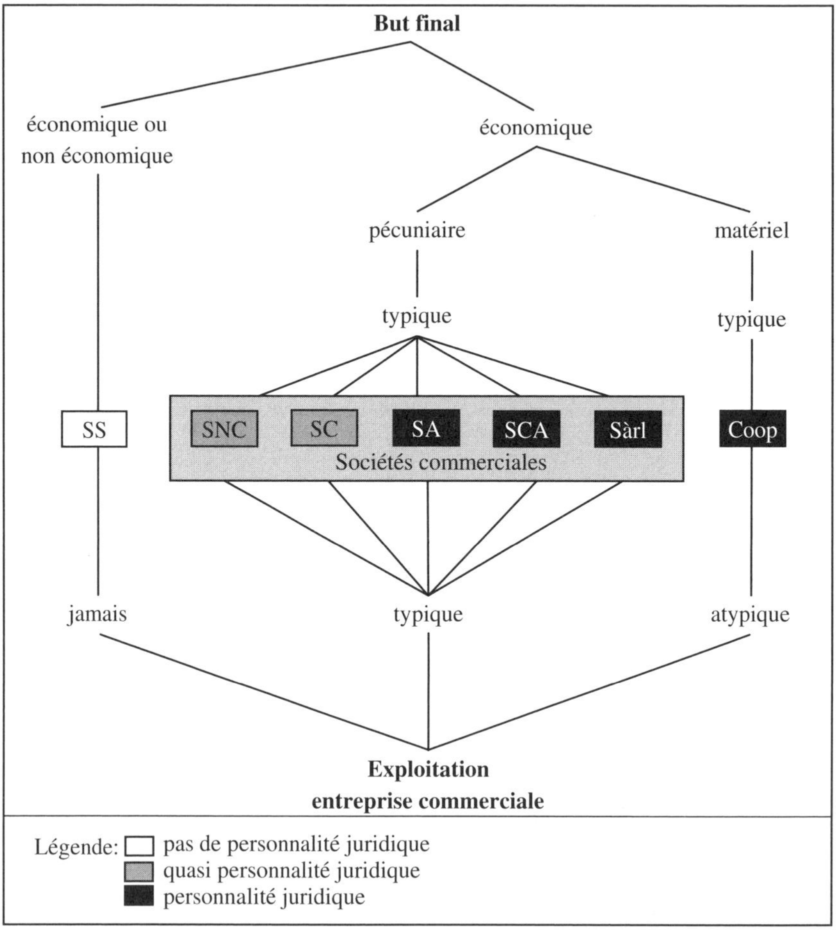

Titre 4 Rôle respectif des éléments constitutifs de la société

Chapitre 1 Notions

Dans la société pluripersonnelle, les buts final et social ne peuvent être atteints que par l'union d'efforts ou(et) de ressources, autrement dit par l'engagement personnel des associés ou(et) les moyens matériels qu'ils mettent à la disposition de la société. Selon les formes de société, l'un ou l'autre des éléments est prépondérant. 827

Si l'engagement personnel des associés est prépondérant, tout procède des associés et converge vers les associés. Le critère de solution de la plupart des problèmes qui se posent est la personne des associés. La société est une **société de personnes** (*Personengesellschaft*). 828

Exemple: dans la société coopérative, le droit de vote est réparti par tête (art. 885 CO).

Si les moyens mis à la disposition de la société sont prépondérants, tout procède des moyens matériels et converge vers les moyens matériels. Le critère de solution de la plupart des problèmes qui se posent est la participation matérielle, financière des associés. Les associés ne valent que par leur participation matérielle, financière. La société est une **société de capitaux** (*Kapitalgesellschaft*). 829

Exemple: dans la société anonyme, le droit de vote est proportionnel à la valeur nominale des actions possédées par l'actionnaire (art. 692 al. 1 CO).

Certaines formes de société essaient d'équilibrer le rôle des éléments constitutifs de base. Le critère de solution des problèmes qui se posent est tantôt l'engagement personnel des associés, tantôt les moyens mis à la disposition de la société. La société est une **société mixte.** 830

Exemple: dans la société à responsabilité limitée, le droit de vote est proportionnel à la valeur nominale des parts sociales possédées par l'associé (art. 806 al. 1 nCO), mais les associés ont un devoir de fidélité à l'égard de la société (art. 803 al. 1 et 2 nCO).

Le critère du rôle respectif des éléments constitutifs de la société se rapproche parfois de celui du degré d'indépendance juridique de la société par rapport à ses associés, sans coïncider complètement avec lui. Les sociétés qui sont des communautés sont toutes des sociétés de personnes. Les sociétés de capitaux sont toutes des personnes morales. Toutefois, inversement, les personnes morales ne sont pas toutes des sociétés de capitaux. En effet, la société coopérative est une société de personnes. 831

Chapitre 2 Différences

832 Du point de vue de la systématique légale du droit des sociétés, la distinction entre les sociétés de personnes et les sociétés de capitaux est moins fondamentale que les précédentes. Néanmoins, elle est très utile d'un point de vue didactique, car elle fait ressortir de nombreuses caractéristiques des différentes formes de société et facilite la compréhension du système en général.

Section 1 Rapports entre les associés

833 La personnalité des associés et le rôle qu'ils jouent dans la société sont déterminants pour distinguer une société de personnes d'une société de capitaux.

§ 1 Liens entre associés

1. Société de personnes

834 Les liens unissant les associés sont nombreux et étroits. Ils sont souvent préexistants à la création de la société, qui apparaît comme l'aboutissement logique de l'évolution de relations déterminées.

Exemple: deux amis s'associent pour exploiter une entreprise de maçonnerie sous la forme d'une société en nom collectif.

835 En partie, ils se transforment en rapports juridiques sociaux. Un associé peut notamment agir contre un autre associé en exécution de son obligation sociale (*actio pro socio*).

2. Société de capitaux

836 Les liens unissant les associés sont peu nombreux et lâches. Ils sont en général inexistants avant la création de la société. La création d'une société entre un certain nombre de personnes est souvent un hasard. Elle procède de la seule volonté commune de mettre à disposition des capitaux pour le même projet économique.

Exemple: lorsqu'une société anonyme de famille décide de s'ouvrir au public au moyen d'une augmentation de capital, les nouveaux actionnaires n'ont, en général, aucun lien préalable entre eux.

837 Les minces liens éventuels existant entre les associés ne se transforment pas en rapports juridiques sociaux. Un associé ne peut pas agir contre un autre associé en exécution de son obligation sociale (pas d'*actio pro socio*).

En revanche, les associés peuvent créer entre eux des rapports juridiques purement contractuels (convention de vote, convention d'actionnaires).

§ 2 Confiance entre associés

1. Société de personnes

Les liens entre les associés sont fondés sur la confiance réci- 838
proque, indispensable au bon fonctionnement et, par conséquent, au succès de la société, vu l'investissement personnel des associés, le système de représentation et la responsabilité des associés pour les dettes sociales.

2. Société de capitaux

Les liens entre les associés sont fondés sur leur participation 839
financière. La confiance joue un rôle secondaire.

§ 3 Nombre des associés

1. Société de personnes

Vu l'exigence de liens étroits de confiance entre eux, le nombre 840
des associés ne peut être que petit (deux, trois, quelques-uns[310]).

2. Société de capitaux

Vu l'absence d'exigence de liens étroits de confiance entre eux, le 841
nombre des associés peut être très grand. Pour faciliter la réunion de moyens financiers importants, la société de capitaux est conçue pour un grand nombre d'associés.

§ 4 Identité des associés

1. Société de personnes

L'exigence de liens de confiance étroits et nombreux entre eux 842
implique que les associés connaissent bien leurs identités réciproques, ce qui est facilement réalisable en raison de leur nombre restreint.

---

[310] La société coopérative représente une exception. La loi exige sept associés au moins (art. 831 al. 1 CO). En pratique, le nombre des associés peut être considérable (notamment: Migros, Coop).

2. Société de capitaux

843 L'absence d'exigence de liens de confiance étroits et nombreux entre eux rend superflu que les associés connaissent bien leurs identités réciproques. En raison de leur grand nombre, une telle connaissance serait d'ailleurs pratiquement impossible. Ainsi, chaque associé ignore même souvent l'identité des autres, voire n'a pas le droit de la connaître.

§ 5 Nature juridique des associés

1. Société de personnes

844 En raison de l'exigence de liens étroits de confiance entre eux, les associés doivent être des personnes physiques[311]. En effet, des rapports de confiance à long terme ne sont concevables qu'entre personnes physiques.

Exemple: si les sociétés anonymes pouvaient être associées dans la société en nom collectif, elles ne répondraient, en cas de faillite de la société en nom collectif, qu'à concurrence de leur fortune sociale. La responsabilité personnelle des actionnaires des sociétés anonymes ne serait pas engagée.

2. Société de capitaux

845 En raison de l'absence d'exigence de liens étroits de confiance entre eux, les associés peuvent être des personnes physiques ou morales, ainsi que des communautés.

§ 6 Mouvements du sociétariat

1. Société de personnes

846 Pour toutes les raisons invoquées précédemment, le sociétariat est lié à la personne de l'associé. Il confère de nombreux droits à l'associé, mais aussi de nombreuses obligations. Par conséquent:

847 – dès qu'un associé quitte la société, l'équilibre de cette dernière est rompu. Un de ses éléments fondamentaux fait défaut. Elle n'est plus la même. Elle est dissoute (art. 545 al. 1 ch. 6 CO).

848 – un associé supplémentaire ne peut entrer dans la société qu'avec le consentement de tous les associés (art. 542 al. 1 CO).

849 – le sociétariat est en principe intransmissible. Le transfert est même exclu pour cause de mort (art. 545 al. 1 ch. 2 CO). Un associé ne peut vendre

[311] Ce n'est pas le cas pour les associés de la société simple et de la société coopérative, ni pour les commanditaires.

sa part à un tiers qu'avec le consentement de tous les autres associés (art. 542 al. 2 CO).

- le sociétariat ne peut pas être incorporé dans un papier-valeur (art. 853 al. 3/2 CO), car sa transmissibilité serait facilitée. 850

2. Société de capitaux

Pour toutes les raisons invoquées précédemment, le sociétariat n'est pas lié à la personne de l'associé. S'il confère des droits à l'associé, il lui impose peu d'obligations. Par conséquent: 851

- la possibilité de quitter purement et simplement la société n'est pas prévue d'une manière générale[312]. Elle n'est pas considérée comme nécessaire[313], vu la libre transmissibilité du sociétariat. 852
- une décision majoritaire suffit à imposer l'entrée de nouveaux associés par augmentation de capital (art. 650 al. 1, 704 al. 1 ch. 4 et 5 CO). 853
- le sociétariat est en principe librement transmissible (art. 684 al. 1 CO). Chaque associé peut vendre sa participation sans l'accord des autres. 854
- le sociétariat est en principe incorporé dans un papier-valeur (art. 683 ss CO), ce qui facilite sa transmissibilité[314]. 855

---

[312] Elle est prévue pour de justes motifs dans la société à responsabilité limitée (art. 822 al. 1 nCO). Elle peut se produire exceptionnellement dans la société anonyme (art. 736 ch. 4/2 CO).

[313] Pour des interventions en faveur de l'introduction d'un droit de sortie dans la société anonyme, voir PUGATSCH, SIGMUND, Der Austritt des Aktionärs aus der personenbezogenen Aktiengesellschaft, thèse Zurich 1976. Sur le droit de sortie des actionnaires minoritaires en cas de fusion, voir MOSER, MARTIN/EMCH, DANIEL, Austritt und Ausschluss von Minderheitsaktionären bei der Fusion, Reprax 6 (2004), 2/3, p. 139–153.

[314] Avec l'informatisation et la mondialisation des marchés financiers, l'incorporation dans un papier-valeur apparaît paradoxalement souvent comme une entrave à la transmissibilité. Les titres cotés en bourse ont, par conséquent, tendance à être dématérialisés. Au sujet de la dématérialisation des papiers-valeurs, voir notamment: GROUPE DE TRAVAIL DU DÉPARTEMENT FÉDÉRAL DES FINANCES, Projet de Loi fédérale sur le dépôt et le transfert des titres intermédiés (Loi sur les titres intermédiés, LTI), du 15 juin 2004; VON BALLMOOS, THOMAS, Der wertpapierrechtliche Verkehrsschutz unter spezieller Berücksichtigung des stückelosen Effektenverkehrs, thèse Berne 1993; BRUNNER, CHRISTOPH, Wertrechte – nicht verurkundete Rechte mit gleicher Funktion wie Wertpapiere, thèse Berne 1996; GIRSBERGER, DANIEL, Rechte an entmaterialisierten Wertpapieren und Bucheffekten international im Wandel, Recht. 21 (2003), p. 34–38; HANDSCHIN, LUKAS, Papierlose Wertpapiere, thèse Bâle 1987; MEIER-HAYOZ, ARTHUR, Abschied vom Wertpapier?, RJB 122 (1986), p. 385–401; MEIER-HAYOZ, ARTHUR/VON DER CRONE, HANS CASPAR, Wertpapierrecht, 2e éd., Berne 2000, § 25; ZOBL, DIETER/LAMBERT, CLAUDE, Zur Entmaterialisierung der Wertpapiere, RSDA 63 (1991), p. 117–139.

§ 7 Conséquences pour la société des événements qui frappent un associé

1. Société de personnes

856 Les événements qui frappent un associé touchent également la société.

857 La mort d'un associé (art. 545 al. 1 ch. 2 CO) entraîne la dissolution de la société, parce qu'elle modifie l'équilibre de base de la société.

858 L'interdiction (art. 545 al. 1 ch. 3 CO, 369 ss CC), ainsi que la faillite d'un associé (art. 545 al. 1 ch. 3 CO) entraînent la dissolution de la société, parce que ces événements portent atteinte au rapport de confiance devant exister entre les associés.

2. Société de capitaux

859 Les événements qui frappent un associé ne touchent pas la société, qui n'en a d'ailleurs souvent pas connaissance. Même la mort de l'actionnaire unique d'une société anonyme ne touche pas, juridiquement, la société, qui continue avec les héritiers du défunt.

860 En conclusion de cette section, on constate qu'on ne crée pas une société de personnes avec n'importe qui. On s'associe en considération de la personne des autres associés (*intuitu personae).*

861 En revanche, on se soucie beaucoup moins de la personne des associés lorsqu'on crée une société de capitaux. Ce qui compte avant tout, c'est l'apport des associés. On s'associe en considération de la capacité financière des autres associés (*intuitu pecuniae).*

Section 2 Obligations des associés

862 Du moment que, dans une société de personnes, la personne des associés joue un rôle déterminant, les obligations des associés sont nombreuses. En revanche, dans les sociétés de capitaux, elles sont très peu nombreuses.

§ 1 Gestion et représentation

1. Société de personnes

La gestion et la représentation constituent non seulement un droit, mais aussi une obligation pour l'associé, qui est responsable du fonctionnement de la société[315]. 863

2. Société de capitaux

La gestion et la représentation ne sont ni un droit ni une obligation pour l'associé (art. 680 al. 1 CO). Des organes spécialement désignés à cet effet sont responsables du fonctionnement de la société. 864

§ 2 Fidélité

1. Société de personnes

L'associé doit exécuter ses tâches de gestion et de représentation dans le but de réaliser les buts final et social. A cet effet, il est soumis a une obligation de fidélité à l'égard de la société (art. 866 CO). Il doit notamment s'abstenir de lui faire concurrence (art. 536, 561 CO). 865

2. Société de capitaux

Bien que l'associé n'ait ni le droit ni l'obligation de gérer et de représenter sa société, une obligation de fidélité à sa charge pourrait se concevoir. La loi ne la prévoit pas[316], voulant en quelque sorte réduire l'associé à son rôle de pourvoyeur de fonds (art. 680 al. 1 CO). 866

§ 3 Obligations patrimoniales

Dans toutes les formes de société, l'associé a l'obligation de faire un apport[317], par lequel il contribue à la réalisation du but poursuivi par la société, et de participer aux pertes[318], au moins de manière limitée. Pour le 867

---

[315] Exception: société coopérative.

[316] FORSTMOSER/MEIER-HAYOZ/NOBEL (§ 42 N 24 ss) résument les avis doctrinaux et rejettent l'idée d'une obligation de fidélité pour les actionnaires. BÖCKLI (§ 1 N 14 s.) partage ce point de vue. La situation est différente en ce qui concerne la société à responsabilité limitée. En effet, les associés d'une société à responsabilité limitée sont en principe soumis à un devoir de fidélité (art. 803 nCO; voir Message du Conseil fédéral du 19 décembre 2001 concernant la révision du droit de la Sàrl [CO] [FF 2002 II, p. 3001 s.]).

[317] Voir également N 496–510, 1322–1328.

[318] Voir N 1329–1449.

reste, des différences fondamentales existent entre les sociétés de personnes et les sociétés de capitaux.

1. Société de personnes

868 La notion d'apport est très large. Les associés participent aux pertes en principe de manière illimitée.

869 De nombreuses autres obligations patrimoniales peuvent être imposées à l'associé, qui vont de l'obligation de payer une cotisation à l'obligation de faire des versements supplémentaires (art. 871 CO).

2. Société de capitaux

870 La notion d'apport est restrictive. Les associés participent aux pertes de manière limitée (montant de leur apport).

871 D'autres obligations patrimoniales ne peuvent être imposées que par la loi (art. 680 al. 1 CO).

Section 3 Droits des associés

872 A part les droits de gérer et de représenter, les mêmes droits se retrouvent dans une large mesure dans les sociétés de personnes et dans les sociétés de capitaux. Sont notamment omniprésents: le droit de vote, le droit de contrôle, le droit à une part de bénéfice et de liquidation[319].

873 Le droit à l'égalité de traitement domine aussi le droit des sociétés[320]. Cependant, le critère d'égalité diffère selon les catégories de sociétés.

§ 1 Société de personnes

874 Le critère d'égalité est la personne de l'associé. L'égalité entre les associés est absolue. Les différences pouvant exister entre eux ne sont pas prises en compte.

Exemples:

- dans une société simple, lorsque le contrat de société remet les décisions à la majorité, celle-ci se compte par tête (art. 534 al. 2 CO).
- dans la même forme de société, sauf convention contraire, chaque associé a une part égale dans les bénéfices et dans les pertes, quelles que soient la nature et la valeur de son apport (art. 533 al. 1 CO).

[319] Sauf dans la société coopérative (art. 859 al. 1, 913 al. 2 CO).
[320] Voir N 279–285.

§ 2 Société de capitaux

Le critère d'égalité est la participation financière de l'associé. 875
L'égalité entre les associés est relative. Les différences pouvant exister entre eux sont prises en compte, du moins dans une certaine mesure.

Exemples:

- dans une société anonyme, les actionnaires exercent leur droit de vote à l'assemblée générale proportionnellement à la valeur nominale de toutes les actions qui leur appartiennent (art. 692 al. 1 CO).
- dans la même forme de société, sauf disposition contraire des statuts, les parts de bénéfice et de liquidation sont calculées en proportion des versements opérés au capital-actions (art. 661 CO).

Section 4 Responsabilité pour les dettes sociales

§ 1 Société de personnes

Les associés sont en principe[321] personnellement responsables des 876
dettes sociales, directement ou subsidiairement. Ils s'engagent complètement. Ainsi, les créanciers sont protégés naturellement.

Exemple: si une société en nom collectif tombe en faillite, ses créanciers peuvent s'en prendre aux associés (art. 568 CO). Par conséquent, dans la mesure où les associés sont solvables, les créanciers ne courent pas de risque.

§ 2 Société de capitaux

La société seule est responsable des dettes sociales. Vu que les 877
dettes sociales ne sont pas couvertes naturellement par les associés, les créanciers sociaux doivent être protégés par un système artificiel. Il s'agit notamment du capital-actions (pour la société anonyme) et du capital social (pour la société à responsabilité limitée)[322].

Exemple: la société anonyme ne répondant de ses dettes que sur son actif social, la loi fait en sorte qu'elle ait un minimum d'actif social (système du capital-actions) et que des sonnettes d'alarme retentissent, dès le moment où ce minimum n'existe plus, pour protéger les créanciers en limitant les dégâts (art. 725 al. 2 CO).

---

[321] Exception: société coopérative, où les associés ne sont, sauf clause contraire des statuts, pas responsables des dettes sociales (art. 868 CO).

[322] Voir N 994–1003.

Chapitre 3 Classification

878 La société simple, la société en nom collectif, la société en commandite et la société coopérative sont des sociétés de personnes. En revanche, la société anonyme est une société de capitaux.

Figure n° 32
Classification fondamentale selon le rôle respectif des éléments constitutifs de la société

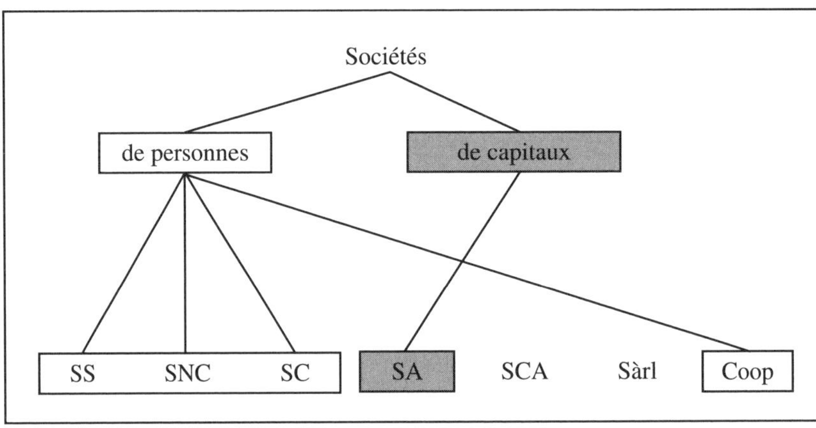

879 Ce schéma montre que le système de la loi n'est pas construit en fonction du critère du rôle respectif des éléments constitutifs de la société. Notamment, les sociétés de personnes sont séparées par la société anonyme, société de capitaux.

880 Il fait apparaître aussi que, comme pour la classification basée sur le critère du degré d'indépendance juridique par rapport aux associés, la réalité est nuancée. Entre les sociétés de personnes et les sociétés de capitaux existe une troisième catégorie de sociétés, celle des sociétés mixtes, qui possèdent à la fois des caractéristiques propres aux sociétés de personnes et des caractéristiques propres aux sociétés de capitaux (chapitre 4 ci-dessous).

881 De plus, il faut préciser qu'en réglementant les formes de société appartenant soit à la catégorie des sociétés de personnes, soit à celle des sociétés de capitaux, la loi fait quelques entorses aux caractéristiques de base de la catégorie:

882 – d'une part, elle introduit des éléments personnels dans la société anonyme.

Exemple: l'unanimité est nécessaire pour la prise de certaines décisions (modification du but final, suppression de certains droits protégés).

- d'autre part, elle introduit des éléments capitalistes dans les sociétés de personnes. 883

  Exemple: dans la société en commandite, le commanditaire est essentiellement lié à la société par un apport de fonds. Il ne participe en principe pas à la gestion et sa responsabilité est limitée au montant de sa commandite.

Enfin, le contrat de société peut accentuer les éléments atypiques. 884

Exemples:

- dans la société anonyme, les statuts peuvent créer des actions à droit de vote privilégié (art. 693 CO), dont la puissance de vote n'est pas proportionnelle à la participation financière, mais au nombre des actions possédées.
- dans la société en commandite, le contrat de société peut prévoir que le commanditaire est le seul gestionnaire (art. 599 s. CO, droit dispositif).

Chapitre 4 Sociétés mixtes

Les sociétés mixtes, société à responsabilité limitée et société en commandite par actions[323], mélangent dans une certaine mesure les caractéristiques des catégories de base (caractères personnels et caractères capitalistes). Le mélange n'est pas nécessairement équilibré. Il peut accentuer l'un ou l'autre des caractères. Le contrat de société peut évidemment renforcer la tendance ou l'atténuer. 885

Section 1 Rapports entre les associés

Dans la société à responsabilité limitée et la société en commandite par actions (s'agissant pour celle-ci des actionnaires indéfiniment responsables qui sont toujours des personnes physiques), les associés, peu nombreux et identifiés, jouent un rôle déterminant. Ils sont liés par des rapports de confiance étroits. La transmissibilité du sociétariat est limitée (art. 765 al. 3 CO, 786 nCO). La société en commandite par actions prend fin par la sortie, le décès, l'incapacité ou la faillite de tous les associés indéfiniment responsables (art. 770 al. 1 CO). 886

En revanche, dans la société en commandite par actions, les actionnaires ordinaires (personnes physiques, personnes morales ou communautés), potentiellement nombreux et anonymes, jouent un rôle secondaire et ont entre eux des liens lâches. Le sociétariat est en principe librement transmissible et incorporé dans un papier-valeur. 887

[323] La société en commandite par actions est composée de deux catégories d'associés: les actionnaires indéfiniment responsables et les actionnaires ordinaires.

888 La société à responsabilité limitée et la société en commandite par actions (s'agissant de ses actionnaires ordinaires) ne sont pas touchées par les événements qui frappent leurs associés.

Section 2 Obligations des associés

889 A l'instar des sociétés de personnes, les obligations des associés d'une société à responsabilité limitée et des actionnaires indéfiniment responsables d'une société en commandite par actions sont nombreuses. Sauf convention contraire, les associés de ces sociétés ont le droit et le devoir de gérer la société (art. 765 al. 1 CO, 809 al. 1 nCO). Outre leurs obligations d'apport et de participation aux pertes, ils peuvent être tenus de faire des versements supplémentaires et de fournir des prestations accessoires (art. 776a al. 1 ch. 1, 795 ss nCO).

890 En revanche, les actionnaires ordinaires de la société en commandite par actions n'ont ni le droit ni l'obligation de gérer. Ils n'ont pas d'obligation de fidélité. Leurs obligations se limitent à la libération de leur apport et à la participation aux pertes limitée à leur apport.

Section 3 Droits des associés

891 Le critère d'égalité est la personne dans la société en commandite par actions s'agissant des actionnaires indéfiniment responsables.

892 En revanche, il est la participation financière dans la société à responsabilité limitée (art. 798 al. 3, 806 al. 1 nCO) et dans la société en commandite par actions s'agissant des actionnaires ordinaires.

Section 4 Responsabilité pour les dettes sociales

893 Les actionnaires indéfiniment responsables de la société en commandite par actions ont une responsabilité personnelle illimitée pour les dettes sociales (art. 764 al. 1 CO); les actionnaires ordinaires de la société en commandite par actions et les associés de la société à responsabilité limitée n'encourent aucune responsabilité pour les dettes sociales (art. 764 al. 2 CO, 772 al. 1/3, 794 nCO).

Figure n° 33
Classification nuancée selon le rôle respectif des éléments constitutifs de la société

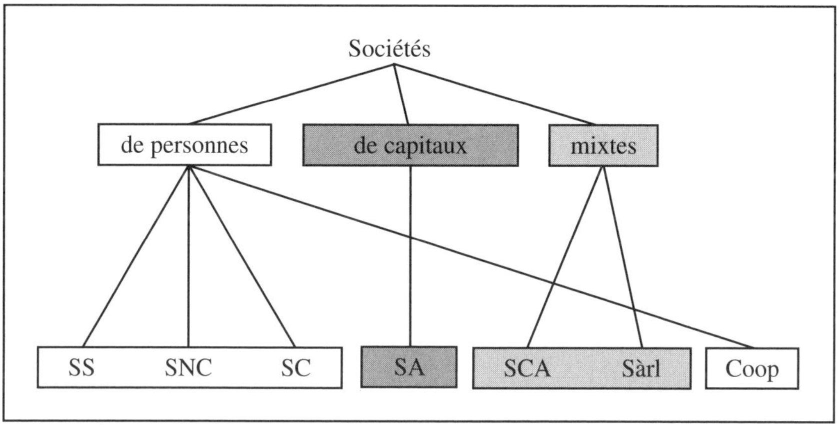

Titre 5 Degré d'indépendance économique par rapport à d'autres entreprises

Bibliographie

894 Voir N 2374.

Chapitre 1 Notions

895 A l'origine, le droit des sociétés était conçu, et il l'est encore largement aujourd'hui, pour des sociétés économiquement indépendantes, c'est-à-dire gérées pour elles-mêmes, dans leur propre intérêt. Depuis longtemps, de nombreuses sociétés ne correspondent plus à ce modèle. En effet, elles dépendent économiquement d'autres entités, même si, dans l'hypothèse où elles possèdent la personnalité juridique, elles conservent leur indépendance juridique. Elles ne sont pas gérées pour elles-mêmes, dans leur propre intérêt, mais dans l'intérêt d'une ou de plusieurs autres entités, en général de leur société mère[324]. Elles font donc partie d'un groupe de sociétés[325] et sont réduites au rôle de filiales[326].

Chapitre 2 Différences

Section 1 De fait

896 En fait, les différences entre une société économiquement indépendante et une société économiquement dépendante sont considérables. La principale, dont il vient d'être question, est l'intérêt dans lequel ces sociétés sont gérées.

897 La société économiquement indépendante est gérée dans son propre intérêt. Ses administrateurs/gérants visent à réaliser ses buts final et social. Dans l'hypothèse où le but final est économique, ils favorisent, indirectement ou directement, les intérêts des associés.

---

[324] Pour la définition de cette notion, voir N 2384.
[325] Pour la définition de cette notion, voir N 2383.
[326] Pour la définition de cette notion, voir N 2385.

La société économiquement dépendante n'est pas gérée dans son propre intérêt, mais dans celui d'un tiers (société mère ou groupe de sociétés). En cas de conflit entre l'intérêt de la société et celui du tiers, ses administrateurs/gérants font prévaloir l'intérêt du tiers. La conséquence de ce comportement est évidemment une rupture de l'équilibre des intérêts. Dans la mesure où la société filiale ne réalise pas autant qu'elle le pourrait ses buts final et social, elle met en péril les intérêts de ses associés qui, par exemple, reçoivent une part de bénéfice inférieure à ce qu'elle pourrait être. 898

Section 2 De droit

Logiquement, les différences de fait entre les sociétés économiquement indépendantes et les sociétés économiquement dépendantes devraient entraîner des différences dans leur réglementation. En effet, la prééminence de l'intérêt de groupe entraîne une rupture de l'équilibre des intérêts plus ou moins savamment élaboré par le législateur. 899

Pourtant, jusqu'à une époque très récente, le droit des sociétés ne tenait pratiquement pas compte de la réalité des sociétés économiquement dépendantes. Seuls les articles 671 al. 4 et 708 al. 1/2 CO[327] y faisaient allusion. Depuis la révision du droit de la société anonyme de 1991 et celle de la société à responsabilité limitée et de l'organe de révision de 2005, quelques nouvelles règles les concernent (art. 659b, 663b ch. 7, 663c, 663e ss, 697h al. 1, 706 al. 2 ch. 4 CO, 727 al. 1, 728 al. 6, 728a al. 1 ch. 1, 728b al. 2 ch. 4, 731 al. 1 et 3, 801, 804 al. 2 ch. 4 et 5, 810 al. 2 ch. 5 nCO). La jurisprudence contribue aussi à faire évoluer la situation[328]. Il n'en reste pas moins que toutes ces règles ne représentent qu'un embryon de droit des groupes de sociétés et que la question principale, la légalisation de la direction unique, c'est-à-dire la reconnaissance par la loi d'une direction unique pour l'ensemble d'un groupe, n'est pas résolue. 900

Il résulte de ces considérations qu'à l'exception des quelques dispositions mentionnées, auxquelles on pourrait ajouter un certain nombre de dispositions fiscales et de la Loi fédérale sur les bourses et le commerce des valeurs mobilières (notamment art. 20 s., 32 LBVM), les mêmes règles s'appliquent aux sociétés économiquement indépendantes et aux sociétés économiquement dépendantes. 901

---

[327] Cet article a été abrogé par la révision du droit de la société à responsabilité limitée du 16 décembre 2005.

[328] Voir notamment ATF 130 III 213/JdT 2004 I 223; ATF 123 III 220/JdT 1997 I 242; ATF 120 II 331/JdT 1995 I 359; ATF 116 Ib 331 (all.).

Chapitre 3 Classification

902 Il n'existe pas de formes de société économiquement dépendantes par nature. Toutes les formes de société sont en principe économiquement indépendantes, mais toutes peuvent exceptionnellement être économiquement dépendantes.

903 La dépendance économique est plus ou moins facilement réalisable selon la forme de la société:

904 – dans les sociétés de personnes, elle est difficilement réalisable. Elle suppose l'adhésion et la fidélité à la cause de la société mère de la majorité des associés.

905 – dans les sociétés de capitaux, elle est plus facilement réalisable. Il suffit d'y acquérir une participation procurant la majorité des droits de vote.

Titre 6 Rapports avec la bourse[329]

Bibliographie

BÖCKLI, PETER, Zum Börsengesetz von 1995: neue Rechtsinstitute und neue 906
Probleme, BJM 1998, p. 225–271; VON BÜREN, ROLAND/BÄHLER, THOMAS, Eingriffe des neuen Börsengesetzes ins Aktienrecht, AJP 1996, p. 391–402; VON DER CRONE, HANS CASPAR, Auf dem Weg zu einem Recht der Publikumsgesellschaften, RJB 133 (1997), p. 73–107; DIETZI, HANSPETER/LATOUR, SANDRA, Schweizerisches Börsenrecht: ein Grundriss mit ausgewählten Ausführungserlassen, Bâle/Genève/Munich 2002; HIRSCH, ALAIN, Le droit boursier et le droit des sociétés, RSDA 67 (1995), p. 228–234; KÜNG, MANFRED/HUBER, FELIX M./KUSTER, MATTHIAS, Kommentar zum Börsengesetz, Bd. I et II, Zurich 1998; MEIER-SCHATZ, CHRISTIAN J., (éditeur), Das neue Börsengesetz der Schweiz, Berne/Stuttgart/Vienne 1996; NOBEL, PETER, Schweizerisches Finanzmarktrecht, 2e éd., Berne 2004; NOBEL, PETER, Querbezüge zwischen Aktienrecht und Börsengesetz, EC 1997, p. 463–468; RIMLE, ALOIS, Recht des schweizerischen Finanzmarktes, Zurich 2004; VOGT, NEDIM PETER/WATTER, ROLF (éditeurs), Kapitalmarktrecht, Commentaire bâlois, Bâle/Francfort-sur-le-Main 1999; ZACH, MARKUS, La loi sur les bourses et le commerce des valeurs mobilières, EC 1995, p. 1100–1106; ZOBL, DIETER, Das Börsenrecht der Schweiz, Zurich 1998; ZOBL, DIETER/KRAMER, STEFAN, Schweizerisches Kapitalmarktrecht, Zurich/Bâle/Genève 2004.

Chapitre 1 Notions

Avec la révision du droit de la société anonyme de 1991 et l'adop- 907
tion de la Loi fédérale sur les bourses et le commerce des valeurs mobilières (LBVM[330]), le législateur a introduit une nouvelle classification dans le droit des sociétés. Il distingue dorénavant entre les sociétés dont les droits de participation sont effectivement[331] cotés en bourse et celles dont les droits de participation ne sont pas cotés en bourse.

Par droits de participation, il faut principalement entendre les actions. 908

[329] Voir MARINI, p. 13.
[330] RS 954.1.
[331] Le critère de distinction n'est pas la simple possibilité de faire coter ses actions en bourse.

Chapitre 2 Différences

909 En raison des particularités du marché boursier[332], dans le but de protéger les investisseurs qui y interviennent, la société dont les droits de participation sont cotés en bourse est soumise à des règles plus rigoureuses que celle dont les droits de participation ne le sont pas. La promotion de la transparence est le moyen principal d'atteindre le but recherché.

910 La société dont les actions sont cotées en bourse doit établir ses comptes selon les règles spéciales du Règlement de cotation[333] (art. 66 ss RC). Elle doit notamment respecter le principe de l'image fidèle (art. 66 RC), c'est-à-dire qu'elle n'a pas le droit de créer des réserves latentes d'administration[334]. Elle doit aussi choisir un référentiel comptable reconnu sur le plan international[335]. Elle est tenue d'indiquer dans l'annexe au bilan les actionnaires importants et leurs participations (art. 663c al. 1 CO). Ses actionnaires importants doivent se faire connaître à elle-même et à la bourse où les titres sont cotés (art. 20 LBVM). Ils peuvent être obligés de faire une offre publique d'acquisition pour les titres restants (art. 32 LBVM).

911 La société dont les actions sont cotées en bourse doit publier ses comptes annuels et ses comptes de groupe dans la Feuille officielle suisse du commerce ou en délivrer un exemplaire à toute personne[336] qui en fait la demande dans l'année qui suit l'approbation (art. 697h al. 1 CO). La société dont les actions ne sont pas cotées en bourse peut se contenter d'autoriser les créanciers qui ont un intérêt digne de protection à consulter ces documents (art. 697h al. 2 CO).

912 La société dont les actions nominatives sont cotées en bourse est soumise à une réglementation particulière concernant leur transmissibilité (art. 685d ss CO).

913 La manière d'appliquer les normes légales peut varier en fonction de l'appartenance à l'une ou à l'autre de ces catégories.

Exemple: le Tribunal fédéral se montre plus souple dans l'application de l'article 652b al. 2 CO pour les sociétés cotées en bourse. Il estime que les indications relatives aux justes motifs peuvent être moins précises[337].

---

[332] Article 1 LBVM; Message du Conseil fédéral du 24 février 1993 concernant une Loi fédérale sur les bourses et le commerce des valeurs mobilières (Loi sur les bourses, LBVM) (FF 1993 I 1269 ss, notamment 1281 s. et 1294 s.).

[333] THÉVENOZ/ZULAUF, N 48–2.

[334] Pour une définition, voir N 1625.

[335] Directive de l'Instance d'admission de SWX Swiss Exchange du 29 janvier 2004 concernant les exigences en matière d'établissement des rapports financiers (DRF).

[336] A ses frais.

[337] ATF 121 III 219, *234 s.*/JdT 1996 I 162, *178 s.*

Chapitre 3 Classification

Peuvent être cotés en bourse les droits de participation des formes 914
de société suivantes:
- société anonyme,
- société en commandite par actions.

Les droits de participation des autres formes de société ne peuvent pas 915
être cotés en bourse.

Titre 7 Source des normes

Chapitre 1 Notions

916 Actuellement, les sources du droit suisse des sociétés sont essentiellement nationales (droit fédéral).

917 Dans l'Union européenne, en revanche, des normes existent, en parallèle avec les normes nationales, qui créent des formes de société européennes, donc supranationales et directement utilisables par les entreprises.

Chapitre 2 Différences

918 Outre les différences dues à la nature de la législation européenne, il faut mentionner que:

- le but de ces sociétés est de favoriser la coopération transnationale[338] et de permettre aux entreprises d'organiser leurs activités et leurs structures de production de manière adaptée à la dimension communautaire du marché[339];
- les membres ressortent à des Etats différents[340].

Chapitre 3 Classification

919 Il existe trois sociétés de droit communautaire: le groupement européen d'intérêt économique[341], la société anonyme européenne[342] et la société coopérative européenne[343].

338 Préambule du Règlement (CEE) n° 2137/85 du Conseil relatif à l'institution d'un groupement européen d'intérêt économique (GEIE) (J.O. L 199 du 31.07.1985, p. 1–9).

339 Préambule (1) du Règlement (CE) N° 2157/2001 du Conseil relatif au statut de la société européenne (SE) (J.O. L 294 du 10.11.2001, p. 1–21). Préambule (2) du Règlement (CE) N°1435/2003 du Conseil relatif au statut de la société coopérative européenne (SEC) (J.O. L 207 du 18.08.2003, p. 1–24).

340 Article 4 du Règlement (CEE) n° 2137/85 du Conseil relatif à l'institution d'un groupement européen d'intérêt économique (GEIE) (J.O. L 199 du 31.07.1985, p. 1–9), article 2 du Règlement (CE) N° 2157/2001 du Conseil relatif au statut de la société européenne (SE) (J.O. L 294 du 10.11.2001, p. 1–21) et article 2 du Règlement (CE) N° 1435/2003 du Conseil relatif au statut de la société coopérative européenne (SEC) (J.O. L 207 du 18.08.2003, p. 1–24).

341 Voir Règlement (CEE) n° 2137/85 du Conseil relatif à l'institution d'un groupement européen d'intérêt économique (GEIE) (J.O. L 199 du 31.07.1985, p. 1–9).

342 Voir Règlement (CE) N° 2157/2001 du Conseil relatif au statut de la société européenne (SE) (J.O. L 294 du 10.11.2001, p. 1–21).

343 Voir Règlement (CE) N° 1435/2003 du Conseil relatif au statut de la société coopérative européenne (SEC) (J.O. L 207 du 18.08.2003, p. 1–24).

Huitième partie
Problématique

Chaque société suit fondamentalement la même trajectoire. Elle commence par être créée, puis elle vit, pour prendre fin à plus ou moins longue échéance. Elle passe donc par différentes étapes. 920

Figure n° 34 *Etapes de la vie d'une société*

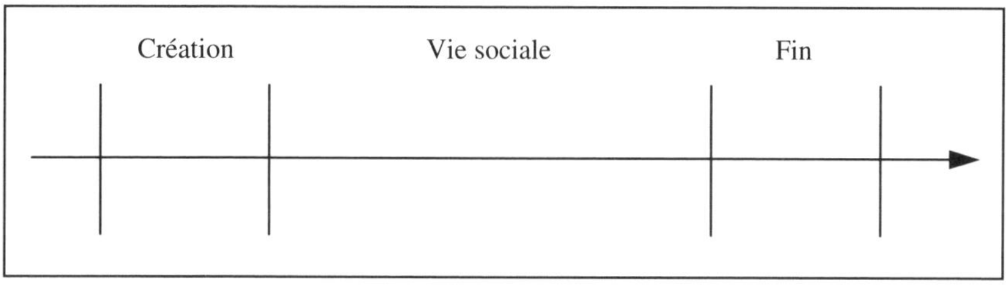

A chaque étape de sa vie, chaque société pose fondamentalement les 921
mêmes questions, notamment:
- quelles sont les règles à suivre pour sa création?
- une fois créée, comment fonctionne-t-elle?
- quel est le statut de ses associés?
- quand est-elle dissoute?
- comment est-elle liquidée?
- quand prend-elle fin?

En revanche, la solution aux questions posées peut varier d'une forme de 922
société à l'autre.

Le but de cette partie est de répertorier les principales questions qui se 923
posent à chaque étape de la vie de toute société, d'inventorier la palette des principales solutions qui peuvent être apportées à ces questions, de présenter et d'expliquer leurs principales caractéristiques, de montrer les relations existant entre les réponses aux différentes questions. En effet, la coexistence, par exemple dans une société anonyme, d'une absence de droit de gestion et d'une absence de responsabilité pour les dettes sociales n'est pas le fait du hasard. Chaque forme de société forme un tout, en général cohérent, un mécanisme souvent complexe, mais en général logique.

L'approche comparée des différentes solutions favorise la compré- 924
hension du système de chaque forme de société et, finalement, du système général du droit des sociétés.

Titre 1 Création

925 La création est la gestation et la venue au monde juridique de la société, c'est-à-dire l'ensemble des opérations qui mènent à la naissance de la société. Elle se divise en général en quatre étapes:
- prise de conscience de l'utilité de la création d'une société et pourparlers (chapitre 1),
- décision de création (chapitre 2),
- choix de la forme (chapitre 3),
- constitution (chapitre 4).

926 Les sociétés sans personnalité juridique peuvent prendre naissance par la seule réalisation de la quatrième étape, sans la conscience des fondateurs (société créée par actes concluants).

Chapitre 1 Prise de conscience de l'utilité de la création d'une société et pourparlers

Bibliographie

927 BATAILLARD, VIKTOR, Leitfaden zur Unternehmensgründung, Bd. 1, Die betriebswirtschaftlichen Überlegungen, 3e éd., Zurich 1994; BEELER, ADOLF, AG, GmbH oder Einzelfirma?, aktueller Ratgeber für den Unternehmer zur Wahl der richtigen Rechtsform, 3e éd., Muri/Berne 2000; FORSTMOSER, PETER, Gestaltungsfreiheit im schweizerischen Gesellschaftsrecht, in: Gestaltungsfreiheit im Gesellschaftsrecht, ZGR (Sonderheft 13), Berlin/New York 1998, p. 254–277; IMBACH, MARTIN/SALZMANN, WOLFGANG, Betrachtungen zur Wahl der Rechtsform für Klein- und Mittelbetriebe, EC 1988, p. 12–17 (1ère partie), p. 74–78 (2e partie); KELLER, MARCEL, Die ungewollte einfache Gesellschaft, thèse Bâle 2002; LEHMANN, DANIEL U./MICHAEL, PETER J., Steuerliche Aspekte bei der Wahl der Rechtsform für KMU, EC 1998, p. 735–742; MABILLARD, RAMON, Gesellschaftsrechtliche Aspekte der Vertragsverhandlungen, thèse Fribourg 2003; MEIER-BOESCHENSTEIN, OTTO C., Leitfaden zur Unternehmensgründung, Bd. 2, Die rechtlichen und steuerlichen Überlegungen, 3e éd., Zurich 1996; RÜEGSEGGER, OTTO, Die zweckmässige Firmenform: Leitfaden für betriebswirtschaftliche, rechtliche und steuerliche Aspekte, 2e éd., Muri/Berne 1995.

928 L'histoire d'une société commence en général au moment où une personne prend conscience de l'utilité, voire de la nécessité, d'unir ses efforts ou(et) ses ressources avec une ou plusieurs autre(s) personne(s), ou au moment où plusieurs personnes prennent conscience de l'utilité, voire de la nécessité, d'unir leurs efforts ou(et) leurs ressources entre elles ou avec d'autres personnes, ou au moment où une personne prend conscience de l'utilité, voire de la nécessité, de donner à son entreprise unipersonelle la

forme sociétaire, pour résoudre les problèmes qu'elle(s) rencontre(nt) ou pour améliorer sa(leur) situation. Diverses circonstances peuvent engendrer ces réflexions:

- insuffisance des moyens matériels et/ou intellectuels individuels à disposition. 929

  Exemple: un jeune ingénieur invente un nouveau système qu'il fait breveter. Il désire exploiter son invention, mais il ne dispose ni des fonds, ni des connaissances de gestion nécessaires. L'association avec des personnes possédant ces moyens s'impose.

- volonté de rationaliser l'exploitation et de réduire les frais. 930

  Exemple: deux viticulteurs-encaveurs exploitant chacun une entreprise individuelle ont de plus en plus de peine à faire face à leurs frais généraux qui augmentent régulièrement et fortement en raison d'un parc de machines toujours plus grand et plus coûteux, mais nettement sous-utilisé. En s'associant, ils pourraient renoncer à acquérir chacun les mêmes machines et feraient ainsi des économies importantes.

- volonté de répartir le risque. 931

  Exemple: une société désire exploiter un nouveau produit informatique. La production est très onéreuse, le succès commercial hypothétique. La nécessité de la répartition des risques l'amène à envisager la création d'une filiale pour réaliser ses objectifs.

- volonté de limiter le risque. 932

  Exemple: un commerçant crée une société unipersonnelle afin d'exploiter une entreprise en courant le moins de risques possible tout en étant seul maître à bord.

- contrainte de fait. 933

  Exemple: la banque n'accorde le crédit demandé qu'à la condition que l'emprunteur ou les emprunteurs se constituent sous une forme sociale déterminée.

- contrainte légale. 934

  Exemple: en vertu de l'article 7 de la Loi fédérale sur la surveillance des entreprises d'assurance du 17 décembre 2004 (LSA)[344], l'entreprise d'assurance doit être constituée en société anonyme ou coopérative.

La prise de conscience de l'utilité de la création d'une société est suivie, voire accompagnée, de pourparlers entre les personnes directement intéressées et, si nécessaire, avec des tiers (associés, financiers ou collaborateurs potentiels). 935

Durant cette phase, les intéressés ne créent aucun lien juridique entre eux, sauf exception. Ils ont toutefois, les uns à l'égard des autres, le devoir de se comporter conformément aux règles de la bonne foi[345] (art. 2 CC), c'est-à-dire de négocier sérieusement, de ne pas tromper, de renseigner et de 936

[344] RS 961.01.

[345] Voir N 267–269.

conseiller. La violation de ce devoir peut entraîner l'obligation de payer des dommages-intérêts (*culpa in contrahendo*[346]).

Chapitre 2 Décision de création

Bibliographie

937 Voir N 927.

938 La décision de créer une société est le coup d'envoi de la création de toute société.

939 Elle est prise par une ou plusieurs personnes. Si elle est prise par plusieurs personnes, ou dès le moment où plusieurs personnes sont impliquées dans le processus, une société en formation prend naissance qui, en général, est considérée comme une société simple[347].

Chapitre 3 Choix de la forme

Bibliographie

940 Voir N 927.

941 La décision de créer une société est insuffisante en elle-même. Il faut en plus choisir la forme de société à créer, en veillant à ce qu'elle soit adaptée aux besoins actuels et futurs des associés.

Section 1 Importance du choix

942 Le choix de la forme de société est important pour deux raisons au moins:

943 – il peut s'imposer pour toute la durée de la société. Une transformation de la forme de société n'est pas toujours possible. Si elle l'est, elle implique une procédure relativement compliquée[348].

[346] ATF 121 III 350, *354 ss* (fr.); ATF 120 II 331, *335 ss*/JdT 1995 I 359, *363 ss*; ATF 116 II 695, *698*/JdT 1991 I 625, *629*; ATF 105 II 75, *79 ss*/JdT 1980 I 66, *70 ss*. Voir aussi BAUMANN, ZK, ad art. 2 CC, N 144 ss.

[347] Voir N 1140.

[348] Voir N 2183.

- les associés sont soumis aux dispositions légales impératives de la forme de société choisie, sans dérogation possible, même si, dans certaines circonstances, ils auraient avantage à se voir appliquer les règles d'une autre forme de société. 944

  Exemple: afin de limiter leur responsabilité personnelle, trois personnes choisissent de se constituer en société anonyme, alors que, en réalité, leurs besoins correspondent au modèle de la société en nom collectif. Si leur société emploie plus de dix personnes à plein temps, elles doivent, bien que cela leur paraisse superflu et trop onéreux, soumettre leurs comptes annuels à un organe de révision (art. 727 s. nCO). Le cas échéant, elles ne peuvent pas empêcher l'une ou l'autre d'entre elles de faire concurrence à leur société (art. 680 al. 1 CO).

Section 2 Critères du choix

Parmi les nombreux critères qui déterminent le choix de la forme de société, les suivants sont particulièrement importants: 945

- responsabilité pour les dettes sociales. 946

  Souvent, le choix de la forme de société se fait principalement en fonction de son système de responsabilité pour les dettes sociales.

  Exemple: afin d'éviter toute responsabilité personnelle pour les dettes sociales, les futurs associés choisissent de créer une société anonyme.

- financement. 947

  Pour quelques formes de société, la loi pose des exigences minimales en matière d'apports, qui peuvent être prohibitives pour certains fondateurs.

  Exemple: dans la société anonyme, au moment de la fondation, la libération minimale du capital-actions est de 50 000 francs (art. 632 al. 2 CO). Dans la société à responsabilité limitée, elle est de 20 000 francs pour le capital social (art. 777c en relation avec art. 773 et 774 al. 2 nCO). Par conséquent, si les fondateurs ne disposent pas de ces fonds, ils doivent se replier sur d'autres formes de société.

  Selon les formes de société, les modes de financement sont plus ou moins développés.

  Exemple: la société anonyme offre, par rapport aux sociétés de personnes, de meilleures possibilités de financement par des fonds propres (augmentation du capital-actions ou du capital-participation) et par des fonds étrangers (emprunts obligataires notamment).

- frais. 948

  Exemples:

  - contrairement à ce qui est prévu pour les autres formes de société, la constitution d'une société anonyme (art. 629 al. 1 CO), d'une société en commandite par actions (art. 764 al. 2 CO) et d'une société à responsabilité limitée (art. 777 al. 1 nCO) nécessite un acte authentique, qui augmente les frais de fondation.
  - les sociétés à personnalité juridique doivent se doter d'un organe de révision alourdissant leurs frais de fonctionnement (art. 727 ss, 764 al. 2, 818 al. 1, 906 al. 1 nCO).

- organisation. 949

Exemple: dans la société anonyme, les actionnaires ne participent pas automatiquement au conseil d'administration (art. 707 ss CO). En revanche, dans la société à responsabilité limitée, les associés exercent collectivement la gestion de la société (art. 809 al. 1 nCO). Cette seconde réglementation permet aux associés d'avoir une influence plus directe et plus déterminante sur la gestion.

950 – activité et but.

Exemples:

- selon la doctrine dominante, la société simple ne peut pas exploiter une entreprise commerciale.
- les entreprises d'assurance doivent en principe être constituées sous forme de sociétés anonymes ou coopératives (art. 7 LSA)[349].

951 – personnalité, nationalité et nombre des associés.

Exemples:

- des personnes physiques et morales peuvent s'associer sous la forme de la société anonyme. En revanche, une personne morale ne peut pas devenir membre d'une société en nom collectif (art. 552 al. 1 CO).
- alors que le nombre des associés n'est pas limité dans la société coopérative, il l'est indirectement dans la société anonyme et dans la société à responsabilité limitée (pas plus d'associés que le nombre des actions/parts sociales).
- la société anonyme (art. 625 nCO) et la société à responsabilité limitée (art. 772 al. 1/1, 775 nCO) peuvent être créées par un seul fondateur. Excepté la société coopérative (art. 831 al. 1 CO), toutes les autres formes de société peuvent être créées par deux fondateurs.

952 – transfert et succession.

Exemple: en principe, le transfert des actions dans la société anonyme est plus simple que le transfert des participations dans les autres formes de société.

953 – raison sociale.

Selon la forme de société, les possibilités de choix de la raison sociale sont plus ou moins grandes.

Exemple: en principe, les associés peuvent librement choisir la raison sociale pour la société anonyme, la société à responsabilité limitée et la société coopérative (art. 950 nCO). En revanche, la raison sociale de la société en nom collectif, de la société en commandite et de la société en commandite par actions doit contenir le nom d'au moins un associé indéfiniment responsable (art. 947 CO).

De plus, suivant la forme de société choisie, la raison sociale doit éventuellement être adaptée en cas de changement dans la composition des associés.

Exemple: pour la société anonyme, la société à responsabilité limitée et la société coopérative, aucune modification de la raison sociale n'est obligatoire lors d'un changement d'associé. En revanche, une telle modification peut être obligatoire lors d'un changement d'associé dans une société en nom collectif, une société en commandite ou une société en commandite par actions (art. 948 al. 1 CO).

954 – fiscalité.

Selon la forme de société, le fisc intervient de manière différente[350].

---

[349] RS 961.01.

Exemple: les sociétés sans personnalité juridique ne sont pas des sujets fiscaux, mais leurs associés sont imposés sur leur part respective au bénéfice et à la fortune de la société. En revanche, les sociétés à personnalité juridique sont des sujets fiscaux distincts de leurs associés et sont imposées sur leur bénéfice et leur capital.

Au sens large du terme, la fiscalité ne comprend pas que l'impôt proprement dit, mais aussi notamment les charges sociales. De ce fait, il est difficile de déterminer d'avance avec précision la forme de société la plus avantageuse fiscalement.

Cette liste de critères de choix de la forme de société n'est pas exhaustive. D'autres facteurs peuvent être déterminants, notamment les habitudes et la mode. 955

Section 3 Difficulté du choix

Il est difficile de choisir à long terme la meilleure forme possible de société. L'évolution de la société à créer et des circonstances externes ne peuvent souvent pas être prévues avec précision. Un choix qui s'imposait lors de la création peut se révéler inadéquat en cours de vie sociale. 956

Pourtant, la démarche du choix ne peut pas être éludée. Elle implique l'attitude la plus réaliste et la plus prospective possible. 957

Chapitre 4 Constitution

Bibliographie

BARTLOMÉ, FRITZ, Die Statuten der Aktiengesellschaft, thèse Berne 1944; BIBER, RENÉ/WATTER, ROLF, Notariatspraxis bei Gründung und ordentlicher Kapitalerhöhung, PJA 1992, p. 701–707; CAPITAINE, GEORGES, Société coopérative II, La constitution de la société, FJS 1155; CHAPPUIS, FERNAND, Le notaire et les fondateurs face aux risques pénaux dans la création des sociétés, SJ 2005, p. 141–174; FORSTMOSER, PETER, Schweizerisches Aktienrecht, Band I/Lieferung 1, Grundlagen, Gründung und Änderung des Grundkapitals, Zurich 1981; FORSTMOSER, PETER, Die aktienrechtliche Verantwortlichkeit, 2e éd., Zurich 1987 (§ 4); FORSTMOSER, PETER, Liberierung durch Verrechnung mit einer nicht werthaftigen Forderung: eine zulässige Form der Sanierung einer überschuldeten Gesellschaft?, RDS 122 (2003) I, p. 531–567; GUHL, THÉO, Société en commandite I, Définition et constitution, FJS 756; GUHL, THÉO, Société en commandite II, Les apports du commanditaire (commandite), FJS 757; GUHL, THÉO/ KUMMER, MAX, Société en nom collectif I, Définition, création, FJS 724; HIRSCH, ALAIN, La société simple et les tiers, in: Mélanges en l'honneur de Henri Deschenaux, Fribourg 1977, p. 411–433; KÜNG, MANFRED, Sacheinlagen und Sachübernahmen im neuen Aktienrecht, ARC 1992, p. 13–18; MOSIMANN, PETER, Die Liberierung von Aktien durch 958

[350] CAGIANUT, FRANCIS/HÖHN, ERNST, Unternehmungssteuerrecht, 3e éd., Berne/Vienne/Stuttgart 1993, § 3 (p. 104 ss).

Verrechnung, Bâle/Stuttgart 1978; NEESE, MARTIN, Fehlerhafte Gesellschaften, thèse Zurich 1990; PERRIN, ANTOINE, La forme authentique dans le nouveau droit de la société anonyme, Etude de droit fédéral et de droit vaudois, thèse Lausanne 1995; RECORDON, PIERRE-ALAIN, La société simple I, La notion de société et les caractéristiques de la société simple, FJS 676; RUEDIN, ROLAND, Vente aux enchères publiques, offre publique d'acquisition et reprise de biens, in: Festschrift für Jean Nicolas Druey zum 65. Geburtstag, Zurich 2002, p. 535–550; RUEDIN, ROLAND, La société anonyme II, Fondation (art. 625–645 CO), FJS 390; RUEDIN, ROLAND, La fondation, in: Le nouveau droit des sociétés anonymes, Lausanne 1993, p. 251–273; RUEDIN, ROLAND, La reprise de biens: un terme technique à définir, in: Mélanges en l'honneur de Jacques-Michel Grossen, Bâle/Francfort-sur-le-Main 1992, p. 325–335; RUEDIN, ROLAND, La fondation – Des modifications plus formelles que matérielles, EC 1991, p. 579–582; RUF, PETER, Gründung und Kapitalerhöhung im neuen Aktienrecht, NB 1992, p. 351–390; SCHAUB, MARC-ANTOINE, L'acte constitutif d'une société anonyme et ses annexes, RNRF 1992, p. 265–276; SCHNEIDER, JÜRG, Le capital social de la société à responsabilité limitée, thèse Neuchâtel 1999; SCHOOP, KATHARINA ELISABETH, Die Haftung für die Überbewertung von Sacheinlagen bei der Aktiengesellschaft und bei der Gesellschaft mit beschränkter Haftung, thèse Berne 1981; TROLLER, PETER, Betrachtungen zur Gründung der Genossenschaft mit spezieller Berücksichtigung der rechtlichen Verhältnisse während der Gründungsphase, thèse Bâle 1948; VACRATE, SABINE, La société créée de fait, essai de théorisation, Paris 2003; WALTER, HANS PETER/BLUMER, MAJA, Sieben Thesen und sieben Denkanstösse zur Sachübernahme, in: Wirtschaftsrecht zu Beginn des 21. Jahrhunderts, Festschrift für Peter Nobel zum 60. Geburtstag, Berne 2005, p. 405–428; WATTER, ROLF, Gründung und Kapitalerhöhung im neuen Aktienrecht, in: Das neue Aktienrecht, Zurich 1992, p. 55–70 (Publication FSA, vol. 11); WATTER, ROLF, Bemerkungen zur Unlogik der Sacheinlage- und Sachübernahmevorschriften im Schweizer Aktienrecht, PJA 1994, p. 147–154; WIDMER, CHRISTOPH K., Die Liberierung im schweizerischen Aktienrecht, thèse Zurich 1998; WITH, OTHMAR, Die Eintragung der mangelhaften Gesellschaft mit beschränkter Haftung im Handelsregister, thèse Fribourg 1944; ZENGER, URS, Gründung einer Genossenschaft, ARC 1994, p. 55–80; ZENGER, URS, Checklisten zur Gründung einer AG, ARC 1995, p. 85–88; ZENHÄUSERN, MARKUS, Gründungs- und Kapitalerhöhungsprüfung gemäss neuem Aktienrecht, EC 1987, p. 55–60; ZINDEL, GAUDENZ G./HONEGGER, PETER C./ISLER, PETER R./BENZ, ULRICH, Statuts de la société anonyme, 2e éd., Zurich 1997 (exemple de statuts en allemand, anglais, français et italien).

959 La décision de créer une société et le choix de sa forme ne suffisent pas à la faire venir au monde juridique. Il faut en plus la constituer, c'est-à-dire procéder aux formalités requises par la loi pour la faire naître.

960 En principe, la constitution se divise en deux étapes distinctes: la constitution interne (section 1), que la loi appelle en général fondation (*Errichtung*) et la constitution externe (section 2) qui, pour autant qu'elle soit nécessaire, se résume essentiellement à l'inscription au registre du commerce (*Entstehung*).

Figure n° 35 *Etapes de la création d'une société*

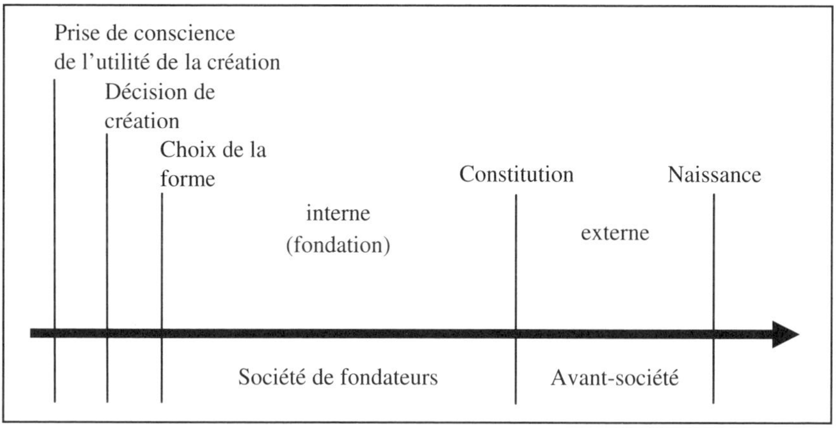

Section 1 Constitution interne (fondation)

§ 1 Définition

La constitution interne (fondation) est l'ensemble des formalités requises par la loi pour réunir les éléments nécessaires au fonctionnement futur de la forme de société choisie. 961

§ 2 Eléments nécessaires

Parmi les éléments nécessaires, il faut distinguer: 962
- les éléments généraux,
- les éléments spéciaux.

1. Généraux

Les éléments généraux, indispensables à la constitution interne de toutes les formes de société, sont: 963
- l'associé ou les associés,
- le but final et le but social,
- les apports.

1.1. Associé(s)

964 La création d'une société nécessite un nombre minimal d'associé(s), déterminé par la loi[351]. Sauf disposition contraire de la loi, ils peuvent être des personnes physiques, des personnes morales ou des sociétés commerciales[352].

1.2. But final et but social

965 Le but final ne doit être déterminé expressément au moment de la fondation que s'il déroge à celui du type légal de la société. En effet, s'il correspond à celui du type légal, il est présumé[353].

Exemple: les fondateurs d'une société anonyme n'ont pas besoin de préciser que le but final de la société qu'ils créent est économique pécuniaire.

966 En revanche, le but social doit toujours être déterminé expressément au moment de la fondation.

Exemple: les fondateurs d'une société anonyme doivent préciser que le but social de la société qu'ils créent est de fabriquer des boîtes de montre.

1.3. Apports

967 Tout associé doit faire un apport, ou au moins en promettre un, à la société en formation. En effet, l'apport permet à la société de réaliser effectivement ses buts. Dans la société pluripersonnelle, il concrétise en plus l'union des efforts ou(et) des ressources, c'est-à-dire la collaboration indispensable à la notion même de société pluripersonnelle[354]. Il n'y a donc pas de sociétariat sans apport.

1.3.1. Définition

968 L'apport est la prestation que doit exécuter, ou au moins promettre d'exécuter, tout associé au moment de la création de la société afin de promouvoir la réalisation des buts de celle-ci. Il peut consister en espèces (apport en espèces) ou en d'autres prestations (apport en nature).

969 L'apport en espèces est l'apport de monnaie légale (suisse ou étrangère librement convertible).

970 L'apport en nature est l'apport de toute autre espèce de bien, notamment de:

---

[351] Voir N 398–400.

[352] Voir N 414 s.

[353] Voir N 443 s.

[354] Voir N 491–495.

- bien matériel (chose), notamment meuble (y compris papier-valeur) et immeuble,
- bien immatériel, notamment invention, brevet, œuvre artistique, *design*, marque de fabrique, connaissance, capacité,
- droit, notamment créance, part dans une société, part de copropriété, droit de superficie, autre droit réel restreint (servitude, usufruit),
- complexe patrimonial, ensemble d'actifs et de passifs (entreprise),
- prestation ou abstention (travail, conseil[355]).

L'apport peut prendre différentes formes: effort ou ressource (apport en propriété, en usage, en jouissance, en garantie de crédit)[356]. 971

En contrepartie de son apport, le fondateur acquiert le sociétariat. 972

1.3.2. Exigences

L'apport a la fonction principale de promouvoir la réalisation des buts de la société. Il a de plus une fonction de garantie en faveur des créanciers, dans la mesure où il participe à la constitution de la fortune sociale. En effet, si la société tombe en faillite, il est réalisé pour payer les dettes sociales. 973

Dans les sociétés de personnes, la garantie fournie par l'apport est accompagnée d'une autre garantie, celle de la responsabilité personnelle des associés pour les dettes sociales. En cas de faillite de la société, si les biens sociaux ne suffisent pas à désintéresser les créanciers sociaux, ceux des associés suppléent. Par conséquent, la garantie fournie par l'apport n'est pas primordiale pour les créanciers sociaux. L'objet et la forme de l'apport importent peu. 974

Dans les sociétés de capitaux, la garantie fournie par l'apport n'est pas accompagnée d'une autre garantie en faveur des créanciers sociaux. En cas de faillite de la société, si les biens sociaux ne suffisent pas à désintéresser les créanciers sociaux, aucun autre bien ne supplée. Les créanciers sociaux subissent définitivement une perte. Par conséquent, pour eux, la garantie fournie par l'apport est primordiale. L'apport doit avoir un objet et une forme répondant à des conditions précises. Il doit être: 975

- transmissible. L'apport doit pouvoir devenir propriété ou titularité de la société. Ne peuvent par conséquent pas faire l'objet d'un apport les droits strictement personnels, comme le droit d'habitation. 976
- évaluable. La valeur de l'apport doit pouvoir être exprimée en unité monétaire. Elle doit pouvoir faire l'objet d'une rubrique au bilan de la 977

[355] Ce n'est pas le cas dans toutes les formes de sociétés. Pour plus de détails, voir N 500, 978.
[356] Voir N 496–510.

société. Ne peuvent par conséquent pas faire l'objet d'un apport la clientèle, la situation géographique favorable [357].

978 – réalisable. L'apport doit pouvoir être transformé en argent en faveur des créanciers en cas d'exécution forcée. Ne peuvent par conséquent pas faire l'objet d'un apport les obligations naturelles, les prestations futures, les prestations périodiques, les prestations en travail, les connaissances scientifiques, les capacités professionnelles, les relations d'affaires.

2. Spéciaux

979 Les éléments spéciaux, indispensables à la constitution interne d'une ou de plusieurs formes déterminées de société, peuvent être:

- la raison sociale (2.1),
- le siège (2.2),
- l'organisation (2.3),
- les moyens de protection des créanciers (2.4),
- la participation relative de chaque associé (2.5),
- la forme de publication (2.6).

2.1. Raison sociale

Bibliographie

980 BÜHLER, ROLAND, Grundlagen des materiellen Firmenrechts, thèse Zurich 1991; ECKERT, MARTIN KARL, Bewilligungspflichtige und verbotene Firmenbestandteile, thèse Zurich 1991; HILTI, CHRISTIAN, Firmenrecht, in: von Büren, Roland/David, Lukas (éd.), Schweizerisches Immaterial- und Wettbewerbsrecht, Bd. III/2, 2e éd., Bâle/Genève/Munich 2005, p. 1–103; KILLIAS, PIERRE-ALAIN, Raisons de commerce: Répertoire de jurisprudence fédérale et cantonale sur les art. 944 à 956 CO, Lausanne 1990; KÜNG, MANFRED, Revisionsbedürftiges Firmenrecht, ARC 1995, p. 15–29; LANG, CHRISTOPH, Stille Revision des Firmenrechts, RJB 134 (1998), p. 568–577; SCHAUB, MARC-ANTOINE, Raisons de commerce, FJS 1261, 1262a, 1263, 1264, 1264a, 1264b, 1265, 1266, 1266a, 1267, 1272; SCHAUB, MARC-ANTOINE/DE STEIGER, FRITZ, Raisons de commerce, FJS 1262, 1268; DE STEIGER, FRITZ, Raisons de commerce, FJS 189, 189a, 190, 236; DE STEIGER, FRITZ, Schweizerisches Firmenrecht, Zurich 1938.

981 Toute entité participant de manière plus ou moins indépendante à la vie juridique doit pouvoir être individualisée, identifiée, c'est-à-dire distinguée des autres. Par conséquent, elle doit avoir un nom.

982 La raison sociale est le nom sous lequel la société est inscrite au registre du commerce et participe à la vie juridique. Elle est soumise à des règles

[357] En cas d'apport d'une entreprise, la clientèle ou la situation géographique peuvent en revanche influencer la valeur de l'entreprise.

strictes concernant sa formation (art. 944 ss CO, 38 ss ORC) et jouit d'une protection particulière (art. 951, 956 nCO).

Peuvent et doivent avoir une raison sociale: 983
- les sociétés à personnalité juridique,
- les sociétés qui, sans avoir la personnalité juridique, en ont tout de même certains attributs (sociétés hybrides)[358]. En effet, ces sociétés participent à la vie juridique en tant qu'entités distinctes, au moins dans une certaine mesure.

En revanche, la société simple ne peut pas avoir de raison sociale. Cela 984
s'explique par le fait qu'elle n'a pas du tout la personnalité juridique, donc aucune indépendance par rapport à ses associés, et qu'elle ne participe pas en tant que telle à la vie juridique. Elle est par conséquent désignée par les noms ou les raisons de commerce de ses associés[359].

2.2. Siège

Bibliographie

Bericht der interdepartementalen Arbeitsgruppe EJPD/EVC/EFD du 13 jan- 985
vier 1998, Berne: Politische, wirtschaftliche, rechtliche und steuerliche Aspekte eines doppelten Sitzes der neuen UBS, ARC 1998, p. 30–106; HOLENSTEIN, THOMAS, Der privatrechtliche Wohnsitz im schweizerischen Recht, thèse Berne 1920; HÜTTE, KLAUS, Gerichtsstand am Sitz der Gesellschaft bei aktienrechtlicher Verantwortlichkeit (BGE 123 III 89 ff. vom 17.2.1997 [4C 132/1996]), RSDA 1997, p. 214–217; KÜNG, MANFRED, Der doppelte Sitz, ARC 1998, p. 15–78; PALTZER, EDGAR, Der Sitz juristischer Personen und Gesellschaften unter Ausschluss des Steuerrechts, thèse Bâle 1936; SCHAUB, MARC-ANTOINE, Siège fictif et siège réel, SAS 30 (1957/1958), p. 164–167.

Toute entité participant de manière plus au moins indépendante à 986
la vie juridique doit être atteignable en cas de besoin (notamment en vue d'une poursuite ou d'une action judiciaire). Dans ce but, la société a en principe un siège (*Sitz*), comme la personne physique a un domicile.

Le siège est la commune politique suisse choisie par la société pour le 987
rattachement de ses rapports juridiques. Il détermine le lieu de l'inscription au registre du commerce de la société (art. 554, 596, 640 nCO, 764 al. 2 CO, 778, 835 nCO), le for des actions et des poursuites (art. 46 al. 2 LP) introduites contre la société et le lieu d'exécution de certaines obligations (art. 74 CO). Il joue aussi un rôle en matière fiscale et internationale.

[358] Voir N 790–799.
[359] En pratique, elle a parfois un nom qui n'a pas les caractéristiques d'une raison sociale et ne bénéficie pas de sa protection.

988 Le siège est unique[360]. Pour les sociétés sans personnalité juridique, il se trouve au lieu où se concentrent les relations juridiques de la société[361], parce que la société n'est pas juridiquement indépendante. Pour les sociétés qui ont la personnalité juridique, il peut être choisi librement. Il n'a même pas à coïncider avec le lieu où la société exerce en fait son activité principale.

989 Peuvent et doivent avoir un siège:

- les sociétés qui ont la personnalité juridique,
- les sociétés qui, sans avoir la personnalité juridique, en ont tout de même certains attributs (sociétés hybrides)[362]. En effet, ces sociétés participent à la vie juridique en tant qu'entités distinctes, au moins dans une certaine mesure.

990 En revanche, la société simple ne peut pas avoir de siège. Cela s'explique par le fait qu'elle n'a pas du tout la personnalité juridique et qu'elle n'a aucune indépendance par rapport à ses associés. Elle ne participe par conséquent pas en tant que telle à la vie juridique.

2.3. Organisation

991 Pour que la société puisse fonctionner dès sa naissance, les fondateurs doivent préciser les rudiments de l'organisation, notamment le nombre des administrateurs/gérants et, éventuellement, des réviseurs (art. 626 ch. 6 CO, 818 al. 1, 832 ch. 4 nCO), sauf si la loi supplée à l'absence de mesures prises par les intéressés eux-mêmes (art. 535 al. 1, 557 al. 2, 598 al. 2, 599 CO, 809 al. 1 nCO). Ils doivent aussi désigner les personnes qui rempliront dès le début de la société les fonctions indispensables d'administration et de gestion, éventuellement de révision (art. 629 al. 1, 765 al. 1, 777 al. 1 nCO, 834 al. 3 CO).

2.4. Moyens de protection des créanciers

992 Certaines formes de société permettent de limiter, voire d'exclure la responsabilité des associés pour les dettes sociales[363]. Autrement dit, elles permettent de faire supporter aux créanciers, en tout ou en partie, la perte de couverture des dettes. Ce système, favorable aux associés, est dangereux pour les créanciers. Par conséquent, les formes de société qui le pratiquent n'ont une chance de succès que si elles peuvent obtenir la confiance des

---

[360] Exceptionnellement deux sièges ont été admis. Voir: Bericht der interdepartementalen Arbeitsgruppe EJPD/EVC/EFD (cité N 985).

[361] ATF 89 I 407 (fr.).

[362] Voir N 790–799.

[363] Voir N 317, 1803–1812.

créanciers grâce à d'autres formes de garantie que la responsabilité des associés pour les dettes sociales, notamment grâce au capital social et à la commandite.

2.4.1. Capital social

2.4.1–1. Dans la société anonyme, la société en commandite par actions et la société à responsabilité limitée

Bibliographie

GLANZMANN, LUKAS, Die Pflicht zur angemessenen Kapitalausstattung der Aktiengesellschaft, AJP/PJA 1997, p. 51–58; MÜLLER, THOMAS FRIEDRICH, Der Schutz der Aktiengesellschaft vor unzulässigen Kapitalentnahmen, thèse Berne 1995; OCHSNER, PETER, Über das Eigenkapital der Aktiengesellschaft, thèse Zurich 1971; RUEDIN, ROLAND, Le capital social, in: Le nouveau droit des sociétés anonymes, Lausanne 1993, p. 29–84; RUEDIN, ROLAND, Société anonyme III, Capital social, FJS 391; DALLÈVES, LOUIS, Société anonyme IV, Capital social, augmentation normale et autorisée, augmentation conditionnelle, FJS 392; SCHMID, WERNER, Das feste Grundkapital der Aktiengesellschaft, thèse Zurich 1946; SCHNEIDER, JÜRG, Le capital social initial dans la société à responsabilité limitée, thèse Neuchâtel 1999; STOFFEL, WALTER A., Faut-il abolir le système du capital nominal en droit suisse des sociétés?, SJ 124 (2002), II, p. 59–80; WENGER, CHRISTIAN C., Das bedingte Kapital im schweizerischen Aktienrecht, thèse Zurich 1995; Le capital de la société anonyme: journée juridique à l'intention des notaires (Fribourg, 18 septembre 1991). 993

2.4.1–1.1. Définition positive

La garantie imaginée par la loi pour les deux formes de société qui mettent juridiquement le plus en danger les intérêts des créanciers (la société anonyme et la société à responsabilité limitée[364]) est une fortune sociale minimale à constituer lors de la fondation de la société et à conserver en cours de vie sociale. Cette fortune sociale minimale permet en effet d'absorber les pertes d'apports subies par la société. Son montant minimal, à atteindre au moment de la fondation, puis à conserver dans une certaine mesure en cours de vie sociale, est exprimé par le capital-actions (*Aktienkapital*)[365] ou le capital social (*Grundkapital*). Il est au minimum de 994

---

[364] Le système est le même pour les actionnaires de la société en commandite par actions. Toutefois, comme l'un d'entre eux au moins est indéfiniment responsable des dettes sociales, il n'en sera pas fait mention dans ce contexte.

[365] En matière de société anonyme, la loi ne parle pas de capital social, mais de capital-actions. La raison en est que, dans cette société, le capital social a deux composantes: le capital-actions (toujours obligatoire) et le capital participation (facultatif). En ce qui concerne la réglementation du capital-participation, la loi renvoie en principe à la réglementation du capital-actions (art. 656a al. 2 CO).

100 000 francs pour la société anonyme (art. 621 CO) et de 20 000 francs pour la société à responsabilité limitée (art. 773 nCO).

995 Le système est simple, mais il est souvent mal compris à cause d'idées préconçues en matière de terminologie. En effet, contrairement à ce que l'on imagine trop souvent, le capital social n'est pas synonyme de fortune sociale, ni d'actif social. Il n'est pas un ensemble de biens (espèces, immeubles industriels ou autres), ni une autre réalité économique. Il n'a pas de valeur en tant que tel.

Exemple: si une société a un capital social de 1 million de francs, cela ne signifie pas qu'elle a nécessairement une fortune sociale de 1 million de francs[366] ou qu'elle possède des actifs pour 1 million de francs.

996 Le montant du capital social ne donne donc aucune indication sur le montant de la fortune sociale, ni sur sa composition. Le capital social est une simple technique permettant de réaliser le système de garantie de la fortune sociale minimale, obligeant les fondateurs à doter leur société d'une certaine fortune, puis à essayer de la maintenir au moins dans une certaine mesure.

997 Le capital social est un certain nombre d'unités monétaires légales suisses, fixé d'avance par les statuts, inscrit au passif du bilan, invariable sauf procédure spéciale. Cette définition nécessite quelques précisions:

998 – par un certain nombre d'unités monétaires légales suisses, il faut entendre un montant exprimé en monnaie légale suisse.

999 – ce nombre d'unités monétaires légales suisses est fixé par les statuts en fonction de l'importance présumée de la société. Il conditionne en effet la vie de la société pendant toute sa durée.

1000 – il est fixé à l'avance, c'est-à-dire avant la naissance de la société, car il détermine un certain nombre d'obligations dès le début de la procédure de fondation.

1001 – le capital social est inscrit au passif du bilan parce qu'il est une source ordinaire de financement par des fonds propres.

1002 – afin d'assurer la permanence de la fortune sociale minimale devant protéger les créanciers, le capital social est en principe invariable. Mais des exceptions sont admises, dans la mesure où toutes les précautions sont prises pour protéger les créanciers, dans le cadre de procédures spéciales d'augmentation et de réduction du capital social.

1003 Il résulte de ces considérations que le capital social n'est qu'une rubrique, en principe fixe, au passif du bilan de la société.

---

[366] Il n'est pas exclu que, en pratique, à un moment donné, le montant de la fortune sociale ou des actifs sociaux corresponde au capital social.

Figure n° 36 *Définition du capital social*

Bilan de Fantasia Sàrl			
	Actif	Passif	
Actif immobilisé	500 000.–	**500 000.–**	**Capital social**
Actif circulant	200 000.–	150 000.– 50 000.–	Dettes Bénéfice
	700 000.–	700 000.–	
Par conséquent: – capital social: – actif social: – fortune sociale:	 500 000.– francs, 700 000.– francs, 550 000.– francs (700 000.– francs – 150 000.– francs).		

2.4.1–1.2. Définition négative

Le capital social doit être soigneusement distingué: 1004

- de l'actif social,
- des dettes sociales,
- de la fortune sociale.

2.4.1–1.2.1. Actif social

L'actif social (fortune sociale brute, *Bruttovermögen, Gesellschaftsvermögen)* est l'ensemble des biens qui appartiennent à la société. 1005

Il est une réalité économique. Sa nature et son importance varient selon les sociétés: fabriques, bâtiments commerciaux, machines, outils, véhicules, mobilier de bureau, liquidités. 1006

En tant que réalité économique, il est variable. Il dépend de l'activité de la société, notamment de ses achats et de ses ventes. 1007

En matière comptable, l'actif social figure à l'actif du bilan. Il représente l'utilisation des ressources de la société. 1008

2.4.1–1.2.2. Dettes sociales

Les dettes sociales (*Gesellschaftsschulden*) sont l'ensemble des dettes qui obligent la société. 1009

Elles sont une réalité économique. Leur nature et leur importance varient selon les sociétés. 1010

En tant que réalité économique, elles sont variables. Elles dépendent de l'activité de la société. 1011

En matière comptable, les dettes sociales figurent au passif du bilan. Elles représentent une des catégories des ressources de la société, ses fonds étrangers. 1012

2.4.1–1.2.3. Fortune sociale

1013 La fortune sociale (fortune sociale nette, *Nettovermögen, Reinvermögen*) est la différence entre l'actif social et les dettes sociales. Elle n'est ni un ensemble de biens, ni une dette, mais une valeur.

1014 Elle est une réalité économique (différence entre deux réalités économiques).

1015 En tant que réalité économique, elle est variable (différence entre deux éléments variables).

1016 En matière comptable, la fortune sociale n'est pas une rubrique du bilan. En revanche, elle peut être calculée à partir des rubriques du bilan.

2.4.1–1.2.4. Conclusion

1017 Le capital social n'est:
- ni un élément de l'actif social,
- ni une dette sociale,
- ni véritablement un élément de la fortune sociale. Cela apparaît nettement si on prend un exemple de société surendettée:

Figure n° 37 *Fictivité du capital social*

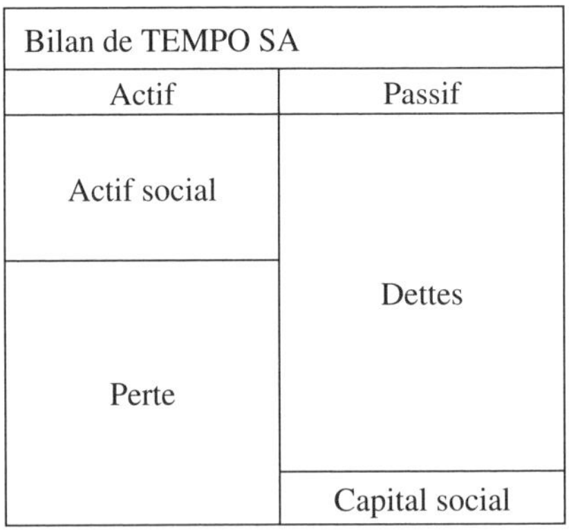

1018 Dans cet exemple, bien qu'ayant un capital social, la société est surendettée, donc elle n'a plus de fortune sociale, qui tombe même au-dessous de zéro.

1019 Le capital social est donc un montant fictif, invariable sans procédure spéciale, inscrit au passif du bilan. Il ne change pas, quelle que soit la situation économique de la société. Les trois bilans successifs suivants, relatifs à une société dont la situation se dégrade rapidement, le montrent clairement:

Figure n° 38

Bilans successifs d'une société dont la situation économique se dégrade fortement

Bilan de Fantasia Sàrl *(an n)*			
	Actif	Passif	
Actif social	800 000.–	**500 000.–** 100 000.– 200 000.–	**Capital social** Réserve Dettes
Total	800 000.–	800 000.–	
Fortune sociale = 800 000.– – 200 000.– = 600 000.–			

Bilan de Fantasia Sàrl *(an n+1)*			
	Actif	Passif	
Actif social Perte	700 000.– 100 000.–	**500 000.–** 0.– 300 000.–	**Capital social** Réserve Dettes
Total	800 000.–	800 000.–	
Fortune sociale = 700 000.– – 300 000.– = 400 000.–			

Bilan de Fantasia Sàrl *(an n+2)*			
	Actif	Passif	
Actif social Perte	600 000.– 700 000.–	**500 000.–** 0.– 800 000.–	**Capital social** Réserve Dettes
Total	1 300 000.–	1 300 000.–	
Fortune sociale = 600 000.– – 800 000.– = – 200 000.– (Surendettement = 200 000.–)			

2.4.1–1.3. Rôle et fonctionnement

Comment un montant fictif tel que le capital social peut-il réaliser l'objectif qui lui est assigné, c'est-à-dire contribuer à la protection des créanciers? 1020

Pour comprendre le rôle du capital social, il faut bien distinguer deux moments: 1021
- la fondation,
- la vie sociale.

2.4.1–1.3.1. Au moment de la fondation

Le capital social est le montant que la fortune sociale doit au moins atteindre au moment de la constitution de la société. 1022

Exemple: si le capital social est d'un million de francs, la fortune sociale doit au moins être égale à un million de francs au moment de la constitution. Le système est semblable à celui des automates de titres de transports publics. Pour obtenir un billet, il faut commencer par indiquer sa destination. L'automate affiche un prix, comparable au montant du capital social. Il faut alors verser au moins le montant affiché par l'automate pour obtenir le billet, comme il faut rassembler une fortune sociale au moins égale au capital social pour obtenir l'inscription au registre du commerce.

1023 La fortune sociale peut être supérieure au capital social. On parle alors d'émission au-dessus du pair, surtout fréquente en cas d'augmentation du capital social. Le supplément est l'*agio.*

1024 Le capital social oblige donc les fondateurs à doter la société d'une fortune sociale au moins égale à lui-même. De ce fait, les créanciers ont la garantie que, au moment de sa naissance à la vie juridique, la société a une fortune sociale égale au moins à son capital social.

1025 Au moment de la constitution, la fortune sociale peut être composée:

1026 – d'actifs seuls:
  - espèces,
  - autres biens,
  - espèces et autres biens;

1027 – d'actifs et de dettes (reprise d'une entreprise individuelle ou d'une société de personnes).

1028 Le capital-actions de la société anonyme et de la société en commandite par actions peut n'être que partiellement libéré, les fondateurs n'exécutant que partiellement leur obligation d'apport. La créance en libération du solde figure à l'actif du bilan. En revanche, vu son montant minimal peu élevé, le capital social de la société à responsabilité limitée doit être entièrement libéré au moment de la fondation (art. 777c al. 1 nCO).

1029 La confusion très répandue entre capital social et fortune sociale résulte notamment du fait que, au moment de la constitution de la société, la fortune sociale correspond pratiquement toujours au capital social. Cette correspondance est d'ailleurs plus apparente que réelle. En effet, vu les frais de constitution, la fortune sociale est en réalité inférieure au capital social. Pour remédier formellement à cette situation, les frais de constitution peuvent être portés à l'actif du bilan (art. 664 CO).

1030 Afin que le capital social joue effectivement son rôle, la loi le réglemente strictement[367].

2.4.1–1.3.2. En cours de vie sociale

1031 En cours de vie sociale, les créanciers peuvent craindre que la fortune sociale tombe au-dessous de son minimum originel, donc que la société soit privée de sa substance.

---

[367] Voir N 1082–1105.

Par conséquent, dès la naissance de la société à la vie juridique, le capital social est une limite au-dessous de laquelle la fortune sociale ne doit pas descendre par la volonté de la société. 1032

Exemple: si, à la fin du quatrième exercice annuel, la fortune sociale de la société anonyme, dont le capital social est de 100 000 francs, s'élève à 101 000 francs, un dividende ne peut être distribué qu'à concurrence de 1000 francs.

Toutefois, le système du capital social ne peut pas empêcher la société de faire des pertes. Il arrive donc que le capital social ne soit plus entièrement couvert ou plus couvert du tout par la fortune sociale (perte d'apports ou de capital), voire que le montant des actifs soit inférieur à celui des dettes (perte de couverture des dettes ou surendettement). Dans ce dernier cas, quel que soit son montant, il n'a plus aucune utilité pour les créanciers, qui ne sont désintéressés que par les actifs sociaux. 1033

Afin que le capital social joue effectivement son rôle, la loi le réglemente strictement, notamment par: 1034

- l'interdiction de la restitution des apports (art. 680 al. 2, 764 al. 2 CO, 793 al. 2 nCO), 1035
- l'interdiction du versement de dividendes en l'absence de bénéfice (art. 675 al. 2, 764 al. 2 CO, 798 al. 1 nCO), 1036
- l'interdiction du paiement d'intérêts sur le capital social (art. 675 al. 1, 764 al. 2 CO, 798a al. 1 nCO). 1037

Figure n° 39 *Rôle du capital social en cours de vie sociale*

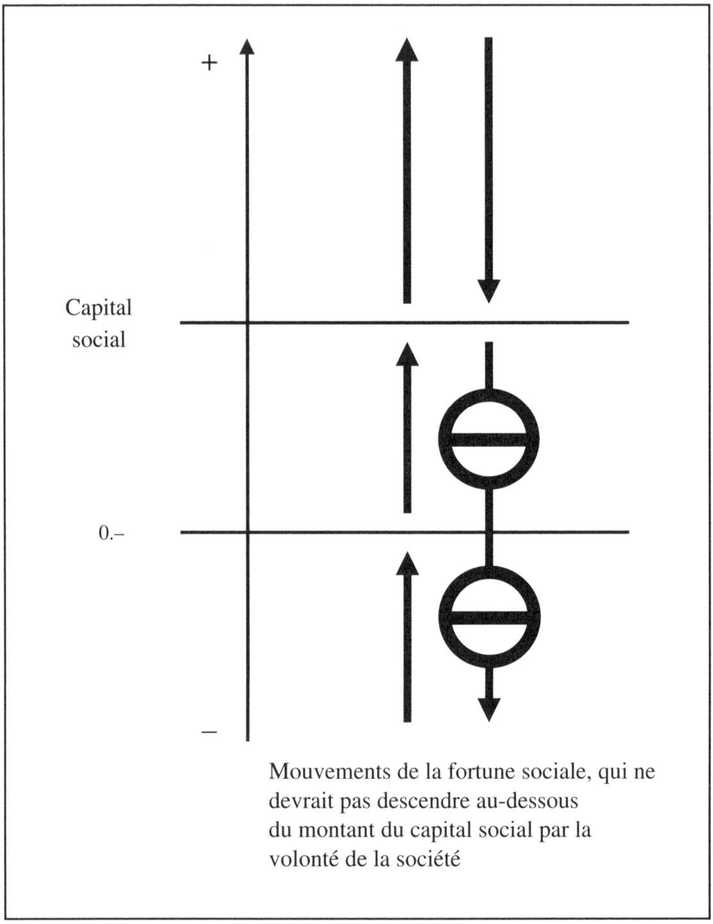

2.4.1–2. Dans la société coopérative

Bibliographie

1038 FLURI, ERICH, Die rechtlichen Möglichkeiten der Kapitalbeschaffung im schweizerischen Genossenschaftsrecht, thèse Zurich 1972; FRIEDRICH, HANS-PETER, Das Genossenschaftskapital im schweizerischen Obligationenrecht, thèse Bâle 1943; JOMINI, FRANÇOIS, Parts sociales et capital dans le droit suisse des coopératives, thèse Lausanne 1966; SCHNEIDER, WERNER, Der Schutz des Genossenschaftskapitals unter besonderer Betrachtung der Bilanzierungsvorschriften, thèse Bâle 1949; TANNER, WALTER, Die vermögensrechtlichen Grundlagen der Genossenschaft, thèse Berne 1949.

Contrairement à la société anonyme, à la société en commandite par actions et à la société à responsabilité limitée, la société coopérative n'a pas l'obligation d'avoir un capital social (art. 833 ch. 1 CO). La raison en est que la société coopérative est une société de personnes et non pas une société de capitaux. 1039

Exemple: la Société coopérative Migros Neuchâtel-Fribourg a un capital social alors que la Société coopérative des producteurs de lait de Savagnier n'en a pas.

Si la société coopérative opte pour un capital social (lors de sa création ou en cours de vie sociale), le rôle de ce dernier est fondamentalement le même que dans les autres formes de société qui le connaissent: garantir aux créanciers sociaux l'existence d'une fortune sociale correspondant au moins au capital social. Les associés doivent donc libérer leurs parts sociales au pair ou au-dessus du pair. 1040

Toutefois, aucun minimum n'est exigé pour ce capital social qui, de plus, est variable (art. 828 al. 2 CO). Son montant augmente et diminue en fonction du mouvement du nombre des associés, par définition variable (principe de la porte ouverte). En raison de cette particularité et du droit des associés de sortir de la société (art. 842 al. 1 CO), la fonction de garantie du capital social pour les créanciers sociaux est atténuée. La société coopérative reste fondamentalement une société de personnes, dont le crédit dépend avant tout de la qualité de ses associés, censés s'engager intensément pour la réalisation de ses buts. 1041

2.4.2. Commandite

Bibliographie

BUXBAUM CARONI, MIRELLA, Die vermögensrechtliche Stellung des Kommanditärs, thèse Zurich 1987; HIRSCH, ALAIN, L'ambiguïté de la commandite, in: Recht und Wirtschaft heute, Festgabe zum 65. Geburtstag von Max Kummer, Berne 1980, p. 161–173. 1042

La commandite est un moyen de protection des créanciers sociaux moins ambitieux que le capital social. 1043

Contrairement au capital social, la commandite ne détermine pas l'apport minimal du commanditaire à la société. Elle n'a pas pour but de garantir à la société l'existence d'une fortune sociale minimale. Son montant ne figure pas au passif du bilan[368]. En revanche, elle détermine, par rapport aux créanciers sociaux, le montant maximal que le commanditaire peut devoir 1044

[368] En revanche, le montant de l'apport du commanditaire figure au passif du bilan sous la rubrique «compte commandite». Cette rubrique ne donne toutefois aucune indication sur le montant de la commandite inscrite au registre du commerce. Pour plus de détails voir COTTIER, ANDRÉ, Traité de comptabilité générale II, 3e éd., Genève 1994, p. 38–48.

apporter à la société (art. 608 al. 1 CO). En effet, en cas de faillite de la société, les créanciers sociaux peuvent exiger que le commanditaire libère le solde de sa commandite[369].

1045 Ce rôle modeste de protection de la commandite par rapport au capital social s'explique par le fait que, en plus du(des) commanditaire(s), la société est toujours composée d'au moins un commandité, c'est-à-dire d'un associé responsable de manière illimitée des dettes sociales (art. 594 al. 1 CO).

1046 Le contrat de société peut prévoir un montant très élevé pour la commandite et renoncer à toute obligation de versement de la part du commanditaire.

2.5. Participation relative de chaque associé

1047 Dans un certain nombre de cas, la loi prévoit de manière impérative (art. 854 CO) ou dispositive (art. 531 al 2, 557 al. 2 CO) que les associés participent à parts égales.

1048 Dans d'autres cas, les fondateurs doivent préciser l'importance relative des participations:

1049 – société en commandite: montant de l'apport de chaque associé (commandité et commanditaire),

1050 – société anonyme et société en commandite par actions: nombre des actions souscrites par chaque fondateur (art. 629 al. 2, 630 ch. 1, 764 al. 2 CO), dont le montant (valeur nominale) est de 1 centime au moins,

1051 – société à responsabilité limitée: nombre des parts sociales souscrites par chaque fondateur (art. 777a al. 1 nCO), dont le montant (valeur nominale) est de 100 francs au moins[370] (art. 774 al. 1/1 nCO).

2.6. Forme de publication

1052 Les sociétés à personnalité juridique doivent publier un certain nombre d'informations, c'est-à-dire les communiquer à un nombre indéterminé de personnes. Il y a diverses raisons à cela:

- intérêt du public à connaître certaines informations,
- seul moyen d'informer les associés que la société ne connaît pas (actionnaires au porteur dans la société anonyme et la société en commandite par actions),
- simplification de l'information pour les sociétés qui ont un grand nombre d'associés (notamment société anonyme et société coopérative).

---

369 Pour plus de détails, voir N 1803.

370 Lors d'un assainissement de la société, la valeur nominale des parts sociales peut cependant être réduite jusqu'à 1 franc (art. 774 al. 1/2 nCO).

Afin que les bénéficiaires de l'information puissent y avoir effectivement accès, ils doivent connaître la forme de la publication. La loi oblige par conséquent la société à mentionner dans ses statuts la forme de ses publications (art. 626 ch. 7, 764 al. 2 CO, 776 ch. 4 nCO, 832 ch. 5 CO) et à la faire figurer au registre du commerce (art. 929 al. 1 nCO et nORC) 1053

La société peut choisir la forme de publication qui lui paraît la plus adéquate: journal à audience locale, nationale ou internationale, feuille officielle locale, Feuille officielle suisse du commerce. Comme les informations exigées par la loi doivent nécessairement être faites au moins dans la Feuille officielle suisse du commerce (art. 931 al. 2 CO), les sociétés ont en général intérêt, dans un but de simplification et d'économie, de prévoir que leurs publications se fassent toutes uniquement dans la Feuille officielle suisse du commerce. 1054

§ 3 Procédure

En raison de l'importance variable des risques engendrés par la création d'une société, ainsi que du nombre et de la nature des éléments constitutifs à réunir dépendant en partie de ces risques, la procédure de fondation diffère sensiblement d'une forme de société à l'autre. Selon les cas, elle est plus ou moins détaillée, plus ou moins complexe, plus ou moins longue. En effet, au moment de la constitution interne, le rôle du législateur consiste non seulement à assurer à la société les éléments nécessaires à son fonctionnement, mais aussi à protéger tous les intérêts menacés par l'opération, autrement dit à garantir le meilleur équilibre possible entre les intérêts en présence. 1055

1. Procédure limitée à la conclusion d'un contrat de société

1.1. Sociétés concernées

Les sociétés dont la procédure de fondation est limitée à la conclusion d'un contrat de société sont la société simple, la société en nom collectif et la société en commandite. 1056

1.2. Besoins à prendre en compte

Les associés sont en général peu nombreux. Ils se connaissent. Ils n'ont pas besoin de protection particulière dans leurs rapports réciproques. 1057

Les associés ne changent en principe pas. Ils peuvent en principe gérer eux-mêmes la société. Ils peuvent se passer d'un système particulier d'organisation. 1058

1059 Les associés répondent des dettes sociales sans limite et solidairement (sauf le commanditaire). Les créanciers n'ont pas besoin de protection particulière.

1.3. Réglementation

1060 Vu l'absence de besoins particuliers de protection et d'organisation, la loi ne réglemente pas spécialement la constitution interne. Elle n'impose pas de procédure de fondation.

1061 Les fondateurs se bornent à conclure un contrat de société. Les règles générales du droit des contrats s'appliquent par analogie[371].

1062 Les fondateurs doivent avoir l'exercice des droits civils ou agir par leur représentant légal.

1063 Ils doivent se mettre d'accord au moins sur les éléments essentiels du contrat:

- la personne des associés,
- les buts final et social,
- les apports à effectuer,
- la raison sociale et le siège (pour la société en nom collectif et la société en commandite),
- la commandite (pour la société en commandite).

1064 Le contrat n'est soumis à aucune forme particulière[372] (art. 11 CO). Il peut donc être conclu oralement.

1065 Il peut même être conclu tacitement[373], c'est-à-dire résulter d'actes concluants[374]. Dans ce cas, les associés ne concluent pas expressément un contrat de société, mais agissent comme des associés, sans en avoir conscience[375]. Ce n'est qu'au moment où un litige éclate entre eux et qu'ils le portent devant les tribunaux que le juge qualifie expressément leurs rapports juridiques de contrat de société.

Exemples:

- quelques artisans se réunissent régulièrement pour parier sur les courses de chevaux et partagent les gains.
- les actionnaires d'une société anonyme vendent ensemble à un tiers leurs actions pour un prix global, avec une seule quittance, et reçoivent du tiers la somme globale en paiement[376].
- selon les circonstances, les concubins[377].

---

[371] Voir N 396.

[372] ATF 125 IV 17, *28*/JdT 2002 IV 75, *85*.

[373] Il ne faut pas confondre le contrat de société conclu tacitement et la société tacite, dont le contrat peut être formel, informel ou tacite. Pour la société tacite, voir note 405.

[374] ATF 125 IV 17, *28* (all.); ATF 124 III 363, *365*/SJ 1999 I, p. 38, *40 s.*; ATF 116 II 707, *710*/JdT 1991 I 357, *359*; ATF 108 II 204, *208*/JdT 1982 I 570 (le passage topique n'est pas traduit); ATF 100 Ib 246, *249* (fr.); ATF 95 II 547, *549 ss*/JdT 1971 I 48, *51*; RSJ 1974, p. 335 (no 96).

[375] RDAF 2005 II, p. 75, *81*.

[376] ATF 116 II 707, *710*/JdT 1991 I 357, *359*.

[377] TF, 14.04.05, 4C.443/2004; ATF 109 II 228, *230 ss*/JdT 1984 I 482, *484*; ATF 108 II 204, *208*/JdT 1982 I 570 (le passage topique n'est pas traduit).

Rien n'empêche toutefois les fondateurs de choisir une forme déterminée qui sera, dans la plupart des cas, la forme écrite. Elle est particulièrement conseillée en matière commerciale. 1066

Si l'un des apports consiste en un bien dont le contrat de transfert nécessite une forme particulière, la clause d'apport est soumise à cette forme. 1067

Exemples:

- l'apport en propriété d'un immeuble (art. 657 al. 1 CC)[378] est soumis à la forme authentique.
- l'apport d'une créance est soumise à la forme écrite (art. 165 al. 1 CO).

2. Procédure détaillée

2.1. Sociétés concernées

Les sociétés dont la procédure de fondation est détaillée sont principalement la société anonyme et la société à responsabilité limitée[379]. 1068

2.2. Besoins à prendre en compte

Les associés peuvent être très nombreux et changer souvent (surtout dans la société anonyme). Ils peuvent ne pas se connaître. Ils ont besoin de protection dans leurs rapports réciproques. 1069

Dans la société anonyme, les associés ne sont pas à même d'exercer eux-mêmes la gestion de la société. Des organes doivent être prévus et désignés. 1070

La société répondant seule de ses dettes, un système doit contribuer à garantir aux futurs créanciers l'existence d'actifs sociaux dont la valeur est suffisante pour le paiement de leurs créances. 1071

2.3. Réglementation

Vu l'existence d'importants besoins de protection et d'organisation, la loi réglemente la constitution interne. Elle impose une procédure détaillée de fondation, qui se compose de l'acte constitutif et des statuts, ainsi que de formalités protectrices. 1072

Comme pour les sociétés de personnes, les fondateurs doivent avoir l'exercice des droits civils ou agir par leur représentant légal. 1073

---

[378] ATF 105 II 204, *207*/JdT 1980 I 173, *176*; ATF 60 II 98, *99*/JdT 1934 I 637, *639*; ATF 58 II 362, *363 ss*/JdT 1933 I 231, *232 ss.*

[379] Bien que la société en commandite par actions soit mixte, la procédure détaillée doit aussi être respectée en raison de la nature purement capitaliste de la participation de l'une des catégories de ses associés (actionnaires ordinaires).

2.3.1. Acte constitutif et statuts[380]

1074 Les fondateurs doivent se mettre d'accord au moins sur les éléments essentiels de l'acte constitutif et des statuts, parmi lesquels se retrouvent la plupart de ceux qui sont aussi essentiels pour le contrat de société de personnes:

- la personne des fondateurs (art. 629 al. 1 CO, 79 al. 1 lettre a ORC, 777 al. 1 nCO),
- les buts final et social (art. 626 ch. 2 CO, 776 ch. 2 nCO),
- les apports à effectuer et effectués (art. 626 ch. 3, 628 al. 1, 629 al. 2 CO, 79 al. 1 lettre d ORC, 776 ch. 3, 777 al. 2 ch. 3, 777c al. 2 ch. 1 nCO),
- la raison sociale (art. 626 ch. 1 CO, 776 ch. 1 nCO),
- le siège (art. 626 ch.1 CO, 776 ch. 1 nCO).

1075 Viennent s'y ajouter:

- le montant du capital social (art. 626 ch. 3 CO, 776 ch. 3 nCO),
- le nombre, la valeur nominale et l'espèce des parts sociales (art. 626 ch. 4 CO, 776 ch. 3 nCO),
- la souscription des parts sociales (art. 629 al. 2 CO, 777 al. 2 ch. 1 nCO), c'est-à-dire l'engagement de chaque fondateur de participer à la société à concurrence d'une fraction déterminée du capital social et de libérer cette fraction au moins au pair, le total des souscriptions devant être égal au capital social (constitution effective du capital social),
- les règles fondamentales d'organisation de la société (art. 626 ch. 5 et 6 CO) et la désignation des organes (art. 629 al. 1 CO, 777 al. 1 nCO),
- la forme à observer pour les publications (art. 626 ch. 7 CO, 776 ch. 4 nCO).

1076 L'acte constitutif et les statuts sont étroitement liés. Le(s) fondateurs(s) arrête(nt) le texte des statuts dans l'acte constitutif.

1077 L'acte constitutif contient les éléments essentiels en rapport direct avec la fondation, notamment la personne des fondateurs, la souscription, les apports à effectuer, la désignation des organes.

1078 Les statuts contiennent les éléments essentiels durables, constituant la charte fondamentale de la société, notamment la raison sociale, le but social, le siège, le capital social, le nombre, la valeur nominale et l'espèce des parts-sociales, les règles fondamentales d'organisation.

1079 Les statuts sont intégrés ou annexés à l'acte constitutif (art. 631 al. 2, 777b al. 2 ch. 1 nCO). Tous deux doivent être adoptés par tous les fondateurs (art. 629 al. 1 CO, art. 79 al. 1 lettre i ORC, 777 al. 1 nCO). Cependant, leur forme diffère:

[380] Dans les sociétés pluripersonnelles, ils forment ensemble le contrat de société.

- l'acte constitutif fait l'objet d'un acte authentique dans le but de protéger les fondateurs et est signé par tous les fondateurs ou leurs représentants (art. 629 al. 1 CO, 79 al. 1 lettre i ORC, 777 al. 1 nCO); 1080
- les statuts se contentent apparemment de la forme écrite[381] (art. 631 al. 2, 777b al. 2 ch. 1 nCO). Toutefois, leur texte est arrêté dans le cadre de l'acte constitutif (art. 629 al. 1 CO, 777 al. 1 nCO) et toute décision de modification doit faire l'objet d'un acte authentique (art. 647 al. 1, 780 nCO). 1081

2.3.2. Formalités protectrices

Dans un but de protection, les fondateurs doivent, avant de signer l'acte constitutif, procéder à un certain nombre de formalités protectrices en rapport plus ou moins étroit avec la libération des parts sociales. 1082

2.3.2–1. Libération des parts sociales

La libération des parts sociales est le fait, pour le fondateur, d'exécuter son obligation d'apport. 1083

Au moment de la fondation de la société à responsabilité limitée, la loi exige une libération totale des parts sociales (art. 777c al. 1 nCO). 1084

Au moment de la fondation de la société anonyme, la loi n'exige, en revanche, qu'une libération partielle des actions, soit les 20 pour cent de la valeur nominale de chaque action représentant un total d'au moins 50 000 francs (art. 632 CO). Cette libération minimale a deux fonctions: 1085

- elle procure à la société son minimum vital,
- elle démontre la solvabilité des fondateurs.

La loi prévoit une procédure de libération pour toutes les espèces d'apports. Toutefois, du moment que l'opération ne présente pas les mêmes risques dans tous les cas, elle prévoit trois procédures différentes. 1086

2.3.2–1.1. Apport en espèces[382]

Le risque principal étant une libération fictive, la loi exige que les apports en espèces soient déposés auprès d'un établissement soumis à la Loi fédérale sur les banques et les caisses d'épargne (art. 633 al. 1 CO, 777c al. 2 ch. 3 nCO). Pour le montant libéré, l'établissement délivre à l'apporteur une attestation, qui doit être annexée à l'acte constitutif (art. 631 al. 2 ch. 4, 777b al. 2 ch. 4 nCO, 78 al. 1 lettre e ORC). Celle-ci permet aux fondateurs, au notaire et au préposé au registre du commerce de vérifier le 1087

---

[381] Sans signature, selon PERRIN (cité N 958), p. 150; BRÜCKNER, CHRISTIAN, Schweizerisches Beurkundungsrecht, Zurich 1993, N 2966, note 113.

[382] Pour la définition, voir N 969.

respect des exigences légales. Les fonds libérés ne sont remis à la société qu'après son inscription au registre du commerce (art. 633 al. 2 CO, 777c al. 2 ch. 3 nCO).

2.3.2–1.2. Apport en nature[383]

1088 Le risque, particulièrement grave, est double:

1089 – le bien peut ne pas être à la disposition effective de la société. Ce risque concerne la société, les associés et les créanciers.

1090 – le bien peut ne pas être évalué correctement. La surévaluation est le risque le plus fréquent. Elle concerne la société, les autres associés et les créanciers. La sous-évaluation est beaucoup plus rare. Elle ne désavantage que l'apporteur.

1091 Pour limiter le risque, la loi impose de nombreuses formalités:

1092 – l'apport en nature est soumis à plusieurs mesures de publicité, afin de donner aux intéressés la possibilité d'agir en connaissance de cause. Notamment:
  - les statuts doivent indiquer l'objet et l'estimation de l'apport en nature, le nom de l'apporteur et les parts sociales qui lui reviennent (art. 628 al. 1 CO, 777c al. 2 ch. 1 nCO);
  - l'inscription au registre du commerce doit également indiquer l'objet de l'apport en nature et les parts sociales remises en échange (art. 641 ch. 6 CO, 777c al. 2 ch. 2 nCO).

1093 – l'acte constitutif doit constater que les règles de souscription et de libération ont été respectées (art. 629 al. 2 CO, 777 al. 2 nCO), notamment que:
  - le contrat d'apport revêt la forme écrite ou authentique (art. 634 ch. 1 CO, 777c al. 2 ch. 3 nCO);
  - dès son inscription au registre du commerce, la société peut disposer librement de l'apport dans la mesure du droit qui lui est conféré (art. 634 ch. 2 CO, 777c al. 2 ch. 3 nCO).

1094 – les fondateurs doivent établir un rapport écrit de fondation rendant compte de la nature, de l'état et du bien-fondé de l'évaluation de l'apport en nature (art. 635 CO, 777c al. 2 ch. 3 nCO).

1095 – un réviseur agréé doit vérifier le rapport de fondation (art. 635a, 777c al. 2 ch. 3 nCO).

1096 – il doit attester par écrit (attestation de vérification) que ce rapport est complet et exact (art. 635a, 777c al. 2 ch. 3 nCO).

1097 – le rapport de fondation et l'attestation de vérification doivent être annexés à l'acte constitutif et bénéficient ainsi de la publicité du registre du commerce (art. 631 al. 2 ch. 2 s., 777b al. 2 ch. 2 s. nCO).

[383] Pour la définition, voir N 970, 975–978.

2.3.2–1.3. Compensation

La libération par compensation est l'exécution de l'obligation d'apport par la renonciation à une créance contre la société en formation (art. 120 al. 1 CO). Fréquente lors d'une augmentation de capital, elle est rare au moment de la fondation. Elle ne se conçoit que dans le cas où l'un des fondateurs apporte une entreprise avec actifs et passifs, dont l'un des créanciers accepte aussi de participer à la fondation de la société en renonçant pour tout ou partie à sa créance contre l'entreprise. 1098

Elle présente le risque que la créance compensante soit inexistante en tout ou en partie. Pour le limiter au maximum, la loi impose des mesures analogues à celles prévues pour les apports en nature. Elle exige notamment l'établissement d'un rapport de fondation qui se prononce sur l'existence de la dette de la société en formation et de la réalisation des conditions nécessaires à sa compensation (art. 635 ch. 2 CO, 777c al. 2 ch. 3 nCO). 1099

2.3.2–2. Reprise de biens

Si les formalités protectrices se limitaient à la libération des actions, elles pourraient facilement être contournées. Il suffirait, par exemple, que l'apport en nature soit remplacé par un apport en espèces suivi immédiatement de l'achat, par la société en formation, du bien destiné à être apporté. 1100

Exemple: le fondateur censé apporter un immeuble estimé à un million de francs fait un apport en espèces d'un million de francs, immédiatement utilisé par la société en formation pour lui acheter l'immeuble en question pour un million de francs.

Ce genre d'opérations est qualifié par la loi de reprise de biens, terme technique malheureux, qui prête souvent à confusion. 1101

La reprise de biens est l'acquisition importante par une société, d'un associé ou d'une personne qui lui est proche, réalisée, ou au moins projetée (reprise de biens envisagée), avant son inscription au registre du commerce (art. 628 al. 2, 777c al. 2 ch. 1 nCO), hors du cadre des activités statutaires ordinaires, de tout élément patrimonial corporel ou incorporel d'une certaine importance, transmissible, évaluable et réalisable[384]. 1102

Exemple: une société anonyme à but social industriel achète, dans le cadre de sa création, à l'un de ses fondateurs, un immeuble destiné à abriter sa fabrique. En revanche, l'achat du même immeuble par une société anonyme dont le but social est le commerce des immeubles n'est pas une reprise de biens.

La reprise de biens se distingue de l'apport en nature essentiellement par le fait que la contre-prestation de la société ne consiste jamais en actions, mais en général en une somme d'argent. 1103

---

[384] ATF 128 III 178 (fr.); ATF 109 Ib 95, *97 ss*/JdT 1985 I 72, *74 ss*; ATF 83 II 284, *287 ss*/JdT 1958 I 305, *309 ss*.

1104 La reprise de biens présente des risques analogues à ceux de l'apport en nature. Le bien peut être acquis par la société à un prix supérieur à sa valeur réelle. La conséquence en est que les apports couvrant le capital social sont remplacés, dès la création de la société, par un bien ne les valant pas, autrement dit que l'opération découvre le capital social. Sont touchés dans leurs intérêts la société, les associés et les créanciers.

1105 Afin de limiter ces risques, la loi prévoit une réglementation en grande partie semblable à celle applicable aux apports en nature (art. 628 al. 2, 631 al. 2 nCO, 635 ch. 1 CO, 635a, 777b al. 2 ch. 2 s. et 6, 777c al. 2 nCO, ainsi que nORC).

3. Procédure allégée

3.1. Société concernée

1106 La société dont la procédure de fondation est basée sur la procédure détaillée, tout en étant allégée sur certains points, est la société coopérative.

3.2. Besoins à prendre en compte

1107 Les besoins de protection sont fondamentalement les mêmes que dans la société anonyme et la société à responsabilité limitée, sous réserve d'un moindre degré pour quelques-uns:

1108 – les associés peuvent être très nombreux, mais ils sont connus en tout cas de la société (art. 840 al. 1 CO)[385]. Ils font en principe partie d'un groupe social préexistant (agriculteurs d'un district, habitants d'une commune, membres d'une profession organisée régionalement).

1109 – en principe, ils peuvent changer facilement (art. 839 ss, 842 ss CO). En pratique, il y a peu de changements.

1110 – selon la loi, la société répond seule de ses dettes sur son actif social (art. 868 CO). Mais elle n'est pas une société commerciale. Elle a des besoins financiers relativement modestes, comptant principalement sur l'engagement de ses membres.

[385] De plus, une liste des associés doit être déposée au registre du commerce si les statuts prévoient une responsabilité individuelle des associés et/ou une obligation d'opérer des versements supplémentaires (art. 837 nCO). Enfin, si les conditions de l'article 857 al. 3 CO sont remplies, les associés peuvent demander à la société de les renseigner sur la composition du sociétariat (indépendamment de l'existence d'une responsabilité personnelle et/ou d'une obligation de versement supplémentaire). Voir ZR 78 (1979), p. 56, *59* (no 35).

3.3. Réglementation

Vu le degré de nécessité de protection légèrement moins important que dans la société anonyme et dans la société à responsabilité limitée, la réglementation détaillée peut être allégée. 1111

La liste des éléments essentiels du contrat de société est un peu plus courte. N'y figure pas tout ce qui concerne le capital social et les parts sociales, qui ne sont pas obligatoires (art. 828, 833 ch. 1 CO) et qui, s'ils existent, sont réglementés plus souplement. 1112

En raison notamment du caractère populaire de la société coopérative[386], l'acte constitutif est remplacé par une assemblée constitutive (art. 834 CO), qui fait l'objet d'un procès-verbal (art. 28 al. 2 ORC). Pour les statuts, la forme écrite est suffisante (art. 834 al. 1 CO). 1113

Les formalités protectrices sont plus ou moins fortement allégées. Aucune règle n'existe au sujet de la libération des apports en espèces ou par compensation. Quant aux apports en nature et aux reprises de biens, la loi se contente principalement de mesures de publicité (art. 833 ch. 2 s., 834 al. 2 CO). 1114

La réglementation de la fondation de la société coopérative n'est pas un exemple de clarté et de cohérence[387]. 1115

Section 2 Constitution externe

§ 1 Définition

La constitution externe est l'ensemble des formalités requises par la loi pour donner vie juridique à la société. 1116

§ 2 Systèmes

Certaines formes de société ne nécessitent aucune formalité particulière pour naître à la vie juridique, c'est-à-dire pour être à même d'y participer. La perfection du contrat de société suffit. Il s'agit de la société simple, ainsi que de la société en nom collectif et de la société en commandite qui exercent une activité commerciale[388]. Elles se caractérisent par 1117

---

386 REYMOND, TDP VIII/III/1, p. 33.

387 RUEDIN, CR, ad art. 834 CO.

388 La société en nom collectif et la société en commandite qui n'exercent pas une activité commerciale font exception à la règle. Elles doivent faire l'objet d'une inscription constitutive au registre du commerce (art. 553, 595 CO). Cette différence s'explique par l'intérêt de la vie des affaires qui exige qu'une société en nom collectif ou en commandite exerçant une activité commerciale soit traitée comme telle dès qu'elle est fondée et qu'elle manifeste son existence envers les tiers. En revanche, cet intérêt n'existe pas lorsque la société n'exerce pas d'activité

le fait que leur création ne modifie pas fondamentalement les rapports juridiques de leurs associés avec les tiers, notamment par le fait que leurs associés continuent de répondre des dettes sociales de manière illimitée[389], et qu'elles ne sont pas destinées à acquérir la personnalité juridique.

1118 La société en nom collectif et la société en commandite doivent toutefois se faire inscrire au registre du commerce (art. 552 al. 2, 594 al. 3 CO), sous peine d'amende (art. 943 al. 1 CO), mais l'inscription n'a qu'un effet déclaratif[390]. Avant l'inscription, l'existence de la société ne peut être opposée qu'aux tiers qui la connaissent[391].

1119 Pour la société en commandite, une précision s'impose. La limitation de la responsabilité du commanditaire pour les dettes sociales ne prend effet qu'après l'inscription de la société au registre du commerce, à moins que le commanditaire établisse que les tiers connaissaient les restrictions apportées à sa responsabilité (art. 605 CO).

1120 Les autres formes de société nécessitent une inscription, à effet constitutif[392], au registre du commerce pour être à même de participer à la vie juridique. Il s'agit de la société anonyme, de la société en commandite par actions, de la société à responsabilité limitée et de la société coopérative. Elles se caractérisent par le fait que leur constitution modifie profondément les rapports juridiques de leurs associés avec les tiers, notamment que leurs associés ne répondent pas des dettes sociales[393] et qu'elles sont destinées à acquérir la personnalité juridique par l'inscription au registre du commerce.

§ 3 Inscription au registre du commerce

Bibliographie

1121 BÜHLER, ROLAND, Öffentliche Urkunden des Aktienrechts als Handelsregisterbelege, RNRF 1982, p. 321–361; GAUCH, PETER, Von der Eintragung im Handelsregister, ihren Wirkungen und der negativen Publizitätswirkung, SAS 48 (1976), p. 139–151; KOCH, JULES, Handelsregisterliche Eintragungen: ein Leitfaden zur AG, GmbH, Genossenschaft und Stiftung, Zurich 1996; KÜNG, MANFRED/MEISTERHANS,

commerciale. En effet, elle ne remplit pas sans autre les conditions économiques qui permettent de la reconnaître et de la traiter comme une société en nom collectif ou en commandite (Message du Conseil fédéral à l'Assemblée fédérale à l'appui du projet de loi révisant les titres XXIV à XXXIII du code des obligations, du 21 février 1928, FF 1928 I 233 ss, 241 s.).

389 Exception: le commanditaire répond de manière limitée (voir N 1803–1806).

390 L'inscription ne crée pas la société. Elle se borne à constater son existence. Pour l'effet constitutif de l'inscription des sociétés en nom collectif et en commandite qui n'exercent pas d'activité commerciale, voir note 388.

391 AGVE 1995, p. 34, *38 ss* (no 5).

392 L'inscription crée la société. Elle lui confère la personnalité juridique.

393 Exception: l'actionnaire indéfiniment responsable de la société en commandite par actions répond de manière illimitée (art. 764 al. 1 CO).

CLEMENS ET AUTRES, Handbuch für das Handelsregister (7 volumes), 1ère éd. Kriegstetten 1993–2000, 2e éd., Zurich 2000–20004; JAQUEROD, LOUIS E., (version allemande: VON STEIGER, FRITZ), Formulaire du Registre du Commerce avec annotations, Zurich 1943 (ouvrage bilingue); MEISTERHANS, CLEMENS, Prüfungspflicht und Kognitionsbefugnis der Handelsregisterbehörde, thèse Zurich 1996; REBSAMEN, KARL, Das Handelsregister, Ein Handbuch für die Praxis, 2e éd., Zurich 1999; VIANIN, GUILLAUME, L'inscription au registre du commerce et ses effets, thèse Fribourg 2000; VOGT, HANS-UELI, Der öffentliche Glaube des Handelsregisters, thèse Zurich 2003.

1. Procédure

La procédure d'inscription au registre du commerce commence par une réquisition d'inscription, orale ou écrite, adressée au registre du commerce[394] (art. 19 al. 1, 23 al. 1 ORC) du siège de la société (art. 554, 596, 640, 764 al. 2, 778, 835, 929 al. 1 nCO, ainsi que nORC). En cas de réquisition écrite, les signatures doivent être légalisées (art. 23 al. 2 ORC), c'est-à-dire authentifiées. 1122

Selon la forme de société, la réquisition doit émaner de personnes différentes: de tous les associés pour la société en nom collectif (art. 556 CO) et la société en commandite (art. 597 CO), de deux membres de l'organe supérieur de gestion ou d'administration ou d'un membre autorisé à représenter la personne morale par sa signature individuelle pour les personne morales (art. 931a al. 2 nCO). 1123

La réquisition contient tous les renseignements nécessaires à l'inscription, notamment la raison sociale, le siège et le but de la société (art. 42 al. 1 ORC). Elle est accompagnée d'un certain nombre de pièces justificatives, notamment, selon les cas, de l'acte constitutif, des statuts, de la preuve de la nomination des administrateurs et des réviseurs (art. 78 ORC). 1124

A la réception de la réquisition, le préposé vérifie si les conditions légales requises pour l'inscription sont remplies (art. 940 al. 1 CO, 21 al. 1 ORC). Il contrôle notamment si: 1125

- la réquisition contient tous les renseignements nécessaires à l'inscription,
- toutes les pièces justificatives exigées sont jointes,
- les dispositions des statuts sont conformes à la loi.

Si le résultat de la vérification est négatif, le préposé rejette la réquisition et informe les requérants en motivant brièvement sa décision. 1126

Si le résultat de la vérification est positif, le préposé opère sans retard l'inscription sur le journal (art. 19 al. 2 ORC), qui détermine la date de l'inscription opérée ultérieurement sur le registre principal (art. 932 al. 1 CO). 1127

394 Pour éviter toute surprise, les intéressés peuvent faire contrôler à l'avance par le préposé au registre du commerce leur réquisition accompagnée des annexes (art. 9 al. 1 ch. 4 OERC).

1128 Au plus tard le lendemain du jour de l'inscription au journal, le préposé en transmet une copie à l'Office fédéral du registre du commerce (art. 114 al. 1 ORC), qui l'examine du point de vue de sa conformité au droit (art. 115 al. 1 ORC).

1129 Si le résultat de la vérification est négatif, l'Office fédéral en informe sans délai le préposé intéressé et lui communique les motifs du refus (art. 117 al. 1 ORC). Le préposé radie l'inscription au journal (art. 117 al. 2 ORC) et informe les requérants.

1130 Si le résultat de la vérification est positif, l'Office fédéral ordonne la publication de l'inscription dans la Feuille officielle suisse du commerce (art. 115 al. 1 ORC). Cet ordre de publication équivaut à l'approbation de l'inscription (note marginale de l'art. 115 ORC).

1131 La publication, unique, doit avoir lieu sans délai (art. 931 al. 1 CO, 113 al. 1 ORC), c'est-à-dire dès que c'est juridiquement et techniquement possible. En réalité, le délai de publication est de trois jours.

1132 La publication contient en principe le texte intégral de l'inscription (art. 931 al. 1 CO). Cela ne signifie pas que l'inscription est transcrite textuellement, mais que toutes ses parties essentielles figurent matériellement dans la publication. Les pièces justificatives ne sont pas publiées.

1133 Sauf exception (art. 932 al. 3 CO), la publication est opposable aux tiers dès le jour ouvrable (de droit fédéral) qui suit celui dont la date figure sur le numéro de la Feuille officielle suisse du commerce de publication (art. 932 al. 2 CO). Par conséquent, une inscription peut déployer ses effets à partir d'un moment différent, selon que sont en cause les rapports internes ou les rapports externes.

1134 La publication est le moyen par lequel le préposé connaît l'approbation de l'Office fédéral. Il ne reçoit pas d'autre communication.

1135 Le préposé transcrit le texte publié dans le registre principal (art. 11 ORC).

2. Effets

2.1. Généralités

1136 L'inscription au registre du commerce produit de nombreux effets. Les uns, effets de publicité, sont en rapport direct avec le but du registre du commerce (art. 930 ss CO, 9 ORC), les autres ne le sont pas.

2.2. Acquisition de la personnalité juridique

1137 L'inscription au registre du commerce confère la personnalité juridique aux sociétés appelées à devenir des personnes morales (art. 643

al. 1, 764 al. 2 CO, 779 al. 1 nCO, 838 al. 1 CO), même si la procédure de constitution a été déficiente, quel que soit le défaut, y compris l'illicéité du but[395]. Autrement dit, pour assurer la sécurité des transactions, l'inscription a un effet réparateur (art. 643 al. 2, 764 al. 2 CO, 779 al. 2 nCO). Il est en effet indispensable que l'existence ou l'inexistence d'une personne morale puisse être établie de manière certaine.

Les défauts de la procédure doivent néanmoins être corrigés. S'ils sont 1138
particulièrement graves, notamment si le but est illicite, la société doit être dissoute et ses biens doivent, selon le Tribunal fédéral[396], être dévolus à une corporation publique (art. 57 al. 3 CC).

Chapitre 5 Statut de la société en formation

Bibliographie

BÄR, ROLF, Gründergesellschaft und Vorgesellschaft zur AG, in: Festschrift 1139
Max Kummer, Berne 1980, p. 77–98; KÜCHLER, REMIGIUS, Die Aktiengesellschaft im Gründungsstadium, in: Festgabe Wolfhart Friedrich Bürgi, Zurich 1971, p. 229–241; STÜBER, BEAT, Der Vorvertrag zur Aktiengesellschaft, thèse Zurich 1972; TRÖSCH, PASCAL, Rechtsgeschäfte für die in Gründung befindliche AG, thèse Bâle 1992.

Section 1 Nature juridique

Abstraction faite de l'étape précédant la décision de création, tant 1140
et aussi longtemps qu'une société n'est pas créée, elle doit être considérée comme une société simple (art. 530 al. 2 CO)[397].

Section 2 Normes applicables

Les normes applicables diffèrent selon les étapes de la création. 1141

Pendant l'étape des pourparlers, les normes générales sur les pourparlers 1142
en matière contractuelle sont déterminantes[398].

A partir de la décision de création et pendant l'étape de la constitution 1143
interne (société de fondateurs, *Gründergesellschaft*), les normes sur la société simple sont en principe applicables. Les décisions se prennent à l'unanimité.

---

395 Voir N 485.
396 Voir N 486–489, 1924.
397 ATF 102 II 420, *423*/JdT 1978 I 230, *233*.
398 Voir N 936.

1144 Toutefois, pour les sociétés à personnalité juridique, la loi prévoit quelques règles spéciales, notamment s'agissant des actes accomplis au nom de la société en formation (art. 645, 764 al. 2 CO, 779a nCO, 838 al. 2 s. CO[399]) et de la responsabilité des fondateurs (art. 753, 764 al. 2 CO, 827 nCO).

1145 Pendant l'étape de la constitution externe (avant-société, *Vorgesellschaft*), les normes sur la société simple, ainsi que les règles spéciales susmentionnées, continuent de s'appliquer.

1146 Toutefois, pour les sociétés à personnalité juridique, s'agissant des rapports entre fondateurs, en dérogation aux règles sur la société simple, les normes statutaires, voire légales dans la mesure où elles ne sont pas conditionnées par l'inscription au registre du commerce, s'appliquent de préférence.

Section 3 Actes conclus pour la future société

1147 Souvent, pendant la constitution de la société, des actes juridiques sont entrepris pour la future société. Des conseillers sont consultés, des locaux sont loués ou achetés, des machines et du matériel sont acquis, du personnel est engagé, des clients potentiels sont contactés. Certains actes sont faits sans référence à la future société, d'autres sont faits au nom de la future société.

§ 1 Sans référence à la future société

1148 Deux cas doivent être distingués:

1149 – un fondateur agit pour le compte de la future société, mais de manière indépendante et en son propre nom. A l'égard des tiers, il est seul débiteur ou créancier (art. 543 al. 1 CO). A l'égard des autres fondateurs, ses droits et obligations dépendent du contrat de société des fondateurs. S'il a pouvoir de les représenter, il peut leur faire partager ses frais (art. 537 al. 1 CO). Sinon, il peut, le cas échéant, invoquer la gestion d'affaires (art. 419 ss CO).
Une fois créée, la société ne peut reprendre les actes juridiques accomplis pour son compte que conformément aux règles sur la représentation indirecte (art. 32 al. 3 CO). Il faudra notamment procéder à des cessions de créances ou à des reprises de dettes.

1150 – un fondateur agit pour le compte de la future société, mais au nom de la société de fondateurs ou de tous les fondateurs. A l'égard des tiers, les fondateurs deviennent débiteurs ou créanciers conformément aux règles sur la représentation directe (art. 32 al. 1, 543 al. 2 CO). Un fondateur est

[399] Ces normes ne s'appliquent pas en cas de changement de la raison sociale (ATF 130 III 633 (fr.); ATF 128 III 137, *140–142*/JdT 2005 I 62, *65–67*).

présumé avoir le droit de représenter la société dès qu'il est chargé de l'administrer (art. 543 al. 3 CO).
Une fois créée, la société ne peut également reprendre les actes juridiques accomplis pour son compte que conformément aux règles sur la représentation indirecte (art. 32 al. 3 CO).

§ 2 Au nom de la future société

Si un fondateur agit pour le compte de la future société et au nom de la future société, il faut distinguer deux cas. 1151

1. Future société sans personnalité juridique

La loi ne contient pas de réglementation spéciale. Les règles ordinaires de la société simple s'appliquent. Autrement dit, les choses se passent comme si les fondateurs avaient agi au nom de la société des fondateurs ou de tous les fondateurs (art. 543 al. 2 s. CO). Il n'est en effet pas possible de représenter directement une société qui n'existe pas encore. 1152

2. Future société à personnalité juridique

La loi contient une réglementation spéciale. 1153

Les actes[400] accomplis au nom de la future société[401], qu'elle soit ensuite effectivement constituée ou pas, engagent personnellement et solidairement leurs auteurs, qui peuvent être actionnés en exécution (art. 645 al. 1, 764 al. 2 CO, 779a al.1 nCO, 838 al. 2 CO). 1154

Encore faut-il préciser que ces actes doivent respecter la forme nécessaire pour engager leurs auteurs personnellement. Par exemple, un cautionnement solidaire au nom de la future société pour un montant dépassant 2000 francs, qui ne respecte pas la forme authentique, n'engage pas à titre personnel les fondateurs qui sont des personnes physiques (art. 493 al. 2 CO)[402]. 1155

Les auteurs peuvent toutefois échapper à ce risque en conditionnant suspensivement, expressément ou tacitement[403], la validité de leurs actes à la constitution de la société et à leur reprise par elle. 1156

Si ces actes sont repris par la société dans les trois mois qui suivent son inscription au registre du commerce, leurs auteurs sont libérés indépen- 1157

---

[400] Même s'ils doivent être qualifiés de reprises de biens. Voir ATF 83 II 291, *294* ss/JdT 1958 I 301, *303 ss*.

[401] Donc d'une société qui n'existe pas encore (ATF 130 III 633 (fr.); ATF 128 III 137, *140–142*/JdT 2005 I 62, *65–67*).

[402] ATF 123 III 24, *25 ss*/JdT 1997 I 341, *342 ss*.

[403] BÖCKLI, § 1 N 259; FORSTMOSER/MEIER-HAYOZ/NOBEL, § 18 N 12; Siegwart, ZK, ad art. 645, N 4 s.

damment de la volonté du cocontractant (art. 645 al. 2, 764 al. 2 CO, 779a al. 2 nCO, 838 al. 3 CO). Une fois ce délai écoulé, la reprise ne peut se faire que conformément aux règles ordinaires sur la représentation indirecte (art. 32 al. 3 CO).

Titre 2 Vie sociale

La vie sociale est l'ensemble des opérations par lesquelles la société essaie d'atteindre ses buts final et social, pour la réalisation desquels elle a été créée. Elle représente l'étape principale de la vie de la société. Elle commence au moment de la naissance de la société et se termine au moment de sa dissolution[404]. 1158

En général[405], elle entraîne la création de rapports internes et de rapports externes. 1159

Chapitre 1 Rapports internes

Les rapports internes (*Innenverhältnisse*) sont les rapports qui ne font intervenir que les associés et la société à l'exclusion des tiers, c'est-à-dire les rapports entre les associés ou entre les associés et la société. 1160

Dans les sociétés sans personnalité juridique seuls les rapports entre les associés existent. 1161

Dans les sociétés à personnalité juridique seuls les rapports entre les associés et la société existent[406]. 1162

Remarque. A côté des rapports internes, qui sont des relations sociales, peuvent exister des relations purement contractuelles entre les associés ou entre les associés et la société. 1163

Exemples:

- un associé peut vendre un bien à sa société.
- certains actionnaires d'une société anonyme peuvent conclure une convention d'actionnaires.

Ces relations purement contractuelles n'engagent que les parties en présence et ne se transmettent pas automatiquement en cas de transfert du sociétariat.

Les principaux problèmes posés par les rapports internes sont: 1164

- l'organisation de la société (section 1),
- le statut de l'associé (section 2),
- la détermination du résultat (section 3).

---

[404] Voir figures 34, 35 et 50.

[405] Ce n'est pas le cas de la société tacite qui se caractérise par le fait qu'elle ne crée que des rapports internes. Pour plus de détails, voir MEIER-HAYOZ/FORSTMOSER, § 15.

[406] Contrairement à la doctrine dominante, HANDSCHIN, § 9 N 2 s., § 13 N 18, considère que dans la société à responsabilité limitée des rapports entre associés existent aussi.

Section 1 Organisation

Bibliographie

1165 BLANC, MATHIEU, La délégation de compétences par le conseil d'administration, in: Aspects actuels du droit de la société anonyme, Lausanne 2005, p. 289–330; BÖCKLI, PETER, Die unentziehbaren Kernkompetenzen des Verwaltungsrates, Zurich 1994; DESSEMONTET, FRANÇOIS, L'organisation des sociétés anonymes, in: R. von Büren/H. Hausheer/W. Wiegand, Grundfragen des neuen Aktienrechts – Symposium aus Anlass der Emeritierung von Rolf Bär, Berne 1993, p. 19–34; EILENTROP, BETTINA, Die Kommanditaktiengesellschaft, thèse Zurich 1988; FELDMANN, HANS, Beschluss und Einzelstimme im schweizerischen Gesellschaftsrecht, thèse Berne 1953; FORSTMOSER, PETER, Organisation und Organisationsreglement nach neuem Aktienrecht, Zurich 1992; FREYMOND, JEANPIERRE L., Die Geschäftsführung und Vertretung im Rechte der Kollektivgesellschaft, thèse Zurich 1951; HUNGERBÜHLER, IVO W., Der Verwaltungsratspräsident, Zurich/Bâle/Genève 2003; IKLÉ, MAX, Die Geschäftsführungsbefugnis des einfachen Gesellschafters, thèse Zurich 1926; KAMMERER, ADRIAN, Die unübertragbaren und unentziehbaren Kompetenzen des Verwaltungsrates, thèse Zurich 1997; KRNETA, GEORG, Praxiskommentar Verwaltungsrat: Art. 707–726, 754 OR und Spezialgesetze, ein Handbuch für Verwaltungsräte, 2e éd., Berne 2005; MÜLLER, ROLAND/LIPP, LORENZ/PLÜSS, ADRIAN, Der Verwaltungsrat, 2e éd., Zurich 1999; PHILIPPIN, EDGAR, Les comités du conseil d'administration, in: Aspects actuels du droit de la société anonyme, Lausanne 2005, p. 331–387; SCHERER, WALTER, Die Geschäftsführung und die Vertretung in den Personengesellschaften, thèse Zurich 1963; TANNER, BRIGITTE, Quoren für die Beschlussfassung in der Aktiengesellschaft, thèse Zurich 1987; TRIGO TRINDADE, RITA, Le conseil d'administration de la société anonyme, thèse Genève 1995; TRIGO TRINDADE, RITA, La répartition des tâches au sein du conseil d'administration, RSDA 76 (2004), p. 24–35; ÜNAL, SEREF, Geschäftsführung und Vertretung bei Kollektivgesellschaften im schweizerischen und im türkischen Recht, thèse Berne 1970; VOLLMAR, JÜRG, Grenzen der Übertragung von gesetzlichen Befugnissen des Verwaltungsrates an Ausschüsse, Delegierte und Direktoren, thèse Berne 1985.

1166 Toute société nécessite une organisation, c'est-à-dire une réglementation de la formation et de la mise en œuvre de sa volonté.

1167 La volonté de la société se forme par le mécanisme de la décision[407].

1168 En fonction de leur objet, les décisions se divisent en:

- décision sociale (§ 1),
- décision d'administration (§ 2),
- décision de gestion (§ 3).

[407] Pour la définition de la décision, voir N 233.

§ 1 Décision sociale

1. Définition

La décision sociale a pour objet les fondements objectifs et subjectifs de la société. 1169

Par **fondements objectifs,** il faut entendre les bases de la structure sociale et des rapports entre associés ou entre associés et société, c'est-à-dire les règles principales du jeu de la société, qu'elles se trouvent dans la loi ou dans le contrat de société (statuts). Ces fondements objectifs ne sont pas tous les mêmes dans les différentes formes de société. Toutefois, ils comprennent toujours au moins: 1170

- les buts final et social (art. 530 al. 1, 552 al. 1, 594 al. 1, 626 ch. 2, 764 al. 2 CO, 776 ch. 2 nCO, 832 ch. 2 CO),
- la durée de la société (art. 627 ch. 4, 764 al. 2 CO),
- les apports (art. 531 al. 1, 557, 598, 629 al. 2, 764 al. 2 CO, 777c nCO, 828 al. 1 CO),
- les bases de l'organisation (art. 535 al. 1, 557, 598, 599, 698 ss, 765 ss CO, 804 ss nCO, 879 ss CO),
- la répartition du bénéfice (art. 533, 557, 598, 601, 660 s., 764 al. 2 CO, 798 nCO, 859 CO) et des pertes (art. 533, 560, 601 CO),
- la dissolution de la société (art. 545, 574 al. 1, 619 al. 1, 736, 770 CO, 821 nCO, 911 CO).

De plus, selon les formes de société, ils englobent notamment: 1171

- la raison de commerce (sauf pour la société simple),
- les associés (sociétés de personnes) (art. 542 al. 1 CO),
- le capital social (société anonyme, société en commandite par actions et société à responsabilité limitée) (art. 626 ch. 3, 764 al. 2 CO, 776 ch. 3 nCO),
- le système de responsabilité pour les dettes sociales (société coopérative) (art. 869 ss CO).

Par **fondements subjectifs,** il faut entendre tout ce qui, dans le cadre de la loi, fait l'objet d'une réglementation dans le contrat de société (statuts) sans appartenir aux fondements objectifs. 1172

Exemples:

- pour les sociétés à personnalité juridique, la plupart des clauses statutaires facultativement nécessaires (art. 627, 764 al. 2 CO, 776a nCO, 833 CO);
- pour les sociétés sans personnalité juridique, l'obligation de faire des versements supplémentaires.

2. Titularité

2.1. Principe

1173 Du moment qu'elle est fondamentale, la décision sociale est en principe réservée à l'ensemble des associés.

1174 Dans les sociétés sans personnalité juridique, il s'agit de l'ensemble des associés dans sa plus simple expression. Une réunion formelle des associés n'est pas nécessaire pour prendre la décision. Le vote par circulation, voire par actes concluants, est admis.

1175 Dans les sociétés à personnalité juridique, il s'agit de l'ensemble des associés sous forme d'organe, c'est-à-dire sous forme de réunion à laquelle tous les associés ont été régulièrement convoqués (art. 700, 764 al. 2 CO, 805 nCO, 881 ss CO):

- assemblée générale dans la société anonyme, la société en commandite par actions et la société coopérative,
- assemblée des associés dans la société à responsabilité limitée.

1176 Elle peut être remplacée:

1177 – dans toutes les sociétés à personnalité juridique: par la réunion de tous les associés, c'est-à-dire une réunion à laquelle tous les associés prennent effectivement part sans avoir été régulièrement convoqués (art. 701, 764 al. 2 CO, 805 al. 5 ch. 5 nCO, 884 CO), ce qui est souvent le cas dans les petites sociétés de capitaux. On revient en quelque sorte au système des sociétés sans personnalité juridique.

1178 – dans la société à responsabilité limitée et dans la société coopérative de plus de trois cents coopérateurs ou dont la majorité des coopérateurs sont des sociétés coopératives: par une votation par correspondance (art. 805 al. 4 nCO), à condition que les statuts le prévoient (art. 880 CO)[408].

2.2. Délégation

1179 Par délégation, il faut entendre le transfert d'attributions à une (ou plusieurs) autre(s) personne(s) par décision du titulaire légal des attributions, avec décharge partielle de sa responsabilité éventuelle. L'attribution est le droit et l'obligation de décider.

[408] Cette possibilité se justifie pour la société coopérative, qui se compose en principe de nombreux coopérateurs. Elle se justifie beaucoup moins pour la société à responsabilité limitée, d'autant plus que cette possibilité est exclue dans la société anonyme (ATF 67 I 342/JdT 1942 I 591). Voir HANDSCHIN, § 10 N 47; TRUFFER/DUBS, BaK, ad art. 808 CO, N 19; VON STEIGER, ZK, ad art. 777 CO, N 37.

En principe, les attributions sociales, que la loi elle-même qualifie parfois expressément d'inaliénables ou d'intransmissibles (art. 698 al. 2 CO, 804 al. 2 nCO, 879 al. 2 CO), sont indélégables[409]. 1180

Exceptionnellement, pour des raisons essentiellement pratiques, la loi autorise une délégation. 1181

Exemples:

- dans la société anonyme, en matière d'augmentation du capital-actions, l'assemblée générale, en principe compétente (art. 698 al. 2 ch. 1 CO), peut déléguer une partie de ses attributions soit au conseil d'administration (capital autorisé, art. 651 CO)[410], soit à des tiers (capital conditionnel, art. 653 CO).
- dans la société coopérative de plus de trois cents coopérateurs ou dont la majorité des coopérateurs sont des sociétés coopératives, l'assemblée générale peut prévoir dans les statuts la délégation de ses attributions à une assemblée de délégués (art. 892 CO).

3. Exigences requises

3.1. Par la loi

Toute décision peut être: 1182

- positive, si elle accepte la proposition,
- négative, si elle refuse la proposition.

La loi peut poser deux sortes d'exigences pour qu'une décision positive soit prise valablement: 1183

- une exigence de *quorum* de présence,
- une exigence de majorité, pouvant aller jusqu'à l'unanimité.

Les deux exigences peuvent être cumulées. 1184

L'exigence de quorum **de présence** impose une participation minimale des associés à une réunion formelle pour qu'un scrutin puisse être organisé. 1185

Exemples:

- dans l'ancien droit de la société anonyme, la décision de fusion ne pouvait être prise que dans une assemblée générale où les deux tiers de toutes les actions étaient représentés (art. 649 CO 1936).
- la réunion de tous les associés (art. 701 CO, 805 al. 5 ch. 5 nCO) nécessite la présence ou la représentation de tous les associés.

Elle est une condition de l'organisation du scrutin. Par conséquent, si le *quorum* de présence n'est pas atteint, le scrutin ne peut pas être organisé et aucune décision ne peut être prise. S'il est atteint, le scrutin peut être organisé et son résultat déterminera si la décision est positive ou négative. 1186

---

[409] Dans les sociétés de personnes, l'introduction du système majoritaire pour la prise des décisions ne doit pas être considérée comme une délégation.

[410] ATF 121 III 219/JdT 1996 I 162.

1187 L'exigence de **majorité** impose l'obtention d'un nombre minimal d'éléments déterminants (associés, voix, capital) pour qu'une décision positive soit prise.

Exemple: l'assemblée générale prend ses décisions à la majorité absolue des voix attribuées aux actions représentées (art. 703 CO).

1188 L'exigence d'**unanimité** impose l'obtention de tous les éléments déterminants pour qu'une décision positive soit prise.

Exemple: la société simple prend ses décisions du consentement de tous les associés (art. 534 al. 1 CO).

3.1.1. *Quorum* de présence

1189 Le critère du *quorum* de présence peut être notamment:

- les associés,
- les voix,
- le capital.

1190 La loi ne prévoit pas d'exigences de quorum de présence[411]:

- dans les sociétés sans personnalité juridique, parce qu'elle n'exige pas de réunion formelle des associés,
- dans les sociétés à personnalité juridique, afin que chaque assemblée générale soit à même de prendre des décisions.

Le contrat ou les statuts peuvent en prévoir.

1191 Les exigences de *quorum* de présence sont toutefois à déconseiller. Si elles ne peuvent pas être remplies, elles peuvent mener à des situations de blocage, où les décisions ne peuvent plus être prises.

3.1.2. Majorité

1192 Dans les assemblées générales des sociétés à personnalité juridique, les décisions se prennent en principe à la majorité (*Mehrheit*) (art. 703, 764 al. 2 CO, 808 n CO, 888 al. 1 CO).

1193 La majorité exigée peut être:

- simple (ou relative),
- qualifiée.

1194 La majorité est **simple** (*einfache Mehrheit*) lorsqu'elle requiert l'obtention du plus grand nombre relatif d'éléments déterminants (la base de calcul[412] est en général les éléments déterminants ayant participé valablement au vote).

Exemple: dans une assemblée générale à laquelle participent 80 associés, est élu, sur deux candidats pour un poste d'administrateur, celui qui recueille 23 voix contre 21 à

[411] Exception faite de la réunion de tous les associés (art. 701, 764 al. 2 CO, 805 al. 5 ch. 5 nCO, 884 CO). Elle en prévoyait dans l'ancien droit de la société anonyme (art. 649 CO 1936).

[412] Voir N 1203–1207.

son concurrent. Les absences, abstentions, votes nuls ou blancs ne sont pas pris en considération.

La majorité est **qualifiée** *(qualifizierte Mehrheit)* lorsqu'elle requiert l'obtention d'un nombre minimal d'éléments déterminants. 1195

Exemples: majorité des deux tiers des voix déterminantes, majorité des trois quarts des voix déterminantes.

La majorité qualifiée est appelée **absolue** *(absolute Mehrheit)* lorsqu'elle requiert l'obtention de plus de la moitié des éléments déterminants. 1196

Exemples:

- si les voix déterminantes sont au nombre de 100, la majorité absolue est de 51.
- si les voix déterminantes sont au nombre de 81, la majorité absolue est de 41.

En cas d'octroi d'un droit de *veto* à chaque associé, un aspect d'unanimité est introduit dans le système majoritaire (art. 807 nCO). 1197

L'élément déterminant de la majorité peut être notamment: 1198

- l'associé,
- la voix,
- le capital (la valeur nominale des titres).

L'élément déterminant de la majorité est l'**associé** lorsque seuls comptent les associés en tant que tels, considérés par tête. 1199

Exemple: les décisions se prennent à la majorité absolue des associés.

L'élément déterminant de la majorité est la **voix,** lorsque seule compte la puissance de vote des associés, qui peut ne pas être égale. 1200

Exemple: les décisions se prennent à la majorité absolue des voix attribuées aux actions (art. 703 CO).

L'élément déterminant de la majorité est le **capital** lorsque seule compte la participation financière des associés, qui peut ne pas être égale. 1201

Exemple: les décisions se prennent à la majorité absolue des valeurs nominales[413].

La base de calcul de la majorité peut être notamment: 1202

- l'**ensemble** des éléments déterminants (art. 889 al. 1 CO). Les éléments déterminants non représentés (absents) ou qui s'abstiennent de participer au vote, ainsi que les votes blancs ou nuls influencent négativement le résultat. 1203

  Exemple: si, dans une société qui compte 200 associés, la majorité requise est la majorité absolue de l'ensemble des associés, 101 d'entre eux devront voter pour la proposition afin qu'elle soit adoptée.

- une **partie** des éléments déterminants, par exemple, celle qui est **représentée** (art. 703, 704 al. 1, 764 al. 2 CO, 808, 808b nCO). Les abstentions, ainsi que les votes blancs ou nuls influencent négativement le résultat. 1204

[413] Une des deux conditions de l'article 704 al. 1 CO.

Exemple: si, dans une société qui accorde 200 voix, dont seules 120 sont représentées, la majorité requise est la majorité absolue des voix représentées, 61 d'entre elles devront voter pour la proposition afin qu'elle soit adoptée.

1205 – une **partie plus restreinte** des éléments déterminants, par exemple, celle qui a **participé au vote** (art. 888 al. 2 CO). Les votes blancs ou nuls influencent négativement le résultat.

Exemple: si, dans une société qui accorde 200 voix, dont seules 120 sont représentées, mais parmi lesquelles 6 s'abstiennent (donc ne participent pas au vote) et 3 s'expriment non valablement, la majorité requise est la majorité absolue des voix émises, 58 d'entre elles devront voter pour la proposition afin qu'elle soit adoptée.

1206 – une **partie encore plus restreinte** des éléments déterminants, par exemple, celle qui a participé valablement au vote.

Exemple: si, dans une société qui accorde 200 voix, dont seules 120 sont représentées, mais parmi lesquelles 6 s'abstiennent (donc ne participent pas au vote) et 3 s'expriment non valablement, la majorité requise est la majorité absolue des voix émises valablement, 56 d'entre elles devront voter valablement pour la proposition afin qu'elle soit adoptée.

1207 Les exigences, éléments déterminants et bases de calcul de majorité peuvent être combinés.

1208 La majorité requise par la loi est en principe la majorité absolue (art. 534 al. 2[414], 557 al. 2, 598 al. 2, 703, 764 al. 2 CO, 808 nCO, 888 al. 1 CO).

1209 Des majorités qualifiées supérieures sont requises pour certaines décisions particulièrement importantes, notamment:

- majorité des deux tiers des voix émises (art. 888 al. 2 CO),
- majorité des deux tiers des voix représentées et majorité absolue du capital-social représenté (art. 704 al. 1 CO, 808b al. 1 nCO),
- majorité des trois quarts de tous les associés (art. 889 al. 1 CO, 18 al. 1 lettre d LFus),

1210 Les décisions considérées comme importantes varient selon les formes de société.

Exemples:

- le transfert du siège est considéré comme important dans la société anonyme et dans la société à responsabilité limitée (art. 704 al. 1 ch. 7 CO, 808b al. 1 ch. 10 nCO), mais pas dans les autres formes de société.
- la modification des statuts est considérée comme importante dans la société coopérative (art. 888 al. 2 CO), mais pas dans les autres formes de société.

3.1.3. Unanimité

1211 En principe, dans les sociétés sans personnalité juridique, les décisions se prennent à l'unanimité (*Einstimmigkeit*) de tous les associés

---

414 HARTMANN, BK, ad art. 557 CO, N 12; SIEGWART, ZK, ad art. 534 CO, N 8.

(art. 534 al. 1, 557 al. 2, 598 al. 2 CO). Il en va de même, exceptionnellement, dans les sociétés à personnalité juridique, pour:
- la modification du but final (art. 706 al. 2 ch. 4 CO),
- la renonciation à la présence d'un réviseur à l'assemblée générale (art. 731 al. 2/2 nCO),
- l'augmentation des prestations des associés ou l'extension de leur responsabilité (art. 797 nCO),
- la suppression de l'interdiction de faire concurrence (art. 812 al. 3 nCO).

3.2. Par le contrat ou les statuts

3.2.1. Généralités

Le contrat ou les statuts peuvent renforcer toutes les exigences 1212
légales ou étendre le catalogue des décisions importantes (art. 703, 704 al. 2 CO, 808, 808b al. 2 nCO, 888 al. 1 CO).

Ils peuvent adoucir les exigences légales générales (art. 534 al. 1, 557 1213
al. 2, 598 al. 2, 703, 764 al. 2 CO, 808 nCO, 888 al. 1 CO), notamment:
- prévoir la majorité au lieu de l'unanimité (art. 534 al. 2 CO),
- prévoir une majorité simple au lieu d'une majorité absolue.

En revanche, ils ne peuvent pas adoucir les exigences légales renforcées 1214
(art. 704 CO, 731 al. 2/2, 797, 808b, 812 al. 3 nCO, 888 al. 2, 889 al. 1 CO).

3.2.2. Voix prépondérante

Le système de la voix prépondérante consiste à donner à une 1215
personne la possibilité d'exercer une voix de plus que celle(s) qui lui appartien(nen)t, dans le but de surmonter un vote équilibré (par exemple: 40 voix pour la proposition, 40 voix contre la proposition).

Bien que la loi ne prévoie pas de voix prépondérante en faveur d'un 1216
associé dans les sociétés sans personnalité juridique ou du président de l'assemblée générale des sociétés à personnalité juridique (sauf dans la société à responsabilité limitée [art. 808a nCO]), il est généralement admis que le contrat ou les statuts peuvent le faire[415].

Cette possibilité ne devrait pas être admise. En effet, contrairement aux apparences, 1217
elle ne permet pas de surmonter un vote équilibré, mais elle fausse le système de majorité prévu. Selon les règles de la majorité simple ou de la majorité absolue[416], une égalité de voix pour et contre la proposition n'entraîne pas une non-décision, mais le rejet de la proposition parce que les conditions de la majorité ne sont pas remplies. La voix prépondérante permet donc à une personne de transformer une décision négative en une décision positive. Elle représente un pouvoir à la fois inutile et disproportionné.

---

[415] ATF 95 II 555/JdT 1970 I 537.

[416] Le problème ne se pose pas pour les autres majorités qualifiées.

Inutile, parce que la décision, certes négative, est prise. Disproportionné, parce qu'elle donne à une seule personne la possibilité de décider du sort du scrutin[417].

§ 2 Décision d'administration

1. Définition

1218 La décision d'administration a pour objet, à un niveau supérieur par rapport à celui de la décision de gestion, toute mesure visant la réalisation des buts final et social.

1219 Dans les **sociétés sans personnalité juridique,** la décision d'administration se caractérise surtout par l'importance de son objet. Elle concerne les actes juridiques excédant les opérations ordinaires de la société[418], donc les opérations extraordinaires qui, en général, restent dans le cadre du but social[419], même si elles présentent assez souvent un caractère marginal. Il n'existe pas de critère absolu pour les déterminer. Il faut, dans chaque cas, apprécier la situation en tenant compte de toutes les circonstances. Par conséquent, l'importance d'une opération se détermine aussi bien quantitativement que qualitativement (par sa nature).

Exemples:

- sont en général des opérations extraordinaires par nature: l'action judiciaire, le compromis, la vente de tout ou partie de l'entreprise.
- sont en général des opérations extraordinaires par leur importance quantitative: les affaires (investissements, crédits, emprunts) en disproportion évidente avec les moyens de la société.

1220 La même affaire peut évidemment être qualifiée différemment selon qu'elle est faite dans le cadre d'une petite ou d'une grande société.

Exemple: l'achat de 20 ordinateurs de bureau est probablement une opération ordinaire dans une société qui emploie une centaine de collaborateurs dans le secteur administratif; il est probablement une opération extraordinaire dans une société qui n'emploie que 2 collaborateurs dans le secteur administratif.

1221 La nomination d'un mandataire général dépasse, d'après la loi, les opérations ordinaires dans tous les cas (art. 535 al. 3 CO).

1222 Le contrat de société peut définir lui-même le cercle des opérations de gestion et d'administration. En effet, l'article 535 al. 3 CO est dispositif.

---

[417] La voix prépondérante n'est même pas satisfaisante dans les sociétés composées de deux associés ou de deux groupes d'associés égaux qui s'opposent systématiquement. En effet, une fois obtenue par un groupe, elle lui permet de prendre à lui seul toutes les décisions.

[418] La doctrine considère en général que cette décision est une décision sociale, car elle doit être prise par tous les associés. Voir notamment: MEIER-HAYOZ/FORSTMOSER, § 12 N 48; VON STEIGER, SPR VIII/1, p. 392 ss. Elle ne peut pas être suivie, car, pour sa qualification, elle se base sur la titularité de la décision et sur sa procédure, et non pas sur sa nature.

[419] Pour un cas qui excède le cadre du but social, voir ATF 116 II 320/JdT 1991 I 373.

Autrement dit, le contrat peut aller jusqu'à qualifier d'administration toutes les décisions de gestion ou de gestion toutes les décisions d'administration[420].

Dans les **sociétés à personnalité juridique,** les décisions d'administration sont au moins celles en rapport avec le choix, l'instruction et la surveillance des délégués de gestion, voire les décisions-cadre de gestion (haute direction, haute surveillance) et de compte-rendu (rapport de gestion, avis au juge) (art. 716a al. 1 CO, 810 al. 2 nCO). 1223

2. Titularité

2.1. Principe

Dans les sociétés sans personnalité juridique, la décision d'administration est attribuée collectivement à l'ensemble des associés (art. 535 al. 3, 557 al. 2, 598 al. 2 CO), y compris au commanditaire (art. 600 al. 2 CO). Exceptionnellement, en cas de péril en la demeure, et contrairement à la décision sociale, elle peut être prise par chaque associé (art. 535 al. 3 CO). 1224

Dans la société anonyme et dans la société coopérative, la décision d'administration est impérativement attribuée collectivement[421] au conseil d'administration (art. 716a al. 1, 897 CO), dont les membres sont des associés (art. 707 al. 1 nCO, 894 al. 1 CO) ou des tiers (art. 707 al. 1 et 3 nCO, 894 CO). 1225

Dans la société à responsabilité limitée, la décision d'administration est attribuée collectivement à tous les associés (administrateurs-nés) (art. 809 al. 1 nCO), qui forment l'organe d'administration. 1226

Dans la société en commandite par actions, la décision d'administration est attribuée collectivement aux seuls actionnaires indéfiniment responsables (art. 765 al. 1 CO). 1227

Pour simplifier la solution des cas limites d'attribution de compétences, la loi établit des présomptions. 1228

Exemple: dans la société anonyme, tout ce qui n'est pas attribué expressément à l'assemblée générale par la loi ou les statuts appartient au conseil d'administration (art. 716 al. 1 CO)[422].

---

[420] FREYMOND (cité N 1165), p. 34 s.; IKLÉ (cité N 1165), p. 37 ss.

[421] FF 1983 II 948; FORSTMOSER/MEIER-HAYOZ/NOBEL, § 29 N 29, § 30 N 29; WATTER, BaK, ad art. 716a CO, N 27.

[422] Cette présomption est aussi applicable en matière de société en commandite par actions, de société à responsabilité limitée et de société coopérative.

2.2. Délégation

1229 La décision d'administration peut être déléguée dans les sociétés sans personnalité juridique[423]; elle ne peut pas l'être dans les sociétés à personnalité juridique (art. 716a al. 1, 764 al. 2 CO, 810 al. 2 nCO).

1230 La délégation conforme à la loi influence la responsabilité du déléguant en la limitant.

2.3. Répartition

1231 Par répartition, il faut entendre le partage des attributions entre les administrateurs par décision des administrateurs (titulaires légaux des attributions), sans limitation de responsabilité.

1232 La répartition des attributions d'administration ne peut se concevoir qu'au niveau de la préparation et de l'exécution des décisions (art. 716a al. 2 CO).

3. Exigences requises

1233 Comme en matière de décisions sociales, des exigences de *quorum* de présence et de majorité peuvent être prévues.

1234 Dans les sociétés sans personnalité juridique, la décision d'administration est prise du consentement unanime des associés (art. 535 al. 3 CO), y compris du commanditaire (art. 600 al. 2 CO). Le contrat peut se contenter de la majorité. En cas de péril en la demeure, chaque associé peut prendre seul la décision (art. 535 al. 3 *in fine* CO).

1235 Dans la société anonyme et la société à responsabilité limitée, la décision d'administration est prise, sans exigence de *quorum* de présence, à la majorité simple[424] (art. 713 al. 1/1 CO, 809 al. 4/1 nCO).

Exemple: dans le conseil d'administration à neuf membres d'une société anonyme, si six administrateurs prennent part à la séance, il suffit que trois votent pour la proposition et que deux votent contre, le dernier s'abstenant, pour que la décision soit prise.

1236 Dans la société coopérative, la décision d'administration est prise, sans exigence de *quorum* de présence, à la majorité absolue des membres présents[425].

Exemple: dans le conseil d'administration à neuf membres d'une société coopérative, si six administrateurs prennent part à la séance, il faut que quatre votent pour la proposition pour que la décision soit prise.

---

[423] L'article 535 al. 3 CO est de droit dispositif.

[424] Chaque membre du conseil d'administration ne peut posséder qu'une voix (ATF 71 I 187, *188*/JdT 1945 I 501).

[425] REYMOND, TDP VIII/III/1, p. 266; DE STEIGER, Précis, p. 53.

Le contrat ou les statuts peuvent renforcer ou adoucir les exigences légales. 1237

Exemples:

- le contrat ou les statuts peuvent introduire un *quorum* de présence: le conseil d'administration, qui se compose de quinze membres, ne peut prendre une décision que si neuf de ses membres sont présents.
- le contrat ou les statuts peuvent exiger l'unanimité des administrateurs pour certaines ou toutes les décisions.

La voix prépondérante du président peut être introduite par le contrat ou 1238
les statuts[426]. Elle est expressément prévue dans la loi pour le président du conseil d'administration de la société anonyme (art. 713 al. 1/2 CO) et pour le président de l'organe d'administration dans la société à responsabilité limitée (art. 809 al. 4/2 nCO).

D'une manière générale, le vote par circulation est admissible (art. 713 1239
al. 2 CO).

§ 3 Décision de gestion

1. Définition

La décision de gestion a pour objet, à un niveau inférieur par 1240
rapport à celui de la décision d'administration, toute mesure visant la réalisation des buts final et social.

Dans les sociétés sans personnalité juridique, elle concerne les opéra- 1241
tions ordinaires[427] de la société.

Dans les sociétés à personnalité juridique, elle s'étend aux opérations 1242
extraordinaires[428].

2. Titularité

2.1. Principe

La décision de gestion peut être attribuée: 1243

- à tous les associés, à certains associés, à des tiers ou à des organes (composés d'associés ou de tiers),
- collectivement ou individuellement.

Les systèmes peuvent être combinés. 1244

---

[426] REYMOND, TDP VIII/III/1, p. 266. Pour une critique de cette possibilité, voir N 1217.

[427] Voir N 1219–1221.

[428] Voir N 1219–1221.

2.1.1. Titularité légale

2.1.1–1. Sociétés sans personnalité juridique

1245 Exception faite du commanditaire (art. 600 al. 1 CO), la décision de gestion est attribuée aux associés individuellement, c'est-à-dire à chaque associé, qui peut agir de manière indépendante (art. 535 al. 1 s. CO). Ce système, où chaque associé est considéré comme gérant né, donne individuellement le plus de pouvoirs aux associés.

1246 Toutefois, chacun des autres associés gérants peut s'opposer à l'opération avant qu'elle soit consommée (art. 535 al. 2 CO)[429].

2.1.1–2. Sociétés à personnalité juridique

1247 Dans la société anonyme et dans la société coopérative, la décision de gestion est attribuée collectivement (art. 716b al. 3 CO)[430] à un organe spécialisé, le conseil d'administration (art. 716 al. 2 CO) ou l'administration (art. 894 ss CO), considéré comme l'organe exécutif né de la société.

1248 Dans la société à responsabilité limitée, la décision de gestion est attribuée collectivement à tous les associés, gérants nés (art. 809 al. 1/1 nCO), qui forment un organe.

1249 Dans la société en commandite par actions, la décision de gestion est attribuée individuellement aux associés indéfiniment responsables (art. 765 al. 1 CO). Toutefois, chacun des autres associés indéfiniment responsables peut s'opposer à l'opération avant qu'elle soit consommée (art. 535 al. 2 CO)[431].

2.1.2. Titularité conventionnelle

2.1.2–1. Sociétés sans personnalité juridique

1250 Le contrat de société ou une décision sociale peuvent prévoir d'autres systèmes, qui, évidemment, excluent de la gestion certains ou tous les associés ou au moins limitent leurs pouvoirs:

1251 – pour des raisons d'efficacité, de qualifications personnelles ou d'autres raisons, le contrat de société ou une décision sociale peuvent partager la gestion entre les associés, chaque associé ne se voyant confier qu'une partie des décisions de gestion.

---

429 PKG 1995, p. 99 (no 24).

430 Cette réglementation n'est pas adaptée aux grandes sociétés, mais aux petites sociétés anonymes à caractère personnel.

431 BAHLSEN/WILDHABER, BaK, ad art. 765 CO, N 9; EILENTROP (cité N 1165), p. 111; REINHARDT, p. 96.

- pour les mêmes raisons, le contrat de société ou une décision sociale peuvent attribuer la gestion à certains associés seulement, à un seul associé seulement ou à un ou plusieurs tiers (art. 535 al. 1 CO). Ce faisant, ils excluent de la gestion tous les associés qui ne se la voient pas confier. 1252
- pour des raisons de contrôle, le contrat de société ou une décision sociale peuvent attribuer collectivement la gestion à tous les associés, à plusieurs associés ou à des tiers. Ils doivent alors agir de concert à deux, trois ou plus, selon le contrat. Cela ne signifie pas qu'ils doivent agir ensemble, mais qu'ils doivent tous donner leur accord. 1253

Les systèmes peuvent évidemment être combinés. 1254

Exemples:

- gestion individuelle pour certains associés, collective pour d'autres;
- gestion s'étendant à toutes les opérations pour certains associés, à certaines opérations pour d'autres, une troisième catégorie d'associés étant exclue de la gestion.

Le contrat de société ou une décision sociale peuvent attribuer la gestion 1255 au commanditaire[432].

Les pouvoirs ne peuvent être révoqués ou restreints par les autres 1256 associés que pour de justes motifs (art. 539 al. 1 CO)[433].

2.1.2–2. Sociétés à personnalité juridique

Dans la société anonyme, la titularité légale ne peut pas être 1257 modifiée. En revanche, son mode d'exercice peut l'être. La gestion peut être confiée individuellement à chaque administrateur.

Dans la société en commandite par actions, la titularité légale peut être 1258 modifiée, mais un des associés indéfiniment responsables au moins doit être gérant.

Dans la société à responsabilité limitée, la titularité légale peut être 1259 modifiée, par les statuts (art. 776a al. 2 ch. 7 nCO), au profit d'un ou de plusieurs associés (art. 809 al. 1/2 nCO), ainsi que d'un ou de plusieurs tiers (art. 809 al. 1/2 nCO), collectivement ou individuellement.

Dans la société coopérative, la titularité légale peut être modifiée au 1260 profit d'un ou de plusieurs comités (art. 897 CO).

2.2. Délégation

La gestion doit en principe être exercée personnellement[434]. 1261 Toutefois, la délégation peut être autorisée dans toutes les formes de société.

---

[432] Les articles 599 et 600 al. 1 CO sont de droit dispositif.

[433] FREYMOND (cité N 1165), p. 81; HANDSCHIN, BaK, ad art. 539 CO, N 1; SCHERER (cité N 1165), p. 92; VON STEIGER, SPR VIII/1, p. 400 s. Opinion contraire en ce qui concerne les pouvoirs conférés par la loi: SIEGWART, ZK, ad art. 535 CO, N 25; ad art. 539 CO, N 7 s.

1262 Dans les sociétés sans personnalité juridique, l'autorisation de déléguer repose sur le contrat de société ou une décision sociale, dans la société à responsabilité limitée et dans la société coopérative, sur une base statutaire (art. 776a al. 1 ch. 13, 898 nCO), enfin, dans la société anonyme, sur une base statutaire et une réglementation (art. 716b al. 1 CO)[435].

1263 La délégation conforme à la loi influence la responsabilité du déléguant en la limitant (art. 754 al. 2 CO, 827 nCO).

2.3. Répartition

1264 La répartition des attributions de gestion ne peut se concevoir qu'au niveau de la préparation et de l'exécution des décisions.

3. Exigences requises

1265 Si la décision de gestion est attribuée individuellement, chaque gérant peut la prendre seul dans les domaines qui lui sont attribués. En d'autres termes, chaque gérant peut agir de manière indépendante, sans le concours des autres (art. 535 al. 2 CO). Toutefois, dans les sociétés sans personnalité juridique, chaque autre associé gérant peut s'opposer à l'opération avant qu'elle soit consommée (art. 535 al. 2, 557 al. 2, 598 al. 2 CO).

1266 Si la décision de gestion est attribuée collectivement, des exigences de *quorum* de présence et de majorité peuvent être prévues, comme en matière de décisions sociales et d'administration. Elle se prend:

1267 – dans les sociétés sans personnalité juridique, sauf en cas de péril en la demeure (art. 535 al. 3 CO), à l'unanimité ou à la majorité de la collectivité (conformément au contrat de société).

  Exemples:

  – si la gestion est attribuée collectivement à tous les associés, les décisions doivent recueillir l'accord de tous les associés ou la majorité requise par le contrat.
  – si la gestion est attribuée à cinq associés collectivement à deux, les décisions doivent recueillir l'accord de deux de ces cinq associés.

1268 – dans la société anonyme et la société à responsabilité limitée, à la majorité simple (art. 713 al. 1/1 CO, 809 al. 4/1 nCO). Toutefois, dans la société à responsabilité limitée, les statuts peuvent prévoir une réglementation différente (art. 809 al. 4/3 nCO).

  Exemple: dans le conseil d'administration à sept membres d'une société anonyme, si cinq administrateurs prennent part à la séance, il suffit que deux votent pour

---

434 ATF 71 II 277, *279* (all.).

435 La délégation ne peut se faire qu'en aval. Elle ne peut pas se faire en faveur de l'assemblée générale.

la proposition et qu'un vote contre, les deux autres s'abstenant, pour que la décision soit prise.

- dans la société coopérative, à la majorité absolue des membres présents[436]. 1269

  Exemple: dans le conseil d'administration à neuf membres d'une société coopérative, si six administrateurs prennent part à la séance, il faut que quatre votent pour la proposition pour que la décision soit prise.

Le contrat ou les statuts peuvent renforcer ou adoucir les exigences légales. 1270

Exemple: si, dans une société anonyme, la gestion est attribuée collectivement à tous les administrateurs, le règlement d'organisation peut exiger la majorité absolue de tous les administrateurs pour certaines ou toutes les décisions.

La voix prépondérante du président peut être introduite par le contrat ou les statuts[437]. Elle est expressément prévue dans la loi pour le président du conseil d'administration de la société anonyme (art. 713 al. 1/2 CO) et pour le président de l'organe de gestion de la société à responsabilité limitée (art. 809 al. 4/2 nCO). 1271

D'une manière générale, le vote par circulation est admissible (art. 713 al. 2 CO). 1272

Section 2 Statut de l'associé

Bibliographie

BUXBAUM CARONI, MIRELLA, Die vermögensrechtliche Stellung des Kommanditärs, thèse Zurich 1987; FELLMANN, WALTER, Geschäftsführung, Vertretung und Haftung bei den Personengesellschaften, in «Rechtsfragen rund um die KMU, Vol. 1, Zurich/Bâle/Genève 2003, p. 113–150; FORRER, HANS R., Die Mitgliedschaft und ihre Beurkundung, thèse Zurich 1959; FREI, ALEXANDER, *Societas leonina*, thèse Bâle 2001; GUTKNECHT, HERMANN, Die finanziellen Berechtigungen und Verpflichtungen der Genossenschafter, thèse Berne 1937; NEUENSCHWANDER, PETER, Pflichten und Rechte der Mitglieder einer Gesellschaft mit beschränkter Haftung (G.m.b.H.), thèse Berne 1940; SCHWARZENBACH, ROBERT, Die Mitgliedschaft bei der schweizerischen Gesellschaft mit beschränkter Haftung, thèse Zurich 1948; STIEHLE, CARL-EGON, Der Eintritt in die Genossenschaft und die daran geknüpften Rechte und Pflichten, thèse Berne 1947. 1273

Afin de permettre à la société d'atteindre ses buts, son(ses) associé(s) a(ont) nécessairement, à l'égard de l'ensemble des associés ou à l'égard de la société, des obligations (§ 1) et des droits (§ 2) qui constituent son(leur) statut, autrement dit le sociétariat (*Mitgliedschaft*). 1274

[436] REYMOND, TDP VIII/III/1, p. 266; DE STEIGER, Précis, p. 53.
[437] Pour une critique de cette possibilité, voir N 1217.

1275 Ces obligations et ces droits peuvent être différents d'une forme de société à l'autre. Certains existent dans toutes les formes de société, d'autres dans certaines formes seulement. Dans les sociétés sans personnalité juridique, en raison du système du renvoi (art. 557 al. 2, 598 al. 2 CO), ils sont en général très semblables.

1276 Parmi les droits, il faut distinguer:

- les droits de l'associé, au sens strict du terme (§ 2),
- les créances résultant du sociétariat (§ 3).

1277 L'associé peut aussi être titulaire d'autres créances, n'ayant aucun rapport avec le sociétariat[438], par exemple d'une créance résultant d'un contrat de vente conclu avec la société.

§ 1 Obligations

Bibliographie

1278 BENZ, WALTHER, Die Treuepflicht des Gesellschafters, thèse Zurich 1946; DARMS, JOHANN, Das Konkurrenzverbot in den Gesellschaftsverhältnissen nach schweizerischem O.R. (Art. 536 und 558), thèse Fribourg 1922; FELLMANN, WALTER, Grundfragen im Recht der einfachen Gesellschaft, RJB 133 (1997), p. 285–316; FURRER, MARTIN, Der gemeinsame Zweck als Grundbegriff und Abgrenzungskriterium im Recht der einfachen Gesellschaft, thèse Zurich 1995; HERZOG, HANS, Nebenleistungspflichten bei der GmbH und deren Verwendbarkeit für Kartelle, thèse Bâle 1939; JOB, HANS, Ansprüche unter Kollektivgesellschaftern, thèse Zurich 1952; MARTIN, DIDIER, Droits et devoirs des actionnaires des sociétés cotées, in: Héritier Lachat, Anne/Hirsch, Laurent, De lege ferenda: réflexions sur le droit désirable en l'honneur du professeur Alain Hirsch, Genève 2004, p. 225–234; MAYER, EDUARD, Die Nachschusspflicht im schweizerischen Recht der Handelsgesellschaften und Genossenschaften, thèse Zurich 1943; NÄGELI, WERNER, Der Grundsatz der beschränkten Beitragspflicht, insbesondere der Ausschluss der Nachschusspflicht im Aktienrecht, thèse Zurich 1948; RAUTMANN, HANS-DIETRICH, Wettbewerbsenthaltungspflicht im Gesellschaftsrecht, thèse Berne 1965; WIDMER, CHRISTOPH K., Die Liberierung im schweizerischen Aktienrecht, thèse Zurich 1998; WOHLMANN, HERBERT, Die Treuepflicht des Aktionärs, thèse Zurich 1967; WULKAN, ARTHUR, Die Beitragspflicht des Kollektivgesellschafters, thèse Zurich 1972; WÜRSCH, DANIEL, Der Aktionär als Konkurrent der Gesellschaft, thèse Zurich 1989; ZIEGLER, BERNHARD, Die genossenschaftliche Treuepflicht, thèse Bâle 1941.

1. Définition

1279 Les obligations de l'associé sont les obligations inhérentes à la qualité d'associé.

[438] Elles ne seront pas traitées, car elles sortent du cadre de cet ouvrage.

2. Classification

Les obligations de l'associé peuvent être classées en catégories selon différents critères: contenu, source, diffusion. 1280

2.1. Selon le contenu

Les obligations de l'associé se divisent en obligations sociales et en obligations patrimoniales. 1281

Les **obligations sociales** (*nicht vermögensmässige Pflichten*) se rapportent aux aspects non directement pécuniaires du sociétariat. 1282

Exemple: obligation de fidélité.

Les **obligations patrimoniales** (*vermögensmässige Pflichten*) se rapportent aux aspects pécuniaires du sociétariat. 1283

Exemple: obligation d'apport.

2.2. Selon la source

Les obligations de l'associé se divisent en obligations légales et en obligations contractuelles. 1284

Les **obligations légales** résultent de la loi. Leur existence ne nécessite pas l'intervention des associés. 1285

Exemple: obligation de participer aux pertes.

Les **obligations contractuelles (statutaires)** résultent du contrat de société (des statuts). Leur existence nécessite l'intervention des associés. 1286

Exemple: obligation de versements supplémentaires.

2.3. Selon la diffusion

Les obligations légales de l'associé se divisent en obligations générales et en obligations spéciales. 1287

Les **obligations légales générales** existent dans toutes les formes de société. 1288

Exemple: obligation d'apport.

Les **obligations légales spéciales** n'existent que dans une ou plusieurs formes de société. 1289

Exemple: obligation de fidélité.

La classification selon le critère du contenu est à la base du plan de ce paragraphe, qui ne traite que des principales obligations de l'associé. 1290

3. Obligations sociales

3.1. Obligation de fidélité

3.1.1. Définition

1291 L'obligation de fidélité est l'obligation de favoriser l'intérêt de la société, c'est-à-dire de faire passer l'intérêt de la société avant tous les autres, y compris les siens propres, au moins passivement. Autrement dit, les associés doivent promouvoir l'intérêt de la société ou au moins s'abstenir de tout ce qui pourrait lui porter préjudice.

1292 L'intérêt de la société consiste en la réalisation de ses buts pendant sa durée d'existence.

1293 L'obligation de fidélité se distingue de l'obligation de bonne foi (art. 2 CC)[439]. Cette dernière impose de ne pas décevoir la confiance objectivement justifiée[440]. Elle va donc moins loin.

3.1.2. Nature juridique

1294 L'obligation de fidélité est légale spéciale.

1295 Elle n'est prévue expressément que dans la société à responsabilité limitée (art. 803 al. 1 s. nCO) et dans la société coopérative (art. 866 CO[441]). Dans les sociétés sans personnalité juridique, elle est considérée par la doctrine[442] comme une obligation non écrite émanant des éléments constitutifs fondamentaux de la société, plus particulièrement de la recherche de la réalisation d'un but commun. Elle y est d'ailleurs prévue implicitement sous son aspect de prohibition de concurrence (art. 536, 561, 598 al. 2 CO)[443].

1296 En revanche, la doctrine majoritaire[444], ainsi que le Tribunal fédéral[445], nient l'existence d'une obligation de fidélité pour les actionnaires.

3.1.3. Contenu

1297 L'obligation de fidélité peut se composer d'obligations:

1298 – positives, consistant notamment en actions,

---

[439] ZR 73 (1974), p. 81, *84* (n° 31). Pour un exemple de violation à la fois de l'obligation de fidélité et de l'obligation de bonne foi: ATF 89 II 138, *155*/JdT 1963 I 577, *591* (société coopérative).

[440] Voir N 267–269.

[441] Seul le texte allemand de la loi (dans la note marginale) parle expressément de *fidélité*. Les textes français et italien utilisent le terme *bonne foi*.

[442] VON STEIGER, SPR VIII/1, p. 295 ss; VON STEIGER, ZK, ad art. 784 CO, N 33.

[443] Elle doit aussi être admise pour les associés indéfiniment responsables de la société en commandite par actions.

[444] Notamment: FORSTMOSER/MEIER-HAYOZ/NOBEL, § 42 N 26 ss; KURER, BaK, ad art. 680 CO, N 7 ss.

[445] ATF 105 II 114, *128*/JdT 1980 I 86, *95*; ATF 91 II 298, *305*/JdT 1966 I 264, *271*.

Dans la société coopérative, l'obligation de fidélité peut fonder l'obligation d'utiliser les installations sociales. 1299

- négatives, consistant notamment en abstentions. 1300

L'exemple le plus typique de cette composante est la prohibition de concurrence[446]. Mais il faut mentionner aussi: l'obligation de discrétion, l'obligation d'éviter tout comportement qui pourrait porter préjudice au crédit de la société. 1301

L'obligation de fidélité trouve sa limite dans les décisions sociales, auxquelles elle ne s'applique pas. Par conséquent, les associés n'ont pas l'obligation de participer aux décisions sociales. Ils n'ont pas non plus l'obligation de voter dans un sens déterminé. En matière de décisions sociales, l'associé doit être aussi libre qu'au moment de la conclusion du contrat de société. 1302

3.1.4. Etendue

L'étendue du devoir de fidélité dépend de la forme et du type de société, du but poursuivi ainsi que des moyens prévus par les statuts pour atteindre ce but[447]. En général, dans les sociétés de personnes, le devoir de fidélité des associés est plus étendu que dans les sociétés de capitaux. 1303

3.1.5. Sanctions

Les sanctions de la violation de l'obligation de fidélité sont principalement: 1304

- les dommages-intérêts;
- l'exclusion (art. 577, 619 CO, 823 al. 1 nCO, 846 al. 2 CO);
- la dissolution de la société pour de justes motifs (art. 545 al. 1 ch. 7 et al. 2, 574 al. 1, 619 al. 1 CO, 821 al. 3/1 nCO[448]).

3.2. Prohibition de concurrence

3.2.1. Définition

La prohibition de concurrence est l'obligation de s'abstenir de rivaliser avec sa société dans le but de la supplanter, autrement dit l'obligation de s'abstenir de faire dans son propre intérêt ou dans celui de tiers tout acte défavorable à la société. Elle est l'une des principales manifestations négatives de l'obligation de fidélité. 1305

---

[446] Voir N 1305–1311.
[447] ATF 101 II 125, *127 ss*/JdT 1976 I 214, *216 ss* (société coopérative).
[448] Pas dans la société coopérative (Voir N 1944).

3.2.2. Nature juridique

1306 La prohibition de concurrence est une obligation légale spéciale.
1307 Elle est imposée expressément par la loi aux associés des sociétés sans personnalité juridique (art. 536, 561, 598 al. 2 CO), y compris au commanditaire. Elle s'applique aussi aux associés de la société coopérative[449] et aux actionnaires indéfiniment responsables de la société en commandite par actions. En revanche, les actionnaires ne sont pas touchés par cette obligation[450], ni les associés de la société à responsabilité limitée, sauf disposition statutaire expresse (art. 803 al. 2 nCO).

3.2.3. Contenu

1308 Dans la société simple et dans la société coopérative, la prohibition de concurrence concerne toutes les affaires contraires ou préjudiciables au but de la société (art. 536 CO).
1309 Dans la société en nom collectif et dans la société en commandite, elle s'applique de surcroît[451] à toutes les affaires réalisées dans le cadre de la branche effectivement exploitée par la société et à toute participation à une société en nom collectif, société en commandite, société à responsabilité limitée ou société en commandite par actions (en tant qu'associé indéfiniment responsable), ainsi qu'à toute participation majoritaire dans une société anonyme ou à un organe d'administration dans une société anonyme ou une société coopérative[452], active dans la branche exploitée par la société (art. 561, 598 al. 2 CO).

3.2.4. Etendue

1310 Voir obligation de fidélité[453].

Exemple: pour le commanditaire, la prohibition de concurrence est interprétée moins sévèrement que pour le commandité[454].

3.2.5. Sanctions

1311 Voir obligation de fidélité[455].

---

449 ATF 69 II 41, *46*/JdT 1943 I 422, *427*.
450 Voir note 444.
451 L'article 536 CO s'applique également aux sociétés en nom collectif et en commandite (BECKER, BK, ad art. 536 CO, N 6; HARTMANN, BK, ad art 561 CO, N 2, ad art. 598 CO, N 13; SIEGWART, ZK, ad art. 561 CO, N 5).
452 WOHLMANN, GmbH-Recht, p. 117.
453 Voir N 1303.
454 HARTMANN, BK, ad art. 598 CO, N 14; SIEGWART, ZK, ad art. 598 CO, N 5.
455 Voir N 1304.

3.3. Obligation de diligence

En prévoyant que *«chaque associé doit apporter aux affaires de la société la diligence et les soins qu'il consacre habituellement à ses propres affaires»* (art. 538 al. 1, 557 al. 2, 598 al. 2 CO), la loi semble imposer une obligation de diligence aux associés des sociétés de personnes. Elle ne l'exige pas pour les associés des autres formes de société. 1312

En réalité, cette obligation ne peut concerner que les gérants[456], chaque associé étant d'ailleurs en principe gérant dans les sociétés de personnes. En effet, l'obligation de diligence n'a un sens qu'en rapport avec l'obligation de gestion. Elle n'existe donc pas pour les associés non gérants. 1313

3.4. Obligation d'administration et de gestion

3.4.1. Définition

Voir organisation[457]. 1314

3.4.2. Nature juridique

L'obligation d'administration et de gestion est légale spéciale. 1315

Dans les sociétés où la personnalité des associés joue un rôle particulièrement important, la loi l'impose soit à tous les associés (art. 535 al. 1, 557 al. 2 CO, 809 al. 1 nCO), soit à une catégorie d'associés (art. 599, 765 al. 1 CO). Il s'agit des sociétés de personnes, à l'exception de la société coopérative[458], et des sociétés mixtes. 1316

Elle est en revanche exclue pour les actionnaires (art. 680 al. 1, 764 al. 2 CO). 1317

3.4.3. Contenu

Voir organisation[459]. 1318

3.4.4. Etendue

Voir organisation[460]. 1319

---

[456] Probablement dans le même sens: VON STEIGER, SPR VIII/1, p. 374. Contra: HANDSCHIN, BaK, ad art. 538 CO, N 1; SIEGWART, ZK, ad art. 538 CO, N 2.

[457] Voir N 1218–1223, 1240–1242.

[458] Dans la société coopérative, elle peut être introduite par les statuts (art. 832 ch. 3 CO).

[459] Voir N 1218–1223, 1240–1242.

[460] Voir N 1218–1223, 1240–1242.

3.4.5. Sanctions

1320 La principale sanction de la violation de l'obligation d'administration et de gestion est la responsabilité des administrateurs/gérants[461].

3.5. Autres obligations sociales

1321 Sauf dans la société anonyme (art. 680 al. 1 CO) et dans la société en commandite par actions s'agissant des actionnaires (art. 764 al. 2 CO), il est possible de prévoir d'autres obligations sociales (art. 776a al. 1 ch. 1, 796 nCO, 867 CO). Il peut s'agir d'obligations de faire, de ne pas faire ou de tolérer. Il est notamment possible d'imposer aux associés des prestations de travail, l'utilisation des institutions de la société, la soumission à des contrôles de qualité ou le respect d'obligations cartellaires.

4. Obligations patrimoniales

4.1. Obligation d'apport

4.1.1. Définition

1322 Voir création[462].

4.1.2. Nature juridique

1323 L'obligation d'apport est une obligation légale générale.

1324 Elle découle de la définition même de la société, qu'elle soit pluripersonnelle ou unipersonnelle. En effet, le but social est poursuivi par la mise à disposition d'apports ou(et) de ressources, exprimée directement ou indirectement dans chaque forme de société (art. 531 al. 1, 557 al. 2, 598 al. 2, 629 al. 2, 764 al. 2 CO, 777 al. 2 nCO, 828 al. 1 CO).

1325 Dans la société à responsabilité limitée les apports doivent être entièrement libérés lors de la fondation (art. 777c, 793 al. 1 nCO).

4.1.3. Contenu

1326 Voir création[463].

---

[461] Voir N 1835 ss.
[462] Voir N 968–972.
[463] Voir N 496–510, 968–972.

4.1.4. Etendue

L'étendue de l'obligation d'apport peut varier fortement d'une forme de société à l'autre, ainsi que d'une société à l'autre dans le cadre d'une même forme de société. 1327

Exemples:

- dans une société simple, un associé peut être tenu de consacrer tout son temps à la gestion de la société, tandis qu'un autre peut n'être tenu qu'à donner des conseils occasionnels.
- dans une société anonyme, un fondateur peut souscrire toutes les actions de la société sauf une et donc s'engager à faire à lui seul la plus grande partie des apports, l'autre fondateur ne souscrivant que l'action restante et faisant l'apport correspondant.

4.1.5. Sanctions

Les sanctions sont: 1328

- l'action en exécution, dans la mesure où l'objet de l'apport peut faire l'objet d'une exécution forcée[464]. Elle prend la forme de poursuite pour dettes s'agissant des apports en espèces;
- l'action en dommages-intérêts;
- dans les sociétés de personnes, la dissolution de la société pour justes motifs[465];
- dans la société anonyme, la société en commandite par actions, la société à responsabilité limitée[466] et la société coopérative (en cas de non libération des parts sociales), la procédure de déchéance (art. 681 s., 764 al. 2, 867 al. 2–4 CO).

4.2. Obligation de participer aux pertes

4.2.1. Définition

Voir résultats[467]. 1329

4.2.2. Manifestation

La participation aux pertes se manifeste différemment en cours de vie sociale et en cours de liquidation. 1330

En cours de vie sociale, la participation aux pertes se manifeste essentiellement de manière comptable, par le fait que la valeur de la part à la 1331

---

[464] ATF 110 II 287, *291*/JdT 1985 I 146, *148*.

[465] Voir N 1944–1947.

[466] Malgré l'abrogation de l'article 799 al. 2 CO. Voir RUEDIN, ROLAND, La responsabilité, in: Le nouveau droit de la société à responsabilité limitée (Portmann, Urs, éd.), Lausanne 2006, p. 51 note 36.

[467] Voir N 1577–1581.

fortune sociale diminue, voire que le montant de la part de capital diminue (art. 558 al. 2 CO).

1332 En cours de liquidation, la participation aux pertes se manifeste par le fait que:

- l'associé, en tout ou en partie, ne récupère pas son apport,
- l'associé ne récupère pas les montants qu'il a payés dans le cadre de sa responsabilité pour les dettes sociales,
- l'associé doit, sur recours, verser sa part à ses coassociés qui ont répondu des dettes sociales.

4.2.3. Etendue

1333 L'étendue de la participation aux pertes varie selon les formes de société, voire selon les catégories d'associés.

1334 Dans la société simple (art. 533 al. 1 CO), la société en nom collectif (art. 557 al. 2 CO), la société en commandite s'agissant des commandités (art. 598 al. 2 CO) et la société en commandite par actions s'agissant des actionnaires indéfiniment responsables, la participation aux pertes est illimitée.

1335 Dans la société en commandite s'agissant des commanditaires (malgré le texte de l'article 601 al. 1 CO[468]), la société anonyme (art. 680 al. 2, en relation avec art. 745 al. 1 CO), la société en commandite par actions s'agissant des actionnaires ordinaires (art. 764 al. 2 CO) et la société à responsabilité limitée (art. 793 en relation avec art. 826 nCO), elle est limitée au montant de l'apport promis.

1336 Dans la société coopérative, elle est limitée au montant de l'apport promis, à moins que les statuts ne prévoient un autre système.

1337 En cas d'apport en travail, l'étendue de la participation aux pertes pose un problème particulier dans la société simple, la société en nom collectif et la société en commandite.

1338 Selon la doctrine dominante[469], l'associé qui a fait un apport en travail n'a pas droit à sa restitution dans le cadre de la liquidation, car il n'a droit à aucune indemnité pour son travail personnel (art. 537 al. 3 CO). En fonction du degré de gravité de la perte, il est discriminé par rapport aux autres associés:

1339 – en cas de perte de couverture des dettes[470], l'associé qui a fait un apport en travail se trouve dans la même situation que les autres associés. Il ne récupère pas son apport et doit participer à la perte.

1340 – en cas de perte d'apports[471], l'associé qui a fait un apport en travail est traité moins bien que les autres associés[472]. Il ne récupère pas son apport, alors que les autres le

---

468 BUXBAUM CARONI (cité N 1273), p. 203 ss; MEIER-HAYOZ/FORSTMOSER, § 14 N 41.

469 NAEF, KURT, Kennt das schweizerische Recht die stille Gesellschaft, RJB 96 (1960), p. 257, *273*; VON STEIGER, SPR VIII/1, p. 466.

470 Voir N 1581.

471 Voir N 1580.

récupèrent en partie. De plus, il doit participer à la perte, alors que les autres se bornent à ne pas récupérer la totalité de leur apport.

Cette inégalité de traitement ne tient pas équitablement compte des intérêts de l'associé qui fait un apport en travail[473]. De plus, elle va à l'encontre de la volonté du législateur, qui est plutôt de favoriser l'associé qui fait un apport en travail[474]. Enfin, vu la systématique de la loi, l'article 537 al. 3 CO ne paraît pas devoir s'appliquer aux apports, mais seulement au travail résultant de l'obligation d'administration (art. 535 al. 1 CO). 1341

Par conséquent, afin de tenir compte de la situation particulière de l'associé qui fait un apport en travail et de respecter le principe de l'égalité de traitement, il est nécessaire de s'écarter de la solution de la doctrine majoritaire. L'associé qui fait un apport en travail doit être traité comme les autres associés. 1342

4.2.4. Nature juridique

4.2.4–1. Principe

L'obligation de participer aux pertes est légale générale. Comme l'obligation d'apport, elle découle de la définition même de la société, qu'elle soit pluripersonnelle ou unipersonnelle. En effet, le but social est poursuivi par la mise à disposition d'efforts ou(et) de ressources, dont la valeur ne peut être récupérée, si elle existe encore, qu'au moment de la liquidation[475]. 1343

Elle existe aussi dans les sociétés de capitaux, puisqu'en cas de perte les associés perdent une partie ou la totalité de l'apport qu'ils ont effectué. 1344

Exemple: dans une société anonyme, si les actionnaires ont fait des apports initiaux de 1 million de francs et si, au moment de la liquidation de la société, la fortune sociale n'est plus que de 600 000 francs, la différence (400 000 francs) constitue une perte d'apports qui est supportée par les actionnaires.

4.2.4–2. Exception

La loi prévoit toutefois expressément une exception à la règle, en cas d'apport en travail, dans la société simple (art. 533 al. 3 CO) et, par conséquent, dans la société en nom collectif et dans la société en commandite (art. 557 al. 2, 598 al. 2 CO): l'associé peut être dispensé de contribuer aux pertes. 1345

---

472 Comme, d'ailleurs, en l'absence de perte, puisqu'il n'a pas droit à une indemnité pour son travail personnel.

473 Certes, elle peut être évitée par une disposition contractuelle dérogeant à la règle dispositive de l'article 537 al. 3 CO. Toutefois, l'application de la solution légale devrait être satisfaisante en soi.

474 Voir N 1345–1348.

475 Voir N 2025, 2036 ss, 2041 ss.

1346 Vu le caractère général de l'obligation de participer aux pertes, l'exception ne peut être interprétée que restrictivement[476], c'est-à-dire qu'elle ne vaut que pour les associés qui font un apport en travail uniquement.

1347 Pour la doctrine dominante[477], la dispense de participer aux pertes n'est qu'une exception improprement dite. En effet, l'associé qui fait un apport en travail n'a, quoi qu'il en soit, pas droit à sa restitution[478]. Toutefois, s'il perd son apport, il ne perd que son apport et rien de plus.

1348 Cette solution est séduisante dans la mesure où elle est conforme à la règle de l'article 537 al. 3 CO et où elle n'entraîne pas de véritable exception au principe de l'obligation de participer aux pertes. Cependant, il ne s'agit pas d'une véritable dispense, alors que la loi permet expressément d'en accorder une. Pour qu'une véritable dispense existe, il faudrait que l'associé qui fait un apport en travail ait le droit à sa restitution dans tous les cas. Autrement dit, il faudrait que, dans le cadre de la liquidation de la société, il puisse faire valoir une prestation équivalente au montant pour lequel son travail a été admis en tant qu'apport. Seule cette solution apporterait une véritable protection sociale à l'associé qui fait un apport en travail et qui, ainsi, prend un risque plus grand que les autres associés. Ce risque plus grand est celui de ne pas être rémunéré pour son travail, souvent source principale, même unique de revenu, alors que le risque ordinaire consiste seulement à perdre une partie de ses économies.

4.2.5. Sanctions

1349 Une sanction est nécessaire essentiellement dans le cas où la participation aux pertes implique un versement de la part de l'associé. Il s'agit de l'exécution forcée.

4.3. Obligation de versements supplémentaires

4.3.1. Définition

1350 Le versement supplémentaire (*Nachschuss*) est la prestation patrimoniale dépassant le montant de l'apport promis dans le but de couvrir des pertes résultant du bilan. Il a pour but d'aider la société à surmonter ses difficultés financières, voire à la sauver.

1351 Il se distingue nettement de la responsabilité des associés pour les dettes sociales:

---

476 Dans ce sens: Revue fiscale 37 (1982), p. 33, *37* (Berne, Tribunal administratif); BROSSET/SCHMIDT, vol. I, p. 97; FURRER (cité N 1278), p. 95 ss; MEIER-HAYOZ/FORSTMOSER, § 1 N 62 ss; PATRY, Précis, I, p. 35.

477 FURRER (cité N 1278), p. 95 ss; HANDSCHIN, BaK, ad art. 533 CO, N 7; MEIER-HAYOZ/FORSTMOSER, § 1 N 64, § 12 N 43.

478 Voir N 1338.

- il a pour but de venir au secours de la société alors que la responsabilité pour les dettes sociales a pour but de venir au secours des créanciers sociaux; 1352
- il intervient pour prévenir la faillite de la société (assainissement) alors que la responsabilité pour les dettes sociales intervient pour limiter les conséquences de la faillite pour les créanciers; 1353
- il entraîne une obligation à l'égard de la société alors que la responsabilité pour les dettes sociales entraîne une obligation à l'égard des créanciers. 1354

4.3.2. Nature juridique

L'obligation de versements supplémentaires est contractuelle (statutaire) et spéciale. Elle n'est prévue expressément par la loi pour aucune société. Elle peut être prévue conventionnellement – par une clause statutaire dans les sociétés à responsabilité limitée (art. 776a al. 1 ch. 1, 795 al. 1 nCO) et dans les sociétés coopératives (art. 833 ch. 5 CO) – dans toutes les formes de société, sauf dans la société anonyme (art. 680 al. 1 CO). Pour le cas où elle est prévue conventionnellement, elle fait l'objet d'une réglementation dans la société à responsabilité limitée (art. 795 ss nCO) et dans la société coopérative (art. 871 CO). 1355

4.3.3. Contenu

L'obligation de versements supplémentaires consiste à faire à l'égard de la société une prestation patrimoniale en espèces. 1356

De manière générale, cette prestation ne peut être exigée que pour couvrir des pertes constatées au bilan (art. 795a al. 2 ch. 1 nCO, 871 al. 1 CO), plus précisément les pertes de capital et les pertes de réserves légales. Dans la société à responsabilité limitée, trois autres cas d'exigibilité sont prévus: 1357
- la société ne peut plus continuer à gérer ses affaires de manière diligente sans ces moyens additionnels (l'attention requise est celle d'un bon gérant) (art. 795a al. 2 ch. 2 nCO),
- la société a besoin de fonds propres pour un motif prévu par les statuts (art. 795a al. 2 ch. 3 nCO),
- la société tombe en faillite (art. 795a al. 3 nCO).

4.3.4. Etendue

L'obligation de versements supplémentaires peut être: 1358
- limitée: 1359
  - soit à un montant déterminé (art. 871 al. 2 CO),

- soit à une proportion du montant du capital social ou de la valeur nominale des parts sociales (art. 795 al. 2 nCO, 871 al. 2 CO)[479],
- soit à une proportion des contributions statutaires (art. 871 al. 2 CO),

1360 – ou illimitée (art. 871 al. 2 CO).

1361 L'appel de versements supplémentaires doit, en principe, respecter l'égalité de traitement, soit par tête (art. 871 al. 3 CO), soit par part sociale (art. 795 al. 2 nCO, 871 al. 3 CO).

1362 Les autres associés ne sont pas tenus de ce qu'un associé ne peut pas verser (art. 795 al. 3 nCO)[480]. Ils ne sont pas solidaires.

4.3.5. Sanctions

1363 Les règles concernant la demeure en matière de libération des apports s'appliquent (art. 871 al. 5 CO).

4.4. Autres obligations patrimoniales

4.4.1. Définition

1364 Par autres obligations patrimoniales, il faut entendre toute obligation de prestation patrimoniale à l'exception de celles résultant des obligations d'apport, de participation aux pertes et de versements supplémentaires.

4.4.2. Nature juridique

1365 Les autres prestations patrimoniales sont contractuelles (statutaires) et spéciales. Sauf dans la société anonyme (art. 680 al. 1 CO), il est possible de les prévoir conventionnellement – par une clause statutaire dans les sociétés à responsabilité limitée (art. 776a al. 1 ch. 1, 796 al. 1 nCO) et dans les sociétés coopératives (art. 832 ch. 3 CO).

4.4.3. Contenu

1366 Les autres obligations patrimoniales peuvent consister en prestations en espèces, en nature ou en services, notamment en l'obligation de payer une cotisation (prestation périodique en général en espèces) ou de mettre un véhicule à disposition.

---

479 Dans la société à responsabilité limitée, le montant des versements supplémentaires ne peut pas dépasser le double de la valeur nominale de chaque part sociale (art. 795 al. 2/2 nCO).

480 NIGG, BaK, ad art. 870 CO, N 7.

4.4.4. Etendue

Les autres obligations patrimoniales ne sont limitées que par les principes généraux. 1367

4.4.5. Sanctions

Les sanctions sont: 1368

- l'action en exécution, dans la mesure où l'objet de l'apport peut faire l'objet d'une exécution forcée. Elle prend la forme de poursuite pour dettes s'agissant des apports en espèces;
- l'action en dommages-intérêts;
- l'exclusion pour justes motifs, dans la société en nom collectif (art. 577 CO), la société en commandite (art. 619 al. 1 CO), la société à responsabilité limitée (art. 823 al. 1 nCO) et la société coopérative (art. 846 al. 2 CO);
- la dissolution de la société pour justes motifs, dans les sociétés sans personnalité juridique (art. 545 al. 2, 574 al. 1, 619 al. 1 CO) et la société à responsabilité limitée (art. 821 al. 3 nCO);
- la déchéance dans la société coopérative s'agissant des prestations en espèces (art. 867 CO).

§ 2 Droits

Bibliographie

BERNHEIMER, RUTH, Die Gleichbehandlung der Genossenschafter im schweizerischen Obligationenrecht, Zurich 1949; BIANCHI, FRANÇOIS, Die Traktandenliste der Generalversammlung der Aktiengesellschaft, thèse Zurich 1982; BRUDERER, OTTO, Das Antragsrecht des Aktionärs, thèse Saint-Gall 1980; BÜCHLER, HANS-PETER, Das Kontrollrecht der Aktionäre, thèse Zurich 1971; VON BÜREN, ROLAND/ BRÜTSCH, RAPHAEL, Die «Harmonikasanierung»: sind Mitgliedschaft und Stimmrecht in der Aktiengesellschaft wirklich unentziebar?, in: Festschrift für Jean Nicolas Druey zum 65. Geburtstag, Zurich/Bâle/Genève 2002, p. 637–657; CASUTT, ANDREAS, Die Sonderprüfung im künftigen schweizerischen Aktienrecht, thèse Zurich 1991; CHAPPUIS, FERNAND, Le bouclier du secret des affaires au sens de l'article 697 CO, in: Les secrets et le droit, Genève/Zurich/Bâle 2004, p. 299–321; CHRIST, BERNHARD, Das Kontrollrecht des Kommanditärs, in: Festgabe zum Schweizerischen Juristentag 1973, Bâle 1973, p. 39–48; DETTWILER, EMANUEL MAX, Informationelle Gleichbehandlung der Aktionäre, thèse St-Gall 2001; EPPENBERGER, MATTHIAS, Information des Aktionärs: Auskunfts- oder Mitteilungspflicht?, thèse Saint-Gall 1989; FELDMANN, HANS, Beschluss und Einzelstimme im schweizerischen Gesellschaftsrecht, thèse Berne 1953; GABRIELLI, FABRIZIO, Das Verhältnis des Rechts auf Auskunftserteilung zum Recht auf Einleitung einer Sonderprüfung, thèse Bâle 1997; VON GAMMA, RUDOLF, Die persönlichen Mitgliedschaftsrechte in der Gesellschaft mit beschränkter Haftung, thèse Berne 1944; HENSEL, EDUARD, Das Generalversammlungsrecht der Genossenschaft nach dem neuen Schweizerischen Obligationenrecht, thèse Zurich 1941; HORBER, FELIX, Die Informationsrechte des Aktionärs: 1369 eine systematische Darstellung, Zurich 1995; IKLÉ, MAX, Die Geschäftsführungsbefugnis des einfachen Gesellschafters, thèse Zurich 1926; KUMMER, MAX, Die Gleichbehandlung der Genossenschafter gemäss Art. 854 OR, Berne 1949; KUNZ, PETER VIKTOR, Der Minderheitenschutz im schweizerischen Aktienrecht, Berne 2001; KUNZ, PETER VIKTOR, Das Informationsrecht des Aktionärs in der Generalversammlung, AJP 2001/8, p. 883–900; KÜNZLE, HEINZ REINER, Der direkte Anwendungsbereich des Stellvertretungsrechts (OR Art. 32–40), thèse Saint-Gall 1985; LOCHER, ERNST ROBERT, Die Gewinnverwendung in der Aktiengesellschaft, thèse Berne 1983; PAULI, BIANCA, Le droit au contrôle spécial dans la société anonyme, thèse Fribourg 2004; PESTALOZZI, CHRISTOPH MAX RICHARD, Mehrstimmrecht in Generalversammlung und Urabstimmung der Genossenschaft, thèse Zurich 1977; VON PLANTA, LOUIS, Das Stimmrecht in der GmbH, thèse Bâle 1939; VON PLANTA, THOMAS, Der Schutz der Aktionäre bei der Kapitalerhöhung, thèse Bâle 1992; RECORDON, PIERRE-ALAIN, La société simple II, FJS 676; REYMOND, JACQUES-ANDRÉ, Suppression et protection du droit de souscription préférentiel dans le nouveau droit de la société anonyme, RSDA 66 (1994), p. 153–161; RIEMER, HANS MICHAEL, Anfechtungs- und Nichtigkeitsklage im schweizerischen Gesellschaftsrecht, Berne 1998; VON SALIS, ULYSSES, Die Gestaltung des Stimm- und Vertretungsrechts im schweizerischen Aktienrecht, thèse Zurich 1996; SCHLEIFFER, PATRICK, Der gesetzliche Stimmrechtsausschluss im schweizerischen Aktienrecht, thèse Zurich 1992; SCHLUEP, WALTER RENÉ, Die wohlerworbenen Rechte des Aktionärs und ihr Schutz im schweizerischen Recht, thèse Saint-Gall 1955; TANNER, BRIGITTE, Neuerungen für die Beschlussfassung in der Generalversammlung, PJA 1992, p. 765–773; THÉVENAZ, ALAIN, Le droit aux renseignements et à l'information en droit des sociétés, in: Les secrets et le droit, Genève/Zurich/Bâle 2004, p. 285–298; TRIGO TRINDADE, RITA/BAHAR, RASHID, Droits des actionnaires minoritaires en Suisse, in: Rapports suisses présentés au XVIème Congrès international de droit comparé: Zurich 2002, p. 381–458; WEBER-DÜRLER, HANS PETER, Gesellschafterversammlung, Urabstimmung und Delegiertenversammlung als Beschlussfassungsform im schweizerischen Gesellschaftsrecht, thèse Zurich 1972; WENNINGER, HUGO, Das Stimmrecht des Genossenschafters nach dem revidierten schweizerischen Obligationenrecht, thèse Zurich 1943; WIDMER, KURT, Das Recht des Aktionärs auf Auskunftserteilung de lege lata und de lege ferenda (Art. 697 OR), thèse Zurich 1961; ZINDEL, GAUDENZ, Bezugsrechte in der Aktiengesellschaft, thèse Zurich 1984.

1. Définition

1370 Les droits de l'associé sont les droits inhérents à la qualité d'associé, ceux qui, par la volonté de l'associé[481], ne peuvent pas appartenir à une autre personne qu'à l'associé. Par conséquent, ou bien l'associé en est titulaire, ou bien personne n'en est titulaire, parce que, dans les cas où la loi le permet, l'associé y a renoncé. L'associé ne peut donc pas les céder à un tiers.

[481] La loi peut en attribuer certains à d'autres personnes qu'aux associés.

2. Classification

Les droits de l'associé peuvent être classés en catégories selon différents critères: contenu, source, diffusion, protection, titularité, étendue. 1371

2.1. Selon le contenu

Les droits de l'associé se divisent en droits sociaux et en droits patrimoniaux. 1372

Les **droits sociaux** (*nicht vermögensmässige Rechte*) se rapportent aux aspects non directement pécuniaires du sociétariat. Ils se divisent en: 1373

- droits à l'information (*Informationsrechte*), qui permettent à l'associé de connaître, au moins dans une certaine mesure, la situation de la société et, par conséquent, d'exercer en connaissance de cause tous ses autres droits. 1374

  Exemple: droit de se renseigner sur les affaires de la société (société en commandite, art. 600 al. 3 CO).
- droits de participation (*Mitwirkungsrechte*), qui permettent à l'associé d'intervenir dans le fonctionnement de la société. 1375

  Exemple: droit de vote (société coopérative, art. 885 CO).
- droits de protection (*Schutzrechte*), qui permettent à l'associé de défendre ses intérêts dans la société. Ils se subdivisent eux-mêmes en: 1376
  - droits au maintien de la participation relative, qui permettent à l'associé de conserver son statut relatif dans la société. 1377

    Exemple: droit préférentiel de souscription en cas d'augmentation du capital-actions (société anonyme, art. 652b CO).
  - droits de sanction, qui permettent à l'associé de faire respecter ses autres droits. 1378

    Exemple: droit d'intenter une action en responsabilité (société anonyme, art. 752 ss CO).

Les **droits patrimoniaux** (*vermögensmässige Rechte*) se rapportent aux aspects directement pécuniaires du sociétariat. 1379

Exemple: droit à une part de bénéfice (société simple, art. 533 CO).

2.2. Selon la source

Les droits de l'associé se divisent en droits légaux et en droits contractuels (statutaires). 1380

Les **droits légaux** résultent de la loi. Leur existence ne nécessite pas l'intervention des associés. 1381

Exemple: droit de vote.

Les **droits contractuels (statutaires)** résultent du contrat de société (des statuts). Leur existence nécessite l'intervention des associés. 1382

Exemple: droit des coopérateurs à une ristourne (art. 859 CO).

2.3. Selon la diffusion

1383 Les droits légaux de l'associé se divisent en droits généraux et en droits spéciaux.

1384 Les **droits légaux généraux** existent dans toutes les formes de société.

Exemple: droit de vote.

1385 Les **droits légaux spéciaux** n'existent que dans une ou plusieurs formes de société.

Exemple: droit à l'utilisation des institutions sociales.

2.4. Selon le degré de protection

1386 Les droits de l'associé se divisent en droits ordinaires et en droits protégés.

1387 Les **droits ordinaires** sont ceux dont l'associé peut être privé contre son gré, par une décision sociale.

Exemple: droit de se faire représenter par n'importe quel tiers à l'assemblée générale de la société anonyme (art. 689 al. 2 CO).

1388 Les **droits protégés** sont ceux qui ne peuvent pas être supprimés ou qui ne peuvent l'être qu'à des conditions particulières. Ils se divisent en:

1389 – droits indispensables, dont la suppression est exclue dans tous les cas.

Exemple: droit de participer aux décisions sociales.

1390 – droits garantis, dont l'associé ne peut pas être privé sans son consentement.

Exemple: droit à une part de bénéfice (premier élément[482]).

1391 – droits relatifs, dont l'associé peut être privé même sans son consentement, si l'intérêt de la société l'exige.

Exemple: droit à une part de bénéfice (deuxième élément[483]).

2.5. Selon la titularité

1392 Les droits de l'associé se divisent en droits individuels, en droits de minorité et en droits de groupe.

1393 Les **droits individuels** appartiennent à chaque associé en tant que tel, indépendamment de l'importance de sa participation.

Exemple: droit de participer aux décisions sociales.

1394 Les **droits de minorité** appartiennent à un ou plusieurs associés représentant ensemble une participation d'une certaine importance.

---

[482] Voir N 1510 s.

[483] Voir N 1512–1526.

Exemple: droit des actionnaires représentant ensemble les dix pour cent du capital-actions de demander la convocation de l'assemblée générale (art. 699 al. 3 CO).

Les **droits de groupe** appartiennent à un ou plusieurs associés ayant en commun un statut juridique particulier. 1395

Exemple: droit de chaque catégorie d'actionnaires d'être représentée au conseil d'administration en cas d'émission d'actions à droit de vote privilégié (art. 709 CO).

2.6. Selon l'étendue

Les droits de l'associé se divisent en droits non privilégiés et en droits privilégiés. 1396

Les **droits non privilégiés** sont répartis selon un critère d'égalité (absolue ou relative) entre les associés ou ont une étendue moins grande que ceux d'une autre catégorie (droits privilégiés). 1397

Exemples:

- dans la société coopérative, chaque associé a droit à une voix dans l'assemblée générale (art. 885 CO).
- une société anonyme peut émettre des actions ordinaires de 100 francs de valeur nominale et des actions à droit de vote privilégié de 10 francs de valeur nominale, chaque action donnant droit à une voix.

Les **droits privilégiés** ont une étendue plus grande que ceux d'une autre catégorie (droits non privilégiés). 1398

Exemple: selon le contrat de société, les associés fondateurs, à participation égale, ont droit à une part au bénéfice triple par rapport aux associés non fondateurs.

La classification selon le critère du contenu est à la base du plan de ce paragraphe, qui ne traite que des principaux droits de l'associé. 1399

3. Droits sociaux

3.1. Droits à l'information

L'information est mise à la disposition de l'associé soit à la suite de son intervention, soit sans son intervention. 1400

Les différents droits à l'information sont organisés en cascade. Chaque droit supplémentaire vise à pallier les insuffisances du précédent. 1401

Exemple: l'associé ne ressent le besoin d'exercer ses droits à l'information provoquée[484] que si son droit à l'information spontanée[485] ne lui donne pas satisfaction. Il ne ressent le besoin de requérir la nomination d'un contrôleur spécial que si la réponse à son droit aux renseignements ne lui donne pas satisfaction.

---

[484] Voir N 1407–1426.

[485] Voir N 1403–1406.

1402 Certains de ces droits ont même un caractère subsidiaire par rapport aux autres.

Exemple: le droit à la désignation d'un contrôleur spécial ne peut être invoqué qu'après l'exercice du droit aux renseignements.

3.1.1. Droit à l'information spontanée

3.1.1–1. Définition

1403 Le droit à l'information spontanée est le droit d'avoir accès automatiquement, c'est-à-dire sans intervention personnelle, sur l'initiative des administrateurs/gérants eux-mêmes, à un moment déterminé, à des informations sur un certain nombre de faits relatifs à la société.

3.1.1–2. Nature juridique

1404 Le droit à l'information spontanée est un droit légal spécial, indispensable et individuel. Il n'existe que dans les sociétés à personnalité juridique, parce que, en général, sauf dans la société à responsabilité limitée, les associés ne s'occupent pas directement de la gestion.

3.1.1–3. Objet

1405 Le droit à l'information spontanée porte notamment sur le rapport de gestion et le rapport de révision (art. 696 al. 1, 764 al. 2 CO, 801a al. 1 nCO, 856 al. 1 CO).

3.1.1–4. Contenu

1406 Le droit à l'information spontanée consiste en la mise à disposition, dûment annoncée (art. 696 al. 2, 764 al. 2 CO), au siège de la société (art. 696 al. 1, 764 al. 2, 856 al. 1 CO) ou en la remise (art. 801a al. 1 nCO) du rapport de gestion et du rapport de révision dans un certain délai précédant l'assemblée générale ordinaire (art. 696 al. 1, 764 al. 2 CO, 801a al. 1 nCO, 856 al. 1 CO) ou la votation par correspondance (art. 805 al. 4, 856 al. 1 CO). En outre, chaque associé peut demander, dans le même délai, la délivrance d'un exemplaire de ces documents (art. 696 al. 1/2, 764 al. 2 CO, 801a al. 1 nCO, 856 al. 2[486] CO).

3.1.2. Droit à l'information provoquée

1407 De l'information peut être requise soit par l'associé, soit par le juge. L'intervention du juge est souvent conçue comme une sanction à l'égard de la société en cas de refus de l'information requise par l'associé.

486 Pour la société coopérative, seulement si les statuts le prévoient.

3.1.2–1. Par l'associé

3.1.2–1.1. Droit aux renseignements

3.1.2–1.1.1. Définition

Le droit aux renseignements (*Auskunftsrecht*) est le droit de 1408
demander aux personnes compétentes des informations sur la marche des affaires de la société en plus de celles obtenues, le cas échéant, par le droit à l'information spontanée.

3.1.2–1.1.2. Nature juridique

Le droit aux renseignements est un droit légal général, indis- 1409
pensable (art. 541 al. 2, 557 al. 2, 598 al. 2, 706b ch. 2, 764 al. 2 CO, 802 al. 1 nCO) et individuel.

3.1.2–1.1.3. Débiteurs

Les débiteurs des informations sont, en fonction de l'objet de 1410
l'information requise, soit les gérants, soit les membres des organes (d'administration ou de révision).

Exemple: dans la société anonyme, le conseil d'administration répond aux questions relatives à la politique des prix, l'organe de révision répond aux questions relatives aux vérifications opérées dans le cadre de la révision.

3.1.2–1.1.4. Objet

Le droit aux renseignements porte en principe sur toutes les 1411
affaires de la société (art. 541 al. 1, 557 al. 2, 598 al. 2, 697 al. 1, 764 al. 2 CO, 802 al. 1 nCO).

3.1.2–1.1.5. Etendue

Afin de sauvegarder les intérêts de la société, l'étendue du droit 1412
aux renseignements est fonction de l'obligation de fidélité imposée aux associés.

En principe, pour les associés tenus à un devoir de fidélité, le droit aux 1413
renseignements ne trouve de limites que dans son abus. En revanche, pour les autres associés, notamment dans la société anonyme[487] et dans la société en commandite par actions, il est limité par le secret des affaires et les autres intérêts sociaux dignes de protection (art. 697 al. 2 s., 764 al. 2 CO).

La société coopérative et la société à responsabilité limitée dérogent à ce 1414
système. Bien qu'ayant un devoir de fidélité (art. 803 al. 1 s. nCO, 866 CO),

[487] ATF 132 III 71, 74 ss; ATF 109 II 47, *50*/JdT 1984 I 52, *55*; ATF 82 II 216, *221 ss* (fr.).

leurs associés ont un droit aux renseignements limité (art. 802 al. 3 nCO, 857 al. 2 CO).

3.1.2–1.1.6. Moment de l'exercice

1415 Alors que dans les sociétés sans personnalité juridique le droit aux renseignements peut s'exercer en tout temps, dans les sociétés à personnalité juridique il ne peut en principe[488] s'exercer qu'à l'assemblée générale[489].

3.1.2–1.2. Droit à la consultation des archives

1416 Le droit à la consultation des archives (*Einsichtsrecht*) est le droit de consulter les livres et les papiers de la société au sens large du terme (correspondance, factures, contrats, jugements) (art. 541 al. 1, 600 al. 3, 697 al. 3, 764 al. 2 CO, 802 al. 2 nCO, 857 al. 2 CO).

1417 En ce qui concerne sa réglementation, il est possible de renvoyer dans une large mesure aux considérations faites au sujet du droit aux renseignements[490].

1418 Dans la société à responsabilité limitée, l'étendue du droit à la consultation des archives varie selon que la société possède ou ne possède pas un organe de révision (art. 802 al. 2 nCO).

3.1.2–2. Par le juge

3.1.2–2.1. Droit d'obtenir l'intervention du juge

1419 Dans les sociétés à personnalité juridique[491], lorsque l'associé n'obtient pas satisfaction par l'exercice personnel de son droit aux renseignements ou à la consultation des archives, il peut, en principe, s'adresser au juge afin de faire condamner la société à s'exécuter dans les limites posées pour l'exercice personnel de ces droits (art. 697 al. 4, 764 al. 2 CO, 802 al. 4 nCO, 857 al. 3 CO).

---

[488] L'associé d'une société à responsabilité limitée peut exercer son droit aux renseignements en tout temps, à condition que le principe de l'égalité de traitement soit respecté (Message du Conseil fédéral du 19 décembre 2001 concernant la révision du droit de la Sàrl (CO) (FF 2002 II, p. 3001).

[489] Plus précisément, les débiteurs de l'information ne peuvent répondre aux questions qu'au moment de l'assemblée générale.

[490] Voir N 1408–1415.

[491] THEVENAZ (cité N 1369), p. 288.

3.1.2–2.2. Droit à l'institution d'un contrôle spécial

3.1.2–2.2.1. Définition

Le droit à l'institution d'un contrôle spécial (*Sonderprüfung*) est le droit de demander la désignation d'un expert chargé d'élucider des faits déterminants pour l'exercice des droits de l'associé. 1420

3.1.2–2.2.2. Nature juridique

Le droit à l'institution d'un contrôle spécial est un droit légal spécial (société anonyme et société en commandite par actions), indispensable et fondamentalement de minorité (ce qui est contraire à la logique du système de la cascade, les droits précédents étant individuels). Il est, de plus, subsidiaire, nécessitant préalablement l'exercice d'un des droits à l'information provoquée[492]. 1421

3.1.2–2.2.3. Procédure

Tout actionnaire peut proposer à l'assemblée générale l'institution d'un contrôle spécial (art. 697a al. 1, 764 al. 2 CO). 1422

Si l'assemblée générale donne suite à la proposition en acceptant le principe du contrôle, chaque actionnaire peut, dans le délai de trente jours, demander au juge la désignation d'un contrôleur spécial (art. 697a al. 2 CO). 1423

Si l'assemblée générale ne donne pas suite à la proposition, des actionnaires représentant dix pour cent au moins du capital-actions ou des actions d'une valeur nominale de deux millions de francs peuvent, dans les trois mois, demander au juge la désignation d'un contrôleur spécial (art. 697b al. 1 CO). Ils ont droit à cette désignation s'ils rendent vraisemblable que des fondateurs ou des organes ont violé la loi ou les statuts et causé ainsi un préjudice à la société ou aux actionnaires (art. 697b al. 2 CO)[493]. 1424

L'activité du contrôleur spécial est régie en détail par la loi (art. 697c à 697f CO), qui essaie de tenir compte le plus équitablement possible de l'intérêt des actionnaires demandeurs et de celui de la société. 1425

Vu les multiples conditions relatives à l'exercice de ce droit, la limitation de son objet et la protection du secret des affaires, le contrôle spécial a surtout un rôle préventif. 1426

---

[492] ATF 123 III 261, *264*/JdT 1999 I 27, *29;* voir également RSDA 69 (1997), p. 34–41: Sonderprüfung/Contrôle spécial, Beschluss des Obergerichts des Kantons Zürich vom 16. Juli 1996 in Sachen BK Vision AG c. Schweizerische Bankgesellschaft, avec commentaire de Jean Nicolas Druey.

[493] ATF 120 II 393, *396 ss*/JdT 1995 I 571, *574 ss*; voir également RSDA 69 (1997), p. 34–41 (cité note 492).

3.2. Droits de participation

3.2.1. Droit de vote

3.2.1–1. Définition

1427 Le droit de vote est le droit de manifester sa volonté dans le cadre des scrutins relatifs aux décisions sociales[494], en d'autres termes, d'utiliser ses voix pour ou contre les propositions de décisions sociales. Il permet à l'associé de prendre part à la formation de la volonté sociale au niveau des décisions sociales.

3.2.1–2. Nature juridique

1428 Le droit de vote est un droit légal général, dans la mesure où chaque associé doit posséder une voix au moins (art. 534, 557 al. 2, 598 al. 2, 692 al. 2/1, 764 al. 2 CO, 806 al. 1/2 nCO, 885 CO)[495], indispensable et individuel.

3.2.1–3. Objet

1429 Le droit de vote porte sur les décisions sociales.

3.2.1–4. Etendue

1430 L'étendue du droit de vote est, sauf disposition contraire du contrat de société ou des statuts, fixé:

1431 – par tête, dans les sociétés de personnes (art. 534 al. 2, 557 al. 2, 598 al. 2, 885[496] CO);

1432 – proportionnellement à la participation financière dans les sociétés de capitaux et les sociétés mixtes (art. 692 al. 1, 764 al. 2 CO, 806 al. 1/1 nCO).

3.2.1–5. Exercice

1433 L'associé a le droit d'exercer son droit de vote, mais il n'a aucune obligation de le faire. En s'abstenant de l'exercer, il peut empêcher la prise de certaines décisions, notamment de celles qui nécessitent l'unanimité (art. 534 al. 1, 706 al. 2 ch. 4 CO, 731 al. 2/2, 797, 812 al. 3/1 nCO). En cas d'impasse, la dissolution de la société s'impose (art. 545 al. 1 ch. 1 et 7 CO)[497].

1434 L'exercice du droit de vote est toutefois suspendu:

---

[494] Pour la définition de la décision sociale, voir N 1169–1172.

[495] ATF 121 III 420, *428*/JdT 1997 I 111, *118*; ATF 86 II 78, *83*/JdT 1961 I 7, *11*.

[496] Cette disposition est impérative.

[497] ATF 110 II 287, *292*/JdT 1985 I 146, *150*.

– en cas de décision sur un point qui fait l'objet d'un conflit d'intérêts entre la société et l'associé dans les sociétés sans personnalité juridique; 1435
– en cas de décision de décharge qui concerne personnellement l'associé dans les sociétés à personnalité juridique (art. 695, 764 al. 2 CO, 806a al. 1 nCO, 887 al. 1 CO); 1436
– lorsque le titulaire d'actions cotées en bourse n'a pas encore obtenu son inscription au registre des actions (art. 685f al. 2, 764 al. 2 CO); 1437
– lorsqu'une société possède, directement ou indirectement, de ses propres actions (art. 659a al. 1, 659b al. 1 s., 764 al. 2 CO). 1438

La légitimation de l'associé à l'égard de la société résulte du contrat de société (société simple, société en nom collectif et société en commandite), de l'inscription sur un registre (société à responsabilité limitée, art. 790 al. 1 nCO) ou de la liste des associés (société coopérative, art. 837 nCO, 95 ORC[498]). La situation est plus complexe dans la société anonyme et la société en commandite par actions: 1439

– si les actions sont au porteur, la légitimation résulte de la possession et de la production de l'action, éventuellement d'un autre titre de possession (art. 689a al. 2, 764 al. 2 CO); 1440
– si les actions sont nominatives, la légitimation résulte de l'inscription au registre des actions (art. 686 al. 4, 689a al. 1, 764 al. 2 CO). 1441

3.2.2. Droit de participer au scrutin

Le droit de vote ne suffit pas à l'associé pour lui permettre de prendre part effectivement à la formation de la volonté sociale au niveau des décisions sociales. Il doit être complété par des droits lui permettant de participer effectivement et en connaissance de cause aux scrutins, c'est-à-dire aux opérations de vote. 1442

3.2.2–1. Droit de faire organiser le scrutin

Dans les sociétés sans personnalité juridique, gérées en principe par les associés eux-mêmes, le droit de faire organiser le scrutin est superflu. Au cas où les associés n'arrivent pas à s'entendre à ce sujet, la société doit être dissoute. 1443

Dans les sociétés à personnalité juridique, la loi accorde aux associés un droit (de minorité[499]) d'obtenir l'organisation du scrutin, c'est-à-dire la convocation de l'assemblée générale (art. 699 al. 3, 764 al. 2 CO, 805 al. 5 1444

[498] L'établissement d'une liste des associés n'est toutefois obligatoire que lorsque les associés ont une responsabilité personnelle pour les dettes sociales ou lorsque des versements supplémentaires peuvent être exigés.

[499] Ce droit est individuel s'il vise à faire organiser une assemblée générale ordinaire qui ne l'a pas été dans le délai légal.

ch. 2 nCO, 881 al. 2 CO), ainsi qu'un droit de faire inscrire un objet à l'ordre du jour (art. 699 al. 3, 764 al. 2 CO, 805 al. 5 ch. 2 nCO).

3.2.2–2. Droit d'être invité au scrutin

1445 Sauf dans les sociétés qui prennent leurs décisions sociales à l'unanimité, le droit d'être invité au scrutin, qui prend en général la forme du droit d'être convoqué à l'assemblée générale et éventuellement celle du droit d'être invité à voter par correspondance, est nécessaire pour la sauvegarde du droit de vote (art. 700, 764 al. 2 CO, 805 nCO, 881 CO).

1446 Pour être efficace, notamment pour permettre à l'associé de se libérer de ses autres occupations et de se préparer au scrutin, l'invitation doit:

1447 – lui parvenir dans un certain délai avant le scrutin (art. 700 al. 1, 764 al. 2 CO, 805 al. 3/1 nCO, 882 al. 1 CO);

1448 – comporter l'ordre du jour précis[500], c'est-à-dire les objets qui feront l'objet d'une décision (art. 700 al. 2 s., 764 al. 2 CO, 805 al. 5 ch. 1 nCO, 883 al. 1 s. CO);

1449 – voire comporter les propositions des administrateurs/gérants (art. 700 al. 2, 764 al. 2 CO, 805 al. 5 ch. 4 nCO).

3.2.2–3. Droit d'accéder au scrutin

1450 Comme pour le droit d'être invité au scrutin, le droit d'accéder au scrutin n'est pas nécessaire dans les sociétés prenant leurs décisions à l'unanimité. Il l'est dans toutes les autres (art. 689, 689a, 764 al. 2, 855 CO), où seul un comportement empêchant le déroulement des opérations justifie un refus d'accès.

3.2.2–4. Droit de participer à la discussion

1451 La réunion des associés, conçue comme un forum de discussion, doit permettre à tout associé de s'exprimer, c'est-à-dire de faire des suggestions et de défendre son point de vue.

3.2.2–5. Droit de faire des propositions de vote

1452 Chaque associé peut faire des propositions de vote dans le cadre des objets portés à l'ordre du jour (art. 700 al. 4, 764 al. 2 CO, 805 al. 5 ch. 4 nCO, 883 al. 3 CO).

---

[500] ATF 121 III 420, *424*/JdT 1997 I 111, *114*; ATF 103 II 141, *143 ss*/JdT 1978 I 562, *564 ss*.

3.2.2–6. Droit de se faire représenter

Il arrive qu'un associé, pour une raison quelconque, ne puisse pas participer personnellement au scrutin, tout en souhaitant ne pas perdre l'influence que lui confèrent sur la société ses droits de vote et de participation au scrutin. Le recours à la représentation lui est plus ou moins largement ouvert en fonction du caractère plus ou moins personnel de la société. 1453

Dans la société anonyme, la société en commandite par actions (en ce qui concerne les actionnaires ordinaires) et la société à responsabilité limitée, l'associé peut se faire représenter par n'importe qui, à moins que les statuts ne soient plus restrictifs[501] (art. 689 al. 2 CO, 776a al. 1 ch. 7, 805 al. 5 ch. 8 nCO). Il a en général recours à un autre associé, à un parent, à une banque (art. 689d CO, 805 al. 5 ch. 8 nCO) ou à un membre d'un organe de la société (art. 689c CO, 805 al. 5 ch. 8 nCO). 1454

Dans la société coopérative, il ne peut se faire représenter que par un autre associé, qui ne peut pas représenter plus d'un associé (art. 886 al. 1 CO). 1455

Dans les autres sociétés de personnes, la représentation n'est possible que si elle est prévue dans le contrat. 1456

3.3. Droits de protection

3.3.1. Droits au maintien de la participation relative

3.3.1–1. Droit préférentiel de souscription à des titres de participation[502]

3.3.1–1.1. Définition

Le droit préférentiel de souscription est le droit, attaché par la loi (art. 652b, 656g, 764 al. 2 CO, 781 al. 5 ch. 2 nCO) à certains titres de participation (actions, bons de participation, parts sociales), de participer à toute augmentation future de capital de la société proportionnellement à la valeur nominale de ses anciens titres de participation. 1457

3.3.1–1.2. But

Le droit préférentiel de souscription a pour but de maintenir la participation relative de l'associé aussi bien en matière de droits sociaux, 1458

[501] Dans la société anonyme, le droit d'être représenté ne peut pas être supprimé totalement (art. 689 al. 2 CO).

[502] Pour la créance pouvant résulter de ce droit, voir N 1538–1540.

notamment de droit de vote, qu'en matière de droits patrimoniaux, notamment de droit à une part de liquidation[503].

1459 Il vise notamment à éviter aux associés une perte patrimoniale liée au phénomène de la dilution de la valeur réelle des titres de participation. En effet, chaque fois que le capital d'une société est augmenté et que le prix d'émission des nouveaux titres est inférieur à la valeur réelle des anciens (ce qui est très fréquent dans la pratique), la valeur réelle des anciens titres diminue par le fait que la fortune sociale de la société se répartit entre tous les titres proportionnellement à leur valeur nominale.

Exemple: une société anonyme a un capital-actions de 100 000 francs divisé en 100 actions de 1000 francs de valeur nominale. Sa fortune sociale est de 1 000 000 francs. La valeur réelle de chaque action se monte par conséquent à 10 000 francs (1 000 000 francs/100). Si la société augmente son capital-actions à 200 000 francs en émettant au pair (1000 francs par action) 100 nouvelles actions de 1000 francs de valeur nominale, sa fortune sociale se montera dorénavant à 1 100 000 francs (1 000 000 francs + [100 × 1000 francs]). Par conséquent, la valeur réelle de chaque action ne sera plus que de 5500 francs (1 100 000 francs/200). Un actionnaire possédant une action subira par conséquent une perte patrimoniale de 4500 francs (10 000 francs – 5500 francs) s'il ne souscrit pas une nouvelle action lors de l'augmentation du capital-actions. En revanche, s'il exerce son droit préférentiel de souscription, sa situation patrimoniale restera inchangée. Il possédera en effet dorénavant 2 actions d'une valeur réelle de 5500 francs chacune, soit une valeur de 11 000 francs (les 10 000 francs d'avant l'augmentation + les 1000 francs investis pour obtenir la nouvelle action).

3.3.1–1.3. Nature juridique

1460 Le droit préférentiel de souscription est un droit légal spécial, relatif et individuel. Il ne s'impose que dans les sociétés de capitaux et mixtes, parce que le statut de l'associé y est construit sur le critère de la participation financière.

1461 Il ne peut être supprimé que si certaines conditions sont remplies.

1462 Dans la société anonyme, la société en commandite par actions et la société à responsabilité limitée, la décision de suppression doit être prise pour de justes motifs (art. 652b al. 2, 764 al. 2 CO, 781 al. 5 ch. 2 nCO) à une majorité qualifiée (art. 704 al. 1 ch. 6 CO, 808b al. 1 ch. 6 nCO) par l'assemblée générale ou l'assemblée des associés (art. 650 al. 2 ch. 8, 698 al. 2 ch. 6 CO, 808b al. 1 ch. 6 nCO) qui peut, dans une certaine mesure, la

503 De ce point de vue, le droit préférentiel de souscription peut être qualifié de mixte (social et patrimonial).

déléguer au conseil d'administration en cas d'augmentation autorisée[504] du capital-actions[505].

3.3.1–1.4. Droit préférentiel indirect de souscription[506]

Au lieu d'accorder directement, comme le prévoit la loi, le droit 1463
préférentiel de souscription à ses associés, la société peut le leur accorder indirectement en passant par une banque. Ce procédé est fréquent dans les grandes sociétés pour des raisons pratiques. Il se déroule en deux étapes:

- la société supprime le droit préférentiel de souscription de ses associés 1464
  au profit d'une banque, qui souscrit les nouveaux titres et s'engage à les céder par la suite aux associés de la société proportionnellement à leurs anciens titres.
- la banque propose effectivement aux associés de la société d'acquérir les 1465
  actions qu'elle a souscrites dans le cadre de l'augmentation de capital proportionnellement à leurs anciens titres.

3.3.1–2. Droit préférentiel de souscription à des obligations convertibles ou à option

Dans le cadre particulier de l'augmentation conditionnelle[507] de 1466
capital-actions dans la société anonyme et la société en commandite par actions, en raison de la définition même de l'institution, le droit préférentiel de souscription des actionnaires à des titres de participation doit être supprimé au profit des obligataires (art. 653 al. 1 CO). Afin d'assurer, malgré cette suppression, le droit au maintien de la participation relative des actionnaires, il est nécessaire de leur accorder un droit préférentiel de souscription sur les obligations elles-mêmes, ce qui leur permet, par l'exercice du droit préférentiel de souscription sur les obligations, de récupérer leur droit préférentiel de souscription sur les titres de participation (art. 653c CO).

3.3.2. Droits de sanction

En droit des sociétés, les sanctions principales sont: 1467

---

[504] L'augmentation autorisée se caractérise par le fait que l'assemblée générale délègue au conseil d'administration la compétence de décider de l'opportunité, du moment et du montant de l'augmentation du capital-actions.

[505] ATF 121 III 219, *222 ss*/JdT 1996 I 162, *165 ss*.

[506] FORSTMOSER, PETER, Zulässigkeit des Festübernahmeverfahrens für Kapitalerhöhungen unter neuem Aktienrecht?, RSDA 65 (1993), p. 101–106; STRAZZER, DANIEL, Die Festübernahme bei der Kapitalerhöhung der Aktiengesellschaft, thèse Zürich 1995.

[507] L'augmentation conditionnelle se caractérise par le fait que l'assemblée générale délègue à certains tiers (obligataires ou travailleurs) la compétence de décider de l'opportunité, du moment et du montant de l'augmentation du capital-actions.

- l'annulabilité et la nullité des décisions,
- la responsabilité des administrateurs/gérants,
- la dissolution de la société,
- la sortie de la société.

3.3.2–1. Droit d'attaquer en justice les décisions de la société

3.3.2–1.1. Définition

1468 Le droit d'attaquer en justice les décisions de la société est le droit de demander au juge la constatation de la nullité[508] d'une décision sociale, d'administration ou de gestion qui viole une norme légale impérative particulièrement importante ou l'annulation[509] d'une décision sociale qui viole la loi, le contrat, les statuts ou les principes non écrits du droit des sociétés ou de l'ordre juridique en général.

1469 Les décisions d'administration et de gestion ne sont pas annulables[510], afin notamment d'éviter un risque de paralysie de l'activité sociale. La mauvaise gestion peut toutefois entraîner:

- la révocation des gérants (art. 539, 557 al. 2, 598 al. 2, 705, 767 CO, 804 al. 2 ch. 2, 815 al. 1 s. nCO, 890 CO),
- l'action en responsabilité[511].

1470 La violation peut être formelle ou matérielle.

1471 La violation formelle est en rapport avec la procédure de décision.

Exemple: la décision ne respecte pas les règles de majorité.

1472 La violation matérielle est en rapport avec le contenu de la décision.

Exemple: dans une société simple, la décision est formellement irréprochable, mais elle supprime la responsabilité solidaire des associés.

3.3.2–1.2. Sources

1473 En matière de décisions sociales, l'annulabilité et la nullité des décisions sociales sont expressément prévues par la loi pour la société anonyme, la société en commandite par actions et la société à responsabilité limitée (art. 706 ss, 764 al. 2 CO, 808c nCO). Pour la société coopérative (art. 891 CO), le législateur traite uniquement de l'annulabilité. La doctrine unanime admet toutefois la possibilité de la nullité[512]. Enfin, pour les

---

[508] Voir N 1477, 1486.

[509] Voir N 1477, 1491–1494.

[510] ATF 109 II 239, *243 s.*/JdT 1984 I 148, *153*. Contra: STAUBER, ERIC, Das Recht des Aktionärs auf gesetz- und statutenmässige Verwaltung und seine Durchsetzung nach schweizerischem Recht, thèse Zurich 1985, § 8 N 83–95.

[511] Voir N 1501–1503.

[512] Notamment: REYMOND, TDP VIII/III/1, p. 236 s.; VON STEIGER, ZK, ad art. 808 CO, N 10 s.

sociétés sans personnalité juridique, la loi est muette, mais la doctrine admet les deux possibilités[513].

En matière de décisions d'administration et de gestion, la nullité n'est prévue expressément que pour la société anonyme et la société à responsabilité limitée (art. 714 CO, 816 nCO). Elle est admise par la doctrine pour les autres formes de société[514]. 1474

3.3.2–1.3. Nature juridique

Le droit d'attaquer en justice les décisions de la société est un droit légal général (seulement implicitement dans les sociétés sans personnalité juridique), indispensable et individuel. 1475

3.3.2–1.4. Sanctions

Une décision contraire à la loi, au contrat de société ou aux statuts peut présenter divers degrés de gravité. 1476

Exemple: il est beaucoup moins grave de convoquer une assemblée générale de société anonyme 19 jours à l'avance, au lieu de 20 jours, que d'introduire dans les statuts la responsabilité personnelle des actionnaires.

Pour tenir compte de cette diversité, deux catégories différentes de sanctions existent, selon le degré de gravité de la violation: 1477

- la nullité, qui est l'exception,
- l'annulabilité, qui est la règle.

Vu les nombreuses différences entre les réglementations des différentes formes de société, la nature de la sanction peut varier d'une forme de société à l'autre pour la même décision. Une décision peut être annulable dans une forme de société, alors qu'elle est nulle dans une autre et parfaitement valable dans une troisième. 1478

Exemple: la décision d'introduire l'obligation de faire des versements supplémentaires est nulle dans la société anonyme, annulable dans la société à responsabilité limitée dont les statuts prévoient l'interdiction des versements supplémentaires et valable dans une société simple.

3.3.2–1.4.1. Nullité

3.3.2–1.4.1–1. Champ d'application

La nullité frappe les décisions de la société entachées des défauts les plus graves, plus précisément celles qui violent des normes de droit impératif visant à protéger des intérêts publics, ainsi que celles qui sont impossibles ou contraires aux mœurs, notamment: 1479

---

513 Notamment: TERCIER, Contrats spéciaux, N 6714.
514 Notamment: RIEMER (cité N 1369), N 292.

1480 – les décisions qui violent les caractéristiques fondamentales de la société:

1481 – décisions qui négligent la structure de base de la société (art. 706b ch. 3, 764 al. 2 CO, 808c, 816 nCO);

Exemple: décision qui supprime la responsabilité personnelle des associés de la société en nom collectif ou qui introduit la responsabilité personnelle des actionnaires.

1482 – décisions qui sont contraires à l'organisation de base de la société;

Exemple: décision qui supprime un organe légal ou des majorités qualifiées requises par la loi.

1483 – les décisions qui violent les dispositions impératives de protection des associés (art. 706b ch. 1, 764 al. 2 CO, 808c, 816 nCO);

Exemple: décision qui supprime tout droit de vote ou tout droit aux renseignements.

1484 – les décisions qui violent les dispositions de protection des créanciers (art. 706b ch. 3, 764 al. 2 CO, 808c, 816 nCO).

Exemple: décision de remboursement des apports sans respect de la procédure de réduction du capital dans les sociétés de capitaux.

1485 Doivent être assimilées aux décisions nulles, au moins dans leurs effets, les décisions inexistantes, c'est-à-dire les décisions prétendument prises régulièrement par les personnes compétentes, mais qui, en réalité, ont été prises dans des circonstances qui ne correspondent pas aux règles légales fondamentales relatives à ces décisions.

Exemples:

- dans une société simple, une décision sociale est prise par un gérant au lieu de l'être par l'ensemble des associés.
- dans une société anonyme, une modification du but social est prise par une réunion d'actionnaires à laquelle seule la moitié des actionnaires a été convoquée, alors que tous doivent l'être.

3.3.2–1.4.1–2 Effets

1486 La décision nulle ne déploie aucun effet, à aucun moment, sous réserve de la protection des tiers de bonne foi[515]. Elle peut être invoquée par voie d'action ou d'exception.

3.3.2–1.4.2. Annulabilité

3.3.2–1.4.2–1. Champ d'application

1487 L'annulabilité frappe les décisions sociales (pas les décisions d'administration ou de gestion) entachées de défauts qui ne sont pas les plus graves, plus précisément celles qui violent des normes de droit impératif

---

[515] Pour un bon exemple en matière de société coopérative, voir ATF 78 III 33, *44 s.*/JdT 1952 I 403, *410 s.*

visant à protéger des intérêts privés, des normes de droit dispositif, des principes généraux non écrits, le contrat de société ou les statuts, notamment:

- les décisions qui suppriment ou limitent les droits des associés en violation de dispositions légales non sanctionnées par la nullité (art. 706 al. 2 ch. 1, 764 al. 2 CO, 808c nCO, 891 al. 1/1 CO); 1488

  Exemple: suppression, par une décision non unanime, du droit à une part de bénéfice dans les sociétés commerciales (art. 706 al. 2 ch. 4, 764 al. 2 CO, 808c nCO).

- les décisions qui suppriment ou limitent les droits des associés en violation du contrat de société ou des statuts (art. 706 al. 2 ch. 1 CO, 808c nCO, 891 al. 1/1 CO). 1489

  Exemple: décision de l'assemblée générale de la société anonyme de ne pas payer le dividende privilégié statutaire d'une catégorie d'actionnaires.

Elle ne frappe pas les décisions uniquement inadéquates ou inopportunes[516]. 1490

3.3.2–1.4.2–2. Effets

La décision annulable est une décision valable sous la condition résolutoire qu'elle ne soit pas annulée par le juge avec effet *ex tunc,* c'est-à-dire dès le début. En d'autres termes, une décision annulable peut: 1491

- soit avoir les effets d'une décision valable, si elle n'est pas attaquée en justice et pas annulée par le juge, 1492
- soit avoir les effets d'une décision nulle, dans la mesure où elle n'a pas encore été exécutée, si elle est attaquée en justice et annulée par le juge. La nullité vaut à l'égard de tous les associés (art. 706 al. 5, 764 al. 2 CO, 808c nCO, 891 al. 3 CO). 1493

L'annulabilité peut être invoquée par voie d'action uniquement. 1494

3.3.2–1.5. Procédure

3.3.2–1.5.1. Légitimation

S'agissant de l'action en nullité, tout intéressé est légitimé pour agir. S'agissant de l'action en annulation, tout associé[517] est légitimé pour agir à deux conditions: 1495

- ne pas avoir adhéré à la décision[518],
- avoir un intérêt digne de protection[519].

---

[516] ATF 117 II 290, *308* (fr.); ATF 100 II 384, *392 s.*/JdT 1975 I 334, *342*.

[517] Dans les sociétés à personnalité juridique, l'organe d'administration a aussi la légitimation active (art. 706 al. 1 CO, 808c nCO, 891 al. 1 CO).

[518] ATF 99 II 55, *57*/JdT 1973 I 618, *621*.

1496 Dans les sociétés à personnalité juridique (art. 706 al. 1, 764 al. 2 CO, 808c nCO[520]), ainsi que dans la société en nom collectif (art. 562 CO) et dans la société en commandite (art. 602 CO), l'action en annulation doit être dirigée contre la société. Dans la société simple, l'action en annulation doit être dirigée contre tous les associés ayant accepté la décision.

3.3.2–1.5.2. Délai

1497 La nullité peut être invoquée en tout temps.

1498 L'action en annulation doit être intentée dans un délai péremptoire[521] de 2 mois. La loi le prévoit expressément pour les sociétés à personnalité juridique (art. 706a al. 1, 764 al. 2 CO, 808c nCO, 891 al. 2 CO). Lorsque la décision est prise par une assemblée, le délai court dès le moment où la décision a été prise[522]. Lorsque la décision est prise par une votation par correspondance, il court dès le moment où l'associé a pu prendre connaissance de la décision.

3.3.2–1.5.3. Valeur litigieuse et frais

1499 La valeur litigieuse est déterminée par l'intérêt de la société. Par conséquent, elle est souvent importante. Cela crée un grand risque pour le(s) demandeur(s). Afin de limiter ce risque, la loi permet, dans le cadre des sociétés anonymes (art. 706a al. 3 CO), en commandite par actions (art. 764 al. 2 CO) et à responsabilité limitée (art. 808c nCO) de répartir librement les frais entre la société et le(s) demandeur(s).

3.3.2–1.5.4. Nature du jugement

1500 Le jugement peut constater la nullité d'une décision ou annuler une décision; il ne peut pas la modifier[523].

3.3.2–2. Droit d'agir en responsabilité

1501 Seules les décisions sociales peuvent faire l'objet d'une action en annulation[524]. Comme les associés peuvent subir un dommage dû à d'autres décisions, la loi leur permet d'agir en responsabilité contre un certain nombre de responsables de ces autres décisions[525].

---

519 ATF 107 II 179, *182*/JdT 1981 I 375, *378*. A défaut d'un intérêt digne de protection l'action en annulation est abusive.

520 Cela vaut également pour la société coopérative (REYMOND, TDP VIII/III/1, p. 240).

521 ATF 110 II 387, *389 ss* (fr.); ATF 86 II 78, *87*/JdT 1961 I 7, *14*.

522 Même à l'égard des associés qui n'ont pas participé à l'assemblée en question (voir ATF 99 II 55, *57*/JdT 1973 I 618, *621*.

523 RSJ 79 (1983), p. 161 ss (no 27).

524 Voir N 1468 s.

525 Pour plus de détails, voir N 1835–1843.

3.3.2–2.1. Définition

Le droit d'agir en responsabilité est le droit d'intenter une action judiciaire pour obtenir réparation du dommage causé fautivement par un responsable en violation de ses obligations. 1502

3.3.2–2.2. Nature juridique

Le droit d'agir en responsabilité est un droit légal général (seulement implicitement dans les sociétés sans personnalité juridique), indispensable et individuel. 1503

3.3.2–3. Droit d'agir en dissolution de la société pour de justes motifs[526]

Lorsque les rapports entre les associés ou certains associés et la société se détériorent à un point tel que la situation devient intolérable pour un ou plusieurs associés, la loi leur accorde en général, comme moyen ultime de défense, le droit d'agir en dissolution de la société. 1504

3.3.2–3.1. Définition

Le droit d'agir en dissolution de la société pour de justes motifs est le droit d'intenter une action judiciaire afin d'obtenir, lorsque la continuation de la société ne peut plus être exigée d'un ou de plusieurs associés, la mise en œuvre des opérations ayant pour conséquence la disparition de la société. 1505

Dans les sociétés sans personnalité juridique, la dissolution peut aussi être obtenue par chaque associé par simple dénonciation du contrat lorsque la société a été formée pour une durée indéterminée ou pour toute la vie d'un associé (art. 545 al. 1 ch. 6, 546, 574 al. 1/2, 619 al. 1 CO).

3.3.2–3.2. Nature juridique

Le droit d'agir en dissolution de la société pour de justes motifs est un droit légal spécial[527] et indispensable. Il est individuel, sauf dans la société anonyme et dans la société en commandite par actions, où il appartient aux actionnaires représentant ensemble au moins dix pour cent du capital-actions (art. 736 al. 4, 770 al. 2 CO). 1506

3.3.2–4. Droit de sortie pour justes motifs

Voir sortie légale[528]. 1507

---

[526] Pour plus de détails, voir N 1944–1947.

[527] Il existe dans toutes les sociétés, sauf dans la société coopérative.

[528] Voir N 2133–2136.

4. Droits patrimoniaux

4.1. Droit à une part de bénéfice[529]

1508 Sauf dans la société coopérative[530], l'associé possède de par la loi, pour autant que la société ait un but économique pécuniaire, le droit de participer au bénéfice réalisé par la société (art. 533, 557 al. 2, 598 al. 2, 660 al. 1, 764 al. 2 CO, 798 nCO).

1509 Le droit de participer au bénéfice se compose de deux éléments[531]:

- du droit à la poursuite, par la société, d'une politique de recherche de bénéfice (4.1.1.),
- du droit à la fixation périodique de la part de bénéfice à distribuer aux associés (4.1.2.).

4.1.1. Droit à la poursuite, par la société, d'une politique de recherche de bénéfice

4.1.1–1. Définition

1510 Le droit à la poursuite, par la société, d'une politique de recherche de bénéfice correspond au but final économique pécuniaire. Il est le droit d'exiger que la société cherche à réaliser à long terme[532] le plus grand bénéfice possible. Il ne s'agit toutefois pas d'une recherche de bénéfice à tout prix, mais d'une recherche de bénéfice tenant compte de toutes les circonstances. Cela permet à la société de respecter des devoirs sociaux ou éthiques.

Exemples:

- une société n'a pas l'obligation de licencier des collaborateurs dès les premiers signes de ralentissement de la conjoncture.
- une société peut prendre des mesures de protection de l'environnement allant au-delà de ce qui est exigé par la loi.

4.1.1–2. Nature juridique

1511 Le droit à la poursuite, par la société, d'une politique de recherche de bénéfice est un droit légal spécial[533], garanti[534] et individuel.

---

529 Pour la notion de bénéfice, voir N 1555–1562.

530 En vertu de l'article 859 CO, l'excédent actif de l'exploitation rentre (sauf règle statutaire contraire) pour le tout dans la fortune de la société.

531 Pour le droit de créance pouvant résulter du droit à une part de bénéfice, voir N 1531–1536.

532 ATF 100 II 384, *393*/JdT 1975 I 334, *342*.

533 Il n'existe pas dans la société coopérative.

534 Il ne peut être supprimé ou restreint, ce qui équivaut à la modification du but final, qu'avec le consentement de tous les associés (art. 534 al. 1, 557 al. 2, 598 al. 2, 706 al. 2 ch. 4, 764 al. 2 CO, 808c nCO).

4.1.2. Droit à la fixation périodique de la part de bénéfice à distribuer aux associés

4.1.2–1. Définition

Le droit à la fixation périodique de la part de bénéfice à distribuer aux associés est le droit d'exiger, en principe annuellement[535], que la société détermine la part de bénéfice qui revient à ses associés. 1512

4.1.2–2. Nature juridique

Le droit à la fixation périodique de la part de bénéfice à distribuer aux associés est un droit légal spécial[536], relatif et individuel. Il est limité par les règles générales (principe de la prudence) et spéciales (obligation de constituer une réserve générale dans la société anonyme et la société à responsabilité limitée) sur la comptabilité commerciale. De plus, les associés peuvent prévoir statutairement ou par décision sociale la création de réserves supplémentaires, voire d'autres distributions (notamment des tantièmes, qui sont des parts de bénéfice attribuées aux administrateurs/gérants). 1513

4.1.2–3. Détermination du bénéfice

Dans la société simple, qui n'est pas soumise à l'obligation de tenir une comptabilité commerciale, la détermination du bénéfice se fait conformément au contrat ou aux besoins concrets sur la base de décomptes périodiques ou du décompte de liquidation. 1514

Dans les autres formes de société, la détermination du bénéfice se fait sur la base du bilan annuel (art. 558, 598 al. 2, 660 al. 1, 764 al. 2 CO, 798 al. 1 nCO, 858 al. 1 CO). Ce dernier est établi selon les règles de la comptabilité commerciale (art. 957 ss CO) et, le cas échéant, selon les règles spéciales des articles 662 ss CO (société anonyme, société en commandite par actions [art. 764 al. 2 CO], société à responsabilité limitée [art. 801 nCO] et certaines sociétés coopératives [art. 858 al. 2 CO])[537]. 1515

---

[535] Sauf pour la société simple.

[536] Il n'existe pas dans la société coopérative. En revanche, un droit à la répartition de l'excédent actif de l'exploitation peut être prévu par les statuts (art. 859 CO). Pour plus de détails, voir N 1520.

[537] Des règles supplémentaires peuvent devoir être respectées: établissements soumis à la Loi fédérale sur les banques et les caisses d'épargne (art. 6 LB, 23 ss OB), négociants en valeurs mobilières (art. 16 LBVM, 29 s. OBVM), compagnies d'assurances (art. 26 LSA, 139 s. OS), sociétés dont les titres sont cotés en bourse (art. 66 ss du règlement de cotation du 24 janvier 1996).

4.1.2–4. Critère de répartition

4.1.2–4.1. Légal

1516 Le critère de répartition du bénéfice entre associés varie selon les formes de société.

1517 Dans la société simple et la société en nom collectif, la répartition se fait par tête (art. 533 al. 1, 557 al. 2 CO), sans tenir compte de la nature et de l'importance des apports.

1518 Dans la société en commandite, elle est fixée librement par le juge (art. 601 al. 2 CO), en raison du statut différent des associés. Il s'agit d'un cas de pouvoir d'appréciation du juge (art. 4 CC), qui doit tenir compte notamment du travail fourni par les associés au sein de la société, de la nature et de l'importance de leurs apports et de l'importance de leur responsabilité à l'égard des tiers.

1519 Dans la société anonyme, la société en commandite par actions et la société à responsabilité limitée, elle se fait proportionnellement à la participation financière, plus particulièrement proportionnellement à la valeur nominale des parts sociales ou aux montants libérés par chaque associé (art. 661, 764 al. 2 CO, 798 al. 3 nCO). La part au bénéfice est appelée dividende.

1520 Dans la société coopérative, à condition que la répartition soit prévue dans les statuts, elle se fait selon le mode de la ristourne, c'est-à-dire proportionnellement à l'utilisation des institutions sociales (art. 859 al. 2 CO). A vrai dire, comme l'indique le mot ristourne, il ne s'agit pas à proprement parler d'une distribution de bénéfice, mais d'une restitution de l'excédent actif de l'exploitation. En effet, le but de la société coopérative n'étant pas de faire du bénéfice et cette société ne traitant en principe qu'avec ses associés, l'excédent actif de l'exploitation ne peut résulter que d'un trop perçu auprès des coopérateurs pour l'utilisation des institutions de la société, que celle-ci doit naturellement leur restituer. Pour les coopérateurs titulaires de parts sociales, l'excédant actif peut aussi être réparti selon le mode capitaliste, c'est-à-dire proportionnellement aux versements opérés, mais la rémunération de ces parts ne doit pas dépasser le taux de l'intérêt usuel pour les prêts à longue échéance accordés sans garanties spéciales (art. 859 al. 3 CO).

4.1.2–4.2. Conventionnel

1521 La convention peut prévoir d'autres critères de répartition que celui prévu par la loi (art. 533 al. 1, 557 al. 2, 598 al. 2, 601 al. 2, 661, 764 al. 2 CO, 798 al. 3 *in fine* nCO).

1522 Dans les sociétés sans personnalité juridique, une convention pour la seule répartition du bénéfice vaut aussi pour la répartition des pertes et vice versa (art. 533 al. 2, 557 al. 2, 598 al. 2 CO).

4.1.2–5. Mode de répartition

Le mode de répartition du bénéfice peut être déterminé librement par la société. 1523

Le mode le plus courant est la répartition en espèces. Mais la répartition peut se faire en nature: utilisation gratuite des installations (société de transports), réduction de prix (société hôtelière), distribution de titres de la société. 1524

4.1.2–6. Distribution cachée de bénéfice

Pour diverses raisons, notamment fiscales, certaines sociétés distribuent tout ou partie de leur bénéfice sous forme cachée, c'est-à-dire n'apparaissant pas comme telle. 1525

Exemple: versement aux administrateurs/gérants de salaires ou d'indemnités disproportionnés par rapport aux prestations effectuées.

Ces pratiques sont illégales. De plus, elles peuvent violer le principe de l'égalité de traitement. Elles sont sanctionnées expressément par la loi dans la société anonyme (art. 678 al. 2 CO), la société en commandite par actions (art. 764 al. 2 CO) et la société à responsabilité limitée (art. 800 nCO). 1526

4.2. Droit à une part de liquidation

Sauf dans la société coopérative[538], l'associé possède de par la loi un droit de participer au bénéfice résultant de la liquidation de la société (art. 549 al. 1, 588 al. 2, 619 al. 1, 660 al. 2, 745 al. 1, 764 al. 2 CO, 826 al. 1 nCO). Ce droit présente de nombreuses similitudes avec le droit à une part de bénéfice, car il consiste à répartir des bénéfices non distribués en cours de vie sociale. Cependant, il présente aussi quelques différences. Notamment, il n'est pas périodique. Il ne se concrétise qu'à la fin de la liquidation de la société. 1527

4.3. Droit à l'utilisation des institutions sociales

4.3.1. Définition

Le droit à l'utilisation des institutions sociales est le droit de bénéficier de toutes les facilités (installations, services) disponibles auprès de la société. 1528

Exemple: dans une société coopérative d'habitation, le droit à l'utilisation des institutions sociales consiste principalement à obtenir la mise à disposition d'un appartement.

---

[538] Selon l'article 913 al. 4 CO, sauf disposition statutaire contraire, l'excédent actif de liquidation doit être affecté à des buts coopératifs ou d'utilité publique.

4.3.2. Nature juridique

1529 Le droit à l'utilisation des institutions sociales est un droit légal spécial, en principe indispensable et individuel. Il n'existe que dans la société coopérative. Bien que non prévu expressément par la loi[539], il résulte directement du but de cette forme de société, qui est de favoriser les intérêts économiques déterminés de ses associés. Dans les autres formes de société, il ne résulte pas de la loi, car les associés ne s'intéressent à l'activité de la société que par rapport à son résultat. Il peut, en revanche, être introduit conventionnellement.

§ 3 Créances résultant du sociétariat

1530 Les créances résultant du sociétariat sont des créances ordinaires appartenant originellement à l'associé.

1. Créance en paiement de la part de bénéfice fixée par la société

1.1. Définition

1531 La créance en paiement de la part de bénéfice fixée par la société est le droit d'exiger le paiement de la part de bénéfice attribuée aux associés par une décision sociale.

1532 D'un point de vue économique, la situation patrimoniale de l'associé ne s'améliore pas par la décision de répartition du bénéfice. En effet, cette décision diminue la fortune sociale, donc la valeur réelle de la participation des associés, dans la même mesure que naissent les créances en paiement des associés à l'égard de la société. En revanche, dès la décision de répartition, les associés peuvent disposer librement de la part de bénéfice qui leur échoit.

1.2. Nature juridique

1533 La créance en paiement de la part de bénéfice fixée par la société est une créance ordinaire, dont la source est le sociétariat. Indépendante du sociétariat, elle peut être cédée sans le sociétariat. Dans la société anonyme, elle peut être incorporée dans un coupon, papier-valeur indépendant de l'action.

[539] Il l'est implicitement par l'article 859 al. 2 CO.

La part de bénéfice fixée par la société est une dette de la société à l'égard du titulaire de la créance. En cas de faillite de la société, elle fait partie de la masse en faillite passive. 1534

1.3. Exigibilité

Dans la société simple, l'exigibilité de la créance à une part de bénéfice n'est pas déterminée par la loi. Elle dépend du contrat ou, en l'absence de contrat, des circonstances de l'espèce. En revanche, dans la société en nom collectif et la société en commandite, les associés ont le droit d'exiger le paiement de leur part de bénéfice dès l'établissement du bilan annuel (art. 559 al. 1, 598 al. 2 CO). Les statuts peuvent toutefois prévoir que les bénéfices sont perçus en cours d'exercice ou qu'ils restent acquis à la société même après l'établissement du bilan (art. 559 al. 2 s. CO). 1535

Dans la société anonyme, la société en commandite par actions, la société à responsabilité limitée et la société coopérative[540], l'exigibilité de la créance à une part de bénéfice est subordonnée à une décision de l'assemblée générale (art. 698 al. 2 ch. 4, 764 al. 2 CO, 804 al. 2 ch. 5 nCO, 879 al. 2 ch. 3 CO). Elle peut être reportée à une date ultérieure par cette même décision. 1536

2. Créance en paiement de la part de liquidation fixée par la société en liquidation

La créance en paiement de la part de liquidation fixée par la société en liquidation présente de nombreuses similitudes avec la créance en paiement de la part de bénéfice fixée par la société[541]. Cependant, elle présente aussi quelques différences. L'exigibilité, en particulier, suppose non seulement la fixation de chaque part, mais encore, pour les sociétés à personnalité juridique, l'écoulement du délai de blocage devant protéger les créanciers[542]. 1537

3. Prétention à la souscription préférentielle de titres de participation nouveaux

3.1. Définition

La prétention à la souscription préférentielle de titres de participation nouveaux est le droit de participer proportionnellement à sa parti- 1538

[540] Dans le cas de la société coopérative, pour autant que les statuts prévoient une répartition.
[541] Voir N 1531–1536.
[542] Voir N 2024.

cipation actuelle à une augmentation de capital décidée par la société sans suppression du droit préférentiel de souscription.

3.2. Nature juridique

1539 La prétention à la souscription préférentielle de titres de participation nouveaux est une créance ordinaire, soumise aux limites éventuelles de transfert autorisées par la loi. En la cédant, l'associé renonce simplement à exercer lui-même son droit préférentiel de souscription. Il permet à un tiers de l'exercer à sa place, pour autant que ce dernier remplisse les conditions légales et statutaires régissant le transfert des titres de participation.

3.3. Exigibilité

1540 La prétention à la souscription préférentielle de titres de participation nouveaux est exigible dès la décision d'augmentation du capital.

Section 3 Résultat

Bibliographie

1541 APOTHELOZ, BERNARD/STETTLER, ALFRED, Maîtriser l'information comptable, 3 vol., Lausanne 2005; BEHR, GIORGIO, Rechnungslegung, Zurich 2005; BEHR, GIORGIO, Stille Reserven gemäss Aktienrecht – Illusion oder Realität, in: Neuere Tendenzen im Gesellschaftsrecht, Festschrift für Peter Forstmoser, Zurich/Bâle/Genève 2003, p. 597–619; BENZ, ROLF, Handelsrechtliche und steuerrechtliche Grundsätze ordnungsmässiger Bilanzierung, thèse Zurich 1999; BERTSCHINGER, PETER/ZÜGER, RUDOLF, Aktienrechtliche Rechnungslegung im Einzel- und Konzernabschluss inkl. Kontenrahmen KMU, Zurich 2001; BOEMLE, MAX, Der Jahresabschluss: Bilanz, Erfolgsrechnung, Anhang, 4e éd., Zurich 2001; BOEMLE, MAX, 20 Jahre Fachempfehlungen für die Rechnungslegung, EC 1–2/2006, p. 8–14; BRUNNER, ALEXANDER, Insolvenz und Überschuldung der Aktiengesellschaft, PJA 1992, p. 806–820; BÜHLMANN, ANDREAS, Die Bedeutung der stillen Reserven nach dem revidierten Aktienrecht, thèse Fribourg 1996; CHAUDET, FLORIAN, Ajournement de la faillite de la société anonyme, thèse Lausanne 2000; COTTIER, ANDRÉ, Traité de comptabilité générale, vol. 1 à 4, Genève 1989 à 1999; DELLMANN, KLAUS, Bilanzierung nach neuem Aktienrecht, 3e éd., Berne/Stuttgart 1996; DUBACH, ALEXANDER, Der Konkursaufschub nach Art. 725a OR: Zweck, Voraussetzungen und Inhalt, RSJ 94 (1998), p. 149–160, 181–188; FAURE, ALEISTER, La comptabilité, c'est simple!, Paris 2004; FONDATION POUR LES RECOMMANDATIONS RELATIVES À LA PRÉSENTATION DES COMPTES, RPC 2007: Swiss GAAP RPC, Zurich 2007; GIROUD, ROGER, Die Konkurseröffnung und ihr Aufschub bei der Aktiengesellschaft, thèse Zurich 1980, 2e éd., Zurich 1986; VON GUNTEN, HANSUELI, Konzernrechnung und Konsolidierung, 2e éd., Zurich 2003; HELBLING, CARL, L'analyse du bilan et du résultat, 7e éd., Berne/Stuttgart/Vienne 1996; HUGUENIN, CLAIRE/SCHELLENBERG ALDO C., Handels- und Buchführungsrecht, Saint-Gall/Zurich 2000; KISTLER, BRUNO, Perte de capital et surendettement, EC 1993, p. 103–108, 209–216,

424–434; LANZ, ARNOLD H., Finanzbuchhaltung, 2e éd., Muri/Berne 2002; MAYER, EDUARD, Die Nachschusspflicht im schweizerischen Recht der Handelsgesellschaften und Genossenschaften, thèse Zurich 1943; REINARZ, PETER, Die Unternehmens-Sanierung im Lichte des Aktien- und des Steuerrechtes, PJA 1997, p. 443–458; ROBERTO, VITO (éd.), Sanierung der AG, 2e éd., Zurich/Bâle/Genève 2003; RUUD, T. FLEMMING/ PFISTER, JAN/ HESS, NICOLE, Aktuelle Entwicklungen in der Rechnungslegung und Wirtschaftsprüfung, in: Jörg, Florian S./Arter Olivier, Entwicklungen im Gesellschaftsrecht I, Berne 2006, p. 259–277; STERCHI, WALTER, Plan comptable général PME, Berne 1997 (complément 2002); VOUILLOD, FRANÇOIS, Perte de capital, surendettement, ouverture et ajournement de la faillite, EC 4/2004, p. 312–324.

En général, toute société, sauf la société coopérative, cherche à 1542
réaliser un bénéfice, mais elle n'atteint pas toujours son objectif. En effet, son activité conduit à l'une des trois sortes de résultat suivantes (§ 1):

- bénéfice,
- perte,
- équilibre.

Si la société fait un bénéfice et ne le distribue pas à ses membres, elle 1543
constitue une réserve (§ 2).

Si elle fait une perte, elle risque de rencontrer des difficultés financières 1544
(§ 3).

§ 1 Sortes de résultat

Le résultat peut être déterminé à la fin de l'activité de la société. 1545
Toutefois, à l'exception des sociétés qui ont une courte durée (inférieure ou légèrement supérieure à une année), il est déterminé périodiquement, à la fin de chaque exercice social, dont la durée est en général d'une année (art. 958 al. 1 CO). Par conséquent, les résultats dont il va être question sont en principe des résultats annuels et non pas des résultats en rapport avec toute la durée de la société. Ils sont donc relatifs, partant de la situation existant à la fin de l'exercice précédent. Un bénéfice annuel peut donc n'être en réalité que la couverture d'une perte antérieure.

Exemple: si le résultat de l'exercice *n* est une perte de 10 millions de francs et celui de l'exercice *n+1* un bénéfice de 3 millions de francs, le bénéfice de l'exercice *n+1* n'est pas un véritable bénéfice. Il représente la couverture partielle de la perte de l'exercice précédent.

Le **résultat** est la différence entre la fortune sociale[543] au début de 1546
l'exercice et la fortune sociale à la fin de l'exercice ou la différence entre les produits et les charges de la société pour l'ensemble de l'exercice.

[543] Pour une définition, voir N 1013–1016.

1547 Le résultat est une réalité qui ne se manifeste pas de lui-même, automatiquement. Il doit être déterminé à l'aide de la comptabilité, qui fait appel à de nombreuses règles conventionnelles et n'est pas une science exacte. L'évaluation d'un certain nombre de biens, tels que les immeubles, les installations ou les brevets, est nécessaire. Par conséquent, le résultat comptable, c'est-à-dire le résultat établi à l'aide de la comptabilité, correspond rarement exactement à la réalité. Il faut donc distinguer entre le **résultat réel,** conforme à la réalité, et le **résultat comptable,** qui essaie d'approcher au mieux la réalité, mais n'y parvient jamais parfaitement. La différence entre le résultat comptable et le résultat réel est d'autant plus marquée que les règles comptables autorisent expressément des représentations se distançant volontairement de la réalité. Le cas le plus typique est celui des réserves latentes (art. 663b ch. 8, 669 al. 3 CO).

Exemple: l'immeuble social, qui vaut en réalité 5 millions de francs (plusieurs offres sérieuses dans ce sens ayant été faites à la société), peut être porté au bilan pour 1 franc.

1548 Le résultat peut varier en fonction du destinataire des comptes (administrateurs/gérants, associés, fisc). En effet, les règles comptables peuvent varier en fonction de ceux-ci.

Exemple: les règles comptables commerciales posent des exigences minimales en matière d'amortissements, de corrections de valeur et de provisions pour risques et charges (art. 669 al. 1 CO), sans les limiter. Par exemple, elles exigent au moins les amortissements nécessaires et autorisent ceux qui dépassent le nécessaire. En revanche, les règles comptables fiscales limitent ces mêmes opérations. Par exemple, selon l'article 4 al. 1 ch. 2 de l'Ordonnance cantonale bernoise sur les amortissements du 18 octobre 2000 (OAm)[544], un amortissement annuel de 10 pour cent (sauf exception, art. 9 OAm) est autorisé sur les bâtiments industriels et commerciaux.

1549 Dans la suite de l'exposé, sauf indication contraire, il sera question du résultat comptable commercial, c'est-à-dire du résultat établi conformément aux règles comptables commerciales (art. 558 ss, 598 al. 2, 662a ss, 764 al. 2 CO, 801 nCO, 858 ss, 957 ss CO).

1550 En fonction du compte dont il résulte, il faut distinguer trois sortes de résultat.

1551 Le **résultat d'exploitation** est le résultat du compte d'exploitation. Il représente le résultat provenant de l'activité propre de l'entreprise.

Exemple: dans une société industrielle ayant pour but la fabrication et la vente d'ascenseurs, le résultat d'exploitation représente le résultat de l'activité de fabrication et de vente d'ascenseurs.

1552 Le **résultat d'exercice** est le résultat du compte de profits et pertes. Il représente le résultat global de la société, provenant de l'ensemble de ses activités, y compris de ses activités hors exploitation et extraordinaires.

[544] RSB 661.312.59.

Exemple: dans une société industrielle ayant pour but la fabrication et la vente d'ascenseurs, le résultat d'exercice représente le résultat provenant de la fabrication et de la vente d'ascenseurs, ainsi que du placement des liquidités ou(et) de la vente d'un entrepôt qui n'est plus utile à la société.

Le **résultat résultant du bilan** est le résultat qui ressort du bilan. Il se compose du résultat d'exercice et du report à nouveau de l'exercice précédent, qui peut être positif ou négatif. Par conséquent, le résultat d'exercice n'est pas toujours de même nature que le résultat résultant du bilan. Un résultat d'exercice positif peut être transformé en une perte résultant du bilan en cas de report à nouveau négatif plus important que le résultat d'exercice positif et vice et versa. 1553

Figure n° 40 *Influence du report à nouveau sur le résultat du bilan*

		Report à nouveau			
		positif		négatif	
		> résultat d'exercice exemple 20 000.–	< résultat d'exercice exemple 5 000.–	> résultat d'exercice exemple –20 000.–	< résultat d'exercice exemple –5 000.–
Résultat d'exercice	Bénéfice exemple 10 000.–	Bénéfice exemple 30 000.–	Bénéfice exemple 15 000.–	Perte exemple –10 000.–	Bénéfice exemple 5 000.–
	Perte exemple –10 000.–	Bénéfice exemple 10 000.–	Perte exemple –5 000.-	Perte exemple –30 000.–	Perte exemple –15 000.–

Le résultat résultant du bilan est particulièrement important d'un point de vue juridique, car il représente le résultat qui peut faire l'**objet d'une décision sociale d'utilisation** sous une forme ou sous une autre (par exemple, répartition de dividende, attribution aux réserves). 1554

1. Bénéfice

1.1. Définition

La notion de bénéfice est complexe. Elle recouvre des réalités très différentes. 1555

Fondamentalement, le **bénéfice** est soit l'augmentation de la fortune sociale, respectivement la diminution du surendettement (c'est-à-dire la diminution de la fortune sociale négative), soit la différence positive entre 1556 les produits et les charges de la société, pendant une période déterminée, en général un exercice annuel.

1557 En fonction du niveau du bénéfice, il faut distinguer:

- le bénéfice au sens strict,
- le bénéfice reconstitutif de réserve,
- le bénéfice reconstitutif d'apports,
- le bénéfice reconstitutif de couverture des dettes.

1558 En effet, le statut juridique de ces différentes sortes de bénéfice peut être différent.

1559 Le **bénéfice au sens strict** est une augmentation de la fortune sociale par rapport à l'exercice précédent au-dessus de son sommet historique.

Exemple: fortune sociale originelle: 100 000 francs; fortune sociale à la fin du onzième exercice: 500 000 francs (sommet historique); fortune sociale à la fin du douzième exercice: 400 000 francs; fortune sociale à la fin du treizième exercice: 700 000 francs. La partie de l'augmentation de la fortune sociale au cours du treizième exercice qui dépasse le sommet historique, c'est-à-dire 200 000 francs, est un bénéfice au sens strict.

1560 Le **bénéfice reconstitutif de réserve** est une augmentation de la fortune sociale par rapport à l'exercice précédent au-dessus de son montant originel (moment de la création de la société), mais au-dessous ou à concurrence de son sommet historique. Il permet de reconstituer en tout ou en partie les réserves précédemment dissoutes, sans les dépasser.

Exemple: dans l'exemple précédent, la partie de l'augmentation de la fortune sociale au cours du treizième exercice qui ne dépasse pas le sommet historique, c'est-à-dire 100 000 francs, est un bénéfice reconstitutif de réserve.

1561 Le **bénéfice reconstitutif d'apports** est une augmentation de la fortune sociale par rapport à l'exercice précédent au-dessus de la valeur zéro, mais au-dessous ou à concurrence de son montant originel. Il permet de reconstituer en tout ou en partie le prix d'acceptation des apports.

Exemple: fortune sociale originelle: 100 000 francs; fortune sociale à la fin du troisième exercice: 60 000 francs; fortune sociale à la fin du quatrième exercice: 80 000 francs. L'augmentation de la fortune sociale de 20 000 francs au cours du quatrième exercice est un bénéfice reconstitutif d'apports.

1562 Le **bénéfice reconstitutif de couverture des dettes** est une augmentation de la fortune sociale par rapport à l'exercice précédent ne dépassant pas la valeur zéro, c'est-à-dire une réduction du surendettement (fortune sociale négative) par rapport à l'exercice précédent.

Exemple: fortune sociale originelle: 100 000 francs; fortune sociale négative (surendettement) à la fin du cinquième exercice: – 600 000 francs; fortune sociale négative (surendettement) à la fin du sixième exercice: – 200 000 francs. L'augmentation de la fortune sociale (diminution du surendettement) de 400 000 francs au cours du sixième exercice est un bénéfice reconstitutif de couverture des dettes.

Figure n° 41 *Notion de bénéfice en fonction de son niveau*

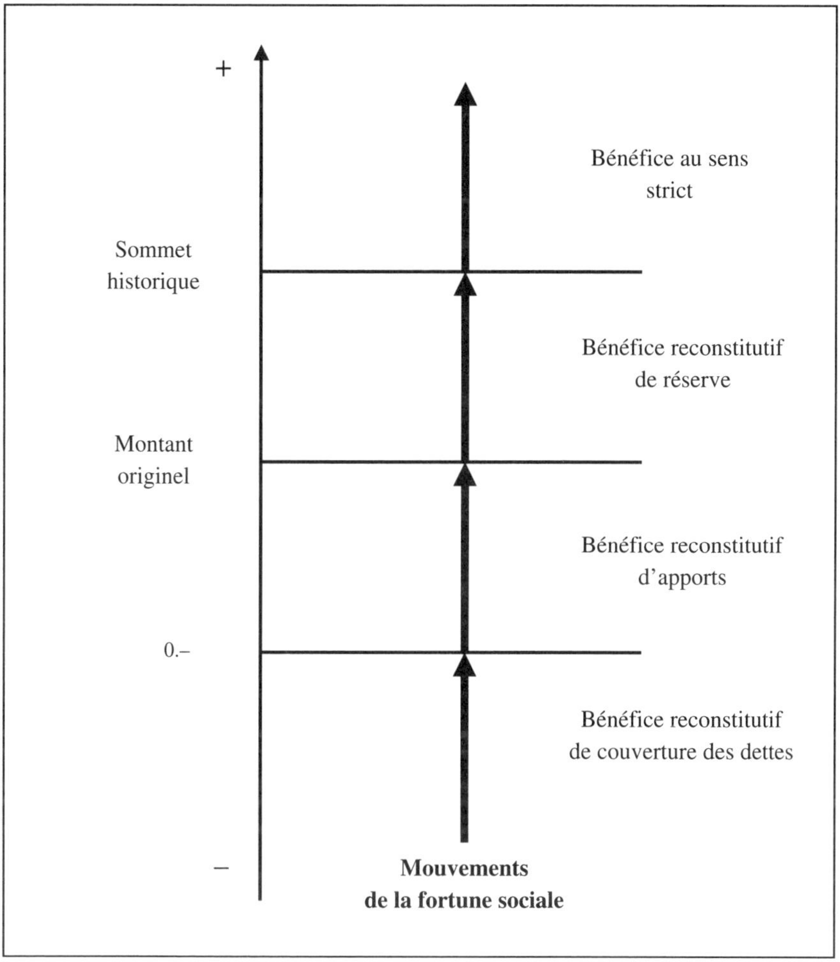

1.2. Statut du bénéfice en fonction de son niveau

En fonction de son niveau, le bénéfice a un statut juridique différent s'agissant notamment de son utilisation. 1563

1.2.1. Bénéfice au sens strict

1564 Le bénéfice au sens strict est en principe[545] destiné à être distribué aux associés. Il peut, voire doit être utilisé à d'autres fins.

1.2.1–1. Distribution aux associés

1565 Le bénéfice au sens strict est principalement distribué aux associés (art. 533 al. 1, 559 al. 1, 598 al. 2, 601 al. 2, 660 al. 1, 764 al. 2 CO, 798 nCO).

1566 La distribution peut se faire en espèces ou en nature. Les objets d'une distribution en nature doivent être semblables (nature et valeur) et facilement réalisables[546]. Parfois, un choix est laissé aux associés.

1.2.1–2. Constitution de réserves

1567 Dans les sociétés dont aucun associé ne répond des dettes sociales de manière illimitée et dans la société en commandite par actions, la loi ordonne que la société retienne pour elle-même une partie du bénéfice réalisé, sous forme de réserve générale destinée à assurer de manière durable la prospérité de l'entreprise et à couvrir d'éventuelles pertes (art. 671, 764 al. 2 CO, 801 nCO, 860 CO).

1568 Par décision sociale, à moins d'une disposition légale contraire, il peut être décidé de créer d'autres réserves.

1.2.1–3. Autre affectation

1569 Selon la forme de la société et la volonté des associés, le bénéfice au sens strict peut aussi être utilisé à d'autres fins, notamment: rémunération des porteurs de bons de participation ou de jouissance, rémunération des administrateurs/gérants et des travailleurs, dons.

1.2.2. Bénéfice reconstitutif de réserve

1570 Le bénéfice reconstitutif de réserve est aussi, en principe[547], destiné à être distribué aux associés. Il peut, voire doit être utilisé à d'autres fins.

1571 Plus précisément, le bénéfice reconstitutif de réserve librement disponible[548] peut être distribué aux associés. Il ne sert pas nécessairement à reconstituer la réserve avant toute distribution.

---

545 Exception: société coopérative (art. 859 al. 1 CO).

546 BÖCKLI, § 12 N 536; FORSTMOSER, PETER, Sachausschüttungen im Gesellschaftsrecht, in: Festschrift für Max Keller zum 65. Geburtstag, Zurich 1989, p. 701–714.

547 Exception: société coopérative (art. 859 al. 1 CO).

548 Voir N 1635.

Le bénéfice reconstitutif de réserve liée[549] de manière simple[550] peut aussi être distribué aux associés. 1572

Exemple: après dissolution de la réserve générale, le bénéfice reconstitutif peut être distribué sans reconstituer préalablement la réserve générale.

Le bénéfice reconstitutif de réserve liée de manière qualifiée[551] n'est en revanche pas librement disponible. Il sert uniquement à couvrir la réserve découverte par une perte au bilan. 1573

Exemple: la réserve de réévaluation en partie découverte, entraînant une perte au bilan, doit être couverte par le bénéfice avant toute distribution (art. 671b CO).

1.2.3. Bénéfice reconstitutif d'apports

Le bénéfice reconstitutif d'apports n'est pas librement disponible. Il doit être utilisé à reconstituer la fortune sociale originelle (art. 560 al. 1, 598 al. 2, 675 al. 2 CO, 801 nCO). 1574

1.2.4. Bénéfice reconstitutif de couverture des dettes

Le bénéfice reconstitutif de couverture des dettes n'est pas, à plus forte raison, librement disponible. Il doit être utilisé à garantir le paiement des dettes sociales. 1575

2. Perte

2.1. Définition

Comme celle de bénéfice, la notion de perte est complexe. Elle recouvre des réalités très différentes. 1576

Fondamentalement, la **perte** est soit la diminution de la fortune sociale, respectivement l'augmentation du surendettement (c'est-à-dire l'augmentation de la fortune négative), soit la différence négative entre les produits et les charges de la société, pendant une période déterminée, en général un exercice annuel. 1577

En fonction du niveau de la perte, il faut distinguer: 1578

- la perte de réserve,
- la perte d'apports,
- la perte de couverture des dettes.

La **perte de réserve** est une diminution de la fortune sociale par rapport à l'exercice précédent à un niveau qui n'est pas inférieur à son montant 1579

[549] Voir N 1636.
[550] Voir N 1583 s.
[551] Voir N 1585.

originel. En cas de liquidation de la société, les associés récupéreraient encore la totalité de leurs apports augmentée des réserves restantes.

Exemple: fortune sociale originelle: 300 000 francs; fortune sociale à la fin du septième exercice: 800 000 francs; fortune sociale à la fin du huitième exercice: 600 000 francs. La diminution de fortune sociale de 200 000 francs au cours du huitième exercice est une perte de réserve.

1580 La **perte d'apports** est une diminution de la fortune sociale par rapport à l'exercice précédent au-dessous de son montant originel, mais pas au-dessous de zéro. En cas de liquidation de la société, les associés ne récupéreraient pas la totalité de leurs apports.

Exemple: fortune sociale originelle: 300 000 francs; fortune sociale à la fin du septième exercice: 800 000 francs; fortune sociale à la fin du huitième exercice: 600 000 francs; fortune sociale à la fin du neuvième exercice: 200 000 francs. La diminution de fortune sociale de 400 000 francs au cours du neuvième exercice est une perte de réserve à concurrence de 300 000 francs et une perte d'apports à concurrence de 100 000 francs.

1581 La **perte de couverture des dettes** est une diminution de la fortune sociale par rapport à l'exercice précédent au-dessous de zéro[552]. Elle entraîne une situation de surendettement. En cas de liquidation de la société, les associés ne récupéreraient pas leurs apports et les créanciers ne seraient pas entièrement, ou pas du tout, payés.

Exemple: fortune sociale originelle: 300 000 francs; fortune sociale à la fin du septième exercice: 800 000 francs; fortune sociale à la fin du huitième exercice: 600 000 francs; fortune sociale à la fin du neuvième exercice: 200 000 francs; fortune sociale à la fin du dixième exercice: – 200 000 francs. La diminution de fortune sociale de 400 000 francs au cours du dixième exercice est une perte d'apports à concurrence de 200 000 francs et une perte de couverture des dettes à concurrence de 200 000 francs.

[552] Dans ce sens: ATF 127 III 374, *381*/JdT 2001 II 39, *45*.

Figure n° 42 *Notion de perte en fonction de son niveau*

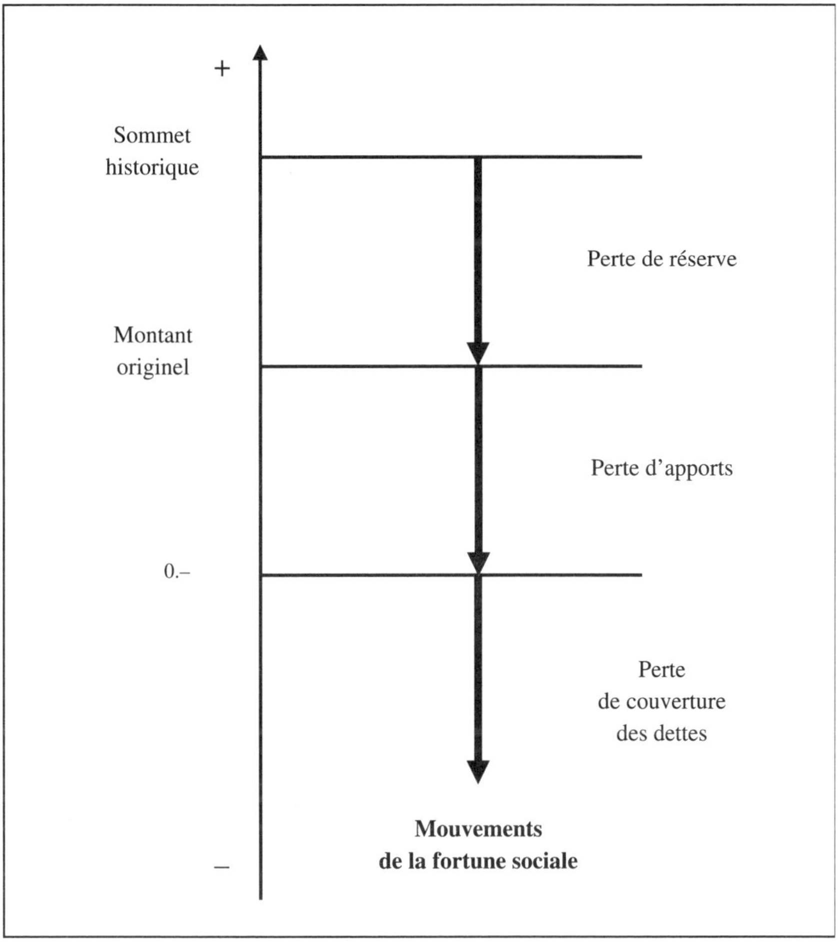

2.2. Statut de la perte en fonction de son niveau

En fonction de son niveau, la perte a des conséquences juridiques différentes. 1582

2.2.1. Perte de réserve

La réserve ayant fondamentalement pour but de couvrir des pertes (art. 671 al. 3, 764 al. 2 CO, 801 nCO, 860 al. 3 CO), la perte de réserve a en principe pour conséquence la dissolution de la réserve. 1583

1584 La réserve n'a notamment pas à être reconstituée avant qu'une distribution puisse être faite aux associés. En général, comme un bénéfice n'a pas été réalisé, aucune distribution n'a lieu. Toutefois une distribution n'est pas exclue, mais elle suppose que les réserves disponibles restantes soient suffisantes à cet effet.

1585 Certaines réserves ne peuvent pas être dissoutes pour supprimer une perte. Il s'agit de la réserve pour actions propres (art. 671a CO) et de la réserve de réévaluation (art. 671b CO), ainsi que des réserves statutaires affectées à un autre but que la couverture des pertes. La couverture de ces réserves doit être reconstituée avant toute distribution.

1586 De plus, dans la société anonyme, la société à responsabilité limitée et la société en commandite par actions, dès le moment où la perte de réserve est qualifiée, c'est-à-dire supérieure à la moitié du capital-actions et des réserves légales, lorsque le montant de ces dernières dépassait celui du capital-actions à la fin de l'exercice précédent, les administrateurs doivent convoquer immédiatement une assemblée générale et lui proposer des mesures d'assainissement (art. 725 al. 1, 764 al. 2 CO, 820 al. 1 nCO).

2.2.2. Perte d'apports

1587 En cas de perte d'apports, aucune distribution ne peut être faite aux associés (art. 560 al. 1, 598 al. 2, 675 al. 2, 764 al. 2 CO, 798 al. 1 nCO).

1588 Dans la société anonyme, la société en commandite par actions et la société à responsabilité limitée, lorsque la perte d'apports est qualifiée, c'est-à-dire lorsque la moitié du capital et des réserves légales n'est plus couverte, les administrateurs/gérants doivent convoquer immédiatement l'assemblée générale et lui proposer des mesures d'assainissement (art. 725 al. 1, 764 al. 2 CO, 820 al. 1 nCO).

2.2.3. Perte de couverture des dettes

1589 En cas de perte de couverture des dettes, aucune distribution ne peut être faite aux associés (art. 560 al. 1, 598 al. 2, 675 al. 2, 764 al. 2 CO, 798 al. 1 nCO).

1590 Dans la société anonyme, la société en commandite par actions, la société à responsabilité limitée et la société coopérative, lorsqu'un tel état de surendettement est constaté, les administrateurs/gérants doivent aviser immédiatement le juge (art. 725 al. 2/2, 764 al. 2 CO, 820 al. 1 nCO, 903 al. 2 CO), à moins qu'un (ou plusieurs) créancier(s) accepte(nt) une postposition de ses (leurs) créances à concurrence du montant du surendettement et protège(nt) ainsi les autres créanciers (art. 725 al. 2/2, 764 al. 2 CO, 820 al. 1 nCO[553]).

Avisé, le juge prononce en principe la faillite de la société (art. 725a al. 1/1, 764 al. 2 CO, 820 al. 1 nCO, 903 al. 2/2 CO) afin de limiter les dégâts et d'assurer l'égalité de traitement des créanciers. Si l'assainissement de la société paraît possible (art. 725a al. 1/2, 764 al. 2 CO, 820 al. 2 nCO, 903 al. 2/2 CO), il peut surseoir à la décision de faillite, pour éviter la dissolution de sociétés viables malgré des difficultés passagères importantes dues notamment à la conjoncture. 1591

3. Equilibre

3.1. Définition

L'**équilibre** est la situation où soit la fortune sociale, respectivement le surendettement, ne change pas, soit les produits et les charges de la société sont égaux pendant une période déterminée, en général un exercice annuel. Autrement dit, l'équilibre est la situation où il n'y a ni bénéfice ni perte. 1592

L'équilibre peut se produire lorsque la fortune sociale comprend des réserves, est inférieure à sa valeur originelle, voire est négative (surendettement). 1593

3.2. Statut de l'équilibre en fonction de son niveau

En fonction de son niveau, l'équilibre a des conséquences juridiques différentes. 1594

3.2.1. Equilibre au niveau des réserves

En général, aucune distribution n'a lieu. Elle est toutefois possible en cas de réserves disponibles. 1595

3.2.2. Equilibre au niveau des apports

Aucune distribution ne peut être faite aux associés (art. 560 al. 1, 598 al. 2, 675 al. 2, 764 al. 2 CO, 798 al. 1 nCO). 1596

3.2.3. Equilibre au niveau du surendettement

Aucune distribution ne peut être faite aux associés (art. 560 al. 1, 598 al. 2, 675 al. 2, 764 al. 2 CO, 798 al. 1 nCO). 1597

553 Pour l'application des règles sur la postposition à la société coopérative, voir WÜSTINER, BaK, ad art. 903 CO, N 3.

§ 2 Réserve

1598 Sauf dans la société coopérative, le bénéfice réalisé est destiné en principe à être distribué aux associés. Pour diverses raisons, notamment pour augmenter la fortune sociale, une partie du bénéfice peut, voire doit, rester à la société sous forme de réserve.

1599 La réserve peut exister dans toutes les formes de société. Elle joue un rôle particulier dans les sociétés qui répondent seules de leurs dettes (société anonyme, société à responsabilité limitée) ou dont les associés ne répondent que de manière limitée (société coopérative).

1. Définition

1600 La notion de réserve au sens juridique du terme est difficile à saisir, car elle est influencée par la notion très différente de réserve au sens courant du terme. Afin d'éviter les confusions, d'écarter les idées préconçues, il faut commencer par définir la réserve au sens courant du terme, pour ensuite la distinguer soigneusement de la réserve au sens juridique du terme.

1.1. Au sens courant du terme

1601 Au sens courant du terme, la réserve est une partie bien déterminée de l'actif social[554], mise de côté en lieu sûr, dans le but de l'utiliser à l'avenir en cas de besoin.

Exemples: noisettes dans la cachette de l'écureuil, bas de laine, économies placées sur un compte épargne ou en titres pupillaires. On trouve aussi des réserves de ce genre en matière commerciale:

- liquidités placées en titres par une société,
- réserve de crise au sens de la Loi fédérale sur la constitution de réserves de crise bénéficiant d'allégements fiscaux (LCRC) du 20 décembre 1985[555]. Le bénéfice non distribué doit être placé auprès de la Confédération ou sur un compte bloqué auprès d'une banque (art. 6 al. 1 LCRC). Les placements sont libérés, en faveur des entreprises qui les ont effectués, par le Département fédéral de l'économie (art. 8 LCRC, libération générale) ou par le Secrétariat d'Etat à l'économie (art. 9 LCRC, libération individuelle) pour financer des mesures de relance telles que des travaux de construction, de recherche et de développement de produits, de procédés ou de services (art. 10 LCRC).

---

[554] Pour une définition de l'actif social, voir N 1005–1008.
[555] RS 823.33.

1.2. Au sens juridique du terme

Au sens juridique du terme, la réserve n'a rien à voir avec la définition courante. Elle n'est jamais un actif. 1602

Afin de simplifier l'exposé, la définition suivante ne concerne que la société anonyme, la société en commandite par actions et la société à responsabilité limitée[556]. 1603

La réserve est la différence entre, d'une part, la valeur réelle de l'actif social et, d'autre part, le capital social[557], la valeur réelle des dettes sociales et le bénéfice résultant du bilan. 1604

Figure n° 43 *Définition de la réserve (sens juridique)*

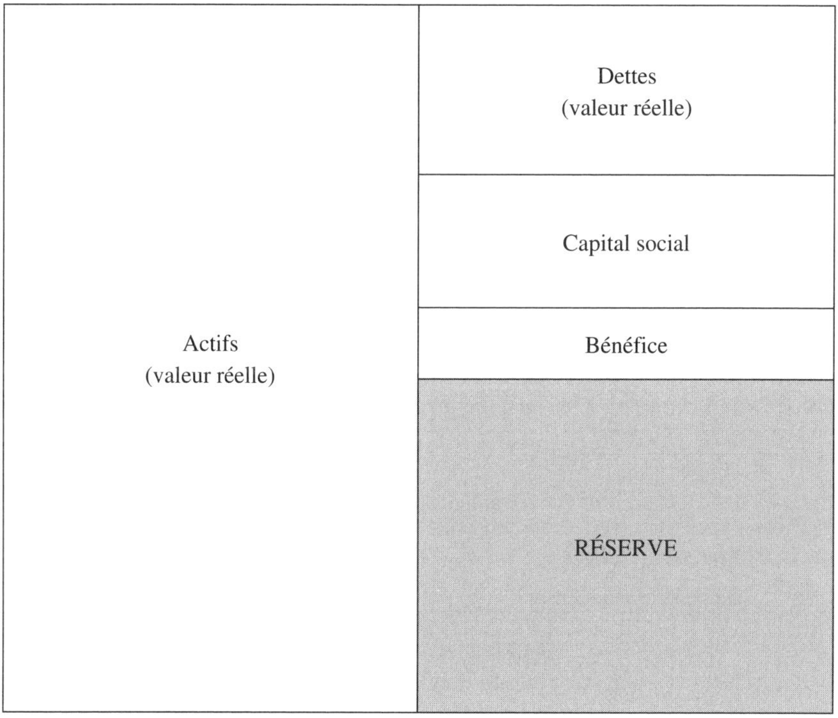

La réserve est un bénéfice non distribué. 1605

---

[556] Pour une définition relative aux sociétés sans personnalité juridique, il faut remplacer les termes «*capital social*» par les termes «*prix d'acceptation des apports*».

[557] Pour une définition du capital social, voir N 997.

1606 Du moment que la réserve est fonction de la valeur réelle des actifs et de la valeur réelle des dettes (essentiellement variables), elle fluctue indépendamment de la volonté de la société, même si le nombre et la nature des actifs et des dettes ne changent pas. Par conséquent, elle n'est jamais constituée de manière définitive.

Figure n° 44 *Variation de la réserve, indépendamment de la volonté de la société*

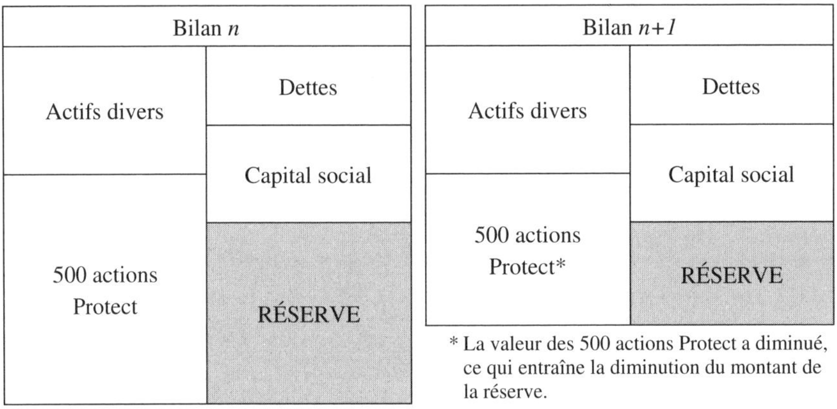

* La valeur des 500 actions Protect a diminué, ce qui entraîne la diminution du montant de la réserve.

1607 Il peut y avoir coexistence entre la notion de réserve au sens courant du terme et la notion de réserve au sens juridique du terme. En effet, la constitution d'une réserve au sens courant du terme peut aller de pair avec la constitution d'une réserve au sens juridique du terme.

Figure n° 45 *Constitution parallèle de réserve au sens juridique et au sens courant*

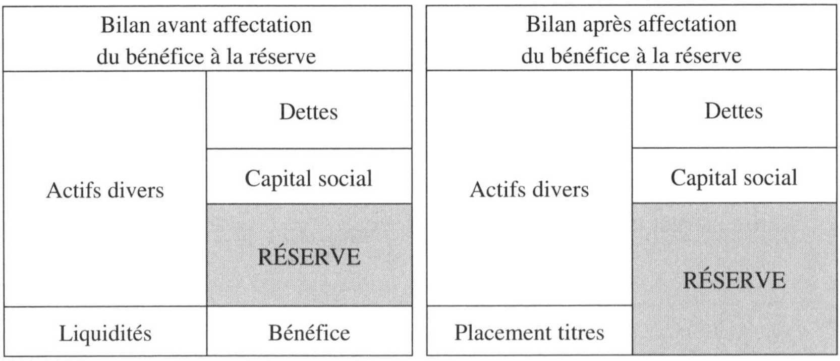

2. Effet

La constitution de réserve a pour effet d'augmenter la fortune sociale ou, plus précisément, de maintenir celle-ci au niveau qu'elle a atteint grâce au bénéfice réalisé. 1608

3. Rôle

3.1. Plan interne

La réserve sert notamment à limiter le risque de perte d'apports ou de couverture des dettes (art. 671 al. 3 CO), à assurer de manière durable la prospérité de l'entreprise (art. 674 al. 2 ch. 2 CO), à garantir la répartition d'une part de bénéfice aussi constante que possible (art. 674 al. 2 ch. 2 CO) et à promouvoir l'autofinancement. 1609

3.2. Plan externe

La réserve augmente le crédit de la société. 1610

Dans la société anonyme, la société en commandite par actions, la société à responsabilité limitée et la société coopérative possédant un capital social, la réserve complète, dans une certaine mesure, la garantie indirecte du capital social. Elle la complète, car elle a pour conséquence d'augmenter la fortune sociale au-delà du montant du capital social. Elle la complète dans une certaine mesure seulement, car elle n'est pas soumise à des règles aussi strictes que le capital social en matière de constitution, de réduction et de reconstitution. 1611

4. Classification

4.1. Selon la source

La réserve peut émaner de la loi, du contrat de société ou des statuts, de la volonté des associés ou de celle des administrateurs/gérants. 1612

4.1.1. Réserve légale

La réserve légale émane de la loi. 1613

Dans les sociétés qui répondent seules de leurs dettes ou dont les associés ne répondent que de manière limitée (société anonyme, société à responsabilité limitée, société coopérative) et dans la société en commandite par actions, la loi impose la constitution d'une réserve générale destinée à renforcer les fonds propres de la société, donc à améliorer les chances de paiement de ses dettes par la société (art. 671, 764 al. 2 CO, 801 nCO, 860 CO). 1614

1615 De plus, dans certains cas particuliers, la loi impose la constitution de réserves spéciales (art. 659a al. 2, 670 al. 1/2 CO).

4.1.2. Réserve contractuelle ou statutaire

1616 La réserve contractuelle ou statutaire émane du contrat de société ou des statuts.

1617 Elle peut être rattachée à la réserve générale ou être indépendante. Si elle est rattachée à la réserve générale, son utilisation est aussi déterminée par la loi et est soumise aux mêmes règles que la réserve générale.

4.1.3. Réserve extraordinaire

1618 La réserve extraordinaire émane d'une décision sociale.

1619 La loi la limite dans une certaine mesure (art. 674 al. 2 s. CO, 801 nCO, 863 al. 2 CO), car, dans les sociétés commerciales, le bénéfice est fondamentalement destiné à être réparti entre les associés.

Le report à nouveau du solde non distribué du bénéfice est un exemple typique de cette catégorie de réserve.

4.1.4. Réserve latente

1620 La réserve latente émane d'une décision de gestion.

1621 La loi la limite dans une certaine mesure (art. 669 al. 3, 764 al. 2 CO, 801 nCO).

1622 Il existe trois sortes de réserves latentes:

1623 – la réserve latente automatique, imposée par la loi,

Exemple: l'immeuble de la société anonyme, acquis pour 1 million de francs, évalué actuellement entre 1,8 et 2 millions de francs, peut être porté au bilan au plus pour 1 million de francs (art. 665 CO). La réserve latente est de l'ordre de 0,8 million de francs.

1624 – la réserve latente d'appréciation, résultant d'une prudence excessive,

Exemple: l'immeuble de la société anonyme, acquis pour 1 million de francs, évalué actuellement entre 0,8 et 1 million de francs, est porté au bilan pour 0,7 million de francs. La réserve latente est de l'ordre de 0,1 million de francs.

1625 – la réserve latente arbitraire ou d'administration, résultant de la seule volonté des administrateurs/gérants de créer des réserves.

Exemple: l'immeuble de la société anonyme, acquis pour 1 million de francs, évalué actuellement entre 0,8 et 1 million de francs, est porté au bilan pour 1 franc. La réserve latente est de l'ordre de 0,8 million de francs.

4.2. Selon le but

1626 Le but peut être déterminé ou ne pas l'être par la source de la réserve.

Exemple: la loi précise que le but de la réserve générale de la société anonyme, dans la mesure où elle ne dépasse pas la moitié du capital-actions, est de «*couvrir des pertes ou ... prendre des mesures permettant à l'entreprise de se maintenir en temps d'exploitation déficitaire, ... éviter le chômage ou ... en atténuer les conséquences*» (art. 671 al. 3 CO).

Il peut l'être avec plus ou moins de précision: 1627
- couverture des pertes,
- constructions nouvelles,
- fonds de secours en faveur des travailleurs,
- prospérité durable de l'entreprise.

Dans la mesure où son but n'est pas précisé, la réserve est librement disponible. 1628

4.3. Selon la présentation au bilan

La réserve peut être ouverte ou latente. 1629

La **réserve ouverte** fait l'objet d'une rubrique au passif du bilan (art. 663a al. 3 CO). 1630

La **réserve latente** ne fait pas l'objet d'une rubrique au passif du bilan, mais consiste en une sous-évaluation d'actif ou en une surévaluation de passif (art. 669 CO). 1631

Exemples:
- la nouvelle usine construite pour 5 millions de francs est portée au bilan pour 1 franc.
- le portefeuille d'actions cotées en bourse, qui vaut 32 millions de francs, est porté au bilan pour 10 millions de francs.
- la provision pour débiteur douteux n'est pas corrigée après le paiement du client le plus risqué.

Ces deux catégories de réserve se distinguent donc par leur traitement comptable. 1632

Le bilan contenant des réserves latentes ne fait apparaître ni la valeur réelle de tout ou partie des actifs, ni la valeur réelle de tout ou partie des dettes, ni le montant réel des réserves. La situation réelle est donc plus favorable que la situation comptable. 1633

Figure n° 46 *Notion de réserve latente*

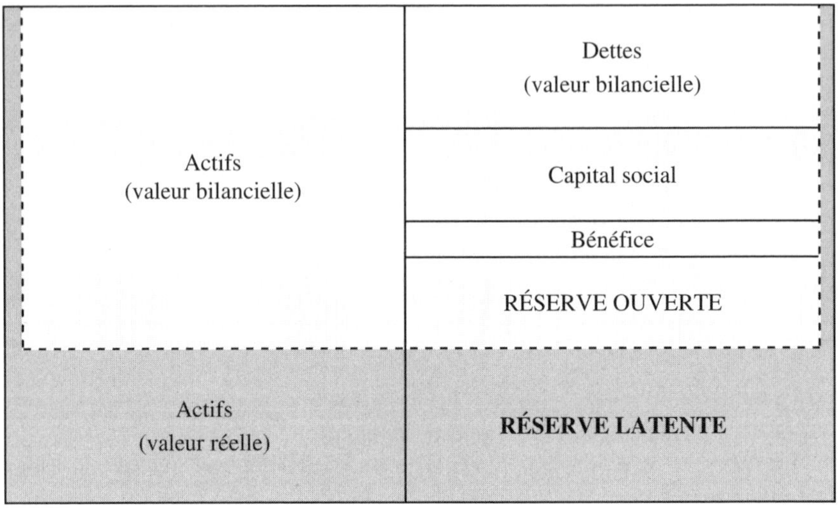

4.4. Selon la disponibilité

1634 La réserve peut être librement disponible ou liée.

1635 La **réserve librement disponible** peut être utilisée dans n'importe quel but.

1636 La **réserve liée** ne peut être utilisée que dans les buts prévus expressément par sa source (loi, contrat de société ou statuts, décision sociale).

Exemple: tant qu'elle ne dépasse pas la moitié du capital-actions, la réserve légale générale d'une société anonyme ne peut être utilisée que pour couvrir des pertes ou réaliser les autres buts prévus à l'article 671 al. 3 CO.

4.5. Selon le degré de transparence

1637 Toutes les réserves ne font pas l'objet de la même information, ni quant à leur existence, ni quant à leur montant.

1638 Faisant l'objet d'une rubrique au passif du bilan, la réserve ouverte est révélée à toute personne ayant accès au bilan aussi bien quant à son existence que quant à son montant.

1639 Ne faisant pas l'objet d'une rubrique au passif du bilan, la réserve latente n'est révélée quant à son existence que lorsque le montant d'une rubrique de l'actif est manifestement sous-évalué ou lorsque le montant d'une rubrique du passif est manifestement surévalué.

Exemple: les immeubles d'une société immobilière figurent pour 1 franc à l'actif du bilan.

Elle ne l'est jamais quant à son montant. 1640

Dans la société anonyme et dans la société à responsabilité limitée, l'annexe doit toutefois renseigner sur le montant global de la diminution de toutes les réserves latentes au cours du dernier exercice (art. 663b ch. 8 CO, 801 nCO)[558]. 1641

§ 3 Difficulté financière

La difficulté financière est principalement la conséquence d'une perte, mais toute perte n'entraîne pas une difficulté financière. Plus la perte est importante et plus la fortune sociale est faible, plus le risque de difficulté financière est grand. 1642

1. Notions

1.1. Définition

La difficulté financière est l'impossibilité, plus ou moins proche, de payer ses dettes. 1643

Plus l'impossibilité est proche et plus l'importance des dettes concernées est grande, plus la difficulté financière est grave. 1644

1.2. Sources et risques

La difficulté financière peut résulter d'une mauvaise gestion financière ou d'une perte. 1645

1.2.1. Mauvaise gestion financière

La difficulté financière résultant d'une mauvaise gestion financière consiste essentiellement en un déséquilibre entre les dettes à court terme et les actifs circulants, donc en une difficulté de trésorerie, de liquidités. Elle peut se manifester par l'insolvabilité de la société, c'est-à-dire l'impossibilité de payer les dettes exigibles. Ne résultant pas d'une perte, elle ne crée pas de risque particulier, si ce n'est un retard dans les paiements. 1646

1.2.2. Perte

La difficulté financière résultant d'une perte est en général plus grave que celle qui résulte d'une mauvaise gestion financière. Elle peut 1647

---

[558] En matière de société coopérative, les opinions divergent. Pour l'information sur la diminution globale des réserves latentes: REYMOND, TDP VIII/III/1, p. 97; contre l'information: NEUHAUS/BRAND, BaK, ad art. 858 CO, N 7.

aussi se manifester par l'insolvabilité de la société. Selon le degré de gravité de la perte (perte de réserve, d'apports ou de couverture des dettes), elle peut mettre en danger tous les intérêts en présence, en commençant par ceux des associés.

1.3. Rôle de la loi

1648 La loi essaie de limiter les risques dus aux difficultés financières des sociétés. Elle favorise leur prévention (2) et leur dépistage (3). Elle met en place des systèmes d'alarme (4). Elle prévoit des interventions (5) et propose des remèdes (6).

1649 Elle doit tenir compte d'intérêts souvent contradictoires et tenter de les concilier dans la mesure du possible. En plus des intérêts déjà étudiés[559], il faut mentionner l'intérêt des clients et des sous-traitants.

2. Prévention

1650 La prévention se fait principalement par des mesures d'ordre économique. De plus, la loi propose des moyens qui s'appliquent à toutes les sociétés, y compris aux sociétés saines.

2.1. Par l'information

1651 Toute prévention implique la connaissance de la situation réelle de la société par les administrateurs/gérants, voire par les associés.

1652 Dans ce but, la loi impose à toute société tenue de se faire inscrire au registre du commerce l'obligation de tenir une comptabilité (art. 957 CO). Les règles générales de la comptabilité commerciale (art. 957 ss CO) sont renforcées, notamment pour les sociétés dont les associés ne répondent pas des dettes sociales, c'est-à-dire la société anonyme (art. 662 ss CO) et la société à responsabilité limitée (art. 801 nCO), mais aussi pour la société en commandite par actions (art. 764 al. 2 CO). Dans les sociétés à personnalité juridique, les comptes doivent, en principe, faire l'objet d'une révision (art. 727 ss nCO, 764 al. 2 CO, 818 nCO). Ils doivent parfois être publiés (art. 697h, 764 al. 2 CO, 801 nCO). Ces moyens sont toutefois essentiellement tournés vers le passé.

1653 La loi exige aussi une information prospective, prévisionnelle.

Exemple: dans la société anonyme et dans la société à responsabilité limitée, le conseil d'administration ou les gérants doivent établir un plan financier pour autant que celui-ci soit nécessaire à la gestion de la société (art. 716a al. 1 ch. 3 CO, 810 al. 2 ch. 3 nCO), ce qui est pratiquement toujours le cas.

[559] Voir N 553–575.

2.2. Par le financement

De bonnes bases et de bonnes possibilités de financement réduisent les risques de difficulté financière. La société anonyme a fait, dans ce domaine, l'objet d'une attention particulière de la part du législateur, car elle répond seule de ses dettes et a souvent besoin de moyens importants. En 1991, son capital-actions minimum a été porté à 100 000 francs, les procédures d'augmentation de son capital-actions ont été diversifiées, de nouveaux moyens de financement ont été expressément reconnus (bons de participation, obligations convertibles et à option). 1654

2.3. Par le devoir de diligence

Les administrateurs/gérants ont un devoir de diligence (art. 538, 557 al. 2, 598 al. 2, 717 al. 1, 764 al. 2 CO, 812 al. 1 nCO, 902 al. 1 CO). Par conséquent, dès que la société subit un revers, même léger, notamment une diminution de rendement ou une perte de réserve, ils doivent prendre les mesures nécessaires pour rétablir la situation. 1655

3. Dépistage

Le dépistage a pour but de déceler le plus tôt possible la difficulté financière de la société. Effectué à temps, il facilite la mise en œuvre des mesures destinées à la combattre et permet d'en limiter les conséquences. 1656

Vu le caractère très relatif des indices de difficulté (un élément défavorable peut être contrebalancé par un élément favorable), vu aussi leur caractère souvent imprécis, vu la part d'appréciation nécessaire à l'évaluation de la situation d'une société, la loi peut difficilement intervenir directement dans ce domaine. Il appartient par conséquent aux administrateurs/gérants, dans le cadre de leur devoir de diligence, d'être attentifs aux indices éventuels de difficulté et de prendre les mesures qui s'imposent. 1657

La loi intervient toutefois dans un cas particulièrement grave en matière de sociétés à personnalité juridique. S'il existe des raisons sérieuses d'admettre que la société est surendettée, un bilan intermédiaire doit être dressé (art. 725 al. 2/1, 764 al. 2 CO, 820 al. 1 nCO, 903 al. 1[560] CO), voire soumis à révision (art. 725 al. 2/1, 764 al. 2 CO, 820 al. 1 nCO). 1658

Dans la société coopérative, il s'agit d'un **bilan de liquidation** (art. 903 al. 1 CO). Les biens y sont portés à la valeur à laquelle ils pourraient vraisemblablement être réalisés dans le cadre de la liquidation éventuelle de la société. Si ce bilan fait apparaître un surendettement, la société est considérée comme surendettée. 1659

[560] L'article 903 al. 1 CO utilise de manière erronée les termes «*n'est plus solvable*».

1660 Dans la société anonyme, la société en commandite par actions et la société à responsabilité limitée, le bilan est un **bilan d'exploitation,** soumis aux principes de l'établissement régulier des comptes (art. 662a, 764 al. 2 CO, 801 nCO). Si ce bilan fait apparaître un surendettement, un **bilan de liquidation** doit en plus être dressé. Si les deux bilans font apparaître un surendettement, la société est considérée comme surendettée (art. 725 al. 2/2, 764 al. 2 CO, 820 al. 1 nCO). Cette réglementation, plus moderne que celle de la société coopérative, vise à protéger dans une certaine mesure la société sans porter préjudice aux créanciers. Elle évite notamment qu'une société soit dissoute parce que, dans une période de crise, ses immeubles industriels perdent une bonne partie de leur valeur de liquidation, mais conservent leur valeur d'exploitation.

4. Alarme

1661 Lorsqu'une difficulté financière a été dépistée par les administrateurs/gérants, ils doivent prendre les mesures qui s'imposent pour y remédier. Au moins dans les cas les plus graves, tous ceux dont les intérêts sont menacés, notamment les associés et les créanciers, ont intérêt à être informés.

1662 Pour les administrateurs/gérants, comme la difficulté financière, dans laquelle ils sont souvent directement impliqués, est difficile à admettre et à dévoiler et comme tout retard dans la réaction peut être lourd de conséquences pour la société et, par conséquent, pour tous les intérêts qui lui sont liés, la loi impose quelques systèmes d'alarme dans les cas les plus graves et les plus manifestes.

4.1. En cas d'insolvabilité

1663 En raison des conséquences relativement bénignes de l'insolvabilité, la loi ne prévoit pas d'alarme pour ce cas[561].

4.2. En cas de perte

1664 En raison des conséquences graves que peut entraîner la difficulté financière résultant d'une perte, la loi prévoit un certain nombre d'alarmes.

1665 Aucune alarme n'est prévue dans les sociétés qui n'ont pas la personnalité juridique. Elle n'est pas nécessaire parce que:

[561] Voir toutefois N 1684–1687.

- les associés, vu leur droit de gestion (art. 535 al. 1, 557 al. 2, 599 CO) ou au moins leur droit de contrôle (art. 541 al. 1, 557 al. 2, 598 al. 2, 600 al. 3 CO) sont suffisamment informés. 1666
- les créanciers ne sont pas informés, mais, quoi qu'il arrive, ils sont suffisamment protégés par la responsabilité, en général[562] illimitée, des associés pour les dettes sociales. 1667

Des alarmes sont prévues dans les sociétés qui ont la personnalité juridique. Leur déclenchement dépend largement du degré de difficulté financière. 1668

4.2.1. Perte de réserve

En général, aucune alarme n'est prévue. 1669

En matière de société anonyme, de société en commandite par actions et de société à responsabilité limitée, lorsque le dernier bilan annuel fait apparaître une perte de réserve qualifiée, c'est-à-dire supérieure à la moitié du capital-actions et des réserves légales, alors que le montant de ces dernières dépassait celui du capital-actions à la fin de l'exercice précédent, les administrateurs doivent convoquer immédiatement une assemblée générale et lui proposer des mesures d'assainissement (art. 725 al. 1, 764 al. 2 CO, 820 al. 1 nCO). 1670

4.2.2. Perte d'apports

Une alarme des associés est nécessaire. En effet, en cas de dissolution et de liquidation de la société, les associés ne récupéreraient pas la totalité de leurs apports. L'alarme n'intervient pas au même moment dans toutes les formes de société, pour la simple raison que le droit de chaque forme de société n'a pas été adopté en même temps. 1671

Dans les sociétés à personnalité juridique, l'alarme doit se déclencher au moins lorsqu'il ressort du dernier bilan annuel que la moitié du capital social n'est plus couverte (art. 725 al. 1, 764 al. 2 CO, 820 al. 1 nCO, 903 al. 3 CO). Sauf dans la société coopérative, elle doit même se déclencher avant, lorsque la société possédait des réserves légales à la fin de l'exercice précédent et que la moitié du capital social et des réserves légales n'est plus couverte (art. 725 al. 1, 764 al. 2 CO, 820 al. 1 nCO). 1672

Le signal d'alarme consiste en la convocation immédiate de l'assemblée générale qui doit être informée de la situation (art. 725 al. 1, 764 al. 2 CO, 820 al. 1 nCO, 903 al. 3 CO) et se voir proposer des mesures d'assainissement (art. 725 al. 1, 764 al. 2 CO, 820 al. 1 nCO), que les admi- 1673

[562] Exception: le commanditaire.

nistrateurs/gérants ne peuvent plus prendre seuls. Ils doivent avoir l'accord de l'assemblée des associés.

4.2.3. Perte de couverture des dettes

1674 Une alarme des créanciers est nécessaire. En effet, il n'y a plus suffisamment d'actifs pour payer tous les créanciers.

1675 Dès que la société est surendettée, les administrateurs/gérants doivent, en principe, aviser immédiatement[563] le juge (art. 725 al. 2/2, 764 al. 2 CO, 820 al. 1 nCO, 903 al. 2/1 CO). En cas d'inactivité des administrateurs/gérants, sauf dans la société coopérative, le réviseur doit procéder lui-même à cet avis, si le surendettement est manifeste (art. 729c nCO, 764 al. 2 CO, 818 al. 1 nCO), afin de protéger au mieux les créanciers.

1676 L'avis au juge peut être évité:

1677 – par la suppression du surendettement. La société trouve le moyen de rééquilibrer son bilan, notamment par des versements à fonds perdus ou des remises de dette.

1678 – sans la suppression du surendettement. Il existe quatre possibilités:

1679 – la postposition de créance (art. 725 al. 2/2, 764 al. 2 CO, 820 al. 1 nCO[564]), par laquelle un créancier accepte, en cas de faillite de la société, que sa créance soit colloquée après toutes les autres, autrement dit qu'il soit payé après tous les autres créanciers.

1680 – la requête de concordat[565] accompagnée d'un projet de concordat (art. 293 al. 1 LP)[566].

1681 – dans la société coopérative qui prévoit l'obligation de faire des versements supplémentaires, un délai de 3 mois est accordé par la loi pour faire l'avis au juge (art. 903 al. 4 CO). Il a pour but de permettre aux associés de couvrir la perte de couverture des dettes par des versements supplémentaires.

1682 – en matière de société anonyme, le Tribunal fédéral admet l'omission de l'avis au juge si l'assainissement de la société parait concrètement possible[567]. Cette jurisprudence n'est certainement pas conforme à la loi[568]. En cas de surendettement, encore moins qu'en cas de perte de

---

563 Dans ce sens: avant-projet de révision du Code des obligations (société anonyme et droit comptable) du 2 décembre 2005, art. 725 al. 5.

564 Au sujet de l'admissibilité de cette possibilité en matière de société coopérative, voir WÜSTINER, BaK, ad art. 903 CO, N 3.

565 ATF 62 III 22, *25*/JdT 1936 II 127 (rés.); WÜSTINER, BaK, ad art. 725 CO, N 40b.

566 FORSTMOSER/MEIER-HAYOZ/NOBEL, § 50 N 225.

567 ATF 128 III 180 (fr.); ATF 127 IV 110, *113* (fr.); ATF 116 II 533, *541*/JdT 1992 I 34, *41 s.*; TF, 19.06.01, 4C.366/2000, cons. 4b; TF, 16.11.99 (4C.117/1999), EC 11/2000, p. 1267, *1270*.

568 Dans ce sens: RUEDIN, ROLAND/PIAGET, EMMANUEL, Le moment de l'avis au juge, PJA 11/2003, p. 1329–1337. Opinion contraire: FORSTMOSER, PETER, Der Richter als Krisen-

capital, les administrateurs/gérants ne peuvent être autorisés à prendre seuls des mesures d'assainissement.

5. Intervention

L'alarme a pour but de permettre aux personnes compétentes d'intervenir afin de rétablir la situation ou, au moins, de limiter les dégâts. 1683

5.1. En cas d'insolvabilité

Aucune alarme n'étant prévue, la loi ne prévoit pas non plus d'intervention automatique. Toutefois, une intervention peut être déclenchée soit par un créancier, soit par la société. 1684

5.1.1. Intervention déclenchée par un créancier

Le créancier non payé d'une dette échue peut évidemment intenter une poursuite contre la société[569], ce qui mènera, selon que la société est ou n'est pas inscrite au registre du commerce, à sa faillite (art. 39 al. 1 LP) ou à la saisie de ses biens (art. 42 LP). Si la société est sujette à la poursuite par voie de faillite, le créancier peut aussi requérir l'ouverture de la procédure concordataire (art. 293 al. 2 LP). 1685

5.1.2. Intervention déclenchée par la société

Toute société, sauf la société simple[570], a le droit de se déclarer insolvable en justice (art. 191 al. 1 LP) et d'obtenir ainsi sa mise en faillite. La situation patrimoniale effective ne joue aucun rôle. La société n'a même pas l'obligation de prouver son insolvabilité. 1686

Cette possibilité est un droit, sans être une obligation. Par conséquent, dans la société anonyme, cette décision de dissolution volontaire appartient à l'assemblée générale, car elle fait partie de ses attributions inaliénables (art. 698 al. 2 ch. 6 CO)[571]. 1687

5.2. En cas de perte

Les interventions dépendent du degré de gravité de la perte. 1688

manager? Überlegungen zu Art. 725 f OR, in: Richterliche Rechtsfortbildung in Theorie und Praxis, Festschrift für Hans Peter Walter, Berne 2005, p. 263–291.

569 Contre les associés dans la société simple.

570 Chaque associé individuellement peut le faire pour lui-même.

571 BRUNNER (cité N 1541), p. 811.

5.2.1. Perte de réserve

1689 En général, aucune intervention automatique n'est prévue. La société peut se déclarer insolvable en justice (art. 191 al. 1 LP).

1690 Dans la société anonyme, la société en commandite par actions et la société à responsabilité limitée, en cas de perte de réserve qualifiée, c'est-à-dire supérieure à la moitié du capital-actions et des réserves légales, alors que le montant de ces dernières dépassait celui du capital-actions lors de l'exercice précédent, les administrateurs/gérants doivent proposer des mesures d'assainissement à l'assemblée générale (art. 725 al. 1, 764 al. 2 CO, 820 al. 1 nCO).

5.2.2. Perte d'apports

1691 En général, aucune intervention automatique n'est prévue. La société peut se déclarer insolvable en justice (art. 191 al. 1 LP).

1692 Dans la société anonyme, la société en commandite par actions et la société à responsabilité limitée, en cas de perte d'apports qualifiée, c'est-à-dire supérieure à la moitié du capital-actions et des réserves légales, les administrateurs/gérants doivent proposer des mesures d'assainissement à l'assemblée générale (art. 725 al. 1, 764 al. 2 CO, 820 al. 1 nCO).

5.2.3. Perte de couverture des dettes

5.2.3–1. Intervention déclenchée par un créancier

1693 Voir N 1685.

5.2.3–2. Intervention déclenchée par la société

1694 Lorsqu'il reçoit l'avis de surendettement, le juge prononce la **faillite de la société** (art. 725a al. 1/1, 764 al. 2 CO, 820 al. 1 nCO, 903 al. 2/2 CO). La faillite ne rétablit pas la situation, mais elle empêche sa détérioration et garantit une certaine égalité de traitement entre les créanciers.

6. Remède

1695 Par remède, il faut entendre tous les moyens permettant à la société de sortir de ses difficultés financières.

6.1. En cas d'insolvabilité

1696 Aucun remède spécifique n'est mis par la loi à la disposition de la société. En revanche, il existe un arsenal de remèdes non spécifiques, parmi lesquels il faut mentionner le sursis au paiement, le versement à fonds perdus, la remise de dette, les garanties de paiement et les mesures de gestion et d'organisation.

6.2. En cas de perte

6.2.1. Perte de réserve

Aucun remède spécifique n'est mis par la loi à la disposition de la société[572]. Le degré de difficulté étant souvent bénin, des mesures de gestion et d'organisation suffisent en général à rétablir la situation. 1697

6.2.2. Perte d'apports

Le principal remède spécifique mis à disposition par la loi[573] est le versement supplémentaire[574]. 1698

La palette des autres remèdes est très vaste. 1699

Exemples: aucune mesure particulière, si le rétablissement peut se réaliser de lui-même; liquidation; assainissement par augmentation du capital-actions; création ou augmentation de capital-participation; apport supplémentaire volontaire; remise volontaire de dette; réorganisation; renouvellement de l'administration.

6.2.3. Perte de couverture des dettes

6.2.3–1. Avant la déclaration de faillite

Un surendettement n'est pas toujours une situation inextricable. Il est parfois possible d'en sortir. Aussi bien la société que ses créanciers y ont en général intérêt. C'est la raison pour laquelle la loi permet au juge, à la requête des administrateurs/gérants ou d'un créancier et si un assainissement paraît possible[575], d'ajourner la déclaration de faillite (art. 725a al. 1/2, 764 al. 2 CO, 820 al. 2 nCO, 903 al. 5/1[576] CO), autrement dit de surseoir à la déclaration de faillite et de fixer la durée de l'ajournement[577]. L'ajournement empêche ou suspend les procédures d'exécution forcée. 1700

Comme tout ajournement présente le risque d'une aggravation de la situation de la société, le juge doit prendre des mesures permettant de limiter ce risque. Il doit notamment prendre des mesures propres à la conservation de l'actif social (art. 725a al. 1/2, 764 al. 2 CO, 820 al. 1 nCO, 903 al. 5/2 1701

---

572 Pour la société à responsabilité limitée et la société coopérative, en cas de perte qualifiée, c'est-à-dire supérieure à la moitié du capital social et des réserves légales, alors que ces dernières dépassaient le capital social lors de l'exercice précédent, le versement supplémentaire peut être considéré comme un remède spécifique. AMSTUTZ, BaK, ad art. 803 CO, N 6; WOHLMANN, GmbH-Recht, p. 85.

573 Expressément seulement en matière de société à responsabilité limitée et de société coopérative (art. 795 ss nCO, 871 CO).

574 Pour la notion et la réglementation du versement supplémentaire, voir N 1350–1363.

575 Dans la société à responsabilité limitée, une condition supplémentaire doit être remplie: exécution sans délai des versements supplémentaires éventuels (art. 820 al. 2 nCO).

576 Si l'assainissement paraît probable en matière de société coopérative.

577 Concernant l'ajournement, voir ATF 120 II 425, *426 ss* (fr.).

CO) et à la garantie de l'égalité de traitement des créanciers. Parmi ces mesures, il faut mentionner:

- l'établissement d'un inventaire (art. 903 al. 5/2 CO),
- la désignation d'un curateur (art. 725a al. 2/1, 764 al. 2 CO, 820 al. 1 nCO, 903 al. 5/2 CO),
- la privation des administrateurs/gérants de leur pouvoir de disposition (art. 725a al. 2/1, 764 al. 2 CO, 820 al. 1 nCO),
- la subordination des décisions des administrateurs/gérants à l'accord du curateur (art. 725a al. 2/1, 764 al. 2 CO, 820 al. 1 nCO),
- l'obligation des administrateurs/gérants de faire rapport régulièrement sur leurs activités,
- l'obligation des administrateurs/gérants d'établir à intervalles réguliers un compte de profits et pertes et un bilan.

1702 Pour faire aboutir l'ajournement, des remèdes non spécifiques doivent être appliqués cumulativement. Il s'agit de tous ceux qui ont déjà été mentionnés pour les cas moins graves.

6.2.3–2. Après la déclaration de faillite

1703 Seule existe la possibilité du concordat après faillite (art. 332 LP).

Chapitre 2 Rapports externes

1704 Les rapports externes (*Aussenverhältnisse*) sont les rapports entre les associés, en tant que communauté, ou la société et les tiers.

1705 Dans la société simple, seuls les rapports entre les associés, en tant que communauté, et les tiers existent.

1706 Dans les sociétés à personnalité juridique, seuls les rapports entre la société et les tiers existent.

1707 Dans les sociétés hybrides, des rapports entre la société et les tiers existent (art. 562, 602 CO), mais la société n'est que la communauté des associés.

1708 *Remarque*: dans toutes les formes de société, chaque associé peut intervenir en tant que tiers, soit par rapport à la communauté des associés, soit par rapport à la société. Par exemple, un associé peut acheter à la société les biens qu'elle produit.

1709 La société, communauté des associés ou personne juridique, est créée en général dans le but d'avoir des relations juridiques avec des tiers (notamment fournisseurs, clients, bailleurs de fonds, collaborateurs), c'est-à-dire dans le but de devenir titulaire de droits et d'obligations à leur égard. Pour pouvoir créer des droits et des obligations à l'égard des tiers, elle doit être représentée, étant donné qu'elle n'est pas une personne physique et qu'elle ne peut donc pas agir par ses propres moyens. Une fois qu'elle a contracté

des obligations, il s'agit de savoir qui répond de ses dettes. Les principaux problèmes que posent les rapports externes sont par conséquent:
- la représentation (section 1),
- la responsabilité pour les dettes (section 2).

Section 1 Représentation

Bibliographie

DIETESHEIM, ROLF, La représentation de la société anonyme par ses organes ordinaires, fondés de procuration et mandataires commerciaux, thèse Lausanne 2000; FELLMANN, WALTER, Geschäftsführung, Vertretung und Haftung bei den Personengesellschaften, in: Rechtsfragen rund um die KMU, Vol. 1, Zurich/Bâle/Genève 2003, p. 113–150; FREYMOND, JEANPIERRE L., Die Geschäftsführung und Vertretung im Rechte der Kollektivgesellschaft, thèse Zurich 1951; HALBHEER, HANS JAKOB, Die Haftung der Personengesellschaft aus unerlaubter Handlung ihrer Mitglieder, thèse Zurich 1956; HIRSCH, ALAIN, La société simple et les tiers, in: Mélanges en l'honneur de Henri Deschenaux, Fribourg 1977, p. 411–433; KÄCH, SIMON, Die Rechtsstellung des Vertreters einer juristischen Person im Verwaltungsrat der Aktiengesellschaft, thèse Zurich 2001; KÜNZLI, FLORIAN, Die Vertretungsverhältnisse bei der Kollektivgesellschaft, thèse Zurich 1971; REICHMUTH PFAMMATTER, ALICE, Vertretung und Haftung in der einfachen Gesellschaft, thèse St-Gall 2002; SCHÄRER, HEINZ, Die Vertretung der Aktiengesellschaft durch ihre Organe, thèse Fribourg 1980; SCHERER, WALTER, Die Geschäftsführung und die Vertretung in den Personengesellschaften, thèse Zurich 1963; ÜNAL, SEREF, Geschäftsführung und Vertretung bei Kollektivgesellschaften im schweizerischen und im türkischen Recht, thèse Berne 1970; WATTER, ROLF, Die Verpflichtung der AG durch rechtsgeschäftliches Handeln ihrer Stellvertreter, Prokuristen und Organe speziell bei sog. «Missbrauch der Vertretungsmacht», thèse Zurich 1985; ZOBL, DIETER, Probleme der organschaftlichen Vertretungsmacht, RJB 125 (1989), p. 289–315. 1710

La représentation (*Vertretung*) est le fait d'accomplir un acte produisant ses effets juridiques sur la société. 1711

Pour chaque forme de société, la loi prévoit un système de représentation. Cela est nécessaire, sinon l'intervention de tous les associés serait requise et la société perdrait une bonne partie de son intérêt. 1712

Il est possible de prévoir conventionnellement d'autres systèmes de représentation que le système légal. La société peut notamment recourir à des représentants au sens de la partie générale du Code des obligations (art. 32 ss CO), à des fondés de procuration (art. 458 ss CO), à des mandataires commerciaux (art. 462 ss CO) et à des voyageurs de commerce (art. 347 ss CO). 1713

Seul le système légal sera examiné. Il pose notamment les questions suivantes: 1714
- manière de désigner la société (§ 1),
- détermination des acteurs:

  - représentant (§ 2),
  - représenté (§ 3),
- étendue de la représentation (§ 4),
- forme de la représentation (§ 5),
- effets de la représentation (§ 6).

§ 1 Désignation de la société

1715 A l'exception de la société simple, la société intervient à l'égard des tiers sous sa raison sociale (art. 562, 602, 719, 764 al. 2 CO, 814 al. 5 nCO, 900 CO). La société simple intervient sous le nom de tous ses associés ou sous son nom (art. 543 al. 2 CO).

§ 2 Représentant

1. Définition

1716 Le représentant est la personne qui a la possibilité d'accomplir un acte produisant ses effets juridiques sur la société.

2. Catalogue

1717 Dans la société simple, en principe, les règles ordinaires sur la représentation s'appliquent (art. 543 al. 2 CO). Par conséquent, chaque représentant doit être au bénéfice d'une procuration définissant ses pouvoirs (art. 33 al. 2 CO) découlant du contrat de société, d'une décision sociale, d'un acte concluant ou de la loi. Pour simplifier les choses, dans l'idée que la gestion et la représentation sont naturellement liées, la loi établit une présomption de représentation individuelle, irréfragable à l'égard des tiers de bonne foi[578], au profit de l'associé gérant (art. 543 al. 3 CO), chaque associé étant d'ailleurs présumé gérant (art. 535 al. 1 CO)[579]. La société à responsabilité limitée connaît un système analogue: chaque associé gérant est représentant individuel (art. 814 al. 1 nCO).

1718 Dans la société en nom collectif et la société en commandite (sauf pour le commanditaire), tous les associés sont présumés représentants individuels (art. 563, 603 CO), alors que dans la société en commandite par actions seuls les associés indéfiniment responsables le sont (art. 765 al. 1/2 CO).

---

[578] ATF 124 III 355, *357*/JdT 1999 I 394, *397 s.*, commenté par VOGEL, OSCAR, RJB 135(1999), p. 441–443 et FELLMANN, WALTER/MÜLLER, KARIN, PJA 5/2000, p. 637–645 (opinion contraire).

[579] RVJ 1998, p. 252, *253*.

Dans la société anonyme et la société coopérative, la représentation se fait par un organe spécialisé, le conseil d'administration (art. 718 al. 1/1, 894 al. 1, 902 CO). Dans la société anonyme, chaque administrateur est représentant à titre individuel (art. 718 al. 1/2 CO). 1719

Sauf dans la société simple, les représentants sont inscrits au registre du commerce (art. 555, 563, 603, 720, 764 al. 2 CO, 814 al. 6 nCO, 901 CO, ainsi que nORC). 1720

3. Délégation

La représentation doit en principe être exécutée personnellement. Toutefois, une délégation[580] peut être autorisée dans toutes les formes de société. Elle peut être conçue soit en faveur de certains gérants, soit en faveur de tiers. 1721

Dans les sociétés sans personnalité juridique, l'autorisation de déléguer repose sur le contrat de société ou une décision sociale, dans la société anonyme, sur la loi (art. 718 al. 2 CO), dans la société à responsabilité limitée et dans la société coopérative, sur les statuts (art. 814 al. 2, 898 al. 1 nCO). 1722

Dans la société anonyme, la société à responsabilité limitée et la société coopérative, au moins un administrateur/gérant représentant ou un directeur représentant doit être domicilié en Suisse (art. 718 al. 3, 814 al. 3, 898 al. 2 nCO). 1723

La délégation conforme à la loi peut avoir des conséquences sur la responsabilité du délégant (art. 754 al. 2 CO, 827 nCO). 1724

§ 3 Représenté

Le représenté est la société, qui subit les effets juridiques des actes accomplis par un représentant. Encore faut-il préciser ce qu'il faut entendre par société. 1725

S'agissant des sociétés à personnalité juridique, la situation est simple et claire. La société est un sujet de droit. C'est donc elle, en tant que sujet de droit indépendant, qui est représentée. 1726

S'agissant des sociétés sans personnalité juridique, la situation est plus délicate. 1727

La société simple, qui n'a pas du tout la personnalité juridique, ne peut pas être représentée en tant que telle[581]. Seuls ses associés peuvent l'être[582]. 1728

---

[580] Pour une définition, voir N 1179.

[581] Même si, dans le langage juridique courant, on parle souvent de représentation de la société et si, dans le cadre de cet ouvrage, cette pratique est aussi suivie.

La particularité de la société simple par rapport au système général de la représentation des articles 32 ss CO (dont l'application ne peut, par conséquent, être qu'analogique) est que tous les associés sont représentés par l'associé représentant qui agit en leur nom, y compris l'associé représentant lui-même[583]. Par tous les associés, il faut entendre tous les associés au moment où l'acte est accompli. Ils restent liés même s'ils quittent la société par la suite. En revanche, les associés qui entrent dans la société après l'accomplissement de l'acte ne sont pas liés[584].

1729 La société en nom collectif et la société en commandite, qui n'ont pas la personnalité juridique, devraient logiquement obéir aux mêmes règles que la société simple. Toutefois, en raison de la réglementation spéciale des articles 562 et 602 CO[585], elles sont soumises à un système hybride, qui se situe entre celui de la société simple et celui des sociétés à personnalité juridique. Conformément à la loi, la société est représentée, non pas en tant que personne juridique indépendante, mais en tant que communauté de ses associés. Par communauté de ses associés, il faut entendre l'ensemble de ses associés actuels et futurs. Par conséquent, sont liés:

- les associés au moment de l'accomplissement de l'acte,
- les associés qui entrent dans la société par la suite (art. 569, 612 CO),
- les associés qui en sortent par la suite. L'action des créanciers à leur égard se prescrit toutefois cinq ans après la publication de leur sortie ou la dissolution de la société, à moins que la créance ne soit, de par sa nature, soumise à une prescription plus courte (art. 591 al. 1, 619 al. 1 CO).

§ 4 Etendue de la représentation

1. Définition

1730 L'étendue de la représentation est le champ d'application de la représentation, autrement dit l'ensemble des actes qui peuvent être accomplis par le représentant et qui produisent leurs effets sur la société.

1731 Il faut distinguer entre l'étendue de la représentation pour les actes licites et l'étendue de la représentation pour les actes illicites.

[582] La note marginale de l'article 543 CO parle à juste titre des «*rapports des associés envers les tiers*».

[583] ATF 95 II 59, *62*/JdT 1970 I 73, *74*.

[584] HANDSCHIN, BaK, ad art. 542 CO, N 2; MEIER-HAYOZ/FORSTMOSER, § 12 N 96; PESTALOZZI/WETTENSCHWILER, BaK, ad art. 544 CO, N 25; contra: SIEGWART, ZK, ad art. 542 CO, N 15, qui pense toutefois qu'une modification de cette règle par le contrat est possible.

[585] «*La société peut, sous sa raison sociale, acquérir des droits et s'engager...*».

2. Pour actes licites

2.1. Principe

Dans la société simple, si le représentant agit sur la base d'une procuration expresse ou tacite, les règles générales sur la représentation (art. 32 ss CO) s'appliquent et l'étendue de la représentation dépend de la procuration elle-même (art. 33 al. 2 CO). Si le représentant agit sur la base de la présomption de l'article 543 al. 3 CO, il peut accomplir tous les actes ordinaires entrant dans le cadre du but social (art. 543 al. 3 en relation avec art. 535 al. 3 CO). 1732

Dans toutes les autres formes de société, la réglementation est spéciale. Elle vise avant tout à protéger les tiers. Elle va plus loin que dans la société simple et accorde une grande importance à l'apparence. Le représentant peut accomplir au nom de la société tous les actes (ordinaires ou extraordinaires, favorables ou défavorables à la société[586]) que peut impliquer le but social (art. 564 al. 1, 603, 718a al. 1, 764 al. 2 CO, 814 al. 4 nCO, 899 al. 1 CO), c'est-à-dire qui entrent objectivement dans le cadre du but social, autrement dit qui ne sont pas exclus par le but social du point de vue des tiers de bonne foi. 1733

Encore faut-il préciser que le Tribunal fédéral[587] distingue, en tout cas pour la société anonyme, parmi les actes qui entrent dans le cadre du but social, ceux qui excèdent le pouvoir interne de représentation[588] (dépassement de pouvoir) de ceux qui sont accomplis pour porter préjudice à la société au profit du représentant (abus de pouvoir). Les actes qui excèdent le pouvoir interne de représentation, conformément à la réglementation énoncée, engagent la société dès que le cocontractant, se fiant à l'inscription au registre du commerce, peut admettre de bonne foi qu'ils entrent dans le cadre du but social. Par conséquent, seuls des doutes sérieux du cocontractant sur les pouvoirs réels du représentant conduisent à nier sa bonne foi. En revanche, les actes abusifs, qui ne peuvent pas être considérés comme voulus par la société, sont soumis à un critère moins favorable pour le cocontractant, c'est-à-dire à celui de l'article 3 al. 2 CC. Des doutes d'une intensité relativement faible suffisent à nier la bonne foi du cocontractant, le critère restant objectif. 1734

A titre exceptionnel, dans le cadre d'une société anonyme, le Tribunal fédéral a admis une extension de l'étendue du pouvoir de représentation à la vente de l'entreprise elle-même, normalement exclue des buts de la société, lorsque les conditions particulières suivantes sont réalisées: société surendettée, donc dans l'impossibilité de réaliser 1735

[586] ATF 121 III 176, *180* (fr.); ATF 116 II 320, *322 ss*/JdT 1991 I 373, *374 ss*; ATF 111 II 284, *288 ss* (fr.).

[587] ATF 131 III 511, *519 s.* (fr.); ATF 119 II 23, *25 ss* (fr.).

[588] C'est-à-dire le pouvoir de représentation effectivement conféré par la société à son représentant.

ses buts, occasion de vente très limitée dans le temps, intérêt à la vente des travailleurs, des créanciers et de la collectivité, conflit entre actionnaires empêchant une prise de décision dans l'assemblée générale[589].

1736 Les connaissances, effectives ou qui auraient dues l'être, ou les non-connaissances[590] du représentant sont, en principe, imputées à la société. Dans une certaine mesure, les oublis[591] du représentant le sont aussi.

2.2. *Limites*

1737 Comme les règles légales sur l'étendue de la représentation favorisent la réalisation des conditions de la représentation, donc les tiers, la société a souvent intérêt à limiter l'étendue de la représentation de ses représentants. Elle peut le faire, mais dans une mesure très différente selon qu'il s'agit du plan interne ou du plan externe.

2.2.1. Plan interne

1738 Sur le plan interne, c'est-à-dire dans le cadre des rapports entre elle-même et ses représentants (*Vertretungsbefugnis, dürfen*), la société peut limiter à son gré[592] l'étendue de la représentation de ses représentants, notamment en fonction de leur place dans la hiérarchie sociale.

Exemple: une société peut prévoir que ses représentants ne peuvent l'engager qu'à concurrence d'un montant déterminé ou que pour certaines affaires (achat de matières premières, cercle géographique).

1739 La société est censée exclure tacitement les actes contraires à ses intérêts[593].

1740 Même si les représentants ne respectent pas ces limites, pour autant que l'acte accompli entre dans le cadre de l'étendue externe de la représentation, ils engagent la société. Mais ils répondent du dommage qu'ils lui causent et peuvent encourir d'autres sanctions, notamment le retrait du droit de représenter.

2.2.2. Plan externe

1741 Sur le plan externe, c'est-à-dire dans le cadre des rapports entre ses représentants et les tiers (*Vertretungsmacht, können*), la situation est très différente. Certes, théoriquement, la société peut aussi limiter à son gré

589 ATF 116 II 320, *322 ss*/JdT 1991 I 373, *374 ss.*

590 Voir notamment: ATF 124 III 418, *420* (fr.); ABEGGLEN, SANDRO, Wissenszurechnung bei der juristischen Person und im Konzern, bei Banken und Versicherungen, Berne 2004.

591 Voir notamment CHOU, HAN-LIN, Wissen und Vergessen bei juristischen Personen, thèse Bâle 2001.

592 ATF 121 III 368, *372* (fr.).

593 ATF 126 III 361, *363*/JdT 2001 I 131, *134*.

l'étendue de la représentation de ses représentants. Mais ces limites ont en général une portée restreinte. En effet, la société ne peut les opposer qu'aux tiers de mauvaise foi[594] (art. 564 al. 2, 603, 718a al. 2 CO, 814 al. 4 nCO, 899 al. 2 CO), c'est-à-dire aux tiers qui les connaissent. Or, il n'est pas facile de les faire connaître aux tiers. Deux moyens principaux sont envisageables:

- l'information personnelle, de vive voix, par lettre (circulaire) ou autre,
- l'inscription au registre du commerce.

L'inscription au registre du commerce, moyen idéal d'informer les tiers, 1742
notamment grâce à son effet de publicité positive[595], ne rend que des services limités. D'une part, la société simple ne peut pas en bénéficier. D'autre part, la loi est très restrictive s'agissant des limites à la représentation qui peuvent être inscrites au registre du commerce. Elles sont au nombre de trois:

- limitation du nombre des représentants par rapport à la présomption légale,
- représentation collective,
- représentation limitée à un établissement.

2.2.2–1. Limitation du nombre des représentants par rapport à la présomption légale

La société peut limiter jusqu'à un le nombre des représentants 1743
prévus par la loi. Autrement dit, elle peut retirer leur pouvoir de représentation à tous les représentants légaux, sauf un (art. 555, 603, 718 al. 1/2, 720, 767 al. 1 CO, 814 al. 4, 898 al. 1 nCO).

2.2.2–2. Représentation collective

Lorsque la loi confère un droit de représentation, il est individuel, 1744
c'est-à-dire que chaque titulaire peut représenter à lui seul la société (art. 543 al. 3, 563, 603, 718 al. 1/2 CO, 814 al. 1 nCO).

Par mesure de précaution, au lieu de conférer à chaque représentant un 1745
droit individuel de représentation, la société peut leur accorder un droit collectif, à deux en général, voire à plusieurs (art. 555, 603, 718a al. 2 CO, 814 al. 4 nCO, 899 al. 2 CO). L'engagement de la société nécessite alors l'intervention de deux ou plusieurs représentants, qui n'est pas nécessairement simultanée. D'après le Tribunal fédéral, le droit collectif peut être modalisé. On peut prévoir qu'un représentant déterminé ne puisse pas agir avec n'importe quel autre représentant (ce qui est la règle), mais seulement

[594] ATF 126 III 361, *363 s.*/JdT 2001 I 131, *134 s.*
[595] Le public est présumé connaître tout ce qui est inscrit au registre du commerce.

avec un autre représentant déterminé[596]. Cette manière d'organiser la représentation est critiquable du point de vue de la rapidité et de la sécurité des transactions. En effet, ou bien les tiers consultent systématiquement le registre du commerce avant toute transaction, complication non souhaitable, ou bien ils ne le consultent pas et prennent un risque non négligeable.

1746 En cas de représentation collective, l'intervention d'un seul représentant est suffisante pour la représentation passive de la société, c'est-à-dire notamment pour la réception de manifestations de volonté.

2.2.2–3. Représentation limitée à un établissement

1747 Lorsqu'une société est décentralisée territorialement, c'est-à-dire lorsqu'elle possède plusieurs établissements, elle peut limiter le droit de représentation de ses représentants à l'un de ses établissements (art. 718a al. 2 CO, 814 al. 4 nCO, 899 al. 2 CO)[597].

Exemple: la société dont l'établissement principal est à Lausanne et qui possède en plus deux succursales, l'une à Fribourg et l'autre à Neuchâtel, peut limiter le droit de représentation de certains de ses représentants à l'établissement principal et celui des autres à la succursale de Fribourg ou à celle de Neuchâtel.

2.3. Cas particuliers

2.3.1. Contrat avec soi-même

1748 Le contrat avec soi-même est un contrat conclu par le représentant de la société, au nom de la société, avec lui-même (*Selbstkontrahieren*).

Exemple: Le représentant d'une société constitue sur un immeuble social une hypothèque pour garantir une de ses dettes personnelles[598].

1749 Il se caractérise en général par un conflit d'intérêts.

1750 Afin de protéger la société représentée, le Tribunal fédéral interdit en principe le contrat avec soi-même[599]. Il l'autorise exceptionnellement[600]:

– lorsque l'objet exclut tout risque pour la société (marchandises achetées ou vendues au prix du marché ou de la bourse [art. 436 al. 1 CO]),
– lorsque la société autorise expressément l'opération ou la ratifie.

---

[596] ATF 121 III 368, *372 ss* (fr.).

[597] La loi ne prévoyant pas expressément ce cas pour la société en nom collectif et la société en commandite, la doctrine est partagée sur le point de savoir si cette possibilité existe aussi pour ces sociétés (pour: BAUDENBACHER, BaK, ad art. 555 CO, N 7; contre: HARTMANN, BK, ad art. 555 CO, N 3 et ad art. 564 CO, N 1). Dans la pratique du registre du commerce, cette possibilité est admise.

[598] RNRF 1999, p. 148.

[599] ATF 126 III 361, *363*/JdT 2001 I 131, *134*.

[600] ATF 127 III 332, *333 s.*/JdT 2001 I 258, *259 s.*; ATF 126 III 361, *363*/JdT 2001 I 131, *134*; ATF 95 II 442, *452 ss*/JdT 1970 I 644, *645*; ATF 89 II 321, *326*/JdT 1964 I 226, *230*.

2.3.2. Double représentation

La double représentation (*Doppelvertretung*) est le fait, pour la personne qui représente simultanément deux sociétés différentes, de conclure un contrat entre ces deux sociétés. 1751

Exemple: la même personne, représentante à la fois de la société X SA et de la société Y SA, conclut un contrat entre la société X SA et la société Y SA.

Elle se caractérise en général par un conflit d'intérêts. 1752

Afin de protéger la société qui pourrait être lésée, le Tribunal fédéral interdit en principe aussi la double représentation. Il l'autorise exceptionnellement aux mêmes conditions que le contrat avec soi-même[601]. 1753

3. Pour actes illicites

Dans la société simple, comme les règles générales sur la représentation (art. 32 ss CO) s'appliquent en principe (art. 543 al. 2 CO), le représentant ne peut pas engager la société par ses actes illicites[602]. 1754

Dans la société en nom collectif et dans la société en commandite, il devrait en aller de même, puisque ces formes de société n'ont pas non plus la personnalité juridique. Toutefois, dans ce domaine, la loi rapproche ces formes de société de celles qui ont la personnalité juridique. Elle prévoit expressément que «*la société répond du dommage résultant d'actes illicites qu'un associé commet dans la gestion des affaires sociales*» (art. 567 al. 3, 603 CO)[603]. 1755

Dans les sociétés à personnalité juridique, la société répond également de tout dommage résultant d'actes illicites commis par ses organes dans la gestion des affaires sociales (art. 55 al. 2 CC, 722, 764 al. 2 CO, 814 al. 4 nCO, 899 al. 3 CO)[604]. En effet, les organes n'étant pas représentants au sens des dispositions générales sur la représentation, mais parties de la personne juridique elle-même, ils l'engagent par tous leurs faits (art. 55 al. 2 CC). En ce qui concerne plus particulièrement la société anonyme, il n'est pas nécessaire que le membre de l'organe qui commet l'acte illicite ait le pouvoir de représenter la société pour que cette dernière soit engagée[605]. Par 1756

[601] ATF 127 III 332, *333 s.*/JdT 2001 I 258, *259 s.*; ATF 106 Ib 145, *148* (all.); ATF 98 II 211, *219* (fr.); ATF 95 II 617, *621*/JdT 1971 I 130, *133*.

[602] ATF 90 II 501, *508*/JdT 1965 I 369, *373 s.*; ATF 84 II 381, *382 ss*/JdT 1959 I 150, *151 ss.*; SJ 1979, p. 27, *32*.

[603] ATF 84 II 381, *382 ss*/JdT 1959 I 150, *151 ss*. Dans le cadre de ces dispositions, il faut entendre le terme «gestion» dans un sens large, englobant aussi la représentation.

[604] Dans le cadre de ces dispositions, il faut entendre le terme «gestion» dans un sens large, englobant aussi la représentation. L'article 722 CO précise: «*La société répond des actes illicites commis dans la gestion de ses affaires par une personne autorisée à la gérer ou à la représenter*».

[605] ATF 121 III 176, *180* (fr.); ATF 105 II 289, *292*/JdT 1980 I 373, *376*.

conséquent tout administrateur de société anonyme engage à lui seul la société par ses actes illicites, peu importe qu'il ait un pouvoir individuel ou collectif de représentation[606].

1757 Dans toutes les formes de société, le représentant répond, le cas échéant solidairement avec la société, du dommage résultant des actes illicites qu'il commet dans la gestion des affaires sociales (art. 55 al. 3 CC, 41 CO). La société qui a réparé le dommage a un droit de recours contre le responsable.

1758 De la capacité délictuelle des sociétés en matière civile, il faut bien distinguer la capacité délictuelle des sociétés en matière pénale, qui, en principe, c'est-à-dire sans disposition légale expresse, n'existe pas[607].

§ 5 Forme de la représentation

1759 Le représentant doit en principe se faire connaître comme tel (art. 32 al. 2 CO). En règle générale, il ajoute sa signature personnelle à la raison sociale (art. 719, 764 al. 2 CO, 814 al. 5 nCO, 900 CO). Toutefois, il suffit que l'intention d'agir au nom de la société résulte des circonstances (art. 567 al. 2, 603 CO)[608].

§ 6 Effets de la représentation

1760 Il faut distinguer les effets de la représentation avec ou sans pouvoir.

1. Représentation avec pouvoir

1761 Lorsqu'un représentant agit au nom de la société dans le cadre de son pouvoir, la société devient titulaire du droit ou de l'obligation (art. 55 al. 2 CC, 543 al. 2 en relation avec art. 32 al. 1, 567 al. 1, 603 CO).

2. Représentation sans pouvoir

1762 Lorsqu'un représentant agit au nom de la société sans pouvoir ou en outrepassant son pouvoir, la société n'est pas engagée (art. 38 al. 1 CO).

1763 Le pseudo-représentant est tenu de payer des dommages intérêts (art. 39 al. 1 CO). De plus, dans les sociétés sans personnalité juridique, il est

---

606 Pour une approche plus nuancée, voir CHAUDET, FRANÇOIS, La responsabilité délictuelle de la personne morale: En particulier lors de l'abus du pouvoir de représentation par un organe, RSJ 94 (1998), p. 10–15.

607 Voir N 705.

608 PKG 1993, p. 24 ss (cet arrêt concerne une société en nom collectif).

engagé lui-même, car, en agissant au nom de la société, il agit toujours aussi en son nom (il est lui-même partie au contrat)[609].

Section 2 Responsabilité pour les dettes

Bibliographie

BÜRGIN, PAUL, Die Exekution in das Gesamthandvermögen einer einfachen Gesellschaft, RDS 58 (1939), p. 89–109; BUXBAUM CARONI, MIRELLA, Die vermögensrechtliche Stellung des Kommanditärs, thèse Zurich 1987, p. 217–233; FANCONI, ARTURO, Die Haftung des Mitgliedes einer G.m.b.H. nach schweizerischem und deutschem Recht, thèse Berne 1937; FELLMANN, WALTER, Geschäftsführung, Vertretung und Haftung bei den Personengesellschaften, in: Rechtsfragen rund um die KMU, Vol. 1, Zurich/Bâle/Genève 2003, p. 113–150; HIRSCH, ALAIN, La société simple et les tiers, in: Mélanges en l'honneur de Henri Deschenaux, Fribourg 1977, p. 411–433; JOB, HANS, Ansprüche unter Kollektivgesellschaftern, thèse Zurich 1952; NIGG, HANS WALTER, Die Genossenschafterhaftung, thèse Zurich 1990; PLATTNER, STEFAN, Die Haftung des Kollektivgesellschafters, thèse Bâle 2002; PLÜSS, ADRIAN, Haftung und Verantwortlichkeit der Gesellschafter einer GmbH, ARC 1998, p. 119–132; RUEDIN, ROLAND, La responsabilité, in: Le nouveau droit de la société à responsabilité limitée (Portmann, Urs, éd.), Lausanne 2006, p. 29–64; VOGELSANG, ALFRED ERWIN, Essai d'une étude dogmatique de la société simple en droit suisse, thèse Lausanne 1931, p. 129–131; REICHMUTH PFAMMATTER, ALICE, Vertretung und Haftung in der einfachen Gesellschaft, thèse St-Gall 2002; VONZUN, RETO, Rechtsnatur und Haftung der Personengesellschaften, thèse Bâle 2000, p. 248–313; VON WYSS, DAVID, Die Haftung des Kollektivgesellschafters für die Verbindlichkeiten der Gesellschaft, thèse Zurich 1952. 1764

La responsabilité pour les dettes est l'obligation d'intervenir avec son patrimoine pour payer une ou plusieurs dettes. 1765

Le système légal ne peut être modifié par le contrat ou les statuts que dans les limites prévues expressément par la loi. Dans les sociétés de personnes, il peut être modifié avec le consentement des créanciers (art. 544 al. 3 *in fine*, 568 al. 2 CO). 1766

Pour chaque forme de société, il faut distinguer le régime des dettes sociales de celui des dettes personnelles des associés. 1767

§ 1 Dettes sociales

La dette sociale est la dette qui oblige la société, soit en tant que telle (société à personnalité juridique), soit en tant qu'ensemble des associés (société sans personnalité juridique). Peu importe sa source. Elle résulte 1768

[609] KÜNZLI (cité N 1710), p. 125. Voir également ATF 95 II 59, *62*/JdT 1970 I 73, *74;* RJB 77 (1941), p. 511, *514*.

souvent d'un contrat conclu au nom de la société par une personne apte à l'engager. Elle peut aussi résulter d'autres causes, notamment d'un acte illicite (art. 567 al. 3, 722, 764 al. 2 CO, 814 al. 4 nCO, 899 al. 3 CO).

1769 Dans un système d'économie libérale, il serait logique, à première vue, que toute société réponde de ses dettes et qu'en plus tout associé réponde des dettes de sa société. En effet, le bénéfice réalisé par la société est, en principe, destiné à être distribué aux associés (exception: société coopérative). Toutefois, pour favoriser l'activité économique, le droit des sociétés permet dans certains cas de limiter la responsabilité des associés, voire de l'exclure. La conséquence est que chaque forme de société, ou presque, est dotée d'un système propre de responsabilité pour les dettes sociales.

1770 Chaque cas de responsabilité pour les dettes sociales pose cinq questions fondamentales, qui peuvent recevoir un nombre variable de réponses:

- quelles sont les catégories de responsables?
- si plusieurs catégories de responsables existent, quel est l'ordre d'intervention de chaque catégorie?
- quelle est l'étendue de la responsabilité de chaque responsable?
- comment la dette se répartit-elle entre les responsables?
- quels sont les biens qui servent à honorer la dette de chaque responsable?

Figure n° 47 *Problématique de la responsabilité pour les dettes sociales*

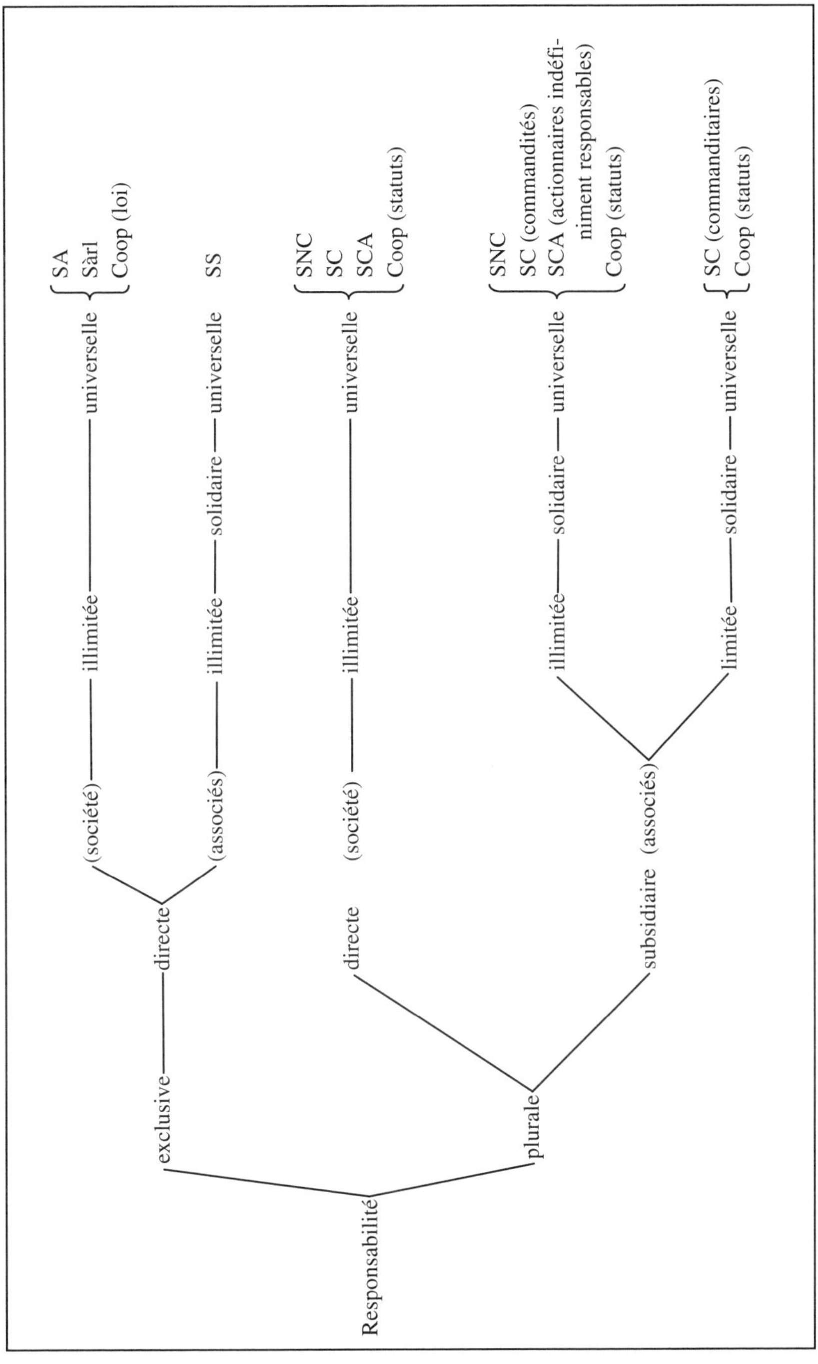

1. Catégories de responsables

1771 La première démarche consiste à déterminer quelles sont les catégories de responsables:

1772 – lorsqu'il n'y a qu'une catégorie de responsables, on est en présence d'une **responsabilité exclusive,** soit des associés, soit de la société;

1773 – lorsqu'il y a deux catégories de responsables, on est en présence d'une **responsabilité plurale** de la société et des associés.

1774 Si la responsabilité plurale paraît logique à première vue, elle n'est ni toujours possible ni toujours souhaitable:

1775 – elle n'est pas toujours possible. En effet, la responsabilité suppose l'existence d'un patrimoine pouvant être utilisé à payer les dettes. Or les sociétés sans personnalité juridique ne peuvent pas posséder de patrimoine[610]. Donc, elles ne peuvent pas répondre de leurs dettes.

1776 – elle n'est pas toujours souhaitable. Pour promouvoir l'activité économique en limitant le risque des entrepreneurs, la loi peut avoir intérêt à exclure la responsabilité des associés dans certaines formes de société.

1777 Partant de ces considérations, la loi ne généralise pas la responsabilité plurale. Ses solutions peuvent même paraître paradoxales. La responsabilité plurale est plutôt rare dans les sociétés à personnalité juridique, où elle serait pourtant possible. Elle est exclue dans la société anonyme et dans la société à responsabilité limitée. Elle est en principe aussi exclue dans la société coopérative, afin de protéger les associés contre des risques disproportionnés par rapport à leurs possibilités[611]. Dans les sociétés sans personnalité juridique, où elle ne devrait pas être possible, elle est tout de même prévue pour les sociétés hybrides. Les créanciers sociaux peuvent en effet poursuivre aussi bien la société (sur le patrimoine commun des associés) que les associés[612]. Plus précisément:

1778 – les associés répondent exclusivement des dettes sociales dans la seule société simple (art. 544 al. 3 CO).

1779 – la société répond exclusivement des dettes sociales dans la société anonyme (art. 620 CO), dans la société à responsabilité limitée (art. 772 al. 1/3, 794 nCO) et dans la société coopérative soumise au système légal (art. 868 CO).

1780 – la responsabilité est plurale dans les autres cas: société en nom collectif (art. 562, en relation avec art. 568 al. 3 CO), société en commandite (art. 602, en relation avec art. 604 et 610 CO), société en commandite

---

610 Voir N 760.

611 Code fédéral des obligations, Révision des titres XXIV à XXXIII, Procès-verbal de la Commission d'experts, Berne 1928, p. 605–610; Message du Conseil fédéral à l'Assemblée fédérale à l'appui du projet de loi révisant les titres XXIV à XXXIII du Code des obligations, du 21 février 1928, FF 1928 I 233 ss, *326*.

612 Voir N 1783–1798.

par actions (art. 764 al. 1 CO) et société coopérative soumise à un système statutaire (art. 869 s. CO).

2. Ordre d'intervention des catégories de responsables

2.1. Une seule catégorie de responsables

Lorsqu'une seule catégorie de responsables est appelée à intervenir, l'ordre de son intervention n'a pas à être déterminé. Elle intervient nécessairement en premier lieu, donc sa responsabilité est **directe**. 1781

La responsabilité des associés de la société simple est directe, ainsi que celle de la société anonyme, de la société à responsabilité limitée et de la société coopérative soumise au système légal. 1782

2.2. Deux catégories de responsables

Lorsque deux catégories de responsables sont appelées à intervenir, l'ordre de leurs interventions peut être déterminé de deux manières différentes: 1783

- leurs interventions sont simultanées: chaque catégorie a une **responsabilité directe**; 1784
- leurs interventions sont successives: la catégorie qui intervient en premier lieu a une **responsabilité directe**, alors que celle qui intervient en second lieu a une **responsabilité subsidiaire**. 1785

La loi prévoit que lorsque la responsabilité est plurale, elle est toujours successive, en commençant par la société. Autrement dit, la responsabilité de la société est toujours directe et celle des associés toujours subsidiaire. Cette construction est logique: on recherche d'abord la société, car il s'agit d'obtenir le paiement de ses dettes, puis ensuite les associés. 1786

Plus concrètement, lorsqu'un créancier social n'obtient pas le paiement de sa créance, il doit commencer par poursuivre la société (procédure d'exécution forcée). Si la société s'exécute, le but est atteint. Si la société ne s'exécute pas, la poursuite aboutit à la déclaration de faillite de la société qui sera ensuite liquidée. 1787

Quand le créancier peut-il s'en prendre aux associés? Il peut s'en prendre aux associés en tout cas à la fin de la procédure d'exécution forcée contre la société, c'est-à-dire lorsqu'il n'est pas entièrement désintéressé dans le cadre de la liquidation de la faillite et qu'il reçoit un acte de défaut de biens (art. 149 ss, 265 LP). Mais la loi va plus loin en faveur du créancier. Partant de la constatation pratique que le résultat de la liquidation de la société est en général insuffisant pour le satisfaire, elle lui permet d'agir contre les associés avant la fin de la procédure d'exécution forcée contre la société, à savoir dès le moment où (alternativement): 1788

1789 – la société tombe en faillite[613]. La loi étend cette possibilité à tous les cas de dissolution[614] (art. 568 al. 3, 604, 610 al. 2 CO)[615].

1790 – la poursuite contre la société s'avère infructueuse (art. 568 al. 3, 604 CO, ainsi que art. 764 al. 1 CO en relation avec art. 568 al. 3 CO)[616].

1791 – l'un des associés tombe en faillite (art. 568 al. 3 CO, ainsi que art. 764 al. 1 CO en relation avec art. 568 al. 3 CO)[617].

1792 L'exercice et l'objet de l'action en responsabilité dépendent de l'étendue de la responsabilité des associés.

1793 S'agissant de l'exercice de l'action:

1794 – lorsque la responsabilité des associés est illimitée[618], les créanciers peuvent agir eux-mêmes, individuellement, contre les associés (art. 568 al. 3, 604, ainsi que art. 764 al. 1 en relation avec art. 568 al. 3 CO)[619]:
  – si l'associé sollicité paie, le but est atteint.
  – si l'associé sollicité ne paie pas, il tombe, en principe, lui-même en faillite (art. 39 al. 1 ch. 2–5 LP). En cas de faillite simultanée de la société et d'un associé, la faillite de la société doit être liquidée en premier (art. 571 al. 3 CO, 218 al. 1/1 LP). Le créancier ne peut produire dans la faillite de l'associé que le montant qui n'a pas été couvert dans la faillite de la société (art. 218 al.1/1 LP).

1795 – lorsque la responsabilité des associés est limitée[620], les créanciers ne peuvent pas agir eux-mêmes contre les associés. Afin d'assurer au mieux l'égalité de leur traitement, d'autres personnes agissent en leur nom:
  – en cas de faillite de la société (art. 610 al. 2, 870 al. 3 CO), l'administration de la faillite, sous réserve de la cession des droits de la masse (art. 260 LP),
  – hors faillite de la société (art. 610 al. 2 CO), les liquidateurs.

1796 S'agissant de l'objet de l'action:

1797 – si la responsabilité est illimitée, l'action tend au paiement au créancier (art. 568 al. 3, 604 CO, ainsi que art. 764 al. 1 en relation avec art. 568 al. 3 CO)[621].

---

613 En cas de concordat, en raison du caractère accessoire de leur responsabilité, les associés sont libérés. Voir ATF 109 III 128, *130* (fr.) (critiqué par GILLIÉRON, PIERRE-ROBERT, Commentaire de la loi fédérale sur la poursuite pour dettes et la faillite, Lausanne 2003, ad art. 303 N 13). Dans la société coopérative, le concordat par abandon d'actif est assimilé à la faillite (art. 25 OFCoop).

614 Sauf dans la société coopérative (art. 869 al. 2/1, 870 al. 3 CO).

615 ATF 100 II 376, *378 s.*/JdT 1975 I 623, *625 s.*

616 Sauf pour la société en commandite (s'agissant de la responsabilité du commanditaire) et pour la société coopérative.

617 Sauf pour la société en commandite (s'agissant de la responsabilité du commanditaire) et pour la société coopérative.

618 Voir N 1799 s., 1803, 1812.

619 Exception: société coopérative (art. 869 al. 2/2 CO).

620 Voir N 1801, 1803 ss.

– si la responsabilité est limitée, l'action tend au paiement à la masse en faillite ou à la société en liquidation (art. 610 al. 2, 870 al. 3 CO), afin de garantir au mieux l'égalité de traitement des créanciers. 1798

3. Etendue de la responsabilité de chaque responsable

Chaque fois qu'il y a responsabilité pour les dettes sociales, il faut en déterminer l'étendue, c'est-à-dire fixer le montant maximal de la dette à concurrence duquel il est répondu: 1799

– s'il s'agit de la totalité de la dette, quel que soit son montant, la **responsabilité** est **illimitée**; 1800
– s'il ne s'agit que d'une partie de la dette, déterminée par un montant maximal, la **responsabilité** est **limitée**. 1801

3.1. De la société

Lorsqu'elle existe (c'est-à-dire dans toutes les formes de société, sauf la société simple), la responsabilité de la société pour ses dettes est illimitée (art. 620 al. 1 CO, 772 al. 1/3 nCO, 868/1 CO). 1802

3.2. Des associés

Dans les sociétés de personnes, la responsabilité des associés pour les dettes sociales est en principe illimitée (art. 544 al. 3, 568 al. 1, 604 CO). La société en commandite, qui est composée de deux catégories d'associés, fait exception pour une catégorie de ses associés: les commanditaires ne répondent en effet que de manière limitée[622] des dettes sociales, jusqu'à concurrence du montant de leur commandite[623] (art. 608 al. 1 CO). Plus précisément, chaque commanditaire peut être recherché pour le montant de sa commandite, déduction faite de son apport, donc pour la différence entre la commandite et l'apport effectué (art. 610 al. 2 CO)[624]. 1803

Exemples:

– si la commandite est de 10 000 francs et l'apport effectué de 3000 francs, le commanditaire est responsable des dettes sociales à concurrence de 7000 francs.

---

621 Exception: société coopérative (art. 869 al. 2/2 CO).

622 Exceptionnellement, le commanditaire peut être amené à répondre de manière illimitée (art. 605–607 CO).

623 Pour la définition de la commandite, voir N 1043–1046.

624 Au sens strict, on ne devrait parler de responsabilité que pour la partie non versée de la commandite supérieure au montant de l'apport promis. En effet, la libération de l'apport promis est une obligation sociale. A titre de comparaison, dans la société anonyme, l'actionnaire n'a que cette obligation sociale.

- si la commandite est de 10 000 francs et l'apport effectué de 10 000 francs, le commanditaire n'est plus responsable des dettes. Il en va de même si le montant de l'apport effectué est supérieur au montant de la commandite.

1804 Le montant de la commandite peut être modifié en cours de vie sociale. Une telle modification a des conséquences différentes pour les créanciers, selon qu'elle va dans le sens d'une augmentation ou d'une réduction. Elle est, par conséquent soumise à des règles différentes:

1805 – l'augmentation du montant de la commandite augmente la garantie des créanciers. Elle peut être invoquée par les créanciers dès qu'elle est connue d'eux (art. 608 al. 2 CO). Elle vaut pour toutes les dettes, existantes ou futures.

1806 – la réduction du montant de la commandite diminue la garantie des créanciers. Elle ne peut être opposée aux créanciers qu'après son inscription au registre du commerce (art. 609 al. 1 CO). Elle ne vaut que pour les dettes futures (art. 609 al. 2 CO).

1807 La société coopérative, société de personnes, est soumise à un régime particulier. Les associés ne répondent en principe pas des dettes sociales (art. 868 CO). Toutefois, les statuts peuvent leur imposer une responsabilité illimitée (art. 869 CO) ou limitée (art. 870 CO). Si l'étendue de la responsabilité ne ressort pas clairement des statuts, le caractère illimité est présumé. La limite doit, le cas échéant, être déterminée:

1808 – par un montant maximal, global ou par associé, si la société n'a pas de capital social (art. 870 al. 1 CO),

1809 – proportionnellement à la valeur nominale des parts sociales, si la société a un capital social (art. 870 al. 2 CO).

1810 La modification du régime de la responsabilité en cours de vie sociale est traitée de manière analogue à la modification de la commandite[625] (art. 874 CO).

1811 Dans la société anonyme et dans la société à responsabilité limitée, les associés ne répondent pas des dettes sociales (art. 620 CO, 772 al. 1/3, 794 nCO).

1812 La société en commandite par actions est une société mixte dans la mesure où elle se compose de deux catégories d'associés. Les actionnaires indéfiniment responsables sont responsables de manière illimitée (art. 764 al. 1 CO), tandis que les actionnaires ordinaires ne sont pas responsables du tout (art. 764 al. 2 CO).

4. Répartition de la dette entre les responsables

1813 Dès le moment où plusieurs responsables, de catégories différentes ou de la même catégorie, sont appelés à intervenir, il faut déterminer si, et le cas échéant comment, le montant à payer se répartit entre eux:

---

[625] Voir N 1804–1806.

– si une répartition a lieu, chaque responsable est tenu à l'égard du(des) créancier(s) d'une partie, d'une fraction de la dette sociale: sa **responsabilité** est **conjointe (partielle)**. 1814
– si aucune répartition n'a lieu, chaque responsable est tenu à l'égard du(des) créancier(s) de la totalité de la dette sociale (art. 143 al. 1 CO): sa **responsabilité** est **solidaire**. Le créancier peut choisir son débiteur. S'il choisit un «mauvais» responsable, c'est-à-dire un responsable insolvable, il peut se tourner vers un autre. Il peut même agir contre plusieurs responsables en même temps. Bien entendu, dès qu'il obtient son dû, sa créance s'éteint. Dans ce système, les intérêts du créancier sont particulièrement bien protégés. 1815

Sur le plan interne, le responsable qui paie plus que sa part a, pour l'excédent, un droit de recours contre ses coresponsables (art. 148 al. 2 CO), qui ne sont pas solidaires à son égard. Ce qui ne peut pas être récupéré de l'un d'eux se répartit par portions égales entre tous les autres (art. 148 al. 3 CO). 1816

4.1. Entre les responsables de deux catégories

Dès le moment où la condition de la subsidiarité[626] est remplie, il y a, en principe, solidarité entre les responsables des deux catégories[627]. Toutefois, le droit de recours est à sens unique. L'associé qui paie a un droit de recours contre la société pour la totalité de ce qu'il a payé[628]. La société qui paie n'a pas un droit de recours contre les associés. 1817

4.2. Entre les associés

En principe, les associés responsables des dettes sociales sont solidairement responsables (art. 544 al. 3, 568 al. 1, 764 al. 1, 869 al. 2 CO)[629]. 1818

En pratique, la solidarité est atténuée dans la société coopérative. En effet, le découvert doit être réparti entre les coopérateurs, par tête ou en fonction des parts sociales, selon que la société a ou n'a pas un capital social 1819

[626] Voir N 1786–1791.

[627] PESTALOZZI/WETTENSCHWILER, BaK, ad art. 568 CO, N 20; PATRY, Précis, p. 306; dans le même sens (sans mentionner expressément la solidarité): HARTMANN, BK, ad art. 568 CO, N 22; SIEGWART, ZK, ad art. 568–569 CO, N 2, 21–22; contra: VON STEIGER, SPR VIII/1, p. 542; VON WYSS (cité N 1764), p. 26–27, 56 ss. Cette solidarité n'existe en revanche pas si la condition de subsidiarité n'est pas réalisée: HARTMANN, BK, ad art. 568 CO, N 14.

[628] HARTMANN, BK, ad art. 568 CO, N 32; VON STEIGER, SPR VIII/1, p. 543; MEIER-HAYOZ/FORSTMOSER, § 13 N 41. Le fait d'admettre le droit de recours de l'associé contre la société implique en toute logique qu'une forme de solidarité entre associés et société existe si la condition de la subsidiarité (voir N 1786–1791) est remplie.

[629] La responsabilité limitée des associés de la société coopérative est en principe conjointe (art. 17 OFCoop). Voir notamment REYMOND, VIII/III/1, p. 196 et la doctrine citée.

(art. 870 al. 2 CO, 8 al. 1 OFCoop), y compris ce qui ne peut pas être payé par les coopérateurs insolvables (art. 873 CO, 8, 18 al. 4 OFCoop). Chaque associé ne peut être poursuivi que pour le montant qui le concerne. Le but de cette réglementation particulière est d'éviter aux associés, dont la situation financière est souvent modeste, les inconvénients du paiement d'un montant qui dépasse leur part sur le plan interne et ceux du recours contre leurs coassociés.

5. Biens affectés à honorer la dette de chaque responsable

1820 Lorsqu'un ou plusieurs responsables ont été identifiés, il faut encore désigner les biens qui peuvent être appréhendés pour honorer leurs obligations. Deux systèmes sont envisageables:

1821 – le responsable répond sur tous ses biens. Il n'est pas distingué entre les catégories de biens, par exemple entre les biens privés et les biens affectés au commerce: la **responsabilité** est **universelle**.

1822 – le responsable répond sur certains de ses biens. Il est distingué entre les différentes catégories de biens: la **responsabilité** est **sectorielle**.

1823 La responsabilité de la société ou des associés est toujours universelle. Parmi les biens de l'associé se trouve, en général, sa part sociale. Si elle a la nature d'une part de communauté, elle est saisie quasiment en dernier lieu (art. 3 OPC).

Figure n° 48 *Responsabilité pour les dettes sociales*

			Qui?		Dans quel ordre?		De quel montant?		Répartition?		Sur quels biens?	
			Resp. exclusive	Resp. plurale	Resp. directe	Resp. subsidiaire	Resp. limitée	Resp. illimitée	Resp. conjointe	Resp. solidaire	Resp. sectionnelle	Resp. universelle
Société	SS											
	SNC			X	X			X				X
	SC			X	X			X				X
	SA et Sàrl		X		X			X				X
	SCA	Actionnaires indéfiniment responsables		X	X			X				X
		Actionnaires ordinaires	X		X			X				X
	Coop	Système légal	X		X			X				X
		Système statutaire		X	X			X				X
Associés	SS		X		X			X		X		X
	SNC			X		X		X		X		X
	SC	Commandités		X		X		X		X		X
		Commanditaires		X		X	X			X		X
	SA et Sàrl											
	SCA	Actionnaires indéfiniment responsables		X		X		X		X		X
		Actionnaires ordinaires										
	Coop	Système légal										
		Système statutaire		X		X	X	X	X	X		X

§ 2 Dettes personnelles

1824 La dette personnelle est la dette qui oblige l'associé. Peu importe sa source.

Exemples:

- un associé achète en son nom propre un poste de télévision et l'installe dans son salon. Il est seul débiteur du prix de vente.
- pendant ses vacances, un associé cause un accident de la circulation et blesse un cycliste à un genou. Il est seul responsable de la réparation du dommage corporel.

1825 Pour ses dettes personnelles, l'associé répond exclusivement, directement, de manière illimitée, sur tous ses biens.

1826 Puisque l'associé répond exclusivement de ses dettes personnelles, ni la société ni les coassociés ne sont en principe concernés. Pourtant, dans certains cas, ils peuvent l'être:

1827 – la faillite d'un associé ou l'exécution forcée de sa part sociale, due notamment au non-paiement de dettes personnelles, est une cause de dissolution de la société simple (art. 545 al. 1 ch. 3 CO);

1828 – la faillite de tous les associés indéfiniment responsables est une cause de dissolution de la société en commandite par actions (art. 770 al. 1 CO);

1829 – la faillite d'un associé peut être une cause de dissolution de la société en nom collectif et de la société en commandite (art. 575 al. 1, 619 CO).

1830 Afin de limiter ces conséquences fâcheuses pour la société et les coassociés de l'associé en difficulté financière, la loi ou l'ordonnance ont pris diverses mesures visant à éviter la dissolution de la société (art. 575 al. 3, 578, 619 CO, Ordonnance du Tribunal fédéral concernant la saisie et la réalisation de parts de communauté, du 17 janvier 1923).

§ 3 Concours entre responsabilité pour les dettes sociales et responsabilité pour les dettes personnelles

1831 Les difficultés financières des associés vont souvent de pair avec les difficultés financières de la société, surtout dans les sociétés de personnes. Il est par conséquent fréquent qu'un associé doive répondre en même temps de dettes sociales et de dettes personnelles, donc qu'il fasse simultanément l'objet de mesures d'exécution forcée de la part de créanciers sociaux et de créanciers personnels.

1832 En général, les créanciers sociaux sont privilégiés par rapport aux créanciers personnels. En effet, ils sont désintéressés par préférence sur le produit de la réalisation des biens sociaux. Dans les sociétés en nom collectif et en commandite, en cas de faillite simultanée de la société et d'un associé, on liquide d'abord la faillite de la société (art. 218 al. 1 LP).

Dans la société simple, en revanche, les créanciers se trouvent en principe sur un pied d'égalité[630]. Toutefois, en fait, les créanciers sociaux sont privilégiés, car les règles dispositives de l'article 549 al. 1 CO, qui prévoient le paiement des dettes sociales avant toute autre opération, sont souvent appliquées[631]. 1833

Chapitre 3 Responsabilité

Bibliographie

BAER, CHARLOTTE M., Aktuelle Fragen zur aktienrechtlichen Verantwortlichkeit, Berne 2003; BÄRTSCHI, HARALD, Verantwortlichkeit im Aktienrecht, thèse Zurich 2001; BLICKENSTORFER, KURT U., Die genossenschaftsrechtliche Verantwortlichkeit, thèse Zurich 1986; BÖCKLI, PETER, Neuerungen im Verantwortlichkeitsrecht für den Verwaltungsrat, RSDA 65 (1993), p. 261–279; CHAPPUIS, CHRISTINE/PETER, HENRY/VON PLANTA, ANDREAS, Responsabilité de l'actionnaire majoritaire: séminaire de l'Association genevoise de droit des affaires, Zurich 2000; CORBOZ, BERNARD, La responsabilité des organes en droit des sociétés, Bâle 2005; VON DER CRONE, HANS CASPAR/CARBONARA, ANTONIO/HUNZIKER, SILVIA, Aktienrechtliche Verantwortlichkeit und Geschäftsführung, Bâle/Genève/Munich 2006; DRUEY, JEAN NICOLAS, Die materiellen Grundlagen der Verantwortlichkeit des Verwaltungsrats, in: Die Verantwortlichkeit des Verwaltungsrates, Zurich 1994, p. 45–61; EGGMANN, IRENE C., Die aktienrechtliche Verantwortlichkeit der Revisionsstelle bei der Abschlussprüfung, thèse Zurich 1996; FORSTMOSER, PETER/SPRECHER, THOMAS/TÖNDURY, GIAN ANDRI, Persönliche Haftung nach Schweizer Aktienrecht, Zurich/Bâle/Genève 2005; FORSTMOSER, PETER La responsabilité du réviseur en droit des sociétés anonymes, Zurich 1997; FORSTMOSER, PETER, Die aktienrechtliche Verantwortlichkeit, 2e éd., Zurich 1987; FORSTMOSER, PETER/HÉRITIER LACHAT, ANNE, La société anonyme XVIII, La responsabilité civile, FJS 406; GILLARD, NICOLAS, La responsabilité des administrateurs: principes et actions, in: Aspects actuels du droit de la société anonyme: travaux réunis pour le 20e anniversaire du CEDIDAC (1985–2005), Lausanne 2005, p. 465–503; HARTMANN, STEPHAN, Zur *actio pro socio* im Recht der Personengesellschaften, RDS 124 (2005) I, p. 397–418; HASENBÖHLER, STEFAN, Die Haftungsvoraussetzungen der Verantwortlichkeitsklage nach Art. 754 OR, thèse Bâle 2003; KISTLER, BRUNO, La responsabilité des organes sociaux: récente jurisprudence du Tribunal fédéral, EC 1998, p. 923–926; KRATZ, BRIGITTA, Die Verantwortlichkeit des Geschäftsführers der einfachen Gesellschaft, in: Neues zum Gesellschafts- und Wirtschaftsrecht, Zum 50. Geburtstag von Peter Forstmoser, Zurich 1993, p. 13–29; KUNZ, PETER VIKTOR, Zu den Haftungsvoraussetzungen und zu einigen weiteren Themen der aktienrechtlichen Verantwortlichkeit: Rückblick, 1834

[630] STAEHELIN, BaK, ad art. 548/549 CO, N 6; VON STEIGER, SPR VIII/1, p. 466; SIEGWART, ZK, ad art. 548–550 CO, N 34.

[631] PATRY, Précis, p. 255; VOGELSANG, p. 130; BÜRGIN (cité N 1764), p. 96; opinion contraire: HIRSCH (cité N 1764), p. 426–427, 430 pour qui l'article 549 CO privilégie les associés (solvables) et non (même indirectement) les créanciers.

Status quo und Perspektiven, PJA 1998, p. 1267–1285; LEI RAVELLO, ROBERTINO, La responsabilité solidaire des organes de la société anonyme, thèse Lausanne 1991; MÜLLER, ROLAND, Verantwortlichkeit der Verwaltung einer Genossenschaft, in: Wirtschaftsrecht zu Beginn des 21. Jahrhunderts, Festschrift für Peter Nobel zum 60. Geburtstag, Berne 2005, p. 225–250; PERREN, RUBEN, Die Durchsetzung von Verantwortlichkeitsansprüchen im schweizerischen Aktienrecht, thèse Bâle 2002; PLÜSS, ADRIAN, Haftung und Verantwortlichkeit der Gesellschafter einer GmbH, ARC 1998, p. 119–132; REYMOND, JACQUES-ANDRÉ, La responsabilité des réviseurs, ou le mythe de la perfection, SJ 1995, p. 373–389; SCHNYDER, ANTON K./BOPP, LUKAS, Aktienrechtliche Verantwortlichkeitsansprüche im Konkurs, in: Neuere Tendenzen im Gesellschaftsrecht: Festschrift für Peter Forstmoser zum 60. Geburtstag, Zurich/Bâle/Genève 2003, p. 497–507; STOFFEL, WALTER A., Klagen und Einreden in der Organverantwortlichkeit, in: Die Verantwortlichkeit des Verwaltungsrates, Zurich 1994, p. 15–43; TAORMINA, ANDREA, Innenansprüche in der einfachen Gesellschaft und deren Durchsetzung, thèse Fribourg 2002; TERCIER, PIERRE, La solidarité et les actions récursoires entre les responsables d'un dommage selon le nouveau droit de la société anonyme, in: La responsabilité des administrateurs, Zurich 1994, p. 63–88; THÉVENAZ, ALAIN, La solidarité différenciée des responsables d'un dommage en droit de la société anonyme: étude de l'article 759 CO, in: Aspects actuels du droit de la société anonyme: travaux réunis pour le 20e anniversaire du CEDIDAC (1985–2005), Lausanne 2005, p. 505–524; WEBER, ROLF H.(éd.), Praxis zum unternehmerischen Verantwortlichkeitsrecht, Zurich/Bâle/Genève 2004; WEBER, ROLF H. (éd.), Verantwortlichkeit im Unternehmensrecht, Zurich/Bâle/Genève 2003.

1835 Par leurs actes, les administrateurs/gérants, les réviseurs, voire d'autres personnes peuvent aussi bien favoriser que défavoriser la société, ses associés, voire des tiers, notamment les créanciers de la société. S'ils violent leurs obligations et causent un dommage à la société, à ses associés, voire à ses créanciers, ils sont en principe tenus de le réparer.

1836 La responsabilité est l'obligation d'intervenir avec son patrimoine pour réparer le dommage causé à autrui par la violation de ses obligations[632].

Section 1 Responsables

1837 Sont responsables du dommage qu'elles causent par la violation de leurs obligations:

1838 – dans toutes les formes de société: les personnes qui s'occupent de l'administration/gestion ou de la liquidation (art. 538, 557 al. 2, 598 al. 2, 754, 769 CO, 827, 916 nCO, 917, 920 CO);

1839 – dans certaines formes de société:

1840 – les personnes qui s'occupent de la révision des comptes annuels (art. 755, 764 al. 2 CO, 827, 916 nCO, 920 CO);

[632] Un assureur peut couvrir le risque.

- les personnes qui coopèrent à la fondation ou qui insèrent des infor- 1841
mations inexactes ou trompeuses dans le prospectus d'émission (art. 752, 753, 764 al. 2 CO, 827 nCO, 920[633] CO).

La responsabilité des personnes susmentionnées est individuelle. Elle 1842
frappe la personne responsable, non pas l'organe dont elle fait partie.

En cas de pluralité de responsables, chacun est solidairement respon- 1843
sable dans la mesure où le dommage peut lui être imputé personnellement en raison de sa faute et au vu des circonstances (art. 759, 764 al. 2 CO, 827 nCO)[634].

Section 2 Titulaires de l'action

Sont titulaires d'actions contres les responsables: 1844

- la société,
- chaque associé,
- voire chaque créancier.

§ 1 Société

La société est titulaire de l'action en responsabilité, car elle subit 1845
toujours directement le dommage causé par le responsable. Encore faut-il préciser que dans la société simple l'action appartient en commun à tous les associés en tant que tels. Dans la société en nom collectif et dans la société en commandite, l'action appartient aussi en commun à tous les associés, mais en tant que communauté identifiée par la raison sociale (art. 562 CO). La principale manifestation de cette particularité est qu'un changement dans le sociétariat en cours de procès n'a aucune conséquence sur l'identité de la société en tant que partie. La société partie au procès est toujours la communauté actuelle des associés.

§ 2 Chaque associé

Pour la réparation du dommage direct[635], chaque associé est 1846
titulaire d'une action conformément aux règles générales du droit privé (notamment art. 55 al. 3 CC, 41 ss CO).

---

633 Pour la société coopérative ordinaire, les articles 41 ss CO s'appliquent.

634 L'article 918 CO prévoit une autre réglementation pour la société coopérative, qui correspond à l'ancienne réglementation pour la société anonyme. Vu le revirement de jurisprudence du Tribunal fédéral sous l'empire de l'ancien droit de la société anonyme (ATF 122 III 324 [fr.]), il faut admettre que la nouvelle solution du droit de la société anonyme est aussi applicable à la société coopérative et, probablement, aux sociétés sans personnalité juridique.

635 Voir N 1859 s.

1847 Pour la réparation du dommage indirect[636], une intervention spéciale du législateur est nécessaire. Certes, elle n'a pas eu lieu en matière de sociétés sans personnalité juridique. Toutefois la doctrine[637] et la jurisprudence[638] admettent que chaque associé est titulaire d'une action en réparation du dommage indirect sous la forme de l'*actio pro socio,* c'est-à-dire de l'action permettant à chaque associé, à la place de la société, d'obtenir l'exécution des obligations sociales, considérée comme une conséquence des caractéristiques des sociétés sans personnalité juridique. En matière de sociétés à personnalité juridique, la loi confère expressément aux associés le droit d'exercer l'action sociale (art. 756, 757, 764 al. 2 CO, 827 nCO, 917 al. 2, 920 CO), limitée aux actes accomplis dès la survenance du surendettement dans la société coopérative ordinaire (art. 917 al. 1 CO[639]).

§ 3 Chaque créancier (dans certaines sociétés seulement)

1848 Pour la réparation du dommage direct[640], chaque créancier est titulaire d'une action conformément aux règles générales du droit privé (notamment art. 55 al. 3 CC, 41 ss CO).

1849 Pour la réparation du dommage indirect[641], une intervention spéciale du législateur est nécessaire. Elle n'a pas eu lieu pour les sociétés sans personnalité juridique. Cela s'explique par le fait que les créanciers sont suffisamment protégés par le système de la responsabilité pour les dettes sociales. En effet, dans la société simple, si la société ne paie pas, les créanciers peuvent s'en prendre directement aux associés; dans la société en nom collectif et dans la société en commandite, ils peuvent s'en prendre subsidiairement aux associés. En revanche, en matière de sociétés à personnalité juridique, la loi confère expressément aux créanciers, en cas de faillite, le droit d'exercer l'action sociale (art. 757, 764 al. 2 CO, 827 nCO, 917 al. 2, 920 CO), limitée aux actes accomplis dès la survenance du surendettement dans la société coopérative ordinaire (art. 917 al. 1 CO).

[636] Voir N 1859 et 1861.
[637] KRATZ (cité N 1834), p. 20 (c.); TAORMINA (cité N 1834), p. 151 ss.
[638] ATF 99 II 315/JdT 1974 I 458.
[639] Cette disposition utilise de manière inexacte le terme *insolvabilité*.
[640] Voir N 1859 s.
[641] Voir N 1859 et 1861.

Section 3 Nature juridique de l'action en responsabilité

Depuis l'arrêt Biber[642], qui considère que les associés et les créanciers n'exercent pas une action propre, mais celle de la société, il faut admettre que l'action en responsabilité contre les personnes qui s'occupent de l'administration/gestion, de la liquidation ou de la révision est, dans tous les cas, de nature contractuelle ou quasi-contractuelle. 1850

Section 4 Conditions de la responsabilité

Pour qu'il y ait responsabilité, les conditions suivantes doivent être réalisées: 1851

- une personne a subi un dommage,
- le responsable a violé une de ses obligations (illicéité),
- il y a un lien de causalité adéquate entre la violation de l'obligation et le dommage,
- le responsable a commis une faute.

Elles doivent être remplies par chaque responsable séparément, puisque la responsabilité est individuelle. 1852

§ 1 Dommage

Le but de l'action en responsabilité n'est pas de punir, mais de réparer un dommage. Par conséquent, une action en responsabilité implique toujours un dommage. 1853

Le dommage est une diminution involontaire de patrimoine. Il résulte: 1854

- soit d'une réduction d'actif ou d'une augmentation de passif (perte éprouvée), 1855
- soit de l'empêchement d'une augmentation d'actif ou de l'empêchement d'une diminution de passif (gain manqué). 1856

Il représente donc la différence entre la valeur actuelle du patrimoine et celle qu'il aurait si l'événement dommageable ne s'était pas produit. 1857

Il doit être prouvé par le titulaire de l'action. 1858

En droit des sociétés, il faut soigneusement distinguer entre dommage direct et dommage indirect. En effet, contrairement aux règles générales du droit des obligations, la réparation indirecte du dommage indirect y est possible. 1859

642 ATF 131 III 306/JdT 2006 I 56.

1860 Le dommage direct[643] est subi par le lésé sans intermédiaire.

Exemples:

- dommage causé à la société par le résultat catastrophique d'une spéculation malheureuse d'un de ses administrateurs/gérants;
- dommage causé à un actionnaire par le refus du conseil d'administration de lui verser le dividende fixé par l'assemblée générale;
- dommage causé à un créancier qui a octroyé un prêt à la société, peu avant la faillite de cette dernière, le conseil d'administration ayant pris soin de lui cacher la situation catastrophique de la société.

1861 Le dommage indirect est subi par le lésé par l'intermédiaire de la société, qui est lésée directement.

Exemple: dommage causé à la société par un acte illicite fautif de l'administrateur/gérant qui touche:

- toujours les associés en se répercutant sur la valeur des parts sociales,
- les créanciers si le dommage est si grand qu'il entraîne une perte de couverture des dettes.

1862 Le dommage subi par la société est toujours direct. Celui subi par les associés ou les créanciers sociaux peut être direct ou indirect.

§ 2 Violation d'une obligation

1863 Pour donner lieu à une réparation, le dommage doit être dû à la violation d'une obligation légale, statutaire ou contractuelle.

Exemples:

- surévaluation d'un apport en nature par les fondateurs[644],
- placement spéculatif ne respectant pas le principe de la répartition des risques effectué par un administrateur[645],
- proposition d'approbation des comptes par un réviseur qui a constaté de grosses irrégularités[646].

---

643 Dans un certain nombre d'arrêts récents (ATF 128 III 180, *183* (fr.); ATF 127 III 374, *377*/JdT 2001 II 39, *41 s.*/SJ 2002 I 24, *26 s.;* ATF 125 III 86, *88*/JdT 2001 I 73, *75*/SJ 1999, p. 305, *306*; ATF 122 III 176, *189–195*/JdT 1998 II 140, *153–159*), le Tribunal fédéral avait modifié sa jurisprudence relative à la définition du dommage direct et du dommage indirect, en tout cas en matière de société anonyme. Le critère de distinction n'était plus le patrimoine lésé, mais la personne protégée par la norme violée. Par conséquent:
- il y avait dommage indirect lorsque la norme violée cherchait à protéger la société,
- il y avait dommage direct lorsque la norme violée cherchait à protéger l'associé ou le créancier.

Dernièrement, le Tribunal fédéral est revenu à sa jurisprudence antérieure (ATF 131 III 306, *310*/JdT 2006 I 56, *59*).

644 ATF 90 II 490, *494 s.* (fr.).

645 ATF 113 II 52, *56–58*/JdT 1988 I 26, *29–31*.

646 ATF 93 II 22, *27*/JdT 1968 I 148, *153*.

§ 3 Causalité adéquate

Entre le dommage et la violation du devoir doit exister un lien de causalité. La violation du devoir doit être une cause[647] du dommage. 1864

Un lien de causalité naturelle ne suffit pas. Il faut que la causalité soit adéquate, c'est-à-dire que d'après le cours ordinaire des choses et l'expérience de la vie, le fait considéré soit propre à entraîner un effet du genre de celui qui s'est produit, la survenance de ce résultat paraissant de façon générale favorisée par un tel fait[648]. 1865

Exemple: le fait, pour un administrateur/gérant, de procéder à des spéculations risquées sans instructions particulières apparaît comme la cause adéquate de la perte due à ces opérations.

Dans ce domaine, les exigences relatives à l'adéquation du lien de causalité ne sont pas très élevées[649]. 1866

Lorsqu'un dommage est causé par plusieurs personnes, chacune ne répond que pour la part qu'elle a causée adéquatement[650]. 1867

Exemple: si le dommage est dû à la fois aux administrateurs et aux réviseurs d'une société anonyme, les réviseurs n'en sont tenus qu'à partir du moment où ils auraient dû intervenir, notamment en avisant le juge en cas de surendettement manifeste de la société (art. 728c al. 3 nCO).

La causalité n'est pas adéquate lorsque le dommage se serait produit même sans l'acte contraire aux devoirs. 1868

Exemple: le conseil d'administration d'une société anonyme n'a pas surveillé correctement son directeur général. Toutefois, même s'il l'avait fait, il n'aurait pas pu déceler ses actes délictueux, tant ils étaient habilement réalisés.

§ 4 Faute

Le dommage causé par la violation d'une obligation d'un responsable ne suffit pas à engager sa responsabilité. La violation doit de plus être fautive. 1869

La faute peut être intentionnelle. Elle peut aussi ne pas être intentionnelle, c'est-à-dire consister en une négligence. Il suffit pour cela «*que l'auteur du préjudice ait pu prévoir le fait dommageable. Cela ne signifie toutefois pas qu'il ait dû être certain de sa survenance. Il suffit qu'en faisant preuve de l'attention et de la réflexion qu'on pouvait attendre de sa part, il ait dû se dire qu'un risque concret de dommage existait*»[651]. 1870

Le critère du degré d'attention varie selon les sociétés. 1871

[647] Pas nécessairement la seule.
[648] ATF 123 III 110, *112*/JdT 1997 I 792, *793*.
[649] ATF 93 II 22, *29*/JdT 1968 I 148, *155*.
[650] ATF 119 V 401, *407* (fr.).
[651] ATF 99 II 176, *180*/JdT 1974 I 71, *75*.

1872 Dans les sociétés sans personnalité juridique, il est subjectif. Le responsable doit apporter aux affaires de la société la diligence et les soins qu'il consacre habituellement à ses propres affaires dans les mêmes circonstances (art. 538 al. 1 CO)[652].

Exemple: le gérant ayant une formation spécialisée doit la mettre au service de sa société, alors que celui qui manque de compétences ne peut pas se le voir reprocher dans le cadre de sa société.

1873 La raison de ce critère est le caractère personnel des liens. Les associés ressentent les affaires de la société comme les leurs. De plus, ils sont censés se connaître et s'accepter tels qu'ils sont.

1874 Dans les sociétés à personnalité juridique, le critère du degré d'attention est objectif. Le responsable doit apporter aux affaires de la société l'attention qu'un responsable raisonnable et consciencieux rompu à ce genre d'affaires aurait considérée comme nécessaire dans les mêmes circonstances[653].

Exemple: l'administrateur d'une société anonyme doit posséder la formation nécessaire à l'accomplissement de sa tâche et y consacrer le temps nécessaire.

1875 La faute s'apprécie dans tous les cas en tenant compte de toutes les circonstances, ainsi que sur la base des connaissances et circonstances existant au moment de l'acte fautif.

Section 5 Actions

1876 Pour classer les actions en responsabilité des différents titulaires, les distinctions suivantes doivent être faites:

– dommage direct ou indirect,
– société en cours de vie sociale ou en faillite.

Figure n° 49 *Actions en responsabilité*

	Société		Associé		Créancier	
	Vie sociale	Faillite[1]	Vie sociale	Faillite[1]	Vie sociale	Faillite[1]
Dommage direct	X	X	X	X	X	X
Dommage indirect			X	X		X[2]

[1] A l'exception de la société simple, qui n'est pas concernée.
[2] Pas dans les sociétés sans personnalité juridique.

[652] ATF 108 II 204, *212*/JdT 1982 I 570, *572* (rés.); BECKER, BK, ad art. 538 CO, N 2 ss; HANDSCHIN, BaK, ad art. 538 CO, N 4; IKLÉ (cité N 1165), p. 73 ss; SIEGWART, ZK, ad art. 538 CO, N 9 ss.

[653] FORSTMOSER/MEIER-HAYOZ/NOBEL, § 36 N 80.

§ 1 Action de la société

Le dommage de la société est toujours direct. 1877

1. En cours de vie sociale

La décision d'intenter l'action appartient en principe aux administrateurs/gérants[654], qui représentent la société[655] en justice. 1878

L'action vise au paiement de dommages-intérêts à la société[656] (art. 756 al. 1, 764 al. 2 CO, 827, 916 nCO, 917, 920 CO). 1879

Les exceptions opposables par les responsables sont celles qu'ils ont à l'égard de la société[657, 658]. 1880

Exemples:

- les administrateurs/gérants ont agi en exécution d'une décision sociale.
- les administrateurs de la société anonyme ont reçu valablement la décharge de l'assemblée générale (art. 698 al. 2 ch. 5, 758 CO).

2. En cas de faillite

La société simple, qui n'est pas sujet de faillite, n'est pas concernée par cette subdivision. 1881

La décision d'intenter l'action appartient à la deuxième assemblée des créanciers (art. 253 al. 2 LP en relation avec art. 207 LP). La société en faillite est représentée en justice par l'administration de la faillite. 1882

L'action vise au paiement de dommages-intérêts à la masse en faillite. 1883

Les exceptions opposables par les responsables sont celles qu'ils ont à l'égard de la société en faillite. 1884

§ 2 Action de l'associé

Dans ce domaine, une grande incertitude a régné pendant de nombreuses années. La jurisprudence a fluctué fortement[659]. La situation est toutefois en train de se stabiliser. 1885

---

[654] Dans les sociétés à personnalité juridique, si l'action est dirigée contre la majorité ou tous les administrateurs, la décision appartient à l'assemblée générale.

[655] L'ensemble des associés dans la société simple.

[656] A l'ensemble des associés dans la société simple (art. 538 al. 2 CO).

[657] A l'égard de l'ensemble des associés dans la société simple.

[658] ATF 131 III 640, *645* (cons. 4.2.3.)/JdT 2006 I 146, *150 s.*

[659] Pour les grandes étapes jurisprudentielles, voir ATF 131 III 306/JdT 2006 I 56; ATF 117 II 432/JdT 1993 I 72; ATF 111 II 182 (fr.).

1. Pour dommage direct

1886 Chaque associé possède une action propre, indépendante, en réparation de son propre dommage. Elle est soumise à des restrictions en cas de faillite de la société, lorsqu'un dommage direct est causé aussi à la société[660].

1887 Cette action est soumise en principe aux règles générales du droit privé (notamment art. 55 al. 3 CC, 41 ss CO)[661], exceptionnellement à des règles spéciales (art. 760 CO, 29 LFors).

2. Pour dommage indirect

2.1. En cours de vie sociale

1888 Chaque associé peut exercer l'action de la société. Cette possibilité est expressément prévue dans la loi pour les sociétés à personnalité juridique (art. 756, 764 al. 2 CO, 827 nCO, 917 al. 2, 920 CO); elle est admise par la doctrine dans les autres sociétés sous la forme de l'*actio pro socio*[662]. Elle a pour but le paiement de dommages-intérêts à la société[663]. Par conséquent, le dommage indirect est réparé de manière indirecte et tout associé peut demander la réparation de la totalité du dommage social.

1889 Les exceptions opposables par les responsables sont celles qu'ils ont à l'égard de la société[664] (ou de tous les associés), non pas celles qu'ils ont à l'égard de l'associé demandeur.

1890 Dans les sociétés à personnalité juridique, l'associé demandeur peut partager les frais du procès avec la société (art. 756 al. 2, 764 al. 2 CO, 827 nCO, 917 al. 2, 920 CO).

2.2. En cas de faillite

1891 La société simple, qui n'est pas sujet de faillite, n'est pas concernée par cette subdivision.

1892 S'agissant des sociétés à personnalité juridique, la question est réglée expressément par la loi pour la société anonyme (art. 757 CO), par renvoi pour les autres (art. 764 al. 2 CO, 827 nCO, 917 al. 2, 920 CO).

---

660 ATF 131 III 306, *311*/JdT 2006 I 56, *60*.

661 ATF 106 II 232, *235*/JdT 1981 I 155, *158 s.*

662 KRATZ (cité N 1834), p. 20 (c.aa).

663 ATF 131 III 306, *310 s.*/JdT 2006 I 56, *59 ss.*; KRATZ (cité N 1834), p. 20 (c.bb); VON STEIGER, SPR VIII/1, p. 379.

664 ATF 131 III 640, *645* (cons. 4.2.3.)/JdT 2006 I 146, *150 s.*

Dans un premier temps, l'action de la société est exercée par l'administration de la faillite (art. 757 al. 1/2 CO). Le produit de l'action entre dans la masse en faillite. 1893

Dans un second temps, si l'administration de la faillite renonce à exercer l'action de la société, les associés peuvent le faire (art. 757 al. 2/1 CO)[665]. L'action peut tendre à la réparation de l'ensemble du dommage subi par la société en faillite. Le produit de l'action est réparti conformément à la loi (art. 757 al. 2/2 s. CO): d'abord aux créanciers demandeurs, s'il y en a[666], puis aux associés demandeurs, le reste tombant dans la masse en faillite. Par conséquent, les associés non demandeurs ne sont désintéressés que si tous les créanciers sont désintéressés. L'associé demandeur supporte seul les risques du procès. 1894

La nature juridique de cette action a été très controversée[667]. Depuis l'arrêt Biber[668], il faut admettre qu'il s'agit de l'action sociale, exercée par un associé. Par conséquent, seules les exceptions des responsables à l'égard de la société sont opposables. Il s'agit notamment des exceptions suivantes: 1895

- consentement exprès ou tacite de la société à l'acte incriminé; 1896
- décharge du défendeur votée par la société (art. 758 al. 1 CO). 1897

L'exception de l'écoulement du délai de prescription pour l'action des associés qui n'ont pas voté la décharge (art. 758 al. 2 CO) n'a plus de sens dans le cadre de la nouvelle jurisprudence du Tribunal fédéral, puisque seule l'action de la société peut être exercée. 1898

S'agissant des sociétés en nom collectif et en commandite, la loi est muette. Du moment que l'*actio pro socio* est admise par la doctrine en cours de vie sociale, elle devrait aussi l'être en cas de faillite avec, comme conséquence, l'application de règles analogues à celles prévues pour les sociétés à personnalité juridique. 1899

---

665 ATF 131 III 306, *311*/JdT 2006 I 56, *60*.

666 Voir N 1903–1907.

667 BERTI, STEPHEN, Zur prozessualen Geltendmachung des Anspruches auf Ersatz des sog. mittelbaren Schadens im Schweizerischen Aktienrecht, RDS 1990 I, p. 439–451; KUNZ, PETER VIKTOR, Rechtsnatur und Einredenordnung der aktienrechtlichen Verantwortlichkeitsklage: Darstellung der Rechtslage unter bisherigem und revidiertem Aktienrecht, thèse Berne 1993; RASCHEIN, ROLF, Die Abtretung von aktienrechtlichen Verantwortlichkeitsansprüchen im Konkurs, in: FS 100 Jahre SchKG, Zurich 1989, p. 357–367; RUEDIN, ROLAND, Les actions en responsabilité des actionnaires et des créanciers pour le dommage subi par la société dans le cadre de la faillite de la société (art. 756–758 CO), RJN 1993, p. 31–58; SCHIESS, MAYA, Das Wesen aktienrechtlicher Verantwortlichkeitsansprüche aus mittelbarem Schaden und deren Geltendmachung im Gesellschaftskonkurs, thèse Zurich 1978.

668 ATF 131 III 306/JdT 2006 I 56.

§ 3 Action du créancier

1900 Dans ce domaine, une grande incertitude a régné pendant de nombreuses années. La jurisprudence a fluctué fortement[669]. La situation est toutefois en train de se stabiliser.

1. Pour dommage direct

1901 Voir action de l'associé[670].

2. Pour dommage indirect

2.1. En cours de vie sociale

1902 Tant et aussi longtemps qu'une société n'est pas en faillite, ses créanciers ne subissent pas de dommage indirect. En effet, les actifs de la société couvrent ses dettes. Par conséquent, les créanciers n'ont pas d'action en réparation du dommage indirect[671].

2.2. En cas de faillite

1903 La société simple, qui n'est pas sujet de faillite, n'est pas concernée par cette subdivision.

1904 Dans les sociétés à personnalité juridique, la réglementation ressemble à celle prévue pour les associés. Toutefois, les conséquences pratiques sont en partie différentes.

1905 D'une part, le produit de l'action sociale intentée par l'administration de la faillite profite directement aux créanciers, puisqu'il tombe dans la masse en faillite.

1906 D'autre part, le produit de l'action sociale intentée par les créanciers leur revient en priorité (art. 757 al. 2/2 CO).

1907 Dans les sociétés sans personnalité juridique, l'action des créanciers n'existe pas. Elle est remplacée par la responsabilité personnelle des associés pour les dettes sociales.

---

669 Pour les grandes étapes jurisprudentielles, voir ATF 131 III 306/JdT 2006 I 56; ATF 117 II 432/JdT 1993 I 72; ATF 111 II 182 (fr.).

670 Voir N 1886 s. ainsi que KRATZ (cité N 1834), p. 22 (d.bb).

671 La réalité est un peu plus nuancée. Comme la faillite est souvent déclarée plus ou moins longtemps après que le surendettement a commencé de se manifester, le créancier peut subir un dommage avant la déclaration de la faillite.

Section 6 Questions diverses

§ 1 For

En matière de sociétés à personnalité juridique[672], l'action en responsabilité peut être intentée au siège de la société ou au domicile de la personne responsable (art. 29 LFors). Pour les autres formes de société, le for se trouve au domicile ou au siège de la personne responsable (art. 3 al. 1 lettres a et b, 7 LFors). 1908

§ 2 Valeur litigieuse

La valeur litigieuse se calcule en fonction de la totalité de la réparation réclamée. 1909

§ 3 Prescription

Dans les sociétés à personnalité juridique, les actions en responsabilité se prescrivent par cinq ans à partir du jour où la partie lésée a eu connaissance du dommage et de la personne responsable, dans tous les cas par dix ans à partir du jour où le fait dommageable s'est produit (art. 760, 764 al. 2 CO, 827 nCO, 919 CO). Dans les autres formes de société, les règles ordinaires s'appliquent (art. 60, 127 ss CO). 1910

[672] BLUNSCHI, ZHKomm-GestG, Zurich 2001, ad art. 29 N 9; KURT/BERNET, BK-GestG, Berne 2005, ad art. 29 N 2; Vock, BaK-GestG, Bâle, ad art. 29 N 2.

Titre 3 Fin

1911 En matière de *curriculum* de la société, le terme «fin» doit être employé avec prudence, car il a deux sens:

1912 – un sens strict: moment où la société cesse d'exister, où elle disparaît de la scène juridique;

1913 – un sens large: ensemble des événements et des opérations ayant pour conséquence la cessation de l'existence de la société, la disparition de la société.

1914 Au sens large, utilisé notamment dans la note marginale de l'article 545 CO, le terme «fin» (*Beendigung*) recouvre trois réalités différentes:

- la dissolution de la société (chapitre 1),
- la liquidation de la société (chapitre 2),
- la disparition de la société (chapitre 3).

Figure n° 50 *Fin de la société*

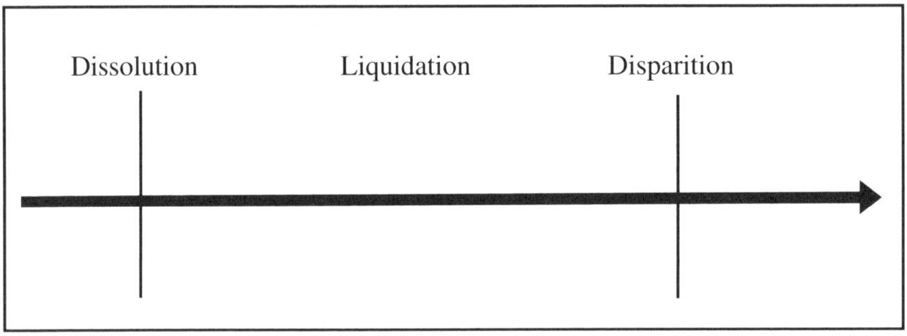

1915 Dans l'étape de la fin de la société, les intérêts des différents intéressés doivent faire l'objet d'un soin particulier. Selon les formes de société, ils sont plus ou moins mis en danger.

Exemple: la fin d'une société de capitaux, due souvent à des difficultés financières, peut mettre gravement en péril les intérêts des créanciers, raison pour laquelle les règles légales sont dans une large mesure impératives. En revanche, la fin d'une société de personnes met peu en péril les intérêts des créanciers en raison de la responsabilité des associés pour les dettes sociales, ce qui explique le caractère largement dispositif de la réglementation.

Chapitre 1 Dissolution

Bibliographie

BERGSMA, PETER, Auflösung, Ausschluss und Austritt aus wichtigem Grund bei den Personengesellschaften, thèse Zurich 1990; BERTSCH, WILFRIED, Die Auflösung der Aktiengesellschaft aus wichtigen Gründen, thèse Zurich 1947; FRAEFEL, JOSEPH, Die Auflösung der Gesellschaft aus wichtigem Grunde, thèse Zurich 1929; HABEGGER, PHILIPP, Die Auflösung der Aktiengesellschaft aus wichtigen Gründen, thèse Zurich 1996; HOCH, PATRICK M., Auflösung und Liquidation der einfachen Gesellschaft, thèse Zurich 2000; MENGIARDI, PEIDER, Statutarische Auflösungsgründe im Recht der Aktiengesellschaft (Art. 736, Ziff. 1 OR), in: Lebendiges Aktienrecht, Festgabe zum 70. Geburtstag von Wolfhart Friedrich Bürgi, Zurich 1971, p. 265–281; MERZ, HANS, Der massgebende Zeitpunkt für die Auflösung der einfachen Gesellschaft und der Kollektivgesellschaft aus einem wichtigen Grund, in: Ius et lex, Festgabe zum 70. Geburtstag von Max Gutzwiller, Bâle 1959, p. 685–698; METZLER, CHARLES, Die Auflösungsgründe im Bereich der Aktiengesellschaft, thèse Berne 1948; RECORDON, PIERRE-ALAIN, La société simple III, FJS 676; RÜDLINGER, KATHARINA, Widerruf des Auflösungsbeschlusses einer Aktiengesellschaft, Reprax 2/2000, p. 52–66; SAXER, ANDREAS, Die Auflösung der einfachen Gesellschaft aus wichtigem Grund, thèse Berne 1961; TERCIER, PIERRE, La dissolution de la société anonyme pour justes motifs (art. 736 ch. 4 CO), SAS 46 (1974), p. 67–73. 1916

Section 1 Définition

La dissolution (*Auflösung*) est le passage de l'étape de la vie sociale à une autre étape du *curriculum* de la société qui peut être celle de la liquidation ou celle d'une nouvelle vie sociale dans le cadre d'une société mutée. Elle n'entraîne pas nécessairement la disparition de la société[673]. Elle met fin à l'étape de la vie sociale, mais, en même temps, elle donne naissance à une nouvelle étape, celle de la liquidation, ou à une nouvelle vie[674]. 1917

Figure n° 51 *Définition de la dissolution*

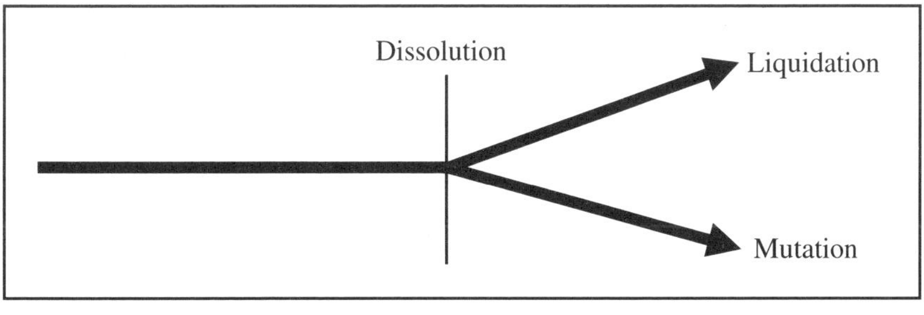

673 ATF 105 II 204, *206 s.*/JdT 1980 I 173, *175*.
674 Par exemple: fusion (art. 3 ss LFus), scission (art. 29 ss LFus).

Section 2 Causes

1918 En matière de dissolution, la question principale consiste à déterminer quelles sont les **causes de dissolution.**

1919 La société est, en principe, faite pour durer. Théoriquement, elle peut être éternelle. En général, elle n'est pas dissoute lorsqu'elle est prospère, mais lorsqu'elle rencontre des difficultés financières. Par conséquent, la principale cause de dissolution est la faillite. Toutefois, d'autres causes peuvent entraîner la dissolution de la société.

1920 Certaines causes de dissolution sont prévues par la loi (§ 1), d'autres sont prévues par le contrat de société ou les statuts (§ 2).

§ 1 Causes prévues par la loi

1921 Certaines causes de dissolution sont générales (1), d'autres sont spéciales (2).

1. Générales

1922 Les causes générales de dissolution sont communes à toutes les formes de société.

1.1. But illicite ou contraire aux mœurs[675]

1.1.1. Originel

1923 S'agissant des sociétés sans personnalité juridique, le but originellement illicite ou contraire aux mœurs entraîne la nullité du contrat[676]. Il ne peut donc pas être une cause de dissolution[677].

1924 S'agissant des sociétés à personnalité juridique, dont l'inscription au registre du commerce a un effet réparateur (art. 643 al. 2 CO, 779 al. 2 nCO)[678], le but illicite ou contraire aux mœurs est une cause de dissolution. En effet, dès qu'un tel but est découvert, la société doit être dissoute judiciairement (art. 57 al. 3 CC)[679].

---

675 Pour la définition de ces notions, voir N 471–475.

676 Voir N 480.

677 Pour les conséquences juridiques d'un contrat de société illicite ou contraire aux mœurs, voir N 480–482.

678 ATF 112 II 1, *6 s.*/JdT 1986 I 633, *638*; ATF 110 Ib 105, *109*/JdT 1986 I 144, *148*; ATF 107 Ib 12, *15*/JdT 1983 I 142, *144*.

679 ATF 112 II 1, *7 s.*/JdT 1986 I 633, *639*; ATF 107 Ib 186, *189 s.* (fr.).

1.1.2. Subséquent

Par analogie avec la réglementation de l'impossibilité subséquente, la société sans personnalité juridique dont le but, à l'origine licite, devient illicite en cours de vie sociale, est dissoute de plein droit[680]. 1925

La société à personnalité juridique doit être dissoute judiciairement (art. 57 al. 3 CC). 1926

1.2. Impossibilité d'atteindre le but social[681]

1.2.1. Originelle

S'agissant des sociétés sans personnalité juridique, l'impossibilité originelle entraîne la nullité du contrat. Elle ne peut donc pas être une cause de dissolution[682]. 1927

S'agissant des sociétés à personnalité juridique, dont l'inscription au registre du commerce a un effet réparateur (art. 643 al. 2 CO, 779 al. 2 nCO), l'impossibilité originelle est une cause de dissolution judiciaire. Toutefois les associés peuvent lui donner un nouveau but et la faire continuer. 1928

1.2.2. Subséquente

La société sans personnalité juridique dont le but devient impossible à atteindre en cours de vie sociale est dissoute de plein droit (art. 545 al. 1 ch. 1, 574 al. 1/2, 619 al. 1 CO). 1929

La société à personnalité juridique doit être dissoute judiciairement, mais les associés peuvent lui donner un nouveau but et la faire continuer[683]. 1930

1.3. But social atteint

Si le but social poursuivi par la société est atteint, la société perd sa raison d'être. Elle est dissoute de plein droit[684] (art. 545 al. 1 ch. 1, 574 al. 1/2, 619 al. 1 CO), mais les associés peuvent lui donner un nouveau but et la faire continuer[685]. 1931

---

680 Dans ce sens: SIEGWART, ZK, ad art. 530 CO, N 34. Contra: FRAEFEL (cité N 1916), p. 57; MEIER-HAYOZ/FORSTMOSER, § 1 N 102. Ces auteurs proposent d'appliquer les articles 78 et 88 al. 2 CC par analogie, ce qui n'est pas satisfaisant pour les sociétés sans personnalité juridique.

681 Pour la définition de cette notion, voir N 478.

682 Voir N 480–482.

683 STÄUBLI, BaK, ad art. 736 CO, N 2.

684 Certains auteurs exigent une décision judiciaire. Voir FORSTMOSER/MEIER-HAYOZ/NOBEL, § 55 N 16.

685 BÜRGI, ZK, ad art. 736 CO, N 6; FORSTMOSER/MEIER-HAYOZ/NOBEL, § 55 N 200.

1.4. Décision sociale

1932 Les associés peuvent en tout temps, par une décision sociale[686], dissoudre la société (art. 545 al. 1 ch. 4, 574 al. 1/2, 619 al. 1, 736 ch. 2, 770 al. 2 CO, 821 al. 1 ch. 2 nCO, 911 ch. 2 CO).

1933 Bien qu'elle implique un changement de but, cette décision est soumise en principe aux règles ordinaires de la forme de société concernée[687]. Des exigences plus strictes sont toutefois prévues en matière de sociétés à personnalité juridique (art. 704 al. 1 ch. 8 nCO, 770 al. 2 CO, 808b al. 1 ch. 11 nCO, 888 al. 2 CO).

2. Spéciales

1934 Les causes spéciales de dissolution sont propres à certaines catégories ou à certaines formes de société.

2.1. Mort d'un associé

1935 Dans la société simple (art. 545 al. 1 ch. 2 CO), la société en nom collectif (art. 574 al. 1/2 CO), la société en commandite s'agissant des commandités (art. 619 CO) et la société en commandite par actions s'agissant des actionnaires indéfiniment responsables (art. 770 al. 1 CO), la mort[688] d'un associé[689] entraîne la dissolution de la société, à moins d'une convention antérieure contraire.

2.2. Interdiction d'un associé

1936 Dans la société simple (art. 545 al. 1 ch. 3 CO), la société en nom collectif (art. 574 al. 1/2 CO), la société en commandite s'agissant des commandités (art. 619 CO) et la société en commandite par actions s'agissant des actionnaires indéfiniment responsables (art. 770 al. 1 CO), l'interdiction (art. 369 ss CC) d'un associé[690] entraîne la dissolution de la société.

2.3. Nombre d'associés inférieur au minimum légal

1937 Lorsque le nombre des associés tombe au-dessous du minimum légal, la dissolution est automatique dans les sociétés sans personnalité juridique (art. 579 al. 1 CO). Dans la société coopérative, la situation est

---

686 A distinguer du droit de dénonciation. Voir N 1943.
687 Voir N 1182–1211.
688 La disparition, si l'associé est une personne morale.
689 De tous les actionnaires indéfiniment responsables dans la société en commandite par actions.
690 De tous les actionnaires indéfiniment responsables dans la société en commandite par actions.

tolérée par la loi[691]; mais la dissolution peut être prononcée par le juge, sur requête d'un associé, d'un créancier ou d'un préposé au registre du commerce (art. 831 al. 2 nCO, qui renvoie à art. 731b nCO).

2.4. Exécution forcée

Il faut distinguer selon que l'exécution forcée est dirigée contre la société ou contre un associé. 1938

2.4.1. Contre la société

Toutes les sociétés, sauf la société simple, qui n'a aucun attribut de la personnalité juridique, peuvent faire l'objet d'une exécution forcée, ordinairement par voie de faillite (art. 39 al. 1 ch. 6–10 LP). 1939

La faillite, ainsi que le concordat par abandon d'actif (art. 317 ss LP), entraînent automatiquement la dissolution de toute société qui en fait l'objet (art. 574 al. 1/1, 619 al. 1, 736 ch. 3, 770 al. 2 CO, 821 al. 1 ch. 3 nCO, 911 ch. 3 CO). 1940

2.4.2. Contre un associé

A l'exception de la société simple (art. 545 al. 1 ch. 3 CO) et de la société en commandite par actions s'agissant de la faillite de tous les actionnaires indéfiniment responsables (art. 770 al. 1 CO), l'exécution forcée contre un associé n'entraîne en principe pas la dissolution de la société, soit parce que la loi le prévoit expressément (art. 571 al. 2, 615 al. 2 CO), l'actif social étant réservé pour les créanciers sociaux (art. 570 al. 1, 616 al. 1 CO), soit parce que la société a la personnalité juridique. Toutefois, l'administration de la faillite ou le créancier poursuivant peut demander la dissolution de la société en nom collectif et de la société en commandite (art. 575 al. 1 et 2, 619 CO), que ces sociétés peuvent éviter en désintéressant la masse en faillite ou le créancier poursuivant (art. 575 al. 3, 619 CO). 1941

Dans la société simple, l'exécution forcée dirigée contre un associé entraîne la dissolution de la société (art. 545 al. 1 ch. 3 CO), si les mesures prises par le Tribunal fédéral pour l'éviter n'aboutissent pas (art. 1 ss OPC). 1942

2.5. Dénonciation

Parce qu'il n'a pas la possibilité, de par la loi, de transférer son sociétariat, chaque associé peut dissoudre la société simple, la société en nom collectif ou la société en commandite constituée pour une durée 1943

[691] Voir N 408 s.

indéterminée ou pour toute la vie de l'un des associés, en dénonçant, sans forme particulière, le contrat de société (art. 545 al. 1 ch. 6, 574 al. 1/2, 619 al. 1 CO) pour n'importe quelle date[692], moyennant un avertissement donné six mois à l'avance (art. 546 al. 1 CO). Ce droit peut être supprimé conventionnellement[693].

2.6. Jugement pour justes motifs

1944 En raison de diverses circonstances, il peut être difficile d'exiger des associés qu'ils continuent de collaborer. Sauf dans la société coopérative, où un droit général de sortie[694] existe (art. 842 à 845 CO) et où les abus de majorité sont beaucoup moins à craindre que dans d'autres formes de société, la loi permet à chaque associé non responsable de la situation (art. 545 al. 1 ch. 7 et al. 2, 574 al. 1/2, 619 al. 1 CO, 821 al. 3/1 nCO) ou à une minorité d'associés (art. 736 ch. 4, 770 al. 2 CO), en cas de justes motifs, de demander au juge la dissolution de la société[695]. Cette action a un caractère subsidiaire[696].

1945 La notion de justes motifs n'est pas définie dans la loi. Selon le Tribunal fédéral, il y a justes motifs «*lorsque les conditions essentielles et personnelles sur lesquelles repose le contrat de société viennent à disparaître et que le but social envisagé lors de la conclusion du contrat est compromis*»[697] et que la continuation de la société ne peut pas être imposée à l'associé. Le juge doit apprécier la situation en tenant compte de toutes les circonstances et procéder à une pesée de tous les intérêts en présence[698] (notamment ceux des diverses catégories d'associés et des travailleurs).

1946 Les justes motifs peuvent être de nature subjective, c'est-à-dire résider dans la personne des associés (détérioration des rapports de confiance), ou objective, c'est-à-dire résider dans l'activité de la société (absence durable de rentabilité). Une faute n'est pas nécessaire. Dans les sociétés de capitaux, un accent particulier est mis sur les justes motifs objectifs[699]. Les motifs subjectifs ne peuvent être pris en considération que s'ils mènent à une situation objectivement intolérable à long terme, notamment lorsque les divergences entre associés empêchent toute prise de décision[700].

---

[692] Pour quelques réserves, voir article 546 al. 2 CO.
[693] ATF 106 II 226, *228*/JdT 1981 I 276, *278 s.*
[694] Voir N 2134.
[695] Exemple d'une action en dissolution admise: ATF 126 III 266 (fr).
Exemple d'une action en dissolution rejetée: ATF 104 II 32/JdT 1978 I 566.
[696] ATF 126 III 266, *268, 270, 272 s.* (fr.); ATF 105 II 114, *124*/JdT 1980 I 86, *92*.
[697] JdT 1949 I 268, *272* (concerne une société en nom collectif); ZR 44 (1945), p. 231, *237 s.* (n° 106) (concerne une société à responsabilité limitée).
[698] ATF 126 III 266, *268, 270, 272 s.* (fr.); 105 II 114, *124 s.*/JdT 1980 I 86, *92*.
[699] ATF 67 II 162, *165*/JdT 1941 I 626, *630 s.*
[700] Rep 1967, p. 93, *101*.

La dissolution a lieu au moment où le jugement devient définitif (*ex nunc*)[701]. 1947

2.7. Autres causes

La loi prévoit toute une série d'autres causes de dissolution plus particulières pour une ou plusieurs formes de société, notamment[702]: 1948

- la violation des règles légales ou statutaires de la procédure de fondation dans les sociétés à personnalité juridique (art. 643 al. 3 CO, 779 al. 3, 831 al. 2 nCO); 1949
- l'absence ou la composition non-conforme des organes prescrits dans les sociétés à personnalité juridique (art. 731b al. 1 ch. 3 nCO, 770 al. 2 CO, 819, 908 nCO). 1950

§ 2 Causes prévues par le contrat ou les statuts

En complément ou en dérogation aux causes de dissolution prévues par la loi, le contrat ou les statuts peuvent prévoir d'autres causes de dissolution, notamment: 1951

1. Terme

Les associés peuvent fixer la durée de leur société (art. 545 al. 1 ch. 5, 574 al. 1/2, 619 al. 1, 736 ch. 1, 770 al. 2 CO, 821 al. 1 ch. 1 nCO, 911 ch. 1 CO): 1952

- de manière déterminée, 1953

  Exemples:

  - la durée de la société est de 5 ans.
  - la société sera dissoute le 31 décembre 2010.
- de manière indéterminée, mais certaine. 1954

  Exemple: la société sera dissoute lorsque la gravière située à Cornaux aura été épuisée.

A l'arrivée du terme, la société est disssoute de plein droit (art. 545 al. 1 ch. 5, 574 al. 1/2, 619 al. 1 CO). Si elle est continuée tacitement après l'expiration de sa durée, elle est réputée renouvelée pour une durée indéterminée (art. 546 al. 3, 574 al. 1/2, 519 al. 1 CO). 1955

---

701 ATF 74 II 172, *173*/JdT 1949 I 268, *270*.

702 Voir aussi: art. 2 al. 2 disp. fin. de la Loi fédérale du 4 octobre 1991 sur la révision du droit des sociétés anonymes, art. 88a, 89, 90 lettre f, 96 lettre c ORC.

2. Condition résolutoire

1956 Les associés peuvent conditionner résolutoirement leur société, autrement dit fixer la durée de leur société de manière indéterminée et incertaine.

Exemple: la société est dissoute si ses bénéfices tombent au-dessous de 50 000 francs par année.

3. Dénonciation

1957 Le contrat ou les statuts peuvent accorder, à un associé ou à un groupe d'associés, un droit de dénonciation pour des motifs déterminés (part au bénéfice inférieure à un certain pourcentage de la mise de fonds, échec de certaines transactions, sortie d'un associé) ou sans motif[703]. Dans ces cas, la société est dissoute par l'exercice du droit de dénonciation[704].

Section 3 Inscription au registre du commerce

1958 La dissolution des sociétés qui ont l'obligation de se faire inscrire au registre du commerce doit être inscrite déclarativement[705] au registre du commerce (art. 574 al. 2, 619 al. 1, 737, 770 al. 2 CO, 821a al. 2/1 nCO, 912 CO) et publiée dans la Feuille officielle suisse du commerce (art. 931 al. 1 CO).

1959 Les mots «*en liquidation*» doivent être ajoutés à la raison sociale (art. 739 al. 1, 770 al. 2 CO, 821a al. 1 nCO, 913 al. 1 CO)[706].

Section 4 Effets

1960 La dissolution met fin à l'étape de la vie sociale et:

- soit ouvre l'étape de la liquidation,
- soit opère une mutation de la société.

1961 La dissolution suivie de la liquidation est le cas ordinaire; il sera seul examiné dans ce contexte[707].

---

[703] Pour la société anonyme, l'admissibilité d'un droit de dénonciation statutaire est contestée (voir notamment FORSTMOSER/MEIER-HAYOZ/NOBEL, § 55 N 20; MENGIARDI [cité N 1916], p. 265, *276 ss* qui se prononcent favorablement). Un tel droit paraît difficilement compatible avec la nature de la société coopérative.

[704] VON STEIGER, SPR VIII/1, p. 459.

[705] ATF 91 I 438, *445*/JdT 1966 I 366, *373*.

[706] Cette obligation est contestée pour la société en nom collectif et la société en commandite. Pour l'obligation: ATF 59 II 53, *62* (fr.); pratique de l'Office fédéral du registre du commerce. Contre l'obligation: REBSAMEN, KARL, Das Handelsregister, 2e éd., Bâle 1999, p. 51; STAEHELIN, BaK, ad art. 574 CO, N 5.

[707] Pour les cas de dissolution sans liquidation, voir mutations N 2166 ss.

La société, en tant qu'entité juridique, subsiste[708] (principe de l'identité)[709]. Si elle a la personnalité juridique, elle la conserve. 1962

En revanche, la dissolution met fin à cette partie du contrat de société par laquelle les associés avaient convenu d'unir leurs efforts ou(et) leurs ressources en vue d'atteindre un but commun dans les limites de la loi. Les buts (final et social) et la nature de la coopération changent[710]. Il ne s'agit plus d'une libre coopération en vue d'atteindre des buts librement déterminés. Il s'agit d'une coopération imposée par la loi (art. 550, 583 ss, 619 al. 1 CO), dont le seul but est la liquidation de la société aux meilleures conditions possibles[711], c'est-à-dire la préparation de sa disparition. Le contrat de société crée donc quelque chose qui lui survit par l'effet de la loi. 1963

La société conserve sa raison sociale[712], avec toutefois l'adjonction des mots «*en liquidation*»[713]. Il en résulte une modification de l'inscription au registre du commerce, qui se fait d'office lorsque la société est dissoute par la faillite ou lorsque les organes font défaut, sur requête des administrateurs/gérants dans les autres cas. Elle n'a qu'un effet déclaratif. Par conséquent, si, pour une raison quelconque, elle n'a pas lieu, la société est néanmoins dissoute. Toutefois, en raison du principe de la publicité négative du registre du commerce (art. 933 al. 2 nCO), la société ne peut invoquer avec succès sa dissolution vis-à-vis des tiers que si elle prouve qu'ils en ont eu connaissance. 1964

Le statut des associés subsiste, à moins qu'il soit modifié par les règles légales ou conventionnelles de la liquidation. 1965

Le statut des administrateurs/gérants et des représentants se modifie. Ils sont tenus de poursuivre le nouveau but. Ils peuvent être amenés à partager leurs attributions avec d'autres personnes, notamment avec les associés exclus de la gestion (art. 550 al. 1 CO) ou les liquidateurs (art. 583 al. 1, 619 al. 1, 740, 770 al. 2 CO, 826 al. 2 nCO, 913 al. 1 CO). Ces changements dans l'organisation s'expliquent notamment par le changement de la situation de la société, qui peut modifier les rapports entre les associés, ainsi qu'entre les associés et la société. 1966

La dissolution crée un droit à la liquidation pour chacun des associés[714]. 1967

---

708 ATF 119 II 119, *122* (all.); 105 II 204, *206 s.* (cons. 2a)/JdT 1980 I 173, *175*; 93 II 247, *252* (all.).

709 SJ 1995, p. 574; SOG 1992, p. 35, *36* (no 15).

710 SJ 1995, p. 574; SOG 1992, p. 35, *36* (no 15).

711 ATF 70 II 55, *56*/JdT 1944 I 116.

712 Son nom, pour la société simple.

713 Voir la remarque se trouvant à la note 706.

714 ATF 100 II 339, *343* (fr.) (concernant une société simple).

Section 5 Retour à la vie sociale

1968 Une fois la société dissoute, elle peut avoir de bonnes raisons de revenir à l'étape de la vie sociale. Ce retour en arrière est possible, en principe, dans les sociétés sans personnalité juridique, moyennant une décision unanime des associés[715]. Dans les sociétés à personnalité juridique, il ne l'est que dans l'étape précédant la distribution des actifs[716], ainsi qu'en cas de révocation de la faillite ou du concordat par abandon d'actif (art. 195 LP).

Chapitre 2 Liquidation

Bibliographie

1969 BUDLIGER, HANSJÖRG, Das Recht des Aktionärs auf Anteil am Liquidationsergebnis, thèse Zurich 1954; HEBERLEIN, ROBERT, Die Kompetenzausscheidung bei der Aktiengesellschaft in Liquidation, unter Mitberücksichtigung der Kollektivgesellschaft nach schweizerischem Recht, thèse Zurich 1969; HOCH, PATRICK M., Auflösung und Liquidation der einfachen Gesellschaft, thèse Zurich 2000; KICK, MARKUS, Die verbotene juristische Person, Unter besonderer Berücksichtigung der Vermögensverwendung nach Art. 57 Abs. 3 ZGB, thèse Fribourg 1992; LINIGER, HANS ULRICH, Die Liquidation der Genossenschaft, thèse Zurich 1981; MEIER-HAYOZ, ARTHUR, Die richterliche Ernennung von Liquidatoren bei der Aktiengesellschaft, RSJ 46 (1950), p. 213–219; NEESE, MARTIN, Fehlerhafte Gesellschaften, thèse Zurich 1990; PINÖSCH, JON, Die rechtliche Stellung des Liquidators einer Kollektiv- und Aktiengesellschaft nach schweizerischem Recht, thèse Zurich 1936; PRADER, DURI F., Die Vorrats- oder Mantelgesellschaft im schweizerischen Aktienrecht, thèse Fribourg 1995; VON PLANTA, JEAN-LOUIS, Die rechtliche Behandlung des Aktienmantels, thèse Bâle 1976; RECORDON, PIERRE-ALAIN, La société simple III, FJS 676; RIEK, RAINER, Das Liquidationsstadium bei der AG., thèse Zurich 2003; ZÄCH, ROGER, Zum Liquidationsvertrag bei Personengesellschaften: Geltung des Mehrheitsprinzips – Ergänzung der Naturalteilungsabrede, in: Innominatverträge, Festgabe zum 60. Geburtstag von Walter R. Schluep, Zurich 1988, p. 397–409.

Section 1 Définition

1970 La liquidation *(Liquidation, Auseinandersetzung)* est le dénouement de tous les rapports juridiques créés en relation avec la société. Il s'agit aussi bien des rapports juridiques créés entre la société, ou les associés, et des tiers (liquidation externe) que des rapports juridiques créés

[715] ATF 100 II 376, *379*/JdT 1975 I 623, *626*.
[716] ATF 123 III 473, *483*/JdT 1998 I 311, *319*.

entre les associés eux-mêmes ou entre les associés et la société (liquidation interne)[717].

La **liquidation externe** consiste notamment à exécuter ou à résilier les contrats conclus, à réaliser les actifs et à payer les dettes de la société. 1971

La **liquidation interne** consiste notamment à rembourser dans la mesure du possible les apports aux associés et à répartir entre les associés le bénéfice ou la perte de liquidation. 1972

La liquidation est une opération globale (principe de l'unité). Elle ne peut pas se limiter à certains rapports juridiques[718]. 1973

Section 2 Liquidateur

§ 1 Désignation

La liquidation impliquant de nombreuses opérations, il faut commencer par déterminer qui en est chargé. 1974

En principe, selon la loi, les personnes ou les organes chargés de la gestion sont les liquidateurs (art. 583 al. 1, 619 al. 1, 740 al. 1, 764 al. 2 CO, 826 al. 2 nCO, 913 al. 1 CO). En revanche, dans la société simple, tous les associés sont liquidateurs (art. 550 al. 1 CO). 1975

La loi étant dispositive, il est possible de désigner d'autres personnes comme liquidateur (associé, tiers, personne physique ou morale, commanditaire) par le contrat ou les statuts, ainsi que par décision sociale (art. 583 al. 1, 619 al. 1, 740 al. 1, 764 al. 2 CO, 826 al. 2 nCO, 913 al. 1 CO)[719]. Il est également possible de demander au juge de nommer des liquidateurs (art. 583 al. 2, 619 al. 1 CO, 731b al. 1 ch. 2 nCO, 741 al. 2, 764 al. 2 CO, 819 nCO, 913 al. 1 CO)[720]. 1976

Sauf dans la société simple, les liquidateurs doivent être inscrits au registre du commerce (art. 583 al. 3, 619 al. 1, 740 al. 2, 764 al. 2 CO, 826 al. 2 nCO, 913 al. 1 CO). 1977

§ 2 Nature juridique

Le liquidateur a un statut analogue à celui de l'administrateur/gérant. Dans les sociétés à personnalité juridique, il est considéré comme un organe. Sauf dans la société simple, il engage la société aussi par ses actes 1978

---

717 TF, 14.04.05, 4C.443/2004, cons. 2.3.

718 TF, 14.04.05, 4C.443/2004, cons. 2.3; RJN 2000 p. 137 s.; ATF 116 II 316/JdT 1991 I 54. Sous réserve du retour à la vie sociale. Voir N 1968.

719 Ceci vaut aussi pour la société simple: von Steiger, SPR VIII/1, p. 463.

720 Ceci vaut aussi pour la société simple: von Steiger, SPR VIII/1, p. 463.

illicites commis dans l'exercice de ses fonctions (art. 585 al. 4, 619 al 1, 743 al. 6, 764 al. 2 CO, 826 al. 2 nCO, 913 al. 1 CO).

§ 3 Attributions

1979 Le liquidateur est chargé de la gestion et de la représentation de la société en liquidation. Il peut faire tous les actes qui entrent dans le cadre du but de la liquidation, y compris, le cas échéant, de nouvelles opérations (art. 585 al. 2, 619 al. 1, 743 al. 3, 764 al. 2 CO, 826 al. 2 nCO, 913 al. 1 CO).

1980 Dans la société simple, contrairement à ce qu'elle fait pour les gérants[721], la loi attribue collectivement la liquidation aux liquidateurs (art. 550 al. 1 CO). Dans les autres sociétés, le système est le même que pour les administrateurs/gérants[722].

§ 4 Fin de la fonction

1981 La fonction de liquidateur se termine par la fin de la liquidation, ainsi que par le décès, la démission ou la fin du mandat du liquidateur.

1982 Le liquidateur peut être révoqué, sauf en cas de nomination par le juge[723], par une décision sociale. En cas de justes motifs, il peut aussi être révoqué par un jugement, sur demande d'un associé (art. 583 al. 2, 619 al. 1, 741 al. 2, 764 al. 2 CO, 826 al. 2 nCO, 913 al. 1 CO).

§ 5 Autres organes de liquidation

1983 Dans les sociétés à personnalité juridique, les organes ordinaires (assemblée générale, administrateurs/gérants, organe de révision) subsistent. Toutefois leurs attributions sont réduites (art. 739 al. 2, 764 al. 2 CO, 826 al. 2 nCO, 913 al. 1 CO):

- d'une part, aux actes nécessaires à la liquidation,
- d'autre part, aux actes qui ne sont pas de la compétence des liquidateurs.

Section 3 Procédure de liquidation

1984 La liquidation présente des dangers pour les intérêts en présence, notamment un risque d'inégalité de traitement:

---

721 Voir N 1245.

722 Voir N 1245–1249.

723 S'agissant des sociétés de personnes, la révocation par décision sociale est toutefois admise (HARTMANN, BK, ad art. 583 CO, N 19; SIEGWART, ZK, ad art. 583 CO, N 12).

- pour les associés, en général,
- pour les créanciers, si les actifs ne sont pas suffisants pour couvrir toutes les dettes.

Ces dangers ont tendance à augmenter lorsque la durée de la liquidation 1985
est longue. Or elle peut atteindre plusieurs années.

Afin de protéger ces intérêts menacés, la loi établit des règles régissant 1986
les opérations de liquidation (procédure de liquidation).

Les risques encourus peuvent varier d'une forme de société à l'autre. Ils 1987
ont tendance à être particulièrement grands pour les associés qui ne sont pas chargés de la liquidation, ainsi que pour les créanciers dont les dettes ne sont garanties que par l'actif social.

La loi tient compte de ces différents besoins de protection, en in- 1988
tervenant de manière nuancée. Dans les sociétés sans personnalité juridique, les règles légales sont rares, peu détaillées et en grande partie dispositives. Dans les sociétés à personnalité juridique, elles sont plus nombreuses, détaillées et en grande partie impératives.

§ 1 Détermination de la procédure de liquidation

Une société économiquement saine est rarement dissoute pour être 1989
liquidée. En revanche, une société en difficulté financière finit souvent par tomber en faillite[724], donc par être dissoute.

La liquidation des sociétés dissoutes pour cause de faillite crée davan- 1990
tage de risques, notamment pour les créanciers, que la liquidation des sociétés dissoutes pour d'autres raisons. La loi tient compte de cette différence en prévoyant pour chacun de ces cas une procédure différente:

- procédure ordinaire (réglée dans le Code des obligations) pour les 1991
  sociétés dissoutes pour une autre cause que la faillite,
- procédure de faillite[725] (réglée par la Loi fédérale sur la poursuite pour 1992
  dettes et la faillite [LP][726]) pour les sociétés dissoutes pour cause de faillite.

Afin de déterminer la procédure à suivre et d'informer les associés sur le 1993
résultat probable de la liquidation, les liquidateurs doivent commencer par établir un **bilan d'ouverture de liquidation**[727] (art. 587 al. 1, 619 al. 1, 742 al. 1, 764 al. 2 CO, 826 al. 2 nCO, 913 al. 1 CO), arrêté au jour de la dissolution. Pour dresser ce bilan, ils doivent procéder à un inventaire (art. 958 al. 1 CO) et, facultativement dans les sociétés sans personnalité juridique, mais obligatoirement dans les sociétés à personnalité juridique, à

724 Ou par obtenir un concordat par abandon d'actif (art. 317 ss LP).
725 A laquelle il faut assimiler la procédure de concordat par abandon d'actif (art. 317 ss LP).
726 RS 281.1.
727 Sauf dans la société simple.

un appel aux créanciers (art. 742 al. 2, 764 al. 2 CO, 826 al 2 nCO, 913 al. 1 CO).

1994 **L'inventaire** consiste à énumérer tous les biens et toutes les dettes en quantité et valeur.

1995 L'**appel aux créanciers** a pour but de protéger les créanciers, d'éviter que la société soit liquidée à leur insu. Il consiste en une information des créanciers au sujet de la dissolution de la société et en une sommation de produire leurs créances, c'est-à-dire de les faire connaître dans un certain délai. Il prend au moins la forme d'une triple publication (art. 745 al. 2, 764 al. 2 CO, 826 al. 2 nCO, 913 al. 1 CO) dans la Feuille officielle suisse du commerce (art. 742 al. 2, 764 al. 2 CO, 826 al. 2 nCO, 913 al. 1 CO). Les créanciers peuvent encore produire hors délai, jusqu'au moment de la distribution du résultat de liquidation, sous réserve de devoir supporter les frais occasionnés par leur retard.

1996 Les biens et les dettes de la société sont portés au bilan à leur **valeur de liquidation,** non pas à leur valeur d'exploitation (la différence peut être importante). Cela signifie:

1997 – que les biens sont portés au bilan à la valeur à laquelle ils pourront probablement être réalisés dans le cadre de la liquidation, qui est en général moins élevée que la valeur d'exploitation,

Exemple: un ordinateur personnel âgé de quatre ans peut encore avoir une valeur d'exploitation, alors qu'il n'a en général plus de valeur de liquidation. Le contraire peut aussi se produire.

1998 – que les dettes sont portées au bilan à leur valeur réelle.

1999 Autrement dit, le bilan de liquidation ne contient plus de réserves latentes[728].

2000 Dans les sociétés à personnalité juridique, le bilan d'ouverture de liquidation est vérifié par l'organe de révision[729] et approuvé par l'assemblée générale[730].

2001 Lorsque la liquidation se prolonge, les liquidateurs établissent chaque année un bilan intermédiaire de liquidation (art. 587 al. 2, 619 al. 1, 743 al. 5, 764 al. 2 CO, 826 al. 2 nCO, 913 al. 1 CO).

2002 Le bilan d'ouverture de liquidation peut présenter deux situations:
– les actifs couvrent les dettes,
– les actifs ne couvrent pas les dettes, donc la société est surendettée.

2003 Si les actifs couvrent les dettes, la liquidation se fait par la procédure ordinaire. Dans les sociétés à personnalité juridique, si la société est surendettée, la liquidation se fait par la procédure de faillite[731] suite à un

[728] En ce qui concerne cette notion, voir N 1620–1625, 1631–1633.
[729] S'il est exigé par la loi.
[730] FORTSMOSER/MEIER-HAYOZ/NOBEL, § 56 N 68.
[731] Ou de concordat par abandon d'actif (art. 317 ss LP).

avis obligatoire au juge par les liquidateurs (art. 743 al. 2, 764 al. 2 CO, 826 al. 2 nCO, 913 al. 1 CO). Cette exigence n'existe pas dans les sociétés sans personnalité juridique, mais la liquidation peut se faire par la procédure de faillite[732], suite à une demande volontaire de la société (art. 191 al. 1 LP).

§ 2 Procédure ordinaire

1. Liquidation externe

La liquidation externe comporte quatre opérations qui se suivent 2004
dans l'ordre chronologique suivant, tout en se chevauchant largement:

- terminaison des affaires courantes (1.1),
- recouvrement des créances (1.2),
- réalisation de l'actif social (1.3),
- paiement des dettes sociales (1.4).

1.1. Terminaison des affaires courantes

Les liquidateurs terminent les affaires courantes (art. 585 al. 1, 2005
619 al. 1, 743 al. 1, 764 al. 2 CO, 826 al. 2 nCO, 913 al. 1 CO). Ils doivent[733] notamment exécuter les obligations, quelle que soit leur source. Ils peuvent même «*en tant que besoin, entreprendre de nouvelles opérations*» (art. 585 al. 2, 619 al. 1, 743 al. 3, 764 al. 2 CO, 826 al. 2 nCO, 913 al. 1 CO), si elles sont nécessaires à une liquidation favorable. Mais ils ne doivent pas rechercher une nouvelle expansion, conquérir de nouveaux marchés et retarder ainsi indéfiniment la disparition de la société.

Exemples:

- pour maximiser le résultat de la liquidation, les liquidateurs peuvent, plutôt que de vendre les stocks de matières premières tels quels, les transformer en produits finis et conclure de nouveaux contrats de vente portant sur les produits en question.
- dans le même but, ils peuvent aussi poursuivre les activités de la société dans la perspective de la vente de l'entreprise en bloc.

Ils peuvent résilier de manière anticipée les engagements à long terme 2006
(contrats de bail, de travail).

En cas de litige, ils peuvent ester en justice, c'est-à-dire intenter un 2007
procès ou défendre dans un procès (art. 585 al. 2, 619 al. 1, 743 al. 3, 764 al. 2 CO, 826 al. 2 nCO, 913 al. 1 CO).

---

[732] Sauf dans la société simple.

[733] Dans les sociétés de personnes, cette obligation ne vaut que sur le plan interne. Voir VON STEIGER, SPR VIII/1, p. 574.

1.2. Recouvrement des créances

2008 Les liquidateurs doivent[734] recouvrer les créances sociales, de quelque nature qu'elles soient, y compris:

- les créances en dommages-intérêts en matière de responsabilité (art. 538 al. 2, 557 al. 2, 598 al. 2, 752 ss, 764 al. 2 CO, 827, 916 nCO, 917 ss CO),
- les créances d'apports, si cela est nécessaire pour payer les dettes sociales (art. 743 al. 1, 764 al. 2 CO, 826 al. 2 nCO, 913 al. 1 CO)[735].

1.3. Réalisation de l'actif social

2009 La réalisation de l'actif social est la transformation en espèces des biens sociaux. Elle doit[736] se faire jusqu'à concurrence du montant nécessaire à toutes les opérations de liquidation, notamment au paiement des dettes sociales (art. 585 al. 1, 619 al. 1 CO).

2010 Les liquidateurs déterminent la procédure de réalisation. Ils peuvent procéder par vente aux enchères (privée ou publique) ou par vente de gré à gré. En général, la vente se fait de gré à gré (art. 743 al. 4, 764 al. 2 CO, 826 al. 2 nCO, 913 al. 1 CO).

2011 Ils déterminent aussi le mode de réalisation:

2012 – réalisation individuelle, par lots ou en bloc des biens sociaux,

2013 – réalisation en bloc de l'actif et du passif (art. 181 CO, 69 ss LFus).

1.4. Paiement des dettes sociales

2014 La dissolution de la société n'entraîne pas l'exigibilité des dettes sociales[737]. Par conséquent:

2015 – les dettes échues doivent[738] être payées dès que les liquidités sont suffisantes (art. 549 CO),

2016 – les dettes non échues font l'objet d'une provision.

2017 Dans les sociétés à personnalité juridique, en cas de crainte de surendettement, tout paiement doit cesser. En cas de surendettement établi, les liquidateurs doivent avertir le juge, qui prononce la faillite (art. 743 al. 2, 764 al. 2 CO, 826 al. 2 nCO, 913 al. 1 CO).

---

[734] Dans les sociétés de personnes, cette obligation ne vaut que sur le plan interne.

[735] Ce devoir existe aussi dans la société simple, la société en nom collectif et la société en commandite. Voir: STAEHELIN, BaK, ad art. 548/549 CO, N 7; VON STEIGER, SPR VIII/1, p. 579. A noter que les associés de la société anonyme et de la société à responsabilité limitée ne peuvent pas compenser la part non libérée par une créance contre la société.

[736] Dans les sociétés de personnes, cette obligation ne vaut que sur le plan interne.

[737] Contrairement à la faillite.

[738] Dans les sociétés de personnes, cette obligation ne vaut que sur le plan interne.

1.5. Constat du résultat de la liquidation externe

A la fin de la liquidation externe, les liquidateurs doivent en constater le résultat. Dans ce but, sauf dans la société simple, ils doivent établir un bilan final de liquidation[739], qui, en général, se compose exclusivement de postes d'actifs liquides ou facilement réalisables et de postes de capital propre. Ils doivent le soumettre, dans les sociétés à personnalité juridique, à la vérification d'un éventuel organe de révision et à l'approbation de l'assemblée générale[740]. 2018

Ce bilan peut présenter les résultats suivants: 2019

- **bénéfice de liquidation:** l'actif, composé uniquement ou essentiellement du produit de la réalisation des biens sociaux, est supérieur à ce qui est nécessaire pour couvrir les dettes non encore échues ou contestées, ainsi que les créances en remboursement d'apports; 2020
- **perte d'apport:** l'actif, composé uniquement ou essentiellement du produit de la réalisation des biens sociaux, est supérieur à ce qui est nécessaire pour couvrir les dettes non encore échues ou contestées, mais insuffisant pour rembourser tout ou partie des apports; 2021
- **surendettement:** l'actif, composé uniquement ou essentiellement du produit de la réalisation des biens sociaux, ne suffit même pas à couvrir les dettes. 2022

Le bilan final de liquidation constitue la base de la répartition aux associés. 2023

2. Liquidation interne

2.1. En cas de bénéfice de liquidation

2.1.1. Protection des créanciers

Dans les sociétés à personnalité juridique, afin de protéger les créanciers, la liquidation interne ne peut se faire qu'après une année de blocage, c'est-à-dire l'écoulement d'un délai d'une année à partir de la troisième publication de l'appel aux créanciers (art. 745 al. 2, 764 al. 2 CO, 826 al. 2 nCO, 913 al. 1 CO), exceptionnellement d'un délai de trois mois si «*les circonstances permettent de déduire qu'aucun intérêt de tiers n'est mis en péril*» (art. 745 al. 3 nCO, 764 al. 2 CO, 826 al. 2 nCO, 913 al. 1 CO). Une telle réglementation n'est pas nécessaire dans les sociétés sans personnalité juridique, car les associés répondent de toute façon des dettes sociales. 2024

[739] N'est pas expressément prévu dans la loi.
[740] BÖCKLI, § 17 N 63.

2.1.2. Remboursement des apports

2025 Le résultat de liquidation est utilisé, d'abord, pour rembourser les apports[741] des associés (art. 549 al. 1, 588 al. 1, 619 al. 1, 913 al. 2 CO)[742], puis, dans les sociétés sans personnalité juridique, pour payer sur eux un intérêt pour la durée de la liquidation (art. 588 al. 1, 619 al. 1 CO).

2026 Sauf disposition contraire du contrat ou des statuts, les associés n'ont pas un droit à la restitution en nature de leurs apports en propriété (art. 548 al. 1 CO), mais seulement un droit à la restitution du prix pour lequel ces apports ont été acceptés (art. 548 al. 2 CO) ou de la valeur de ces apports au moment de leur livraison (art. 548 al. 3 CO)[743], en principe sous forme d'espèces.

Exemple: un associé d'une société en nom collectif a fait un apport en propriété consistant en un immeuble. Lors de la répartition du bénéfice, il ne peut pas prétendre à la restitution de cet immeuble, mais seulement à sa valeur en francs suisses.

2.1.3. Répartition du bénéfice de liquidation

2.1.3–1. Définition

2027 Le bénéfice de liquidation est le solde actif restant après le remboursement des apports et le paiement des éventuels intérêts.

2.1.3–2. Clé

2028 La clé légale de répartition varie selon les formes de société.

2029 Dans la société simple et dans la société en nom collectif, le bénéfice de liquidation est réparti entre les associés conformément aux règles régissant la distribution du bénéfice, autrement dit par tête (art. 549 al. 1, 588 al. 2 CO).

Exemple: dans une société en nom collectif composée de deux associés (A et B), A possède une part de capital de 100 000 francs, B une part de capital de 300 000 francs. Après paiement des dettes et remboursement des apports, un montant de 1 200 000 francs reste à disposition. Il est réparti conformément aux règles concernant la distribution du bénéfice, c'est-à-dire par tête, sauf convention contraire. Ainsi, A et B ont droit chacun à 600 000 francs.

[741] Dans la société simple, la société en nom collectif et la société en commandite, il s'agit plus précisément des parts de capital (art. 588 al. 1 CO). Un éventuel *agio* n'est pas pris en considération dans la société anonyme, la société en commandite par actions et la société à responsabilité limitée (FORSTMOSER/MEIER-HAYOZ/NOBEL, § 56 N 123; DE STEIGER, Sociétés anonymes, p. 376). Cet avis est défendable pour l'*agio* en rapport avec une augmentation de capital, il ne l'est pas pour l'*agio* en rapport avec la création de la société.

[742] RIEK (cité N 1969), p. 166.

[743] ATF 93 II 387, *391 s.*/JdT 1969 I 226, *230* (cas d'une société simple). Voir également VON STEIGER, SPR VIII/1, p. 466, 576.

Dans la société en commandite, le bénéfice de liquidation est réparti librement entre les associés par le juge (art. 601 al. 2 CO). 2030

Dans la société anonyme, le bénéfice de liquidation est réparti entre les actionnaires au prorata de leurs apports et compte tenu des privilèges attachés à certaines catégories d'actions (art. 745 al. 1 CO). 2031

Exemple: dans une société anonyme au capital-actions de 100 000 francs entièrement libéré composée de 3 actionnaires (A, B et C), A possède des actions d'une valeur nominale de 50 000 francs, B des actions d'une valeur nominale de 30 000 francs et C des actions d'une valeur nominale de 20 000 francs. Les actions de A sont privilégiées: elles donnent droit à un dividende et à une part de liquidation doubles par rapport aux autres actions. Après paiement des créanciers et remboursement des apports, il reste un bénéfice de liquidation de 300 000 francs. A a droit à 200 000 francs, B à 60 000 francs et C à 40 000 francs.

Dans la société à responsabilité limitée, le bénéfice de liquidation est réparti entre les associés proportionnellement à la valeur nominale des parts sociales (art. 826 al. 1 nCO)[744]. 2032

Dans la société coopérative, l'excédent[745] de liquidation n'est réparti entre les associés que si les statuts le prévoient (art. 913 al. 2 CO) et en principe par tête (art. 913 al. 3/1 CO). En l'absence de disposition statutaire, il est affecté à des buts coopératifs ou d'utilité publique (art. 913 al. 4 CO). 2033

2.1.3–3. Mode

Sauf convention contraire, la distribution du bénéfice aux associés se fait en espèces. 2034

2.2. En cas de perte d'apports

2.2.1. Protection des créanciers

Les règles sont les mêmes qu'en cas de bénéfice de liquidation[746]. 2035

2.2.2. Remboursement des apports

Le résultat de liquidation ne peut être utilisé que pour rembourser (partiellement) les apports des associés, en fonction de la clé de répartition des pertes. 2036

744 Une réglementation différente par rapport à la société anonyme ne se justifie certainement pas, mais elle ressort expressément de la loi.

745 Pour la raison de l'utilisation du terme «excédent de liquidation» au lieu de «bénéfice de liquidation», voir N 1520.

746 Voir N 2024.

2037 Dans la société simple, la société en nom collectif et la société coopérative, sauf convention contraire, la perte est répartie par tête (art. 549 al. 2 CO).

2038 Dans la société en commandite, sauf convention contraire, la perte est répartie librement par le juge (art. 601 al. 2 CO), le montant imputé au(x) commanditaire(s) ne pouvant dépasser le montant de l'apport promis (malgré le texte de l'article 601 al. 1 CO).

2039 Dans la société anonyme, sauf disposition contraire des statuts, la perte est répartie au prorata des apports effectués sur les actions ou les parts sociales[747].

2040 Dans la société à responsabilité limitée, sauf disposition contraire des statuts, la perte est répartie proportionnellement à la valeur nominale des parts sociales[748].

2.3. En cas de surendettement

2041 Dans les sociétés sans personnalité juridique, la procédure ordinaire peut se poursuivre. Dans la société en nom collectif et dans la société en commandite, la procédure de faillite[749] peut être utilisée suite à une demande volontaire de la société (art. 191 LP). Dans les deux cas, la perte de couverture des dettes est supportée par les associés, conformément aux règles sur la participation aux pertes[750].

2042 Dans les sociétés à personnalité juridique, les liquidateurs doivent avertir le juge, qui prononce la faillite (art. 743 al. 2, 764 al. 2 CO, 826 al. 2 nCO, 913 al. 1 CO). Sauf dans la société en commandite par actions (art. 764 al. 1 CO), la perte de couverture des dettes est en principe supportée par les créanciers (art. 620 al. 1 s. CO, 772 al. 1/3 nCO, 868 CO). La société coopérative peut faire exception, si ses statuts prévoient une responsabilité limitée ou illimitée des coopérateurs (art. 869 s. CO).

3. Fin de la liquidation

2043 La liquidation se termine au moment où toutes les opérations de liquidation ont été exécutées[751]. Les actifs et les dettes découverts après la

[747] Contra: BÜRGI/NORDMANN-ZIMMERMANN, ZK, ad art. 745 CO, N 11.

[748] Une réglementation différente par rapport à la société anonyme ne se justifie certainement pas, mais elle ressort du système de la loi, notamment de la différence de critère en cas de répartition du bénéfice de liquidation.

[749] Voir N 2003.

[750] Voir N 1333–1342. VON STEIGER, SPR VIII/1, p. 467.

[751] En vertu du principe de l'unité, la liquidation ne peut pas se limiter au règlement de rapports juridiques particuliers. Elle doit être complète. Elle n'est achevée que lorsque toutes les relations sociales se sont terminées conformément au droit des sociétés. RJN 2000, p. 137 s.; ATF 116 II 316, *317*/JdT 1991 I 54, *55 s.*; SJ 1995, p. 574 s.

fin apparente de la liquidation sont traités conformément aux règles de la liquidation, car cette dernière se révèle ne pas être terminée.

La mise en œuvre d'éventuelles créances récursoires entre les associés ne fait pas partie de la liquidation[752]. 2044

4. Liquidation tacite et liquidation de fait

Dans les sociétés à personnalité juridique, les liquidations informelles sont contraires au droit[753], notamment: 2045
- la liquidation de fait,
- la liquidation tacite.

La **liquidation de fait** est la cessation d'une partie importante des activités sociales et la réalisation des actifs correspondants sans décision formelle de l'organe compétent et sans inscription au registre du commerce. 2046

La **liquidation tacite** est l'exécution de toutes les opérations matérielles de liquidation sans respect des formalités protectrices légales (notamment de l'inscription au registre du commerce de la dissolution, de l'appel aux créanciers et du délai de blocage), suivie d'une réquisition de radiation. 2047

5. Manteau d'actions

Le manteau d'actions est une société anonyme[754] sans biens, sans dettes et sans activité, mais dont l'inscription au registre du commerce subsiste[755]. Il résulte en général d'une liquidation ordinaire ou tacite non suivie de radiation[756]. Il permet notamment d'épargner des frais ou de gagner du temps en cas de réactivation. 2048

N'ayant plus de personnalité juridique, une telle société devrait être radiée au registre du commerce[757], le cas échéant après exécution des mesures protectrices formelles. Les transactions portant sur ses actions sont nulles[758]. Toutefois, en cas de réactivation, en raison de la protection de la bonne foi, ces cas sont traités comme des sociétés dont la constitution est entachée de défauts. 2049

---

752 VON STEIGER, SPR VIII/1, p. 582.

753 Circulaire du Département fédéral de Justice et Police aux autorités cantonales de surveillance en matière de registre du commerce du 25 janvier 1984.

754 Le problème se pose aussi pour la société à responsabilité limitée: voir VON STEIGER, ZK, ad art. 779 CO, N 5 ss.

755 ATF 123 III 473, *484*/JdT 1998 I 311, *320*.

756 Il est parfois constitué comme tel.

757 ATF 94 I 562, *564 ss* (fr.).

758 ATF 123 III 473, *484*/JdT 1998 I 311, *320*; ATF 97 IV 10, *17*/JdT 1971 IV 103, *109 s.*; ATF 64 II 361, 362 ss/JdT 1939 I 235, *241 ss*; ATF 55 I 134, *136 ss*/JdT 1930 I 53, *55*; SJ 1990, p. 108.

§ 3 Procédure de faillite

2050 La procédure de faillite est réglementée par la loi sur la poursuite pour dettes et la faillite[759] (art. 159–270 LP). Elle se caractérise par le fait:

2051 – qu'elle fait intervenir des autorités judiciaires, notamment pour déclarer la faillite, et administratives, notamment pour administrer la faillite;

2052 – que les différentes étapes de la procédure sont réglementées en détail par la loi, notamment dans le but de protéger les créanciers:
  – établissement de l'actif (inventaire),
  – établissement du passif (appel aux créanciers),
  – réalisation des biens,
  – distribution aux créanciers du produit de la réalisation et des actes de défaut de biens.

Chapitre 3 Disparition de la société

Section 1 Définition

2053 La disparition (*Untergang*) est la cessation de l'existence de la société, le moment où la société perd son éventuelle personnalité juridique.

Section 2 Moment

2054 La disparition se produit à la fin de la liquidation.

Section 3 Radiation au registre du commerce

2055 A la fin de la liquidation, les liquidateurs doivent demander la radiation de la société inscrite au registre du commerce (art. 589, 619 al. 1, 746, 764 al. 2 CO, 826 al. 2 nCO, 913 al. 1 CO). Si la radiation n'est pas demandée, le préposé au registre du commerce peut y procéder d'office (art. 68 al. 2, 89, 90, 96 ORC).

2056 La radiation au registre du commerce a un effet déclaratif. En d'autres termes, la disparition de la société est provoquée par la fin de sa liquidation et non pas par sa radiation au registre du commerce. Ainsi, une société, malgré le maintien de son inscription au registre du commerce, peut disparaître. Inversement, une société, malgré sa radiation au registre du com-

[759] RS 281.1.

merce, peut continuer d'exister aussi longtemps qu'elle n'a pas été entièrement liquidée.

Après leur radiation au registre du commerce, les sociétés à personnalité juridique ne peuvent plus actionner ou être actionnées en justice, ni poursuivre ou être poursuivies[760]. Pour ces actes, une réinscription est indispensable. En revanche, malgré leur radiation au registre du commerce, les sociétés en nom collectif et les sociétés en commandite peuvent actionner ou être actionnées en justice. Leur réinscription n'est nécessaire que pour rétablir leur capacité de faire l'objet d'une poursuite par voie de faillite[761]. 2057

Section 4 Réinscription de la société radiée au registre du commerce

Lorsque, après la radiation de la société au registre du commerce, il apparaît que la liquidation n'est pas terminée[762], les liquidateurs, les associés, les organes et les tiers, notamment les créanciers, pour autant qu'ils y aient un intérêt légitime, peuvent demander la réinscription de la société au registre du commerce[763]. A la fin effective de la liquidation, la radiation doit à nouveau être requise. 2058

Section 5 Conservation des livres

Les livres et autres documents de la société sont conservés pendant dix ans à compter de la radiation de la raison sociale (art. 590 al. 1, 619 al. 1, 747, 764 al. 2 CO, 826 al. 2 nCO, 913 al. 1, 962 CO). 2059

---

760 BÜRGI/NORDMANN-ZIMMERMANN, ZK, ad art. 746 CO, N 6, 8; FORSTMOSER/MEIER-HAYOZ/NOBEL, § 56 N 153.

761 ATF 81 II 358, *361*/JdT 1956 I 114, *116*; ATF 59 II 53, *60 ss* (fr.). Il faut toutefois préciser que le Tribunal fédéral ne s'est prononcé de manière expresse qu'au sujet de sociétés qui exercent une activité commerciale et qui, par conséquent, n'ont pas besoin de l'inscription au registre du commerce pour exister (voir N 1117 s.).

762 On retrouve, par exemple, des actifs ou des dettes.

763 Pour obtenir la réinscription, le créancier doit seulement rendre vraisemblable que les conditions posées pour l'inscription sont remplies, notamment que la créance alléguée existe. L'autorité du registre du commerce ne peut refuser la réinscription que lorsque le rapport de droit dont elle dépend est manifestement contraire au droit civil matériel ou lorsque le créancier est en mesure d'obtenir la réalisation de ses droits par une autre voie également acceptable pour lui (ATF 100 Ib 37, *38*/JdT 1975 I 286, *286 s.*).

Titre 4 Mouvements du sociétariat

Bibliographie

2060 BERGSMA, PETER, Auflösung, Ausschluss und Austritt aus wichtigem Grund bei den Personengesellschaften, thèse Zurich 1990; BISANG, RAYMOND L., Die Zwangsverwertung von Anteilen an Gesamthandschaften, thèse Zurich 1978; BOLLMANN, HANS, Das Ausscheiden aus Personengesellschaften, thèse Zurich 1971; BÖSIGER, MARKUS, Änderung der Beteiligungsverhältnisse, EC 1998, p. 715–722; BÜGLER, RETO, Der GmbH-Anteil, thèse Zurich 2004; VON DER CRONE, HANS CASPAR, Lösung von Pattsituationen bei Zweimanngesellschaften, RSJ 89 (1993), p. 37–44; DORSCHEID, PETER, Austritt und Ausschluss eines Gesellschafters aus der personalistischen Kapitalgesellschaft, thèse Genève 1984; DUBS, MARKUS, Der Austritt aus der GmbH, Reprax 1/2002, p. 23–39; FAVALLI, DANIELE, Die Übertragung eines Stammanteils sowie der Austritt und der Ausschluss eines Gesellschafters aus der GmbH, RSDA 71 (1999), p. 92–97; FREY, JAKOB GUSTAV, Mitgliedschaft und Mitgliedschaftswechsel bei der Genossenschaft, thèse Bâle 1943; HANDSCHIN, LUKAS, Auflösung der Aktiengesellschaft aus wichtigem Grund und andere sachgemässe Lösungen, RSDA 65 (1993), p. 43–45; HÖHN, JAKOB, Andere sachgemässe und den Beteiligten zumutbare Lösungen im Sinne von Art. 736 Ziff. 4 OR, in: Neues zum Gesellschafts- und Wirtschaftsrecht, Zum 50. Geburtstag von Peter Forstmoser, Zurich 1993, p. 113–130; KLÄY, HANSPETER, Die Vinkulierung, thèse Bâle 1996; KUNZ, PETER V., Zur Auflösungsklage gemäss Art. 736 Ziff. 4 OR – Garant für ein indirektes Austrittsrecht? in: Aktienrecht 1992–1997: Versuch einer Bilanz, Zum 70. Geburtstag von Rolf Bär, Berne 1998, p. 235–248; MEIER, WERNER, Austritt und Ausschluss aus der GmbH gemäss Art. 822 OR, thèse Zurich 1950; MONNIER, JEAN, De l'entrée dans une société coopérative en droit positif anglais, allemand, français et suisse, thèse Neuchâtel 1957; MÜLLER, KARIN, Die Übertragung der Mitgliedschaft bei der einfachen Gesellschaft: ein Diskussionsbeitrag zum Recht der Gesamthandschaft, thèse Lucerne 2003; NOBEL, PETER, Börsengesetz: Zur Kraftloserklärung von Resttiteln aus früheren öffentlichen Kaufangeboten, RSDA 70 (1998), p. 37–40; PFÄFFLI, ROLAND, Änderungen bei Personengesellschaften aus der Sicht der praktischen Grundbuchführung, RNRF 72 (1991), p. 321–332; ROTHENBÜHLER, PETER, Austritt und Ausschluss aus der Genossenschaft, thèse Zurich 1984; STIEHLE, CARL-EGON, Der Eintritt in die Genossenschaft und die daran geknüpften Rechte und Pflichten, thèse Berne 1947; STRITTMATTER, RETO, Ausschluss aus Rechtsgemeinschaften: Miet- und Stockwerkeigentümergemeinschaft, Kollektiv-, Kommandit- und einfache Gesellschaft, Erbengemeinschaft und Gemeinderschaft, thèse Zurich 2002; WINKLER, RENÉ, Die Begründung und Beendigung der Mitgliedschaft in der Genossenschaft nach schweizerischem OR, thèse Bâle 1948; WOLF, STEPHAN, Subjektswechsel bei einfachen Gesellschaften, RNRF 81 (2000), p. 1–21; ZÄCH, ROGER, Vertraglicher Ausschluss der Kündbarkeit bei den Personengesellschaften, thèse Genève 1969; ZOBL, DIETER, Änderungen im Personenbestand von Gesamthandschaften, thèse Zurich 1973.

2061 En tant qu'être social, la société a besoin, pour vivre, de s'adapter aux conditions changeantes de son environnement. L'effectif de ses associés n'échappe pas à cette loi. Certains associés meurent. Des forces supplémentaires sont nécessaires pour surmonter les nouveaux défis. Les associés peuvent avoir intérêt à quitter la société quand cela leur paraît opportun. Par conséquent, le sociétariat peut s'acquérir et se perdre.

Du moment que ces mouvements entraînent des conséquences plus ou moins marquées pour les divers intérêts en présence, que ce soit sur le plan interne ou sur le plan externe, leur réglementation varie selon les formes de société. Toutefois, sauf en cas de perte du sociétariat faisant tomber le nombre des associés à un seul dans les sociétés sans personnalité juridique (art. 579 CO), ils n'ont aucune influence sur l'existence de la société. 2062

Chapitre 1 Acquisition

Le sociétariat (*Mitgliedschaft*) est l'ensemble des rapports juridiques (droits et obligations) qui lient l'associé à la société, respectivement aux autres associés. 2063

L'acquisition du sociétariat peut être originaire ou dérivée. Elle est originaire lorsqu'elle entraîne la création d'une (ou de plusieurs) nouvelle(s) case(s) de sociétariat (*Mitgliedschaftsstelle[n]*). Elle est dérivée lorsqu'elle n'entraîne pas la création d'une (ou de plusieurs) nouvelle(s) case(s) de sociétariat, mais résulte du transfert d'une (ou de plusieurs) case(s) de sociétariat existante(s). 2064

L'acquisition originaire du sociétariat peut se produire au moment de la création de la société et en cours de vie sociale. 2065

L'acquisition dérivée du sociétariat peut se produire en cours de création de la société, en cours de vie sociale et en cours de liquidation. 2066

Section 1 Acquisition originaire

§ 1 Au moment de la création de la société

L'acquisition originaire du sociétariat au moment de la création de la société coïncide avec la naissance de la société. 2067

§ 2 En cours de vie sociale

L'acquisition originaire du sociétariat en cours de vie sociale nécessite la création de nouvelles cases de sociétariat. 2068

1. Procédure

2069 Le contrat de société ou les statuts peuvent prévoir des conditions d'entrée. La réalisation de ces conditions par le candidat ne lui confère toutefois pas un droit subjectif à l'entrée[764].

2070 L'acquisition originaire du sociétariat dans une société simple, une société en nom collectif ou une société en commandite nécessite la conclusion d'un contrat d'entrée (*Aufnahmevertrag*) entre le nouvel associé et les anciens associés.

2071 Par conséquent, les anciens associés doivent prendre leur décision à l'unanimité (art. 542 al. 1, 557 al. 2, 598 al. 2 CO), à moins que le contrat de société ne se contente d'une décision majoritaire ou n'attribue la compétence de se prononcer sur cette question aux gérants.

2072 En principe, le contrat d'entrée, comme le contrat de société, n'est pas soumis à une forme particulière.

2073 Ce principe est valable même lorsque la société possède des biens dont le transfert nécessite une forme. Toutefois, lorsque la société possède des immeubles, une modification déclarative de l'inscription au registre foncier s'impose. En revanche, si le nouvel associé apporte des biens, notamment des immeubles, dont le transfert, plus particulièrement l'acte générateur d'obligations, nécessite une forme, cette forme doit être respectée par le contrat d'entrée.

2074 L'acquisition originaire du sociétariat dans une société anonyme, une société en commandite par actions ou une société à responsabilité limitée implique une augmentation de capital (art. 650 ss, 764 al. 2 CO, 781 nCO). Elle se fait par la souscription d'actions ou de parts sociales acceptée par la société.

2075 Dans la société coopérative, l'acquisition originaire du sociétariat, mode ordinaire d'acquisition, exige une demande d'entrée écrite présentée par le candidat (art. 840 al. 1 CO) et son acceptation par la société (art. 840 al. 3 CO).

2076 Une inscription dans un registre privé ou au registre du commerce peut être nécessaire[765].

2. Effets

2077 N'ayant aucune influence sur l'existence de la société, l'acquisition originaire du sociétariat en cours de vie sociale n'équivaut pas à une dissolution suivie d'une nouvelle création (principe de la continuité de la société, art. 576 CO).

---

[764] ATF 98 II 221, *230 s.*/JdT 1973 I 309, *317*; SIEGWART, ZK, ad art. 542 CO, N 11.

[765] Voir N 2104–2107.

Exemples:

- la capacité de la société d'être partie à un procès est maintenue[766].
- un changement de la raison sociale n'est pas nécessaire (art. 947 al. 2 CO).

Par l'acquisition originaire du sociétariat, le nouvel associé devient associé à part entière. Sur le plan interne comme sur le plan externe, il a, à quelques exceptions près, le même statut qu'un associé fondateur. Il acquiert tous les droits et toutes les obligations de ce dernier. 2078

Exemple d'exception: dans la société simple, le nouvel associé ne répond pas, à l'égard des tiers, des dettes existantes au moment de son entrée dans la société (art. 543 CO)[767].

Pour le reste, il faut distinguer entre les sociétés sans personnalité juridique et les sociétés à personnalité juridique. 2079

2.1. Sociétés sans personnalité juridique

Le nouvel associé devient, avec les autres associés, titulaire commun du patrimoine social[768]. S'agissant des biens sociaux existants, son entrée n'entraîne pas à proprement parler un transfert de propriété, mais une décroissance (*Dekreszenz*) quantitative de la part de chaque ancien associé à son profit (*Akkreszenz*). 2080

2.2. Sociétés à personnalité juridique

L'acquisition originaire du sociétariat n'a aucun effet sur le statut du patrimoine social, qui appartient à la société et non aux associés. 2081

Section 2 Acquisition dérivée

§ 1 En cours de création

En tant que tel, le sociétariat ne peut pas s'acquérir en cours de création de la société. En effet, il ne prend naissance qu'avec la venue au monde juridique de la société. 2082

Toutefois, dans la société anonyme, la société en commandite par actions et la société à responsabilité limitée, le futur sociétariat peut faire l'objet d'un transfert dès que l'acte constitutif a été dressé. 2083

---

766 VON STEIGER, SPR VIII/1, p. 551.

767 MEIER-HAYOZ/FORSTMOSER, § 12 N 96; PESTALOZZI/WETTENSCHWILER, BaK, ad art. 544 CO, N 25; VON STEIGER, SPR VIII/1, p. 413.

768 LGVE 1996 I, p. 26–31, *27* (n° 15) ainsi que les auteurs cités.

§ 2 En cours de vie sociale

2084 L'acquisition dérivée du sociétariat est toujours liée à un transfert. Un associé perd sa qualité d'associé ou certaines cases de sociétariat en faveur d'un tiers ou d'un autre associé.

2085 Elle est en principe exclue dans les sociétés de personnes.

2086 Elle doit être distinguée de l'acquisition, par cession, de certaines créances résultant du sociétariat[769].

2087 Elle peut résulter d'un transfert conventionnel ou non conventionnel.

1. Par transfert conventionnel

2088 Le transfert conventionnel repose sur un contrat. Il est possible, plus ou moins largement, et réglementé[770] dans toutes les formes de société.

2089 Dans la société coopérative, il est limité à quelques cas exceptionnels, notamment à la liaison du sociétariat à un contrat d'assurance (art. 849 al. 3 CO) ou à la propriété d'un immeuble (art. 850 al. 2 CO).

2090 Toutefois, le contrat de société peut l'exclure, sauf dans la société anonyme et la société en commandite par actions (art. 684 al. 1, 764 al. 2 CO). Il peut aussi le réglementer plus libéralement que la loi (art. 786 al. 2 ch. 1 nCO).

Exemple: dans les sociétés de personnes, l'exigence de l'accord unanime des associés peut être remplacée par celle d'une décision majoritaire ou celle d'une décision des gérants, avec ou sans conditions.

1.1. Procédure

2091 Dans toutes les formes de société, l'acquisition dérivée du sociétariat par transfert conventionnel nécessite:
- toujours, entre l'aliénateur et l'acquéreur:
  - un acte générateur d'obligations et
  - un acte de disposition, qui sont souvent combinés;
- en général, l'accord de la société ou des autres associés.

2092 Autrement dit, souvent, l'acquisition dérivée implique la collaboration d'un ou de plusieurs tiers par rapport à l'aliénateur et à l'acquéreur.

2093 Les autres exigences légales, notamment l'inscription dans un registre, ne sont pas constitutives.

---

[769] Voir N 1530–1540.

[770] Evidemment de manière très restrictive dans les sociétés où l'acquisition dérivée est en principe exclue.

1.1.1. Acte générateur d'obligations

L'acte générateur d'obligations est un contrat par lequel le titulaire du sociétariat, l'aliénateur, s'engage à transférer le sociétariat à un tiers, l'acquéreur. Il oblige l'aliénateur à transférer et ne réalise pas lui-même le transfert. Il n'est que la cause (juridique) du transfert qui sera opéré par l'acte de disposition. 2094

Dans la société anonyme, la société en commandite par actions et la société à responsabilité limitée, l'acte générateur d'obligations doit se rapporter non seulement à l'actionnariat, mais encore, si l'actionnariat est incorporé dans un titre, c'est-à-dire dans un papier-valeur, au titre. 2095

L'acte générateur d'obligations n'est soumis à aucune forme, sauf dans la société à responsabilité limitée où la forme écrite est exigée (art. 785 al. 1 nCO). 2096

1.1.2. Acte de disposition

L'acte de disposition[771] est un contrat par lequel le titulaire du sociétariat, l'aliénateur, transfère le sociétariat à un tiers, l'acquéreur. Il réalise le transfert, si les autres conditions, notamment celle de l'accord de la société ou des autres associés, sont remplies. 2097

En général, l'acte de disposition est une cession civile (art. 164 ss CO), qui revêt la forme écrite (art. 165 al. 1 CO, 785 al. 1 nCO). 2098

Dans la société anonyme, la société en commandite par actions et la société à responsabilité limitée, l'acte de disposition doit se rapporter au sociétariat et, si le sociétariat est incorporé dans un titre, au titre. L'acte de disposition du titre en tant que papier-valeur est le transfert de possession. L'acte de disposition du sociétariat varie en fonction de l'espèce de papier-valeur dans laquelle le sociétariat est incorporé. Si, dans le cas de la société à responsabilité limitée, le sociétariat est incorporé dans un papier-valeur nominatif (art. 784 al. 1 nCO), l'acte de disposition est la cession civile (art. 785 al. 1 nCO). Si, dans les cas de la société anonyme et de la société en commandite par actions, l'actionnariat est incorporé dans une action nominative, qui est en principe un papier-valeur à ordre, l'acte de disposition est l'endossement (art. 684 al. 2 CO), c'est-à-dire une déclaration de transfert signée figurant au dos du titre. Si l'actionnariat est incorporé dans une action au porteur, qui est un papier-valeur au porteur, l'acte de disposition relatif au papier-valeur, qui est le transfert de possession du papier-valeur, suffit. 2099

1.1.3. Accord de la société ou des autres associés

Dans les sociétés sans personnalité juridique, l'accord des autres associés nécessite en principe l'unanimité (art. 542 al. 1 CO). Dans la 2100

---

[771] Au sujet du caractère causal ou abstrait de l'acte de disposition, voir notamment: VON DER CRONE, HANS CASPAR, Zession: kausal oder abstrakt?, RSJ 93 (1997), p. 249–260; SPIRIG, ZK, Vorbemerkungen ad art. 164–174 CO, N 37 ss.

société anonyme, l'accord de la société est en principe de la compétence du conseil d'administration (art. 716 al. 1 CO). Dans la société à responsabilité limitée, il nécessite au moins (art. 808b al. 2 nCO) les deux tiers des voix représentées à l'assemblée des associés et la majorité absolue du capital social (art. 786 al. 1, 804 al. 2 ch. 8, 808b al. 1 ch. 4 nCO).

2101 L'accord de la société ou des autres associés n'est pas nécessaire dans la société anonyme et la société en commandite par actions[772]:

- si les actions sont au porteur,
- si les actions sont nominatives simples, c'est-à-dire si elles ne sont pas soumises à des restrictions de transfert (art. 684 al. 1 CO) et sont entièrement libérées (art. 685 al. 1 CO).

2102 Il ne l'est pas non plus dans la société coopérative, dans les rares cas où le transfert du sociétariat est possible (art. 849 al. 3, 850 al. 2 CO).

2103 L'exigence de l'accord de la société ou des autres associés peut être supprimée dans les autres cas.

1.1.4. Inscription dans un registre privé

2104 L'inscription dans un registre privé est prescrite pour:

- les actions nominatives dans la société anonyme et la société en commandite par actions (art. 686, 764 al. 2 CO),
- les parts sociales dans la société à responsabilité limitée (art. 790 al. 2 ch. 2 nCO),
- les coopérateurs responsables des dettes sociales ou tenus à faire des versements supplémentaires dans la société coopérative (art. 837 nCO).

2105 Elle n'a qu'un effet déclaratif.

1.1.5. Inscription au registre du commerce

2106 L'inscription au registre du commerce est prescrite pour les associés de la société en nom collectif (art. 554 al. 2 CO), de la société en commandite (art. 596 al. 2 CO) et de la société à responsabilité limitée (art. 791 al. 1 nCO), ainsi que pour les actionnaires indéfiniment responsables de la société en commandite par actions (art. 765 al. 2 nCO). Elle déploie les effets ordinaires de l'inscription au registre du commerce (art. 933 CO).

2107 La liste des coopérateurs responsables des dettes sociales ou tenus à faire des versements supplémentaires est simplement déposée au registre du commerce (art. 837 nCO, 877 al. 1 CO).

[772] Sauf, dans celle-ci, pour les actionnaires indéfiniment responsables (art. 765 al. 3 CO).

1.2. Effets

1.2.1. Système

L'aliénateur perd le sociétariat. L'acquéreur le reprend tel quel. En d'autres termes, le sociétariat, avec tout ce qu'il implique, passe de l'aliénateur à l'acquéreur. 2108

Il n'y a aucune création ou disparition de case(s) de sociétariat. 2109

1.2.1–1. Rapports internes

Dans les sociétés sans personnalité juridique, aucun effet de croissance ou de décroissance n'a lieu en matière de propriété commune des biens sociaux. Dans les sociétés à personnalité juridique, l'acquisition dérivée du sociétariat n'a aucune influence sur le statut du patrimoine social. 2110

Le transfert des droits et des obligations se fait par succession à titre universel[773]. Par conséquent, aucune formalité particulière n'est nécessaire en plus des formalités de transfert du sociétariat. 2111

Exemple: dans les sociétés de personnes, l'acquisition du sociétariat emporte l'acquisition de la propriété commune des biens. Si, parmi ces biens, se trouve un immeuble, l'inscription au registre foncier de l'acquéreur est purement déclarative[774].

1.2.1–2. Rapports externes

Dans les sociétés qui connaissent une responsabilité des associés pour les dettes sociales, l'acquéreur se met à répondre solidairement de toutes les dettes sociales (art. 569 al. 1, 612 al. 1, 764 al. 1, 875 al. 1 CO)[775]. 2112

L'aliénateur continue de répondre des dettes existantes au moment du transfert pendant un délai qui varie selon les formes de société: 2113
- une année, dans la société coopérative (art. 876 al. 1 CO),
- trois ans, dans la société simple (art. 181 al. 2 CO),
- cinq ans dans la société en nom collectif, la société en commandite et la société en commandite par actions[776] (art. 591, 619, 764 al. 1 CO).

1.2.2. Moment

Lorsque le transfert ne nécessite pas l'accord de la société, il déploie ses effets au moment de la perfection de l'acte générateur d'obligations et de l'acte de disposition. 2114

---

[773] VON STEIGER, SPR VIII/1, p. 409, 551. Pour une définition de la succession à titre universel, voir N 2202.

[774] VON STEIGER, SPR VIII/1, p. 409.

[775] Pour la société simple, voir MEIER-HAYOZ/FORSTMOSER, § 12 N 95; VON STEIGER, SPR VIII/1, p. 409 s.

[776] Seulement l'actionnaire indéfiniment responsable.

2115 Lorsque le transfert nécessite l'accord de la société, il déploie ses effets au moment de la perfection de l'acte générateur d'obligations, de l'acte de disposition et de l'accord de la société.

Exceptions:

2116 – dans les sociétés de personnes, s'agissant des rapports avec les créanciers sociaux, le moment déterminant est celui où le transfert est porté à la connaissance des créanciers, par l'inscription au registre du commerce ou d'une autre manière[777].

2117 – dans la société anonyme, lorsque les actions nominatives liées sont cotées en bourse, il faut distinguer:
  – si les actions sont transférées en bourse, le sociétariat passe à l'acquéreur au moment de l'accomplissement de l'acte de disposition (art. 685f al. 1/1 CO);
  – si les actions sont transférées hors bourse, le sociétariat passe à l'acquéreur dès qu'il a déposé auprès de la société une demande de reconnaissance comme actionnaire (art. 685f al. 1/2 CO).

2118 Toutefois, aussi longtemps que la société n'a pas approuvé le transfert, le nouvel associé ne peut pas exercer le droit de vote, ni les autres droits qui lui sont attachés (art. 685f al. 2 CO).

2. Par transfert non conventionnel

2119 Le transfert non conventionnel ne repose pas sur un contrat, mais notamment[778] sur l'ouverture d'une succession, un partage successoral, les règles d'un régime matrimonial, une mutation ou un acte d'exécution forcée.

2.1. Procédure

2120 Dans les sociétés sans personnalité juridique et dans la société coopérative, l'acquisition dérivée du sociétariat en raison de succession, de partage successoral ou de régime matrimonial[779] ne résulte pas de la loi[780]. Elle nécessite une convention ou une clause statutaire de succession (art. 545 al. 1 ch. 2, 574 al. 1/2, 619 al. 1, 847 al. 2 CO).

2121 Sauf disposition contraire du contrat ou des statuts, l'introduction d'une telle clause doit être décidée à l'unanimité dans les sociétés sans personnalité juridique et à la majorité absolue des voix émises dans la société coopérative (art. 888 al. 1 CO). Selon le contenu de la clause de succession, le transfert peut s'opérer automatiquement ou être subordonné à des conditions (notamment à l'accord des associés ou des administrateurs/gérants).

---

[777] ATF 47 II 156, *158 s.*/JdT 1921 I 628, *630*.

[778] La liste n'est pas exhaustive.

[779] Contrairement à ce qui se passe en matière de mutations (art. 22 al. 1, 52, 67, 73 al. 2 LFus).

[780] Voir N 1935.

L'acquisition dérivée du sociétariat reposant sur un acte d'exécution forcée est en général exclue[781]. 2122

Dans la société anonyme et la société à responsabilité limitée, l'acquisition dérivée en raison de transfert non conventionnel résulte expressément de la loi (art. 685b al. 4, 685d al. 3 CO, 788 al. 1 nCO, 22 al. 1, 52, 67, 73 al. 2 LFus). En principe, l'accord des associés ou de la société n'est pas nécessaire. 2123

Dans la société à responsabilité limitée, la reconnaissance de l'acquéreur en tant qu'associé avec droit de vote par l'assemblée des associés est toutefois nécessaire pour l'exercice du droit de vote et des droits qui y sont attachés (art. 788 al. 2 nCO). Dans la société anonyme, l'accord de la société est nécessaire pour le transfert des droits sociaux de l'actionnaire lorsque les actions ne sont pas cotées en bourse (art. 685c al. 2 CO). Il s'agit d'une survivance malheureuse de la théorie de la dissociation des droits de l'actionnaire[782]. 2124

2.2. *Effets*

Les effets sont en principe les mêmes qu'en cas de transfert conventionnel[783]. 2125

§ 3 En cours de liquidation

En principe, l'acquisition dérivée reste possible en cours de liquidation. 2126

Chapitre 2 Perte

La perte du sociétariat entraîne ou n'entraîne pas la disparition de la case (ou des cases) de sociétariat de l'associé concerné. 2127

Lorsqu'elle n'entraîne pas la disparition de la case (ou des cases) de sociétariat de l'associé concerné, elle fait partie d'une opération de transfert[784]. 2128

Lorsqu'elle entraîne la disparition de la case (ou des cases) de sociétariat de l'associé concerné, elle peut se produire, avec ou sans la volonté de 2129

---

781 Article 11 al. 2 OPC; ATF 57 I 47, *48 s.*/JdT 1931 I 531, *532 s.*; ATF 46 III 84, *86*/JdT 1920 II 138, *141*; BISANG (cité N 2060), p. 50 ss; STAEHELIN, BaK, ad art. 545/546 CO, N 14. Contra: ZOBL (cité N 2060), p. 221.

782 Pour la renonciation à l'application de la théorie de la dissociation, voir KLÄY (cité N 2060), p. 86–99.

783 Voir N 2108–2118.

784 Voir N 2084.

l'associé, en cours de vie sociale, en cours de liquidation ou à la disparition de la société.

Section 1 En cours de création

2130 En tant que tel, le sociétariat ne peut pas se perdre en cours de création de la société. En effet, il ne prend naissance qu'avec la venue au monde juridique de la société[785].

Section 2 En cours de vie sociale

§ 1 Procédure

1. Avec la volonté de l'associé

2131 Le seul cas de perte volontaire du sociétariat est la sortie de la société.

2132 Elle est prévue par la loi, la convention ou les statuts.

1.1. Sortie légale

2133 Le droit de sortie est prévu par la loi dans la société à responsabilité limitée et dans la société coopérative (art. 822 al. 1 nCO, 842 ss CO).

2134 Dans la société coopérative, le droit de sortie n'est soumis à aucune condition (art. 842 al. 1 CO). Toutefois, sauf disposition contraire des statuts (art. 844 al. 2 CO), il ne peut être exercé que pour la fin d'un exercice annuel et au moins un an à l'avance (art. 844 al. 1 CO). Pour cinq ans au plus, il peut être exclu par les statuts ou la convention (art. 843 al. 1 CO). Même dans ce cas, il subsiste en cas de justes motifs (art. 843 al. 2/1 CO).

2135 Dans la société à responsabilité limitée, le droit de sortie, qui ne peut pas être limité statutairement, suppose l'existence de justes motifs (art. 822 al. 1 nCO).

2136 Dans les deux formes de société, il y a juste motif lorsque, pour des raisons personnelles ou objectives, le maintien du sociétariat ne peut plus être exigé de l'associé[786].

2137 Le droit de sortie n'est pas prévu par la loi:

---

[785] Pour les cas de perte par transfert, voir 2082 s.

[786] ATF 105 V 86, *88* (all.); ATF 89 II 138, *153*/JdT 1963 I 577, *589*; VON STEIGER, ZK, ad art. 822 CO, N 11.

- dans les sociétés sans personnalité juridique[787], car, en principe, ces sociétés sont fermées et les associés ne peuvent pas changer;
- dans la société anonyme, car ce droit n'est pas nécessaire, les actionnaires pouvant sortir de leur société en vendant leur(s) action(s), en principe librement (art. 684 al. 1 CO).

1.2. Sortie conventionnelle ou statutaire

Sauf dans la société anonyme, où il est remplacé par la transmissibilité de principe des actions, le droit de sortie peut être prévu par le contrat de société[788] (art. 576, 619 al. 1 CO) ou les statuts (art. 776a al. 1 ch. 17, 822 al. 2 nCO). Il peut évidemment être soumis à des conditions de forme et(ou) de fond (art. 822 al. 2 nCO, 842 à 844 CO), notamment à des motifs. Il doit être considéré comme un droit formateur extincteur non formel soumis à réception[789]. 2138

2. Sans la volonté de l'associé

L'associé peut perdre son sociétariat sans sa volonté en cas d'exclusion, de décès ou de réduction du capital social. 2139

2.1. Exclusion

L'exclusion est la perte du sociétariat sans la volonté de l'associé résultant d'une décision de la société ou du juge. 2140

Elle est prévue par la loi, la convention ou les statuts. 2141

2.1.1. Exclusion légale[790]

Excepté pour la société simple[791], la société en commandite par actions[792] et la société anonyme, la loi prévoit impérativement l'exclusion des associés pour de justes motifs (art. 577, 619 al. 1 CO, 823 al. 1 nCO, 846 al. 2 CO). Il y a juste motif lorsque, pour des raisons imputables à l'associé, mais sans qu'il y ait nécessairement faute de sa part, on ne peut 2142

---

787 VON STEIGER, SPR VIII/1, p. 414; BERGSMA (cité N 2060), p. 146.

788 ATF 116 II 49, *53*/JdT 1992 I 66, *69 s.*; ATF 94 II 119, *121*/JdT 1969 I 153, *155*; RSJ 85 (1989), p. 144 s.; SAS 60 (1988), p. 168 (r28).

789 Il en va de même du droit de sortie légal ordinaire du coopérateur (art. 842 al. 1 CO).

790 Le cas de la déchéance est traité dans un autre contexte. Voir N 1328 et 1368.

791 ATF 94 II 119, *120*/JdT 1969 I 153, *154*. Certains auteurs s'expriment en faveur de l'exclusion pour justes motifs aussi dans la société simple. Voir notamment: VON STEIGER, SPR VIII/1, p. 415; SIEGWART, ZK, ad art. 547 CO, N 39 *in fine*.

792 L'actionnaire indéfiniment responsable peut être exclu de l'administration pour de justes motifs, mais il reste actionnaire. Voir BAHLSEN/WILDHABER, BaK, ad art. 767 CO, N 1–4; REINHARDT, p. 91.

plus raisonnablement exiger de la société qu'elle maintienne en son sein l'associé en question[793].

2143 Exceptionnellement, un actionnaire peut être exclu dans deux cas:

2144 – au cours d'une offre publique d'acquisition, l'offrant qui a obtenu 98 pour cent au moins des droits de vote peut faire annuler par le juge les actions qu'il n'a pas pu acquérir (art. 33 al. 1 LBVM)[794] et, par conséquent, faire exclure de la société les titulaires de ces actions. Toutefois, les cases d'actionnariat ne disparaissent pas[795]. De nouvelles actions sont émises et remises à l'offrant (art. 33 al. 2 LBVM).

2145 – lorsque des actionnaires représentant ensemble 10 pour cent au moins du capital-actions requièrent la dissolution de la société pour de justes motifs, le juge peut prononcer le rachat par la société des actions des demandeurs ou imposer une réduction du capital social avec suppression des actions des demandeurs (art. 736 ch. 4 CO)[796].

2146 L'exclusion est prononcée par le juge, avec effet à partir du jugement, sur demande de l'ensemble des associés (excepté l'associé visé) ou de la société, sauf dans la société coopérative, où elle est prononcée par l'assemblée générale, voire par le conseil d'administration, avec recours possible au juge (art. 846 al. 3 CO).

2.1.2. Exclusion conventionnelle ou statutaire

2147 Le contrat de société ou les statuts (art. 823 al. 2 nCO, 846 al. 1 CO), sauf dans la société anonyme et la société en commandite par actions, peuvent prévoir l'exclusion.

2148 Sauf disposition contraire, la décision d'exclusion doit être considérée comme une décision sociale (art. 823 al. 2 nCO, 846 al. 3 CO).

2149 L'exclusion peut être soumise à des conditions de forme et(ou) de fond, notamment à des motifs déterminés.

2.2. Décès ou disparition

2150 Le décès ou la disparition d'un associé implique toujours la perte du sociétariat pour l'associé en question. De plus, dans les sociétés de personnes, le décès ou la disparition d'un associé peut impliquer la disparition de la case de son sociétariat (art. 847 CO)[797].

---

[793] ATF 89 II 138, *153*/JdT 1963 I 577, *589*. Cet arrêt traite du droit de sortie d'un associé, mais les principes qui s'en dégagent peuvent être appliqués *mutatis mutandis* à l'exclusion.

[794] NOBEL (cité N 2060), p. 37 ss.

[795] GRETER, MARCO, Steuerliche Folgen der Kraftloserklärung gemäss Art. 33 Börsengesetz, RSDA 70 (1998), p. 82, *83*.

[796] BÖCKLI, § 16 N 188 ss; VON DER CRONE (cité N 2060), p. 37 ss; HANDSCHIN (cité N 2060), p. 43 ss; HÖHN (cité N 2060), p. 113 ss; KUNZ (cité N 2060), p. 235 ss.

[797] La disparition de la case de sociétariat intervient uniquement si la société est continuée sans les héritiers de l'associé décédé.

2.3. Exécution forcée

Dans la société en nom collectif et la société en commandite, l'exécution forcée contre un associé peut entraîner son exclusion (art. 578, 619 al. 1 CO). 2151

2.4. Réduction de capital social

Dans la société anonyme, la société en commandite par actions et la société à responsabilité limitée, la réduction du capital social peut entraîner la perte de certaines cases de sociétariat[798]. 2152

§ 2 Effets

1. Système

La perte du sociétariat entraîne la perte du statut d'associé, c'est-à-dire de tous ses droits et de toutes ses obligations[799]. De plus, elle entraîne, en général, la disparition d'une, voire de plusieurs cases de sociétariat. 2153

Font notamment exception à cette règle la reprise par un autre associé de la participation de l'associé exclu dans la société anonyme, la société en commandite par actions et la société à responsabilité limitée (art. 736 ch. 4, 764 al. 2 CO, 821 al. 3/2 nCO, 33 al. 2 LBVM). 2154

Sauf dans la société coopérative (art. 865 CO)[800], l'associé doit être désintéressé (art. 578, 580 CO, 825 al. 1 nCO), car il est en général entré dans la société dans le but de réaliser un profit. Il a droit à la valeur réelle de sa part au moment du départ dans l'optique de la continuation de la société et non pas dans celle de la liquidation[801], ce qui lui est en général favorable. 2155

Le contrat de société ou les statuts peuvent contenir des dispositions relatives à cette indemnité, notamment à son calcul, à sa forme ou à ses modalités (art. 825 al. 2 nCO). La créance naît au moment de la réalisation des conditions de la perte du sociétariat[802]. 2156

Pour le reste, dans l'hypothèse générale de la disparition de cases de sociétariat, il faut distinguer entre les rapports internes et les rapports externes. 2157

---

798 Pour la perte de toutes les cases de sociétariat, voir art. 732a al. 1 nCO.

799 Une partie de la doctrine estime que la perte du sociétariat équivaut à une dissolution partielle de la société et que l'associé partant a un statut semblable à celui de l'associé dans une société en liquidation. Au sujet de cette controverse, voir VON STEIGER, SPR VIII/1, p. 416 s.; ZR 64 (1965), p. 232, *235–239* (n° 147); ZR 82 (1983), p. 181, *183 s.* (n° 70).

800 ATF 80 II 123, *128*/JdT 1955 I 168, *171* (rés.).

801 ATF 120 II 259, *262*/JdT 1995 I 208, *210*; ATF 93 II 247, *255*/JdT 1968 I 139, *146 s.*

802 ATF 89 II 133, *136 s.*/JdT 1963 I 628 (rés.).

1.1. Rapports internes

1.1.1. Sociétés sans personnalité juridique

2158 La perte du sociétariat met fin à la titularité du patrimoine social. Par conséquent, s'agissant des biens sociaux existants, le départ d'un associé n'entraîne pas à proprement parler un transfert de propriété, mais une croissance (*Akkreszenz*) quantitative de la part de chacun des autres associés[803] au détriment de l'associé partant (*Dekreszenz*).

2159 Par conséquent les actes qui entraînent la perte du sociétariat ne sont soumis à une forme particulière que quand la loi le prévoit expressément. Il n'en reste pas moins que, lorsqu'un immeuble fait partie de la propriété commune des associés, une modification déclarative de l'inscription au registre foncier est nécessaire. Cela vaut aussi pour une société de personnes avec deux associés lorsque l'associé restant reprend l'actif et le passif de la société sans procéder à la liquidation de la société[804].

1.1.2. Sociétés à personnalité juridique

2160 La perte du sociétariat n'a aucun effet sur le statut du patrimoine social, qui appartient à la société et non aux associés.

1.2. Rapports externes

2161 En cas de responsabilité des associés pour les dettes sociales, conformément au principe qui veut que les débiteurs ne puissent porter préjudice à leurs créanciers par des opérations internes[805], l'associé partant reste personnellement responsable des dettes sociales existantes au moment de la perte du sociétariat pendant un délai qui varie selon les formes de société:

- une année à partir de l'inscription de son départ au registre du commerce, dans la société coopérative (art. 876 al. 1 CO),
- cinq ans à partir de l'inscription de son départ au registre du commerce dans la société en nom collectif, la société en commandite et la société en commandite par actions (art. 591, 619, 764 al. 1 CO),
- dix ans à partir de son départ, dans la société simple[806].

---

[803] ATF 75 I 273, *275*/JdT 1950 I 205, *207 s.*; ZBGR 1999, p. 10–19.
[804] LGVE 1996 I, p. 26–31 (n° 15); LGVE 1996 I, p. 31–34 (n° 16).
[805] BOLLMANN (cité N 2060), p. 94.
[806] BOLLMANN (cité N 2060), p. 97; VON STEIGER, SPR VIII/1, p. 422.

2. Moment

La perte du sociétariat a lieu au moment où les conditions du cas de perte sont réalisées[807], par exemple au moment de la déclaration de sortie ou de la décision d'exclusion. 2162

Section 3 En cours de liquidation

Sauf dans la société coopérative[808], la perte du sociétariat est possible en cours de liquidation[809]. 2163

Section 4 A la disparition

Le sociétariat s'éteint toujours avec la disparition de la société. 2164

La responsabilité des associés pour les dettes sociales subsiste comme dans les cas de perte du sociétariat en cours de vie sociale[810]. 2165

---

[807] Une partie de la doctrine estime que la perte du sociétariat n'a lieu qu'au moment où toutes ses conséquences, notamment l'indemnisation de l'associé partant ont été réalisées. A ce sujet voir VON STEIGER, SPR VIII/1, p. 416 s.; ZR 64 (1965), p. 232, *240* (n° 147); ZR 82 (1983), p. 181, *184* (n° 70).

[808] Pour la sortie, voir FORSTMOSER, BK, ad art. 842 CO, N 23; REYMOND, TDP VIII/III/1, p. 110; pour l'exclusion, voir REYMOND, TDP VIII/III/1, p. 121; contra: FORSTMOSER, BK, ad art. 846 CO, N 29.

[809] Contra: BJM 1961, p. 202.

[810] Voir N 2161.

Titre 5 Mutations

2166 De même que, en général, une personne physique ne naît pas, ne vit pas et ne meurt pas pour elle-même, en vase clos, selon un programme préétabli, de même, en général, une société n'est pas créée, ne vit pas et ne prend pas fin pour elle-même, en vase clos, selon un programme préétabli. Elle n'est pas moulée définitivement dans une forme juridique immuable au moment de sa naissance. Elle ne mène pas une existence indépendante de tous les autres acteurs de la vie économique. Elle n'échappe pas aux aléas de l'existence. Elle peut, voire doit, pour prospérer, pour survivre parfois, **s'adapter** aux circonstances changeantes, internes et externes, aux diverses agressions dont elle peut faire l'objet.

2167 Ces adaptations peuvent être relativement modestes, ne pas modifier la structure fondamentale de la société (notamment: modification du but, transfert du siège, augmentation ou réduction du capital social, modification des règles de convocation et de déroulement de l'assemblée générale).

2168 Ces adaptations peuvent être beaucoup plus profondes. Elles peuvent changer la structure fondamentale de la société. Exemples:

- une société peut être reprise par une autre, soit purement économiquement **(affiliation),** soit économiquement et juridiquement **(fusion).**
- une société peut être démantelée au profit de plusieurs autres **(scission).**
- une société peut changer de forme juridique **(transformation).**
- une société peut transférer une partie de son patrimoine à une autre **(transfert de patrimoine).**

2169 Certaines de ces mutations sont réglées de manière détaillée par la loi (chapitre 1). D'autres ne le sont pas, ou que très partiellement (chapitre 2).

Chapitre 1 Mutations réglementées (Loi sur la fusion)

Bibliographie

2170 AEBERSOLD, THOMAS, Umstrukturierung von Unternehmen durch Vermögensübertragung, BN 2004/1, p. 147–165; ALTENBURGER, PETER R./CALDERAN, MASSIMO/LEDERER, WERNER, Schweizerisches Umstrukturierungsrecht, Zurich 2004; AMSTUTZ, MARC/ MABILLARD, RAMON, FusG, Grundlagen und Kommentar, Bâle 2005; AYER, CHLOÉ, La transformation d'une société à responsabilité limitée en société anonyme: étude selon le droit actuel et selon la loi sur la fusion, thèse Genève 2002; BAHAR, RASCHID, Le rôle du conseil d'administration lors des fusions et acquisitions, thèse Genève 2003; BAKER & MCKENZIE (éd.), Fusionsgesetz, Stämpflis Handkommentar, Berne 2003; BAUEN, MARC/ JEGHER, GION/WENGER, BORIS/ZEN-RUFFINEN,

MARIE-NOELLE, Loi sur la Fusion, Zürich 2005; BERETTA, PIERA, Strukturanpassungen, in: Schweizerisches Privatrecht, Bd. VIII/8, Bâle/Genève/Munich 2006; VON DER CRONE, HANS CASPAR/GERSBACH, ANDREAS/ KESSLER, FRANZ J./DIETRICH, MARTIN/BERLINGER, KATIA, Das Fusionsgesetz, Zurich 2004; CUENDET, ANDRÉ, La fusion par absorption, en particulier le contrat de fusion dans le droit suisse de la société anonyme, thèse Lausanne 1973; EBERHARD, STEFAN, La scission de la société anonyme, thèse Lausanne 1999; GERSBACH, ANDREAS, Die besonderen Transaktionsformen Spaltung und Vermögensübertragung, RNRF 3/2004, p. 197–227; GLANZMANN, LUKAS, Umstrukturierungen, Berne 2006; GLANZMANN, LUKAS, Die Kontinuität der Mitgliedschaft im neuen Fusionsgesetz, PJA 2/2004, p. 139–155; KÜRY, ANNELIES, Die Universalsukzession bei der Fusion von Aktiengesellschaften, thèse Bâle 1962; L'EXPERT-COMPTABLE SUISSE, Numéro spécial: Loi sur la fusion; EC 11/2004; MEIER, ROBERT, Die Rechtsnatur des Fusionsvertrages, thèse Zurich 1985; MEIER-SCHATZ, CHRISTIAN (éd.): Fusionsgesetz: Bundesgesetz über die Fusion, Spaltung und Umwandlung von Rechtsträgern, ZBJV 199, Sonderband 135bis; OFFICE FÉDÉRAL DU REGISTRE DU COMMERCE, Commentaire abrégé des dispositions d'exécution de l'ordonnance sur le registre du commerce relatives à la loi sur la fusion, 11 octobre 2004, Reprax 2/2004, p. 40–78; PETER, HENRY, LFus: concepts généraux et questions controversées, SJ 2005 II, p. 71–103; PETER, HENRY, La restructuration des entreprises dans une perspective nationale et transfrontalière, SJ 1999 II, p. 101–137; PETER, HENRY/TRIGO TRINDADE, RITA, Commentaire LFus, Zurich 2005; PJA, La loi sur la fusion (numéro spécial), PJA 7/2004, p. 763–869; REVUE SUISSE DE DROIT DES AFFAIRES, Numéro spécial consacré à la loi sur la fusion, RSDA 76 (2004), p. 153–285; REVUE DE DROIT SUISSE, Das neue Fusionsgesetz, RDS 2004 I, p. 3–201; RÜD ANDREAS, Sanierung durch Betriebsübertragung, thèse Bâle 2003; RUEDIN, ROLAND, La protection des créanciers dans le projet de loi sur la fusion, in: Neuere Tendenzen im Gesellschaftsrecht, Festschrift für Peter Forstmoser, Zurich/ Bâle/Genève 2003, p. 687–703; VON SALIS, ULYSSES, Fusionsgesetz, Zurich 2004 (www.fusionsgesetz.ch); TSCHÄNI, RUDOLF, M&A-Transaktionen nach Schweizer Recht, Zurich 2003; TURIN, NICHOLAS, Le transfert de patrimoine selon le projet de loi sur la fusion, thèse Neuchâtel 2003; VISCHER, FRANK, Fusionsgesetz, BJM 1999, p. 289–310; VISCHER, FRANK, Drei Fragen aus dem Fusionsrecht, RSDA 65 (1993), p. 1–8; VISCHER, FRANK/VISCHER ANWÄLTE UND NOTARE (éd.), Zürcher Kommentar zum Fusionsgesetz, Zürich 2004; VOGEL, ALEXANDER/HEIZ, CHRISTOPH/BEHNISCH, URS, Fusionsgesetz, Zurich 2005; VOGT, HANS-UELI, Fusion und Umwandlung nach dem neuen Fusionsgesetz, RNRF 3/2004, p. 141–169; WATTER, ROLF, Demergers (Abspaltungen) bei der (Publikums-)Gesellschaft, in: Mergers & Acquisitions V, Zurich 2003, p. 1–34; WATTER, ROLF, Unternehmensübernahmen, Zurich 1990; WATTER, ROLF/VOGT, NEDIM PETER/ TSCHÄNI, RUDOLF/DAENIKER, DANIEL, Fusionsgesetz, Basler Kommentar, Bâle/Genève/ Munich 2005; ZIMMERLI, CHRISTOPH, Arbeitnehmerschutz bei Umstrukturierungen unter besonderer Berücksichtigung des Fusionsgesetzes, PJA 2005, p. 771–783.

Section 1 Formes de mutations

La Loi sur la fusion réglemente quatre mutations: 2171

- la fusion,
- la scission,
- la transformation et
- le transfert de patrimoine.

§ 1 Fusion

1. Définition positive

2172 La fusion (*Fusion*) est la réunion contractuelle, en principe dans la continuité du sociétariat, par transfert de patrimoine à titre universel, de deux ou plusieurs sociétés en une seule, sans liquidation des sociétés dissoutes.

2173 Elle entraîne:
- la confusion économique de deux ou plusieurs entreprises,
- la confusion juridique de deux ou plusieurs entreprises. Elle modifie donc profondément la structure juridique des sociétés concernées.

Exemple: fusion par absorption, en 1996, de Ciba-Geigy SA et de Sandoz SA par Novartis SA, qui a entraîné la disparition de Ciba-Geigy SA et de Sandoz SA.

2. Définition négative

2174 La fusion se distingue notamment de:

2175 – l'**affiliation**[811], qui ne réalise que la confusion économique de deux sociétés.

2176 – la **cession d'un patrimoine ou d'une entreprise avec actifs et passifs** (art. 181 CO), qui est le transfert, par une société à une autre société, de tous les actifs, à titre singulier, et de tous les passifs, globalement, qui constituent son entreprise.

2177 – le **transfert de patrimoine**[812] (art. 69 ss LFus), qui est la nouvelle forme de transfert d'entreprise avec actifs et passifs créée par la Loi sur la fusion.

§ 2 Scission

1. Définition positive

2178 La **scission** *(Spaltung)* est le transfert à titre universel, dans la continuité du sociétariat, soit d'une ou de plusieurs parties du patrimoine d'une société qui subsiste à une ou plusieurs autres sociétés (séparation), soit de tout le patrimoine, divisé en parties, d'une société qui disparaît à plusieurs autres sociétés (division) (art. 29 LFus).

Exemple: scission, en 2000, de Novartis SA qui a donné naissance à Syngenta SA.

---

811 Pour une définition, voir N 2375.

812 Pour une définition, voir N 2185.

2. Définition négative

La scission se distingue notamment de: 2179

- la **fusion**[813], qui transfère nécessairement tout le patrimoine de la société transférante à une seule société et entraîne la disparition de la société transférante. 2180
- le **transfert de patrimoine,** dont la contre-prestation consiste en général en espèces, qui n'a pas d'effet sur la structure des sociétés actives dans l'opération. 2181
- la **dissociation,** qui est le transfert d'une ou de plusieurs parties du patrimoine d'une société qui subsiste à une (ou plusieurs autres) société(s) contre la remise **à la société transférante** de parts de sociétariat dans la(les) société(s) acquérantes(s). Si les parts de sociétariat reçues en échange par la société transférante permettent de contrôler la(les) société(s) acquérantes(s), l'opération représente la constitution d'une filiale. 2182

§ 3 Transformation

1. Définition positive

La **transformation** (*Umwandlung*[814]) est la modification de la forme juridique d'une société (art. 53/1 LFus). 2183

Exemple: transformation de Transco Süd Internationale Transporte GmbH en Transco Süd Internationale Transporte AG (2006).

2. Définition négative

Contrairement aux autres mutations de la Loi sur la fusion, la transformation ne fait toujours intervenir qu'**une seule** société, qui subsiste. Elle n'a en principe **pas d'incidence** sur les **associés,** qui restent les mêmes, ni sur le **patrimoine** de la société, qui demeure inchangé (principe de l'**identité**). La transformation ne modifie donc en principe **pas les rapports sociaux.** Elle n'a pas non plus beaucoup de conséquences pour les **créanciers.** 2184

---

[813] Pour une définition, voir N 2172.

[814] En Allemagne, la loi sur la fusion s'appelle *Umwandlungsgesetz*. Cette terminologie paraît préférable à celle de la Suisse. Un terme plus neutre aurait peut-être été encore plus opportun (mutation, restructuration).

§ 4 Transfert de patrimoine

1. Définition positive

2185 Le **transfert de patrimoine** (*Vermögensübertragung*) est le transfert à titre universel, dans la véritable continuité du sociétariat, d'une partie du patrimoine ou de tout le patrimoine d'une société à une autre société, en général en échange d'une contre-prestation à la société transférante, dans le respect des règles sur la protection du capital social et de la liquidation (art. 69 LFus).

Exemple: transfert de patrimoine (actifs et passifs) de Peter Tschanz & Sohn à Schreinerei Tschanz Tägertschi GmbH (2006).

2. Définition négative

2186 Le transfert de patrimoine se distingue notamment de:

2187 – la **scission,** dont la contre-prestation consiste en des parts sociales ou des droits de sociétariat dans la(les) société(s) acquérante(s) en faveur des associés de la société transférante.

2188 – la **dissociation,** dont la contre-prestation consiste en des parts sociales ou des parts de sociétariat dans la société acquérante en faveur de la société transférante.

2189 – la **cession d'un patrimoine ou d'une entreprise avec actif et passif** (art. 181 CO), qui concerne la même réalité économique que le transfert de patrimoine, mais dont la réglementation, différente, est réservée aux sociétés qui ne sont pas inscrites au registre du commerce.

2190 – le **transfert d'un seul élément de patrimoine,** qui est le transfert ordinaire, soumis aux règles du transfert à titre singulier.

Section 2 Utilité

2191 La fusion, la scission et le transfert de patrimoine favorisent la redistribution des ressources dans le monde économique. Elles cherchent à mettre à profit des synergies, à atteindre la taille critique, à modifier le domaine d'activité.

2192 Plus particulièrement:

- la fusion permet de réaliser des économies d'échelle, de diversifier l'activité de l'entreprise, de pénétrer de nouveaux marchés, de supprimer un concurrent.
- la scission facilite la concentration sur une activité principale, la répartition des risques, le partage successoral, la lutte contre les offres publiques d'acquisition.

- le transfert de patrimoine simplifie le transfert de parties de patrimoine ou d'entreprises, même dans le cadre de la liquidation, et peut servir de succédané aux mutations non prévues par la loi.

La transformation remédie à un choix de forme de société inadéquat dès l'origine ou devenu inadéquat en raison du changement des circonstances. Elle prépare d'autres mutations. 2193

Section 3 Caractéristiques

§ 1 Vie sociale

Une mutation suppose en principe l'existence de sociétés en cours de vie sociale, voire, pour la société transférante, en cours de liquidation, si la répartition de l'actif n'a pas encore commencé (art. 5 al. 1 LFus), car elle a en général pour but la continuation d'une certaine activité sociale. Exception: le transfert de patrimoine. 2194

En cas de fusion, la perte de couverture des dettes ou la perte qualifiée d'apports d'une société active dans l'opération ne fait pas obstacle à la mutation si les fonds propres librement disponibles de l'autre ou des autres sociétés équivalent au moins au montant du découvert ou si des créanciers des sociétés actives dans l'opération acceptent de postposer leurs créances à concurrence de ce montant au moins (art. 6 al. 1 LFus). 2195

§ 2 Nature juridique

La mutation qui fait intervenir deux ou plusieurs sociétés existantes a une nature multilatérale, **contractuelle.** Exemple: fusion, scission vers une société existante, transfert de patrimoine vers une société existante. 2196

La mutation qui ne fait intervenir qu'une société ou qu'une société existante a une nature **unilatérale.** Exemple: scission vers une société créée dans le cadre de la mutation, transformation, transfert de patrimoine vers une société créée dans le cadre de la mutation. 2197

§ 3 Disparition de société

Certaines mutations entraînent la disparition de société(s) (fusion, scission par division). 2198

D'autres mutations n'entraînent pas la disparition de société(s) (scission par séparation, transformation, transfert de patrimoine). 2199

§ 4 Dissolution sans liquidation

2200 Les sociétés qui disparaissent sont dissoutes sans liquidation.

§ 5 Etendue du transfert

2201 Sauf en cas de transformation[815], la mutation entraîne toujours le transfert d'au moins une partie de patrimoine. Plus précisément:

- la fusion et la scission par division entraînent le transfert de tout le patrimoine de la société transférante;
- la scission par séparation n'entraîne que le transfert d'une partie, en bloc ou par tranches, du patrimoine de la société transférante;
- le transfert de patrimoine entraîne le transfert soit d'une partie du patrimoine de la société transférante, soit de tout son patrimoine.

§ 6 Transfert à titre universel

2202 Le patrimoine transféré dans le cadre de la mutation l'est à titre universel. Tous les actifs et tous les passifs concernés, connus ou inconnus, y compris les contrats[816], sont transférés automatiquement, par le seul fait de la mutation, plus particulièrement par l'inscription au registre du commerce de la mutation (art. 22 al. 1, 52, 73 al. 2 LFus). Aucune formalité particulière n'est nécessaire. Par exemple, les immeubles sont transférés sans acte authentique et sans inscription au registre foncier, les meubles sans transfert de possession, les créances sans cession, les dettes sans accord du créancier, les titres à ordre sans transfert de possession et sans endossement. Toutefois, afin que les registres publics reflètent la réalité, ils doivent être adaptés déclarativement à la nouvelle situation dans des délais qui peuvent varier selon les cas[817].

2203 Une controverse existe toutefois au sujet de l'étendue du transfert à titre universel, lorsque la mutation n'entraîne pas le transfert de tout le patrimoine de la société transférante (scission par séparation et transfert de patrimoine). Alors que la Loi sur la fusion réglemente expressément de manière semblable toutes les mutations (conception large)[818], une partie de la doctrine, se référant à l'opinion du Conseil fédéral[819], estime que, dans les

[815] Sous réserve de la transformation d'une société de personnes en société à personnalité juridique, où le patrimoine de la société transformée passe de la propriété des associés de la société de personnes dans la propriété de la société à personnalité juridique.

[816] ATF 115 II 415, *418*/JdT 1991 I 130, *132*. Toutefois, le contrat peut prévoir qu'il prend fin ou qu'il peut être résilié ou qu'il peut être modifié en cas de mutation.

[817] Pour les immeubles, voir art. 104 LFus.

[818] Art. 22 al. 1/2, 52/2, 73 al. 2/2 Lfus.

[819] FF 2000 III 4098, 4117.

cas de transfert de parties de patrimoine, le mode de transfert à titre universel n'englobe pas les contrats, dont le transfert nécessite toujours l'accord du cocontractant (conception étroite)[820]. Cette divergence ne sera probablement tranchée définitivement que par une décision du Tribunal fédéral.

Figure n° 52 *Conceptions du transfert à titre universel*

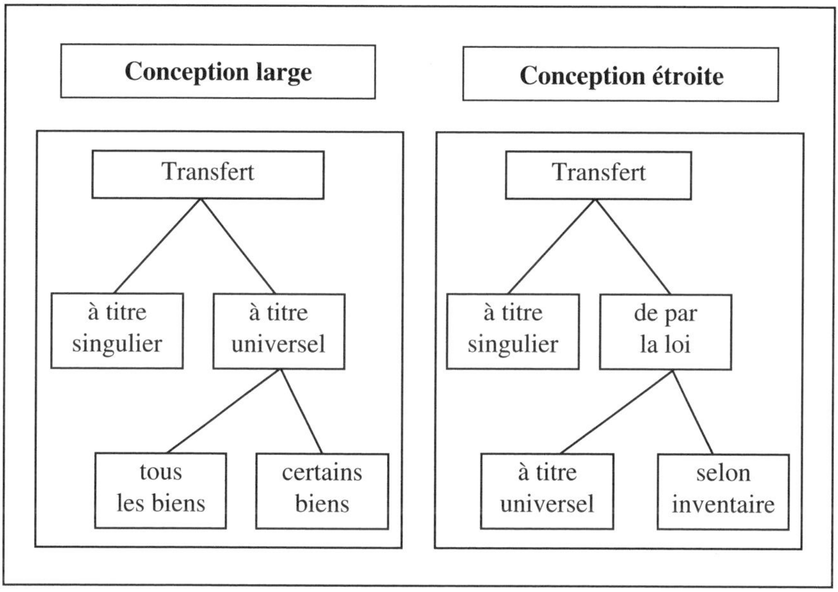

Le transfert à titre universel présente quelques **exceptions:** 2204

- **actions nominatives liées non cotées en bourse:** la société peut refuser le transfert d'actions d'une société transférante si elle offre de les reprendre à leur valeur réelle (art. 685b al. 4 CO).
- **contrat de travail:** les rapports de travail sont en principe transférés à la société acquérante, mais l'opposition du travailleur est réservée (art. 27 al. 1 LFus, qui renvoie à art. 333 al. 1 *in fine* CO).

[820] PETER/TRIGO TRINDADE (cit. N 2170), ad art. 52, N 7, ad art. 73, N 16.

§ 7 Continuité du sociétariat

2205 En cas de transformation et de transfert de patrimoine, les associés restent associés de leur société (art. 56 al. 1, 69 al. 1/2 LFus). Leur sociétariat n'est pas mis en danger. Il continue effectivement.

2206 En cas de fusion et de scission, les associés de la société qui disparaît ou dont le patrimoine est réduit sont désintéressés de la perte de leur sociétariat ou de la diminution de valeur de leur sociétariat par l'octroi d'un nouveau sociétariat dans la(une des ou plusieurs) société(s) acquérante(s) (art. 7 al. 1, 31 al. 1 LFus). Le sociétariat perdu ou dévalorisé dans la société transférante est remplacé par un sociétariat dans une autre société (acquérante). Le sociétariat subsiste, mais la société à laquelle il donne accès change. Il continue, mais d'une autre manière. Ce principe connaît trois exceptions:

- la soulte (art. 7 al. 2, 31 al. 1 LFus),
- le dédommagement alternatif (art. 8 al. 1 LFus),
- le dédommagement obligatoire (seulement en matière de fusion) (art. 8 al. 2 LFus), qui doit être décidé par une majorité d'au moins 90% des associés qui disposent d'un droit de vote (art. 18 al. 5 LFus).

2207 Le capital social de la(des) société(s) acquérante(s) doit être augmenté dans la mesure du besoin en nouvelles unités de participation à distribuer aux associés de la société qui disparaît ou qui diminue de valeur (art. 9 al. 1, 33 al. 1 LFus).

Section 4 Classification

§ 1 Selon le nombre des sociétés mutantes

2208 En matière de transformation, une seule société intervient. Dans les autres mutations, deux sociétés au moins interviennent, dont une au moins existe avant l'opération.

§ 2 Selon le moment de création des sociétés mutantes

2209 Certaines sociétés existent avant la mutation, d'autres sont créées par la mutation.

§ 3 Selon le sort des sociétés mutantes

2210 Sauf en matière de transformation, où n'intervient qu'une société qui subsiste, les sociétés qui participent à une mutation soit disparaissent, soit subsistent, soit sont créées:

– en matière de **fusion,** toutes les sociétés transférantes disparaissent, la société acquérante subsiste (fusion par absorption) ou est créée (fusion par combinaison). 2211

Figure n° 53 *Fusion par combinaison*

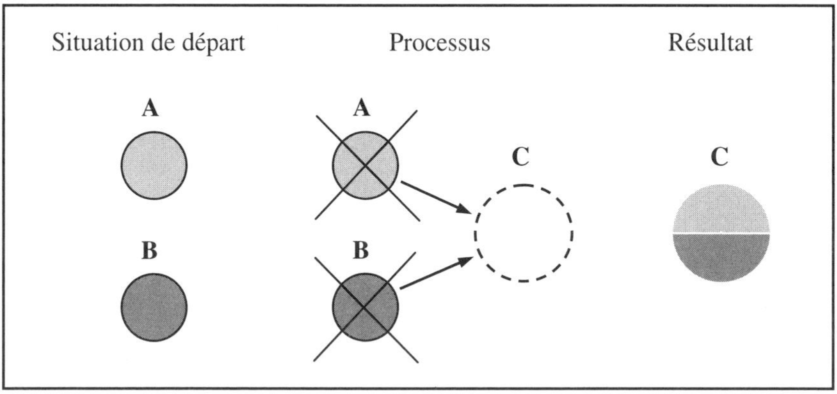

Figure n° 54 *Fusion par absorption*

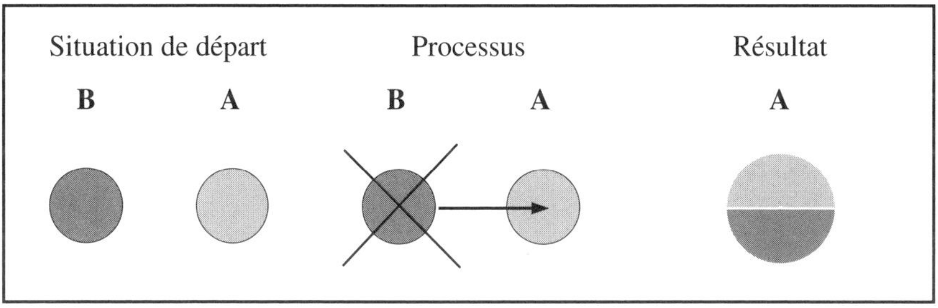

Exemples:

- fusion par combinaison: fusion de AOE AG et de Auto AG Koppigen en Busland AG (2006).
- fusion par absorption: absorption par BLS SA de BLS Lötschbergbahn AG et de Regionalverkehr Mittelland AG (2006).

En pratique, la fusion par combinaison, bien que représentant en fait la seule vraie fusion, est beaucoup plus rare que la fusion par absorption, car sa procédure est plus complexe. Elle est toutefois souvent réalisée matériellement sous l'apparence d'une fusion par absorption: les sociétés transférantes commencent par créer une société qui les absorbe ensuite. 2212

Exemple: fusion par absorption de Sandoz SA et de Ciba-Geigy SA par Novartis SA.

2213 – en matière de **scission,** la société scindée disparaît (scission par division) ou subsiste (scission par séparation), les sociétés acquérantes subsistent ou sont créées (scission par division), voire la(les) société(s) acquérante(s) subsiste(nt) ou est(sont) créée(s) (scission par séparation).

Figure n° 55 *Scission par division vers des sociétés existantes*

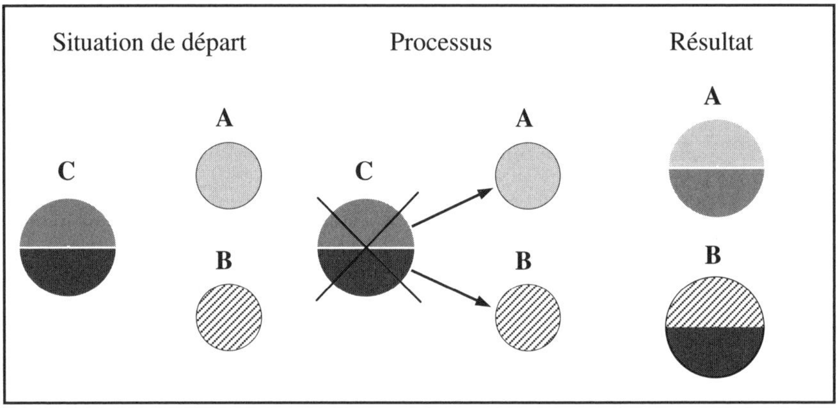

Figure n° 56 *Scission par division vers des sociétés nouvelles*

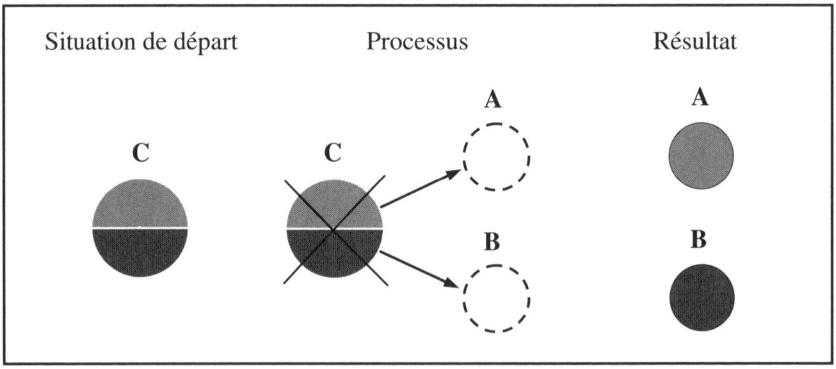

2214 La scission par division vers des sociétés nouvelles est, en quelque sorte, l'inverse de la fusion par combinaison.

Figure n° 57 *Scission par séparation vers une société existante*

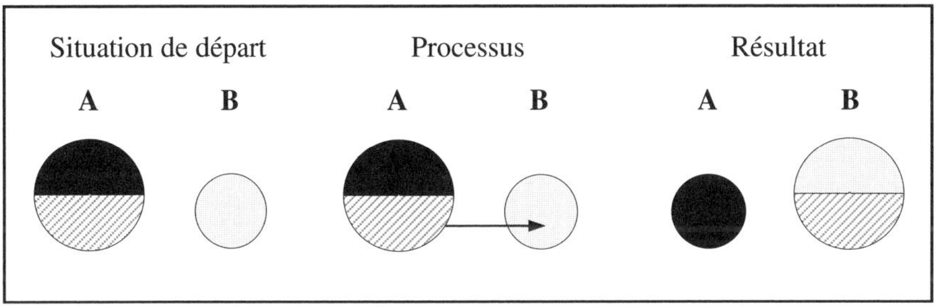

Figure n° 58 *Scission par séparation vers une société nouvelle*

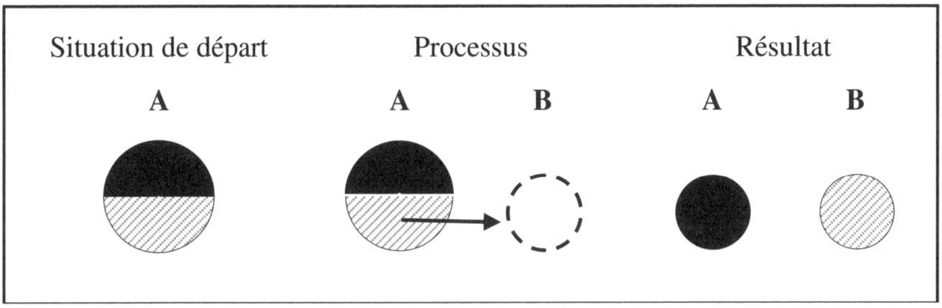

La scission par séparation vers une société nouvelle est, en quelque sorte, 2215
l'inverse de la fusion par absorption.

Exemples:

- scission par division: division de FFA Automotive AG en trois nouvelles sociétés: FFA Automotive AG, FFA Textile AG et FFA Management und Consulting AG (2006).
- scission par séparation: transfert par séparation d'une partie des actifs et des passifs de Sécheron SA à HaslerRail SA, créée à cette fin (2006).

– en matière de **transfert de patrimoine,** la société transférante subsiste, 2216
la société acquérante subsiste ou est créée.

Figure n° 59 *Classification selon le sort des sociétés mutantes*

SOCIÉTÉ(S)			ACQUÉRANTE(S)			
			Subsiste(nt)		Est (sont) créée(s)	
			Plusieurs	Une seule	Plusieurs	Une seule
TRANS-FÉRANTE(S)	Subsiste	La seule	Sci. sép.	Sci. sép. TP	Sci. sép.	Sci. sép. TP
	Disparai(ssen)t	Toutes		Fus. abs.		Fus. comb.
		La seule	Sci. div.		Sci. div.	

Remarque:	en matière de transformation, seule la société transformée intervient. Elle subsiste.
Fus. abs.:	fusion par absorption
Fus. comb.:	fusion par combinaison
Sci. div.:	scission par division
Sci. sép.:	scission par séparation
TP	transfert de patrimoine

§ 4 Selon les sort des associés

2217 Ou bien les associés restent associés de la société transférante (transformation, transfert de patrimoine, éventuellement scission par séparation asymétrique), ou bien ils deviennent associés d'une autre société (fusion, en principe scission).

§ 5 Selon les formes de société mutantes

2218 La mutation peut se faire entre:

- sociétés de même forme **(mutation uniforme).** Exemple: fusion de deux sociétés anonymes.
- sociétés de forme différente **(mutation pluriforme).** Exemple: scission par division d'une société anonyme en deux sociétés à responsabilité limitée.

§ 6 Selon les rapports existant entre les sociétés mutantes

Les sociétés mutantes peuvent avoir ou ne pas avoir de rapports de groupe entre elles. Par exemple, une société mère et une société filiale ou des sociétés sœurs ont des rapports de groupe entre elles. 2219

§ 7 Selon la manière d'assurer l'égalité de traitement des associés

Fondamentalement, **matériellement,** les associés doivent être traités de manière égale. La valeur de leur(s) participation(s) avant et après la mutation doit être la même. En revanche, **formellement,** le traitement peut être inégal. La problématique se rencontre principalement en matière de scission. Il faut donc distinguer entre: 2220

– **scission symétrique:** les associés de la société transférante reçoivent, dans les sociétés acquérantes, une participation proportionnelle à leur participation dans la société transférante (art. 31 al. 2 let. a Lfus). Ils sont traités formellement de la même manière. 2221

Figure n° 60 *Scission par division symétrique*

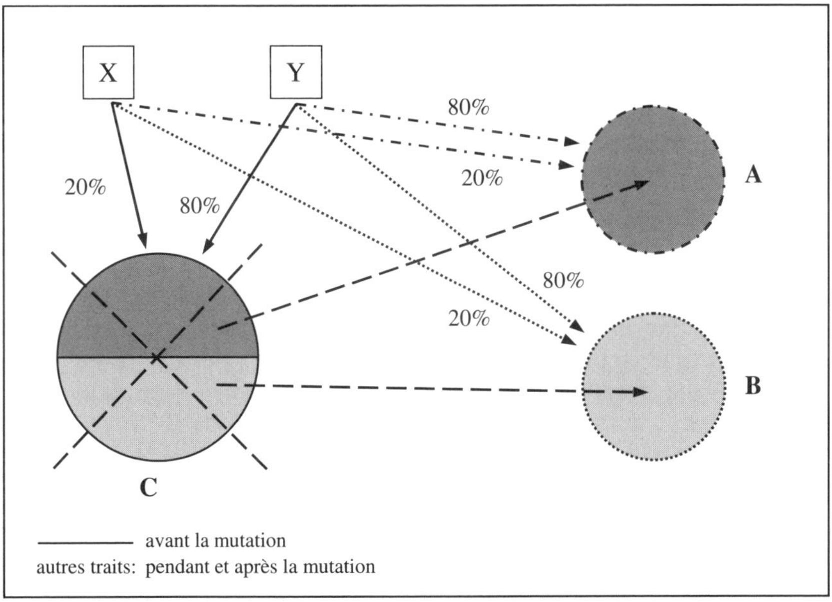

2222 – **scission asymétrique:** les associés de la société transférante ne reçoivent pas, dans les sociétés acquérantes, une participation proportionnelle à leur participation dans la société transférante (art. 31 al. 2 let. b Lfus). Ils ne sont pas traités **formellement** de la même manière. La scission asymétrique peut être organisée de manière différente:

2223 – 1° chaque associé de la société transférante reçoit une participation dans chacune des sociétés acquérantes, mais chaque participation nouvelle n'est pas proportionnelle à la participation ancienne, tout en l'étant globalement.

Figure n° 61 *Scission par division asymétrique I*

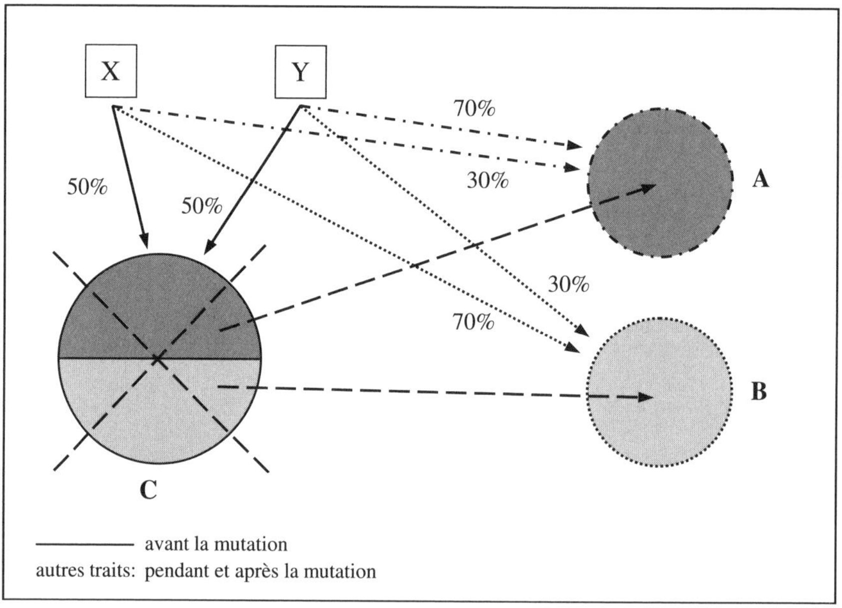

2224 – 2° chaque associé de la société transférante reçoit une participation dans une seule des sociétés acquérantes, chaque participation nouvelle ayant toutefois la même valeur que la participation ancienne.

Figure n° 62 *Scission par division asymétrique II*

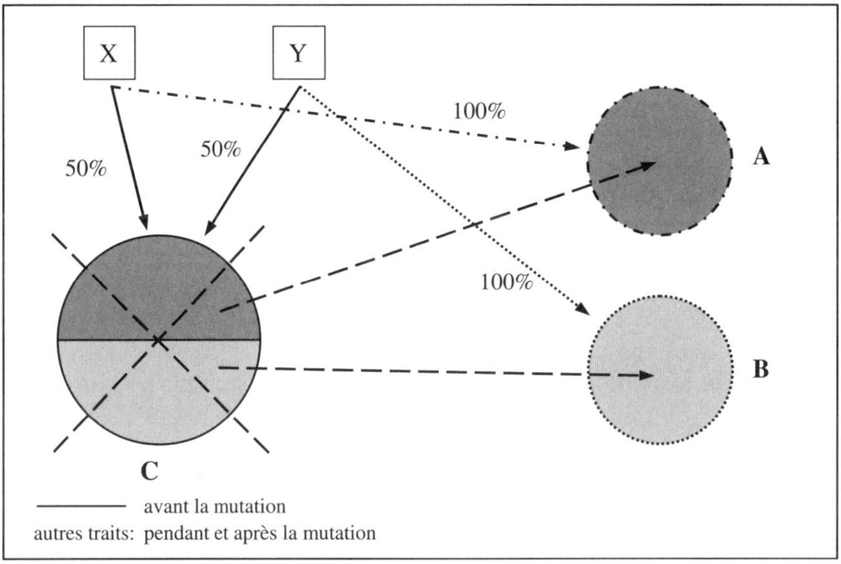

– 3° certains associés de la société transférante par séparation reçoivent des participations dans la(les) société(s) acquérante(s), d'autres restent associés uniquement de la société transférante. 2225

Figure n° 63 *Scission par séparation asymétrique III*

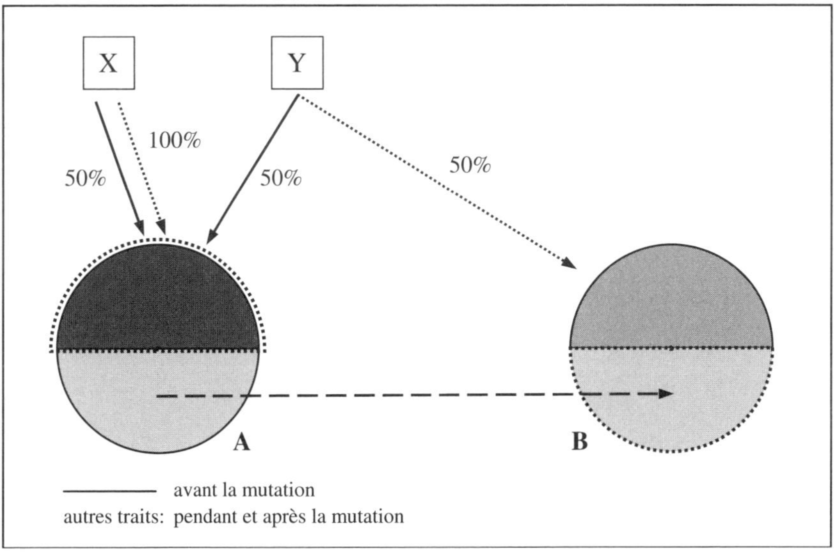

Section 5 Acteurs

2226 Pour tenir compte des besoins de la pratique, la Loi sur la fusion élargit considérablement le cercle des mutations possibles. Elle essaie d'être le plus libéral possible. Toutefois, elle ne va pas jusqu'à prévoir une clause générale autorisant toutes les mutations, quelles que soient les formes juridiques en cause. Elle part en effet de l'idée qu'une mutation n'est pas possible entre des formes juridiques présentant entre elles une incompatibilité qualifiée, par exemple, dans un certain nombre de cas, entre sociétés de personnes et sociétés de capitaux. Elle adopte le système d'une énumération étendue, mais exhaustive, des cas de mutations autorisés (*numerus clausus*). Elle vise ainsi à assurer la sécurité du droit, tout en tenant compte, dans la mesure nécessaire, des particularités des différentes formes de société. Elle assouplit d'ailleurs son système en introduisant le transfert de patrimoine, qui, très largement, devrait combler les éventuelles lacunes du *numerus clausus*.

2227 Pour autant qu'elle soit inscrite au registre du commerce (si elle est transférante), toute société peut participer à un transfert de patrimoine (art. 69 al. 1 LFus).

2228 Peuvent participer à une fusion ou à une transformation: les sociétés à personnalité juridique, ainsi que les sociétés en nom collectif et les sociétés en commandite (mais seulement entre elles ou en tant que société transférante) (art. 4, 54 LFus). Les acteurs de transformations sont les mêmes que les acteurs de fusions, car une fusion peut toujours être décomposée en une transformation de la société transférante en la forme juridique de la société acquérante, puis en la fusion entre deux sociétés de même forme juridique.

2229 En revanche, l'accès à la scission est plus étroit. Il n'est ouvert qu'aux sociétés à personnalité juridique (art. 30 LFus), afin, notamment, d'empêcher l'élusion des dispositions concernant la liquidation des sociétés à personnalité juridique.

2230 La société simple ne peut pas participer à une mutation, d'une part, parce qu'elle n'est qu'un embryon de société, d'autre part, parce qu'elle ne peut pas être inscrite au registre du commerce.

Figure n° 64 *Mutations autorisées*

Société acquérante / Société transférante	SNC	SC	SA	SCA	SARL	COOP
SNC	F TP	F T TP	F T TP	F T TP	F T TP	F T TP
SC	F T TP	F TP	F T TP	F T TP	F T TP	F T TP
SA	TP	TP	F S TP	F S T TP	F S T TP	F S T TP
SCA	TP	TP	F S T TP	F S TP	F S T TP	F S T TP
SARL	TP	TP	F S T TP	F S T TP	F S TP	F S T TP
COOP	TP	TP	F S T TP	F S T TP	F S T TP	F S TP

F = Fusion; S = Scission; T = Transformation; TP = Transfert de patrimoine

Section 6 Procédure

La procédure de mutation a principalement pour but de protéger les **associés,** spécialement les associés minoritaires. Elle peut aussi protéger les travailleurs et les créanciers, mais, en général, la protection de ceux-ci est organisée une fois la mutation réalisée. 2231

La procédure de mutation se compose en général de six phases: 2232

- les pourparlers (§ 1),

- le contrat ou le projet de mutation (§ 2),
- le rapport de mutation (§ 3),
- la vérification du contrat/projet de mutation et du rapport de mutation (§ 4),
- la décision de mutation (§ 5),
- l'inscription au registre du commerce (§ 6).

§ 1 Pourparlers

2233 La procédure de mutation commence en général par une série de pourparlers. Les questions économiques y sont souvent évoquées avant les questions juridiques. On examine d'abord si une mutation se justifie économiquement, si elle offre des perspectives favorables, si elle est dans l'intérêt de la(ou des) société(s) intéressée(s). En cas de conclusion positive, on choisit la mutation adéquate et on discute ses conditions.

2234 Ces pourparlers se déroulent au niveau des organes supérieurs de direction ou d'administration des sociétés mutantes (fusion, ainsi que scission ou transfert de patrimoine vers au moins une société existante) ou de l'organe supérieur de direction ou de gestion de la société transférante (scission ou transfert de patrimoine vers une ou plusieurs sociétés à créer, ainsi que transformation). La plupart du temps, ils sont tenus strictement secrets. S'ils aboutissent positivement, les organes supérieurs de direction ou d'administration concluent ce qu'on appelle improprement (sauf en matière de transfert de patrimoine) un contrat de mutation, respectivement l'organe supérieur de direction ou d'administration de la société transférante établit un projet de mutation.

§ 2 Contrat/projet de mutation

1. Définitions

2235 Le contrat de mutation est un contrat par lequel deux ou plusieurs sociétés (par leurs organes supérieurs de direction ou d'administration) déterminent les conditions de la mutation à venir et s'engagent au moins[821] à poursuivre la procédure (fusion, ainsi que scission ou transfert de patrimoine vers au moins une société existante) (art. 12 al. 1, 36 al. 1, 70 al. 1 LFus). En matière de transfert de patrimoine, si la décision est de la compétence de l'organe supérieur de direction ou d'administration (cas ordinaire), le contrat de transfert décide de la mutation.

[821] Pour d'autres obligations, voir N 2285.

Le projet de mutation est un document dans lequel la société transférante (par son organe supérieur de direction ou d'administration) détermine les conditions de la mutation à venir (scission ou transfert de patrimoine vers une ou plusieurs sociétés à créer, ainsi que transformation) (art. 36 al. 2, 59 al. 1 LFus). 2236

2. Compétence

La compétence pour la conclusion du contrat de mutation ou l'établissement du projet de mutation appartient aux organes supérieurs de direction ou d'administration (fusion, ainsi que scission ou transfert de patrimoine vers au moins une société existante) (art. 12 al. 1, 36 al. 1, 70 al. 1 LFus), respectivement à l'organe supérieur de direction ou d'administration (scission ou transfert de patrimoine vers une ou plusieurs sociétés à créer, ainsi que transformation) (art. 36 al. 2, 59 LFus). 2237

3. Nature juridique

Le contrat/projet de mutation acquiert une dimension sociale, c'est-à-dire qu'il lie tous les associés, y compris ceux qui ont voté contre la mutation, dès le moment où il est ratifié par une décision sociale. En matière de transfert de patrimoine, la décision de l'organe supérieur de direction ou d'administration suffit en principe. 2238

4. Forme

En principe, la forme écrite est exigée (art. 12 al. 2, 36 al. 3, 59 al. 2, 70 al. 2/1 LFus). 2239

En matière de transfert de patrimoine, en cas de transfert d'immeuble, les parties du contrat relatives au transfert des immeubles sont soumises à la forme authentique (art. 70 al. 2/2 LFus). Le but de cette règle spéciale est d'éviter le détournement des règles sur la forme authentique en matière immobilière par le recours au transfert de patrimoine. Un acte authentique unique suffit, même si plusieurs immeubles sont situés dans des cantons différents (art. 70 al. 2/3 LFus). 2240

5. Contenu

Pour être valable, le contrat/projet de mutation doit contenir un certain nombre de clauses, dont l'absence entraîne, en principe, la nullité du contrat. Les principales sont les suivantes: 2241

5.1. Forme de mutation

2242 Le contrat/projet de mutation doit spécifier la forme de mutation choisie: fusion, scission, transformation ou transfert de patrimoine. Il doit aussi préciser l'espèce: fusion par combinaison ou par absorption, scission par division ou par séparation.

5.2. Volonté de muter

2243 Le contrat/projet de mutation doit exprimer clairement la volonté de muter.

5.3. Identification des sociétés mutantes

2244 Le contrat/projet de mutation doit identifier les sociétés mutantes (existantes ou à créer) par leur raison de commerce, leur siège et leur forme juridique (art. 13 al. 1 lettre a, 37 lettre a, 60 lettre a, 71 al. 1 lettre a LFus).

5.4. Rôle des sociétés mutantes

2245 Le contrat/projet de mutation doit mentionner le rôle des sociétés mutantes: société transférante ou société acquérante. Pour la transformation, il doit indiquer quelle forme de société la société mutante a l'intention de prendre (art. 60 lettre a LFus).

5.5. Inventaire du patrimoine transféré

2246 Dans les mutations entraînant le transfert de tout le patrimoine, divisé en parties, ou de partie(s) de patrimoine de la société transférante (scission, transfert de patrimoine), le contrat/projet de mutation doit contenir un inventaire de chaque partie à transférer (art. 37 lettre b, 71 al. 1 lettre b LFus). Chacune de ces parties, qui peut se composer de n'importe quelle espèce d'éléments patrimoniaux (actifs, passifs, contrats) et de n'importe quel nombre d'éléments patrimoniaux, même d'un seul, doit représenter une valeur positive. Tous les éléments de l'inventaire doivent être désignés clairement, afin que la propriété ou la titularité de chaque élément soit certaine. On peut se contenter de mentionner des ensembles d'éléments (établissement, atelier, usine), mais les immeubles, les papiers-valeurs et les valeurs immatérielles doivent être désignés séparément (art. 37 lettre b, 71 al. 1 lettre b LFus). Comme des incertitudes peuvent néanmoins subsister, la loi prévoit des règles subsidiaires d'attribution (art. 38, 72 LFus).

De l'inventaire du patrimoine transféré résulte la valeur de l'inventaire transféré. En matière de transfert de patrimoine, cette valeur doit être mentionnée dans le contrat de mutation (art.71 al. 1 lettre c LFus).

5.6. Attribution des parts de patrimoine

En cas de scission, si plusieurs sociétés acquérantes interviennent, les parties de patrimoine à transférer doivent être réparties entre elles (art. 37 lettre b LFus). 2247

5.7. Contrepartie

5.7.1. Principe

En matière de fusion et de scission, les associés de la société transférante reçoivent en principe, en échange de leur participation dans leur société qui va disparaître ou qui va diminuer de valeur, une participation correspondante dans la(les) société(s) acquérante(s) ou un complément de participation dans leur propre société qui subsiste (continuité du sociétariat) (art. 7 al. 1, 31 al. 1 LFus). Ils peuvent aussi recevoir une soulte (art. 7 al. 2, 31 al. 1 LFus) ou un dédommagement (art. 8 LFus). 2248

En matière de transformation, les associés de la société qui se transforme reçoivent, en échange de leur participation dans l'ancienne forme, une participation dans la nouvelle forme (art. 56 al. 1 LFus). 2249

En matière de transfert de patrimoine, la société transférante reçoit en principe une contre-prestation (art. 71 lettre d LFus). 2250

5.7.2. Rapport d'échange

Le rapport d'échange des participations est le nombre d'unités de participation (actions, parts sociales) de la société acquérante auquel donne droit une unité de participation de la société transférante. Il est déterminé en tenant compte du patrimoine des sociétés mutantes, de la répartition des droits de vote ainsi que de toutes les autres circonstances pertinentes (art. 7 al. 1, 31 al. 1, 56 LFus), afin que les associés de la société transférante retrouvent dans la société acquérante la valeur de leur participation, la puissance de vote de leur participation et les autres caractéristiques de leur statut. 2251

La détermination du rapport d'échange nécessite donc une évaluation du patrimoine des sociétés mutantes, basée sur les bilans de mutation (art. 11, 35 LFus), dressés aux valeurs d'exploitation. La valeur des unités de participation est obtenue en divisant la valeur de la société par le nombre des unités de participation. Le rapport d'échange est obtenu en divisant la valeur de l'unité de participation de la société transférante par la valeur de l'unité de participation de la société acquérante. 2252

Exemple:

Société acquérante A	Société transférante B
capital social: CHF 100 000	capital social: CHF 50 000
10 000 parts sociales de CHF 10	5000 parts sociales de CHF 10
valeur réelle société A: CHF 1 000 000	valeur réelle société B: CHF 100 000
valeur réelle part sociale A: CHF 100	valeur réelle part sociale B: CHF 20

Rapport d'échange: valeur réelle part sociale B divisée par valeur réelle part sociale A = 20 divisé par 100 = 1 / 5 = 0,2. Une part sociale de la société transférante donne droit à 0,2 part sociale de la société acquérante.

2253 La détermination du rapport d'échange n'est pas une pure opération arithmétique. Elle se base sur l'ensemble des circonstances, donc elle fait l'objet d'une négociation.

2254 En cas de fusion d'assainissement, les associés de la société transférante n'ont pas droit à une participation dans la société acquérante[822].

5.7.3. Soulte

2255 Si le rapport d'échange n'est pas simple (par exemple: 1,04/2), il peut être nécessaire de procéder à divers ajustements préalables, notamment à des divisions ou à des réunions d'unités de participation, à des achats ou à des ventes d'unités de participation par les associés. En matière de fusion et de scission, on peut aussi procéder à la simplification du rapport d'échange par la fixation d'une soulte en espèces ou en nature (art. 7 al. 2, 31 al. 1 LFus).

Exemple: Si le rapport d'échange est de 1,04/2, il peut être simplifié de la manière suivante: 1 + 0,04 (en espèces) / 2.

2256 Le montant de la soulte ne doit pas dépasser le dixième de la valeur réelle des unités de participation attribuées (art. 7 al. 2, 31 al. 1 LFus).

5.7.4. Eventuelle contre-prestation

2257 En matière de transfert de patrimoine, le contrat de mutation doit mentionner la contre-prestation de la société acquérante, qui n'est pas obligatoire (art. 71 al. 1 lettre d LFus).

5.8. Nouveaux statuts

2258 En matière de transformation, le contrat de mutation doit contenir les nouveaux statuts de la société (art. 60 lettre b LFus).

[822] Comparer art. 732a al. 1 nCO.

6. Effets

Le contrat de mutation fixe les bases de la mutation et oblige la(les) société(s) mutante(s) à poursuivre la procédure. 2259

§ 3 Rapport de mutation

1. Définition, forme, compétence

Le rapport de mutation est un exposé écrit, expliquant et justifiant la mutation, destiné aux associés des sociétés mutantes, rédigé par les organes supérieurs de direction ou d'administration des sociétés mutantes (art. 14 al. 1, 39 al. 1, 61 al. 1 LFus). 2260

Le rapport de mutation n'existe pas en matière de transfert de patrimoine. Il est remplacé par une information donnée aux associés après la réalisation du transfert de patrimoine, pour autant que les actifs transférés représentent plus de 5% du bilan de la société transférante (art. 74 LFus). 2261

Le rapport de mutation peut être établi séparément pour chaque société mutante ou en commun pour toutes les sociétés mutantes (art. 14 al. 1/2, 39 al. 1/2 LFus). 2262

2. Nature juridique

Le rapport de mutation est en principe obligatoire. Les petites et moyennes entreprises (art. 2 lettre e LFus) peuvent y renoncer avec l'accord de tous les associés (art. 14 al. 2, 39 al. 2, 61 al. 2 LFus). 2263

3. Contenu

Le rapport de mutation explique et justifie, d'un point de vue économique et juridique, notamment (art. 14 al. 3, 39 al. 3, 61 al. 3 LFus): 2264
- le but de la mutation, c'est-à-dire ses motifs,
- ses conséquences organisationnelles, financières, fiscales, ainsi que ses conséquences sur les associés, sur les travailleurs,
- le contrat/projet de mutation,
- le rapport d'échange des unités de participation, notamment la méthode d'évaluation des éléments du patrimoine transféré.

Le degré de détail des informations dépend du cas d'espèce. Il doit permettre aux associés de prendre leur décision de mutation en connaissance de cause. 2265

§ 4 Vérification du contrat/projet de mutation et du rapport de mutation

2266 Le rapport de mutation, établi par les organes supérieurs de direction ou d'administration, ne présente pas toutes les garanties d'impartialité. Cela n'est pas trop grave dans les petites sociétés, où les associés sont pour la plupart aussi administrateurs/directeurs. Cela l'est beaucoup plus dans les grandes sociétés où, en général, de nombreux associés n'appartiennent pas aux organes dirigeants.

2267 Tenant compte, en outre, du fait que l'obligation de principe de révision des comptes n'est imposée qu'aux sociétés à personnalité juridique, la Loi sur la fusion impose, sauf en matière de transfert de patrimoine, une vérification du contrat/projet de mutation, du rapport de mutation et du(des) bilan(s) de mutation par un expert-réviseur agréé (art. 727b nCO) indépendant (art. 728 nCO), qui peut être commun à toutes les sociétés, à la(aux) société(s) acquérante(s) ayant la forme d'une société de capitaux ou d'une société coopérative avec parts sociales (art. 15 al. 1, 40, 62 al. 1 LFus)[823].

2268 L'expert-réviseur ne peut pas se contenter d'établir une attestation de vérification. Il doit rédiger un rapport de révision écrit, dans lequel il se prononce sur un certain nombre de questions (art. 15 al. 4, 40, 62 al. 4 LFus).

2269 Les petites et moyennes entreprises peuvent échapper à cette obligation si tous les associés sont d'accord (art. 15 al. 2, 40, 62 al. 2 LFus).

§ 5 Décision de mutation

1. Définition

2270 La décision de mutation est la décision de ratification du contrat/projet de mutation prise par chaque société mutante existante. Sauf en matière de transfert de patrimoine[824], elle est toujours nécessaire.

2. Compétence

2271 Vu l'importance de la décision de mutation, la compétence pour la prendre appartient aux associés de chacune des sociétés mutantes (art. 18 al. 1, 43 al. 1, 64 LFus), sauf pour le transfert de patrimoine où elle appartient à l'organe supérieur de direction ou d'administration et se confond avec la conclusion du contrat de transfert (art. 70 al. 1 LFus).

---

823 N'importe quelle forme, en matière de transformation.

824 En matière de transfert de patrimoine, elle est nécessaire en cas de transfert de tout le patrimoine ou de modification du contrat de société ou des statuts.

3. Nature juridique

La décision de mutation est une décision sociale. Elle lie tous les associés, y compris ceux qui n'ont pas voté pour la mutation. 2272

4. Droit de consultation des associés

Pour que les associés puissent prendre, en connaissance de cause, la décision de mutation, ils doivent être renseignés sur la mutation. Dans ce but, ils bénéficient d'un droit de consultation (art. 16, 41, 63 LFus). 2273

Les sociétés mutantes doivent tout d'abord informer leurs propres associés de l'existence du droit de consultation de manière appropriée (art. 16 al. 4, 41 al. 4, 63 al. 4 LFus), – par une publication dans la Feuille officielle suisse du commerce en matière de scission (art. 41 al. 4 LFus)[825]. 2274

Elles doivent ensuite, pendant les trente jours au moins (art. 16 al. 1, 63 al. 1 LFus) – deux mois en matière de scission (art. 41 al. 1 LFus) – qui précèdent la prise de décision de la mutation, autoriser leurs propres associés à consulter, à leur siège, et à obtenir gratuitement (art. 16 al. 3, 41 al. 3, 63 al. 3 LFus): 2275

- le contrat de mutation,
- le rapport de mutation,
- le rapport de révision,
- les rapports de gestion des trois derniers exercices, le cas échéant le bilan intermédiaire

de toutes les sociétés mutantes (art. 16 al. 1, 41 al. 1, 63 al. 1 LFus).

Elles doivent enfin informer leurs associés du résultat de la consultation des travailleurs (art. 28 al. 2/2, 50 LFus)[826]. 2276

Les petites et moyennes entreprises peuvent renoncer à la procédure de consultation, si tous les associés sont d'accord (art. 16 al. 2, 41 al. 2, 63 al. 2 LFus). 2277

Dans le transfert de patrimoine, le droit de consultation des associés, antérieur à la décision de mutation, est remplacé par une information des associés, postérieure à la mutation, dans l'annexe aux comptes annuels ou lors de la prochaine assemblée générale (art. 74 al. 1 LFus), pour autant que les actifs transférés représentent plus de 5% du total du bilan de la société transférante (art. 74 al. 3 LFus). 2278

5. Objet

L'objet de la décision de mutation est le contrat/projet de mutation (18 al. 1, 43 al. 1, 64 LFus). 2279

---

[825] Cette exigence supplémentaire se justifie difficilement.
[826] Sauf en matière de transformation.

6. Contenu

2280 Le contenu de la décision de mutation est l'approbation du contrat de mutation (art. 18 al. 1 s., 43 al. 1, 64 LFus), qui englobe les autres questions en rapport avec la mutation (notamment: dissolution de société, augmentation de capital social, réduction de capital social, modification de statuts).

2281 La décision de mutation peut être conditionnelle ou soumise à un délai. Si, dans les différentes sociétés mutantes, les décisions ne sont pas prises en même temps, elles sont implicitement conditionnées à leur approbation dans les autres sociétés.

7. Exigences de majorité

2282 Les exigences de majorité varient en fonction de la forme des sociétés concernées (art. 18, 43 al. 2 s., 64 LFus). Elles peuvent être aggravées, mais pas allégées.

2283 Il s'agit au moins de majorités qualifiées, éventuellement doublement qualifiées (art. 18 al. 1 lettre a et c, 43 al. 2, 64 al. 1 lettre a et c LFus), voire de l'unanimité (art. 18 al. 1 lettre b, 18 al. 2/1, 64 al. 1 lettre b et al. 2/1 LFus).

8. Forme

2284 La décision de mutation doit faire l'objet d'un acte authentique (art. 20 al. 1, 44, 65 LFus).

9. Effets

2285 Le contrat de mutation devient parfait. Les sociétés mutantes doivent poursuivre les démarches menant à la réalisation de la mutation, notamment requérir l'inscription de la mutation au registre du commerce.

§ 6 Inscription au registre du commerce

1. Procédure

2286 L'inscription au registre du commerce doit avoir lieu dès que les conditions légales et contractuelles sont remplies: décisions de mutation prises, autorisations administratives obtenues (notamment: concurrence, banque), le cas échéant choix d'une personne déterminée dans le conseil d'administration d'une société mutante effectué ou suppression d'une clause statutaire de restriction de transfert des titres réalisée.

La réquisition d'inscription est de la compétence de l'organe supérieur de direction ou d'administration de la société tenue à inscription (art. 21 al. 1, 51 al. 1, 66, 73 al. 1 LFus). 2287

L'inscription au registre du commerce peut concerner une seule société (transformation, transfert de patrimoine) ou plusieurs sociétés (fusion, scission). Si une seule société est concernée, le registre du commerce de son siège est compétent. Si plusieurs sociétés sont concernées, qui ont leur siège dans le même arrondissement de registre du commerce, ce registre du commerce est compétent. Si plusieurs sociétés sont concernées, qui n'ont pas leur siège dans le même arrondissement de registre du commerce, les opérations doivent être coordonnées. Le registre du commerce compétent est celui de la société acquérante en matière de fusion (art. 105 al. 2/1 ORC), de la société transférante en matière de scission (art. 106 al. 2/1 ORC). Le registre du commerce compétent reçoit toutes les réquisitions, examine la mutation et toutes les pièces justificatives (art. 105 al. 2/1, 106 al. 2/1 ORC). Il informe les registres du commerce des autres sociétés mutantes des inscriptions à effectuer et leur transmet les réquisitions qui les concernent (art. 105 al. 2/2, 106 al. 2/2 ORC). Ces registres du commerce peuvent procéder à l'inscription sans nouvel examen (art. 105 al. 2/3, 106 al. 2/3 ORC). 2288

L'inscription au journal doit se faire le même jour pour toutes les sociétés mutantes (art. 105c, 106d ORC), afin que la mutation déploie ses effets à partir du même jour pour toutes les sociétés mutantes. 2289

Pour le reste, l'inscription est soumise aux règles générales. Elle est évidemment publiée dans la Feuille officielle suisse du commerce (art. 931 CO). 2290

2. Effets

L'inscription au registre du commerce est constitutive (art. 22 al. 1/1, 52/1, 67, 73 al. 2/1 LFus). Par conséquent, la mutation prend effet au moment de l'inscription au registre du commerce. Elle est, de plus, réparatrice[827], dans le sens où elle entraîne la mutation même si ses conditions ne sont pas remplies. Toutefois, les défauts éventuels doivent évidemment être corrigés lorsqu'ils sont découverts. 2291

Plus particulièrement, l'inscription au registre du commerce déploie les effets suivants: 2292

---

827 LOSER-KROGH, PETER, Die Vermögensübertragung, PJA 2000, p. 1102 s.; Opinion contraire: TSCHÄNI, RUDOLF, Vermögensübertrragung, RDS 2004 I, p. 93 note 51; Turin (cité N 2170), p. 162 s., 173.

2293 – elle dissout (sans liquidation) la(les) société(s) transférante(s) (fusion, scission par division), qui est(sont) radiée(s) du registre du commerce (art. 21 al. 3, 51 al. 3 LFus);

2294 – elle donne naissance à la(aux) société(s) acquérante(s) (fusion par combinaison, scission vers une société nouvelle, transfert de patrimoine vers une société nouvelle);

2295 – elle entraîne les éventuelles augmentations ou réductions de capital liées à la mutation;

2296 – elle donne naissance au sociétariat des associés de la société transférante dans la société acquérante et au droit de ces associés d'obtenir la remise de parts sociales de la société acquérante en échange de leurs titres;

2297 – elle entraîne le transfert à titre universel du patrimoine concerné de la société transférante à la société acquérante[828] (art. 22 al. 1/2, 52/2, 73 al. 2/2 LFus);

2298 – elle remplace la forme juridique de la société mutante par une autre forme juridique (transformation).

2299 Le moment où les effets commencent à se déployer est différent sur le plan interne (inscription au journal) et sur le plan externe (jour ouvrable qui suit celui du jour de la publication dans la Feuille officielle suisse du commerce [art. 932 al. 2 CO]).

2300 L'inscription au registre du commerce est subordonnée à l'accord éventuel de la Commission de la concurrence (art. 22 al. 1/3, 52/3, 73 al. 2/3 LFus).

§ 7 Adaptation des registres

2301 Les opérations de transfert à titre universel peuvent nécessiter quelques mesures d'exécution.

2302 En cas de transfert d'immeuble, l'inscription au registre foncier doit être modifiée (art. 104 LFus). En effet, bien que la mutation entraîne le transfert de la propriété de l'immeuble, la société acquérante ne peut en disposer qu'une fois qu'elle a été inscrite comme propriétaire au registre foncier (art. 656 al. 2 CC). De plus, la société transférante risque d'en disposer valablement à l'égard d'un acquéreur de bonne foi (art. 973 al. 1 CC).

2303 En cas de transfert de marque, de brevet ou d'autres biens immatériels, il faut procéder à l'adaptation des registres correspondants.

[828] Voir N 2202 ss, N 2246 ss.

§ 8 Procédures simplifiées

Sauf en matière de transfert de patrimoine, où la procédure est déjà réduite à sa plus simple expression, la Loi sur la fusion, dans certaines circonstances, autorise une simplification de la procédure de mutation. Il s'agit de cas où les intérêts en présence, notamment ceux des associés, ont moins besoin de protection. 2304

1. Petites et moyennes entreprises

Les petites et moyennes entreprises peuvent renoncer à établir un rapport de mutation (art. 14 al. 2, 39 al. 2, 61 al. 2 LFus), à faire réviser le contrat/projet de mutation, le rapport de mutation et le bilan de mutation (art. 15 al. 2, 40, 62 al. 2 LFus), ainsi qu'à mettre sur pied la procédure de consultation (art. 16 al. 2, 41 al. 2, 63 al. 2 LFus). 2305

Ces simplifications impliquent la réalisation de deux conditions (art. 14 al. 2, 15 al. 2, 16 al. 2, 39 al. 2, 40, 41 al. 2, 61 al. 2, 62 al. 2, 63 al. 2 LFus): 2306
- l'entreprise doit être petite ou moyenne (art. 2 lettre e LFus);
- tous les associés de la société doivent donner leur accord.

2. Fusion

En matière de fusion seulement, les sociétés de capitaux dans un rapport de domination qualifié (affiliation) peuvent muter entre elles de manière simplifiée. 2307

2.1. Cas

2.1.1. Participations à 100%

La Loi sur la fusion prévoit deux cas: 2308
- la société acquérante détient l'ensemble des parts sociales conférant un droit de vote de la société transférante (fusion entre société mère et société filiale) (art. 23 al. 1 lettre a LFus). 2309
- un tiers par rapport aux sociétés fusionnantes détient l'ensemble des parts sociales conférant un droit de vote dans ces sociétés (fusion de sociétés sœurs) (art. 23 al. 1 lettre b LFus). 2310

2.1.2. Participation à 90%

2311 La société acquérante détient au moins 90% des parts sociales conférant un droit de vote dans la société transférante (fusion entre société mère et société filiale) (art. 23 al. 2 LFus)[829].

2312 En raison de l'existence d'associés minoritaires, les conditions suivantes doivent, de plus, être remplies:

- les associés minoritaires doivent se voir offrir, alternativement avec des parts dans la société acquérante, un dédommagement conforme à l'article 8 LFus qui corresponde à la valeur réelle de leur part dans la société transférante (art. 23 al. 2 lettre a LFus);
- les associés minoritaires ne doivent pas se voir imposer des versements supplémentaires, d'autres obligations personnelles ou une responsabilité personnelle pour les dettes sociales (art. 23 al. 2 lettre b LFus).

2.2. Simplifications

2313 Le contenu du contrat de fusion est simplifié (art. 24 al. 1/1 et 2/1 LFus). Le rapport de fusion peut être évité (art. 24 al. 1/2 et 2/2 LFus). Des décisions des assemblées générales ne sont pas nécessaires (art. 24 al. 1/2 et 2/2 LFus).

2314 De plus, en cas de participation à 100%:

- la vérification du contrat de fusion et la procédure de consultation peuvent être évitées (art. 24 al. 1/2 LFus);
- la société acquérante n'a pas besoin d'augmenter son capital social.

3. Transformation

2315 Pour la transformation d'une société en nom collectif en société en commandite et vice versa, les règles ordinaires ne s'appliquent pas (art. 55 al. 4 Lfus). Il suffit de modifier le cercle des associés (entrée ou sortie de commanditaire) ou leur qualité (transformation d'associé indéfiniment responsable en commanditaire ou vice versa) (art. 55 al. 1 s. LFus).

Section 7 Protection des créanciers

§ 1 Risques

2316 Les mutations créent surtout des risques pour les associés. Mais elles en créent aussi pour les créanciers.

[829] Une partie de la doctrine estime que le second cas à 100% (fusion de sociétés soeurs) devrait aussi être admis en cas de participation à 90%. Voir: VON DER CRONE ET AUTRES (cit. N 2170), N 278; opinion contraire: GLANZMANN, Umstrukturierungen (cit. N 2170), N 102.

1. Degré de risque

Les risques des créanciers sont plus ou moins grands selon les mutations. 2317

Dans toutes les mutations existe le risque d'une modification du système de responsabilité des associés pour les dettes sociales. 2318

Exemples:

- transformation d'une société en nom collectif en société anonyme,
- transfert d'une part de patrimoine, comprenant une dette, d'une société en nom collectif à une société anonyme.

Sauf dans la transformation, existe en plus le risque de changement de débiteur. 2319

Exemple: dans la fusion, les créanciers de la société transférante perdent leur débiteur pour en gagner un nouveau, la société acquérante.

Sauf dans la transformation, existe, par conséquent, le risque naturel, inhérent à la mutation, de modification automatique du substrat de responsabilité. 2320

Exemple: dans la fusion, le nouveau débiteur des créanciers de la société transférante est, en général, déjà engagé à l'égard d'autres créanciers. Le nouvel actif social de la société acquérante répond de toutes les dettes de la société acquérante, c'est-à-dire de ses propres dettes et de celles qu'elle a reprises. Il ne couvre en général pas à concurrence du même pourcentage que l'actif de la société transférante les créanciers de la société transférante passés à la société acquérante. Le pourcentage de couverture peut diminuer.

Sauf dans la transformation et la fusion, existe, en outre, le risque accentué de modification volontaire du substrat de responsabilité. 2321

Exemple: dans la scission par séparation, alors que la couverture des dettes de la société transférante par son actif social est de 180%, la part de patrimoine transférée peut se contenter d'une couverture de 100%.

2. Sort du créancier

Le créancier court un risque même s'il ne change pas de débiteur. 2322

Exemple: dans la fusion, le créancier de la société acquérante, qui ne change pas de débiteur, peut voir se modifier le pourcentage de couverture de sa créance. Il en va de même, dans la scission par séparation, du créancier de la société transférante qui reste créancier de la société transférante.

§ 2 Besoins de protection

Vu que le risque des créanciers varie selon la forme de la mutation, le besoin de protection des créanciers varie aussi. Il existe dans tous les cas, mais il est plus ou moins fort. Il est le plus faible dans la transformation, va grandissant dans la fusion, puis dans le transfert de patri- 2323 moine – où il atteint dans certains cas le même degré que dans la scission – et est le plus fort dans la scission.

§ 3 Moyens de protection

2324 La Loi sur la fusion prévoit quatre moyens de protection:
- la continuation de la responsabilité des associés (1)
- la garantie des créanciers (2)
- le paiement des créanciers (3)
- la responsabilité solidaire de toutes les sociétés mutantes (4).

1. Continuation de la responsabilité des associés

2325 La continuation de la responsabilité des associés existe dans toutes les mutations (art. 26, 48, 68 al. 1 LFus), sauf dans le transfert de patrimoine.

2326 Elle consiste à garantir à tous les créanciers, malgré la mutation, le maintien de la responsabilité des associés de la société transférante pour les dettes sociales telle qu'elle existait avant la mutation, autrement dit la conservation du statut antérieur des créanciers s'agissant de leurs créances antérieures. Elle suppose évidemment une responsabilité des associés pour les dettes sociales avant la mutation.

2327 Elle est automatique (art. 26 al. 1, 48, 68 al. 1 LFus), inconditionnelle (art. 26 al. 1, 48, 68 al. 1 LFus), limitée dans le temps (art. 26 al. 2/1, 48, 68 al. 1 LFus).

2328 Elle est un moyen de protection équilibré, équitable, minimal à accorder aux créanciers. Son efficacité dépend de la solvabilité des associés concernés.

2. Garantie des créanciers

2329 La garantie des créanciers existe dans toutes les mutations (art. 25, 46, 75 al. 3 LFus), sauf dans la transformation.

2330 Elle consiste en l'octroi de n'importe quelle forme de sûreté (déterminée par la société qui la doit), personnelle (notamment cautionnement, porte-fort, garantie bancaire, reprise cumulative de dette) ou réelle (notamment droit de gage, immobilier ou mobilier).

2331 Elle est accordée sur demande du créancier (art. 25 al.1, 46 al. 1 LFus), qui doit intervenir:
- dans la fusion, dans un délai de trois mois à partir de la fusion (art. 25 al. 1 LFus),
- dans la scission, dans un délai de deux mois à compter de la publication de l'avis aux créanciers (art. 46 al. 1 LFus),

– dans le transfert de patrimoine, dès que les conditions de la garantie sont réalisées[830].

Sauf dans le transfert de patrimoine, le créancier est informé de ses droits par une triple publication dans la Feuille officielle suisse du commerce (art. 25 al. 2/1, 45 LFus), à moins que (en matière de fusion seulement) un expert-réviseur agréé n'atteste que l'ensemble des créances est couvert par la fortune sociale (art. 25 al. 2/2 LFus). 2332

Elle est inconditionnelle, sauf dans le transfert de patrimoine où une des deux conditions suivantes doit être remplie (art. 75 al. 3 LFus): 2333

– la responsabilité solidaire s'éteint avant la fin du délai de trois ans[831],
– le créancier rend vraisemblable que la responsabilité solidaire ne constitue pas une protection suffisante.

Elle couvre toutes les créances nées avant la mutation[832] contre toutes les sociétés mutantes (25 al. 1, 45 LFus). 2334

Elle est fournie par la société débitrice au moment de la demande. 2335

Sauf dans le transfert de patrimoine, la société débitrice de la sûreté peut y échapper en prouvant que la mutation ne compromet pas l'exécution de la créance (art. 25 al. 3, 46 al 2 LFus). 2336

Si un créancier n'exige pas la garantie de sa créance dans le délai imparti, il ne perd que son droit à des sûretés. 2337

Si une société ne fournit pas la sûreté requise, le créancier peut agir par la voie de la poursuite en prestation de sûretés (art. 38 al. 1 LP) ou par les voies d'exécution cantonale. 2338

La garantie des créanciers réalise un compromis équilibré entre les intérêts des sociétés et celui des créanciers, mais, pouvant être insuffisante, elle a un caractère aléatoire. 2339

3. Paiement des créanciers

Le paiement des créanciers existe dans toutes les mutations, sauf dans la transformation (art. 25 al. 4, 46 al. 3, 75 al. 4 LFus). 2340

Il peut, à choix de la société débitrice, remplacer la fourniture de sûretés, à condition qu'il ne crée pas de dommage pour les autres créanciers (art. 25 al. 4, 46 al. 3, 75 al. 4 LFus). 2341

En tant que succédané de la garantie des créanciers, il présente les mêmes caractéristiques. 2342

---

[830] Voir N 2333.

[831] Voir N 2348.

[832] Sauf celles des créanciers non transférés dans le transfert de patrimoine, car, selon la règle générale, les créanciers ne peuvent pas s'opposer aux actes de gestion de leur débiteur, ni exiger des sûretés.

2343 Il est le moyen de protection idéal pour le créancier, mais il ne peut pas être imposé au débiteur de manière générale.

4. Responsabilité solidaire de toutes les sociétés mutantes

2344 La responsabilité solidaire (art. 143 ss CO) de toutes les sociétés mutantes existe en matière de scission et de transfert de patrimoine (art. 47, 75 LFus).

2345 Elle permet à tout créancier (seulement aux créanciers transférés dans le transfert de patrimoine [art. 75 al. 2 LFus]) d'exiger le paiement de leur créance auprès de toute société qui participe à la mutation.

2346 Elle est automatique.

2347 Elle est soumise à la condition de l'absence de garantie de la créance dans la scission (art. 47 al. 2 LFus), inconditionnelle dans le transfert de patrimoine (art. 75 al. 1 LFus).

2348 Elle est limitée dans le temps (trois ans à partir du transfert de patrimoine) dans le transfert de patrimoine (art. 75 al. 1 LFus), illimitée dans le temps dans la scission.

2349 Elle est directe dans le transfert de patrimoine (art. 75 al. 1 LFus), subsidiaire dans la scission (art. 47 al. 2 LFus).

§ 4 Moment de la protection

2350 Sauf dans la scission, où elle est une condition de la mutation (art. 43 al. 1 LFus), la protection des créanciers intervient après la réalisation de la mutation (art. 25 s., 68, 75 LFus). Par conséquent, sauf dans la scission, elle est réglementée dans une section de la Loi sur la fusion qui se situe après la réglementation de la procédure de mutation.

§ 5 Incohérence partielle du système

2351 En matière de fusion, de scission et de transformation, le système de la protection des créanciers a été créé de toutes pièces. Il est cohérent. En revanche, il ne l'est pas s'agissant du transfert de patrimoine, parce que le législateur a voulu conserver dans une certaine mesure la réglementation de l'article 181 CO, sans que cela soit indispensable[833].

[833] Pour plus de détails, voir RUEDIN (cit. N 2170), p. 701 s.

Figure n° 65 *Protection des créanciers*

	Continuation de la responsabilité des associés	Garantie des créanciers		Paiement des créanciers		Solidarité des sociétés en faveur des créanciers	
		transférés	non transférés	transférés	non transférés	transférés	non transférés
Transformation							
Fusion							
Scission							
Transfert de patrimoine							

En gris foncé: système(s) de protection principal(aux) dans la mutation considérée.
En gris clair: système(s) de protection accessoire(s) dans la mutation considérée.

Section 8 Protection des travailleurs

§ 1 Risques

Alors que les investisseurs, qu'ils soient associés ou créanciers, investissent en général dans plusieurs sociétés, donc qu'ils répartissent les risques, les travailleurs sont très souvent liés à une seule société. Une mutation peut gravement mettre en cause leur avenir professionnel et financier. 2352

1. Degré de risque

Dans toutes les mutations existe le risque d'une réorganisation du travail. 2353

Exemple: dans une scission par division, les travailleurs de la société transférante peuvent perdre leur emploi dans une des sociétés reprenantes en raison de doublons en matière de places de travail.

Sauf dans la transformation, existe en plus le risque de changement d'employeur. 2354

Exemple: dans la fusion, les travailleurs de la société transférante perdent leur employeur (disparition) pour en gagner un nouveau, la société acquérante.

Pour leur créance de salaire, les travailleurs encourent des risques analogues à ceux des autres créanciers. 2355

2. Sort du travailleur

2356 Le travailleur court un risque même s'il ne change pas d'employeur.

§ 2 Besoins de protection

2357 Vu que le risque des travailleurs varie selon la forme de la mutation, le besoin de protection des travailleurs varie aussi. Il est plus faible dans la transformation que dans les autres mutations.

§ 3 Moyens de protection

1. Information et consultation

2358 Sauf dans la transformation, aussi bien dans les sociétés transférantes que dans les sociétés acquérantes (art. 28 al. 1, 50, 77 al. 1 LFus), la représentation des travailleurs ou les travailleurs (en cas de défaut de représentation) doivent être informés de la mutation, notamment de ses motifs et de ses conséquences juridiques, économiques et sociales (28 al. 1, 50, 77 al. 1 LFus, en relation avec art. 333a al. 1 CO).

2359 De plus, si des mesures concernant directement les travailleurs sont envisagées (notamment licenciements, modifications du cahier des charges, réductions de salaire, chômage partiel, délocalisation), la représentation des travailleurs ou les travailleurs doivent être consultés (art. 28 al. 1, 50, 77 al. 1 LFus, en relation avec art. 333a al. 2 CO).

2360 La consultation doit être faite à un moment permettant aux travailleurs de faire des contre-propositions, donc avant la décision de mutation (art. 28 al. 2/1, 50, 77 al. 1 LFus). Sauf dans le transfert de patrimoine, l'assemblée générale doit être informée du résultat de la consultation (art. 28 al. 2/2, 50 LFus).

2361 En cas de violation de ces règles, la représentation des travailleurs ou, s'il n'y en a pas, chaque travailleur peut exiger du juge qu'il interdise l'inscription de la fusion au registre du commerce (art. 28 al. 3, 50, 77 al. 2 LFus).

2. Transfert des rapports de travail

2362 Sauf dans la transformation, les rapports de travail passent impérativement[834] à la société reprenante au moment de la mutation avec tous les droits et les obligations qui en découlent (art. 27 al. 1, 49 al. 1, 76 al. 1

[834] ATF 132 III 32, *36–41*.

LFus, en rapport avec art. 333 al. 1 CO), y compris ceux qui proviennent d'une convention collective de travail (art. 333 al. 1bis CO).

Toutefois, en raison du caractère personnel du rapport de travail, le 2363
travailleur qui change d'employeur peut s'opposer au transfert (art. 333 al. 1 CO). En cas d'opposition, les rapports de travail prennent fin à l'expiration du délai de congé légal, et non pas du délai contractuel éventuel (art. 333 al. 2 CO).

3. Créances de salaire

Pour leurs créances de salaire, les travailleurs bénéficient d'une 2364
protection analogue à celle des créanciers (art. 27 al. 2 s., 49 al. 2 s., 68 al. 2, 75 LFus).

§ 4 Moment de la protection

La protection des travailleurs intervient en temps utile (art. 333a 2365
CO), en général avant la décision de mutation (art. 28 al. 2/1, 50 LFus), sauf en ce qui concerne la protection des créances de salaire dans la fusion et le transfert de patrimoine.

Figure n° 66 *Protection des travailleurs*

		Fusion	Scission	Transfor-mation	Transfert de patrimoine
Information et consultation		X	X		X
Transfert des rapports de travail		X	X		X
Protection des créances de salaire	Continuation de la responsabilité des associés	X	X	X	
	Garantie (paiement)	X	X		X
	Solidarité des sociétés		X		X

Section 9 Actions judiciaires

2366 Pour garantir les droits des intéressés, la Loi sur la fusion propose différentes actions:

2367 – deux actions calquées sur celles du droit des sociétés:

2368 – action des associés en contestation des décisions de mutation (art. 106 s. LFus),

2369 – action de la société, des associés et des créanciers en responsabilité de tous ceux qui s'occupent de mutations (art. 108 LFus).

2370 – deux actions nouvelles:

2371 – action des associés en examen des parts sociales (art. 105 LFus), plus concrètement en vérification de l'adéquation du rapport d'échange des parts sociales. Cette action n'empêche pas la mutation de se réaliser, ni les effets de la mutation de se déployer (art. 105 al. 4 LFus). Par conséquent, les rapports de participation résultant de la mutation ne peuvent pas être mis en cause par cette action. En revanche, un correctif financier peut être apporté.

2372 – action des travailleurs en interdiction de l'inscription au registre du commerce de la mutation (art. 28 al. 3, 50, 77 al. 2 LFus).

2373 D'autres actions, non expressément prévues dans la Loi sur la fusion, peuvent aussi être utilisées, par exemple l'action en désignation d'un contrôleur spécial.

Chapitre 2 Mutations non réglementées: groupes de sociétés/affiliation

Bibliographie

2374 AEBI, DIETER, Interzession – Kreditsicherung im Interesse des beherrschenden Aktionärs und des Konzerns, thèse Zurich 2000; BAIERLIPP, MATTHIAS, Die Haftung der Muttergesellschaft eines multinationalen Konzerns für die Verbindlichkeiten ihrer ausländischen Tochtergesellschaft: eine vergleichende Untersuchung nach deutschem und französischem Recht, thèse Bayreuth 2002; BÖCKLI, § 11; BÖCKLI, PETER, Konzernrecht: Die Stellung des Verwaltungsrates einer in den Konzern eingeordneten Untergesellschaft, in: Baer, Charlotte (éd.): Vom Gesellschafts- zum Konzernrecht, Berne 2000, p. 35–87; BEYELER, KARIN, Konzernleitung im schweizerischen Privatrecht, thèse Zurich 2004; VON BÜREN, ROLAND, Der Konzern, SPR VIII/6, 2e éd., Bâle/Genève/ Munich 2005; VON BÜREN, ROLAND/HUBER, MICHAEL, Warum der Konzern keine einfache Gesellschaft ist – eine Replik, RSDA 70 (1998), p. 213–220; DALLÈVES, LOUIS, Problèmes de droit privé relatifs à la coopération et à la concentration des entreprises, RDS 1973 II, p. 559–685; DRUEY, JEAN NICOLAS, Das schweizerische Konzernrecht in der Praxis der Gerichte, Zurich 1999; DRUEY, JEAN NICOLAS (éd.), Das St. Galler Konzernrechtsgespräch, Konzernrecht aus der Konzernwirklichkeit, Berne/Stuttgart 1988; DRUEY, JEAN NICOLAS/VOGEL, ALEXANDER, Das schweizerische Konzernrecht in der Praxis der Gerichte, Zurich 1999; FORSTMOSER, PETER, Haftung im Konzern, in: Baer, Charlotte (éd.): Vom Gesellschafts- zum Konzernrecht, Berne 2000, p. 89–144; FORUM EUROPAEUM, Konzernrecht für Europa, ZGR 1998, p. 672–772; GLANZ, STEPHAN, Prinzipien der Konzernrechnungslegung, thèse Saint-Gall 1997; HANDSCHIN, LUKAS, Der Konzern im geltenden schweizerischen Privatrecht, Zurich 1994; HARSCH, SEBASTIAN, Die einheitliche Leitung im Konzern und ihre funktionale Bestimmung im Rahmen der aktienrechtlichen Verantwortlichkeit, Berne/Stuttgart/Vienne 2005; HEIZ, ROMAN, Das Arbeitsverhältnis im Konzern, thèse St-Gall 2004; HOFSTETTER, KARL, Sachgerechte Haftungsregeln für multinationale Konzerne, Tübingen 1995; KAUFMANN, MARKUS, Personengesellschaften als Konzernspitze, thèse Berne 1988; KUZMIC, KRISTINA, Haftung aus «Konzernvertrauen», thèse Zurich 1998; MEYER, CONRAD, Konzernrechnung, 2e éd., Zurich 1996; MUSTAKI, GUY, L'obligation d'établir des comptes dans les groupes de sociétés, Assujettissement et périmètre de consolidation, thèse Lausanne 1989; NATSCH, REGINA, Die Genossenschaft im Konzern, Berne 2002; PETER, HENRY, «Spaghetti-Konzernrecht», in: Festschrift für Peter Nobel zum 60. Geburtstag, Berne 2005, p. 251–275; PETER, HENRY, L'action révocatoire dans les groupes de sociétés, thèse Genève 1990; PETER, HENRY/ BIRCHLER, FRANCESCA, Les groupes de sociétés sont des sociétés simples, RSDA 70 (1998), p. 113–124; PETITPIERRE-SAUVAIN, ANNE, Droit des sociétés et groupes de sociétés, Genève 1972; PETITPIERRE-SAUVAIN, ANNE, La cession de contrôle, mode de cession de l'entreprise, thèse Genève 1977; PETITPIERRE-SAUVAIN, ANNE, Responsabilité du groupe et à l'intérieur du groupe, in: I gruppi di società: atti del Convegno internazionale di studi, Venezia 16–17–18 novembre 1995, Milan 1996, p. 1795–1812; PEYROT, PAUL ROBERT, Informationspflichten der Konzernobergesellschaft gegenüber der Konzernuntergesellschaft, thèse Saint-Gall 2002; VON PLANTA, FLURIN, Der Interessenkonflikt des Verwaltungsrates der abhängigen Konzerngesellschaft, thèse Zurich 1987; PLÜSS, MARTIN, Der Schutz der freien Aktionäre im Konzern, thèse St-Gall 1977; RUBLI, ARMAND, Sanierungsmassnahmen im Konzern aus gesellschaftsrechtlicher Sicht, thèse Zurich 2002; RUEDIN, ROLAND, Propositions pour un droit suisse des groupes de sociétés, SAS 54 (1982), p. 99–113; RUEDIN, ROLAND, Vers un droit des groupes de sociétés?, RDS 1980 II, p. 147–272; RUEPP, RONALD URS, Die Aufteilung der Konzernleitung zwischen Holding- und Managementgesellschaft, thèse Zurich 1994; RUSCH, ARNOLD F., Interzession im Interesse des Aktionärs: Sicherheitenbestellung für Verbindlichkeiten von Mutter- und Schwestergesellschaften in der Schweiz, thèse Zürich 2004; SAUERWEIN, NINA, La responsabilité de la société mère, thèse Genève 2005; SLONGO, BRUNO, Der Begriff der einheitlichen Leitung als Bestandteil des Konzernbegriffs, thèse Zurich 1980; UTTENDORFER, KURT, Die Durchsetzung des Konzerninteresses im schweizerischen Aktienrecht, thèse Berne 1985; VOGEL, ALEXANDER, Die Haftung der Muttergesellschaft als materielles, faktisches oder kundgegebenes Organ der Tochtergesellschaft, thèse Saint-Gall 1997; WATTER, ROLF, Unternehmensübernahmen, Zurich 1990; ZENHÄUSERN, MARKUS/BERTSCHINGER, PETER, Konzernrechnungslegung, 2e éd., Zurich 1995; ZÜRCHER, WOLFGANG, Der Gläubigerschutz im schweizerischen Aktienrechts-Konzern, thèse Zurich 1992; ZWEIFEL, MARTIN, Holdinggesellschaft und Konzern, thèse Zurich 1973.

Section 1 Généralités

§ 1 Définition

1. Positive

2375 L'affiliation (*Konzernierung*) est la réunion par une entreprise (unipersonnelle ou pluripersonnelle) sous une direction unique d'une ou de plusieurs sociétés (art. 663e al. 1 CO). Elle aboutit à la constitution d'un groupe de sociétés ou à l'intégration d'une société à un groupe de sociétés. Elle est à la fois une action et un état.

2376 L'élément le plus caractéristique de la définition de l'affiliation est la direction unique.

2377 La direction unique implique que l'entreprise tête de groupe ait sur ses filiales[835] un pouvoir de domination, c'est-à-dire qu'elle puisse exercer une influence déterminante sur la marche de leurs affaires. Peu importe le mode de domination. En matière de société anonyme, la loi présume le pouvoir de domination à partir d'une participation conférant vingt pour cent des droits de vote (art. 665a al. 3 CO).

2378 Le pouvoir de domination ne suffit pas. Il faut en plus qu'il soit exercé.

2379 L'exercice du pouvoir de domination ne suffit pas non plus. Il faut en plus qu'il soit exercé dans un but déterminé, à savoir l'intérêt du groupe, qui consiste, dans l'immense majorité des cas, en la maximisation du profit de l'ensemble des sociétés du groupe.

Exemple: pour qu'une société exerce une direction unique sur plusieurs autres, il ne suffit pas qu'elle ait une participation majoritaire dans les autres, ni que, grâce à cette participation majoritaire, elle leur choisisse les meilleurs administrateurs afin de leur permettre de réaliser au mieux leur propre but, de maximiser leur propre profit. Il faut en plus qu'elle cherche, par son intervention, à maximiser le profit de l'ensemble. Cela peut impliquer le sacrifice des intérêts de certaines filiales.

2380 Comme la loi ne prévoit pas de présomption en faveur de l'exercice du pouvoir de domination[836], ni en faveur de l'exercice de ce dernier dans un but de maximisation du profit de l'ensemble[837], la preuve de l'affiliation peut être difficile à rapporter pour les tiers.

2381 Afin de simplifier la preuve de l'affiliation, la notion de direction unique, dans la définition de l'affiliation, est de plus en plus souvent remplacée par celle de contrôle[838].

---

[835] Un groupe de sociétés peut se composer d'une seule filiale. Pour simplifier l'exposé, on considérera qu'il y en a en principe plusieurs.

[836] L'avant-projet de modification du Code des obligations (droit de la société anonyme et droit comptable) du 2 décembre 2005 en prévoit (art. 963 al. 2).

[837] Ce que fait notamment le droit allemand (§ 18 al. 1/3 AktG).

[838] Voir notamment: art. 1 de la septième directive du Conseil de la Communauté européenne concernant les comptes consolidés (J.O. L 193 du 18.07.1983, p. 1 ss). Forum Europaeum (cité

Le contrôle est en général considéré comme la possession de la majorité des droits de vote dans les autres sociétés ou le droit de nommer ou de révoquer la majorité des administrateurs.

Pour la clarté de l'exposé, quelques termes doivent être expressément définis: 2382

- le groupe de sociétés (*Konzern*), résultat de l'affiliation, est l'ensemble des entités juridiquement indépendantes réunies sous une direction unique (*einheitliche Leitung*). 2383
- la tête de groupe (*Konzernspitze*) est l'entité qui impose la direction unique. Dans la majorité des cas, il s'agit d'une société. Elle est en général appelée la société mère (*Muttergesellschaft*). 2384
- les filiales (*Tochtergesellschaften*) sont les sociétés soumises à la direction unique de la tête de groupe. 2385
- la tête de groupe et les filiales sont les entités de groupe (*Konzernunternehmen*). La société mère et les filiales sont les sociétés de groupe (*Konzerngesellschaften*). 2386
- la participation (*Beteiligung*) est la part du capital d'une société détenue à titre de placement durable et permettant d'exercer une influence déterminante (art. 665a al. 2 CO). 2387

2. Négative

L'affiliation se distingue notamment de: 2388

2.1. Fusion

L'affiliation réunit des sociétés sans modifier leur structure juridique. Elle les laisse subsister juridiquement. Elle ne fait que limiter, voire supprimer, leur indépendance économique. 2389

Exemple: lorsque, en 2005, Sumida Holding Germany GmbH a affilié, par le moyen d'une offre publique d'acquisition riche en rebondissements, Saia-Burgess Electronics Holding AG, cette dernière société a continué d'exister en tant qu'entité juridiquement indépendante.

2.2. Transfert de patrimoine

Voir N 2185. 2390

N 2374), p. 691–696; art. 963 Avant-projet de révision du code des obligations (droit de la société anonyme et droit comptable) du 2 décembre 2005.

2.3. *Société holding*

2391 La société holding (*Holdinggesellschaft*) est une société dont le but consiste principalement en la détention et en la gestion de parts dans d'autres sociétés. Parmi les sociétés holdings, on distingue:

2392 – la société holding de contrôle, qui possède, dans d'autres sociétés, des parts remplissant les conditions de la participation (art. 665a al. 2 s. CO) et exerce effectivement la direction unique,

2393 – la société holding de placement, purement financière, qui possède, dans d'autres sociétés, des parts ne remplissant pas les conditions de la participation ou qui n'exerce pas sa domination.

2394 Seule la société holding de contrôle remplit les conditions de la société mère.

2.4. *Société à succursales*

2395 La société à succursales est une entité juridique divisée en plusieurs unités économiques bénéficiant d'une certaine indépendance économique, mais pas d'indépendance juridique.

2.5. *Joint venture*

2396 Le *joint venture* est une société à laquelle participent, à parts égales, deux ou plusieurs entreprises qui la gèrent dans un but qui leur est commun. Il ne peut pas être assimilé à un groupe de sociétés, car la direction unique n'émane pas d'une seule entité[839].

2.6. *Cartel*

2397 Le cartel est un contrat qui vise ou entraîne une restriction à la concurrence (art. 4 al. 1 LCart[840]). Il ne remplit pas les conditions de la direction unique propre aux groupes de sociétés. Pourtant, par la direction unique, la société mère peut intervenir dans la concurrence que peuvent se faire les sociétés du groupe. Par conséquent, la loi sur les cartels s'applique aussi aux groupes de sociétés (art. 2 al. 1, 4 al. 3 lettre b LCart). Les affiliations d'une certaine importance doivent être annoncées à la Commission de la concurrence (art. 9 al. 1 LCart), qui peut procéder à un examen (art. 10 LCart).

---

839 Pour d'autres avis, voir VON BÜREN, SPR VIII/6, p. 26.

840 RS 251.

§ 2 Caractéristiques

L'affiliation peut concerner une société à n'importe quel stade de son existence, y compris en liquidation, qui peut être surendettée. Elle peut reposer sur un contrat (§ 291 ss AktG), mais, en général, elle est réalisée par l'acquisition d'une participation. Elle ne cause ni la dissolution, ni la disparition de la filiale, qu'elle laisse subsister. Elle n'entraîne pas de transfert de patrimoine. Les associés minoritaires de la filiale conservent leur statut d'associé dans leur société. 2398

§ 3 Acteurs

L'affiliation peut concerner une entité de même forme que l'entité affiliante ou une entité de forme différente. Encore faut-il se demander si toutes les formes de société peuvent jouer le rôle de tête de groupe ou de filiale. 2399

1. Tête de groupe

A l'exception de la société simple, qui ne peut pas exploiter une entreprise en la forme commerciale[841], toute forme de société peut jouer le rôle de société mère. Il en va de même des entrepreneurs individuels, des associations et des fondations. 2400

2. Filiale

Théoriquement, toute forme de société peut être une filiale, mais pratiquement ce rôle est principalement joué par la société anonyme et la société à responsabilité limitée. Le droit coopératif prévoit une forme particulière de groupe de sociétés coopératives. Il s'agit de la fédération de sociétés coopératives, qui est une sorte de groupe à l'envers, de pyramide retournée sur la pointe, dont le pouvoir est exercé par les filiales (art. 921 ss CO). 2401

§ 4 Procédure

Il n'existe pas de procédure d'affiliation à proprement parler. L'affiliation est le résultat d'opérations variées, qui se réalisent instantanément ou progressivement. Souvent, l'affiliation est le résultat de la combinaison de plusieurs opérations. En voici quelques exemples: 2402

---

[841] VON BÜREN, SPR VIII/6, p. 277.

1. Acquisition d'une participation

2403 L'acquisition d'une participation est le mode le plus fréquent d'affiliation en Suisse. Elle peut se faire en une seule fois, de gré à gré auprès de l'actionnaire de contrôle ou par une offre publique d'acquisition. Elle peut aussi se faire au compte-goutte, par l'acquisition de parts en bourse ou hors bourse.

2. Contrat

2404 L'affiliation peut résulter d'un contrat.

2.1. Spécifique

2405 Le contrat a pour but l'affiliation d'une des parties au contrat à l'autre. Le plus typique est le contrat de domination, par lequel une société soumet sa direction à une autre société[842]. Il est quasiment inconnu en Suisse.

2.2. Non spécifique

2406 Le contrat n'a pas pour but l'affiliation d'une des parties au contrat, mais a, en fait, un tel effet.

Exemples:

- contrat à long terme de livraison exclusive accordant à l'acheteur le droit de fixer les normes de production,
- contrat de sous-traitance par lequel le sous-traitant promet de travailler exclusivement pour l'entrepreneur,
- contrat de licence accompagné de règles strictes instituant une surveillance de la part du donneur de licence.

3. Liens personnels

2407 Une même personne est administratrice unique de plusieurs sociétés.

§ 5 Utilité

1. Avantages

2408 L'affiliation est un mode de concentration particulièrement efficace. Grâce à une direction centralisée, elle favorise la mise en œuvre de

[842] § 291 al. 1 AktG.

stratégies globales dans tous les domaines, notamment dans ceux des facteurs de la production (capital, travail, propriété intellectuelle) et du marketing. Elle permet une réduction des coûts. Elle garantit une grande souplesse. Elle peut se réaliser progressivement. Une fois réalisée, elle permet de conserver les principaux acquis de la filiale.

Paradoxalement, l'affiliation est aussi un mode de déconcentration. Elle 2409
«... *permet à la grande entreprise de se dépasser en se multipliant*»[843]. Elle facilite la création de centres de profit. Elle rapproche le groupe des conditions locales. Elle aide à surmonter les entraves commerciales (douanes, restrictions à l'importation). Lorsque les filiales sont des personnes morales, elle limite le risque de l'entreprise, chaque membre du groupe fonctionnant en quelque sorte comme un caisson étanche.

2. Inconvénients

Les avantages de l'affiliation sont parfois réalisés au détriment 2410
d'intérêts légitimes dans la société mère et, surtout, dans les filiales.

2.1. Au sein de la société mère

La société mère ne satisfait pas au besoin d'information de ses 2411
actionnaires et de ses créanciers en se contentant de les renseigner sur elle-même.

Le statut de ses administrateurs/gérants est inconfortable. Devant 2412
promouvoir l'intérêt de leur société, donc de la société mère, ils se heurtent à la limite de l'intérêt des filiales.

2.2. Au sein des filiales

Les droits des actionnaires minoritaires, notamment leur droit au 2413
dividende, sont fortement menacés. En effet, la poursuite d'une politique de bénéfice par la filiale n'est plus garantie. La société mère influence souvent négativement les résultats de sa filiale en l'obligeant de vendre sa production aux autres sociétés du groupe à un prix inférieur à celui du marché ou d'acheter auprès d'autres sociétés du groupe à des prix surfaits, ainsi qu'en la contraignant à produire les biens les moins rentables, en la finançant à des conditions défavorables, en lui prenant ses cadres les plus performants, en pillant ses réserves, en l'empêchant de verser des dividendes.

Les droits des créanciers peuvent aussi être menacés, dès le moment où 2414
la politique défavorable à la filiale entraîne son surendettement.

[843] CHAMPAUD, CLAUDE, Les méthodes de groupement des sociétés, RTDComm 1967, p. 1003 ss, *1011*.

2415 Les administrateurs de filiale souffrent de leur double allégeance. Ils doivent servir deux maîtres, leur société et la société mère, et ne peuvent pas les satisfaire les deux.

Section 2 Affiliation de sociétés anonymes

2416 L'affiliation de sociétés anonymes est de loin le cas le plus important en pratique.

§ 1 Direction unique

2417 La direction unique étant l'élément le plus caractéristique de l'affiliation, il faut déterminer si, étant potentielle sous forme de pouvoir de domination, elle peut, voire doit être exercée et, lorsqu'elle est exercée, quelles sont ses limites.

1. Droit d'exercer la direction unique

2418 Du moment que l'article 663e al. 1 CO réglemente l'affiliation, qui se caractérise par une direction unique, il légalise la direction unique[844]. La direction unique peut donc être exercée par la société mère.

2. Obligation d'exercer la direction unique

2419 L'obligation d'exercer la direction unique résulte soit des statuts, soit de la loi.

2.1. Résultant des statuts

2420 Les statuts peuvent autoriser ou obliger la société, sous une forme ou sous une autre, à acquérir des participations et, une fois ces participations acquises, à exercer une direction unique.

2.2. Résultant de la loi

2421 L'obligation d'exercer la direction unique peut aussi résulter de la loi, notamment de l'obligation de fidélité des administrateurs prévue à l'article 717 al. 1 CO. En effet, le conseil d'administration doit promouvoir les intérêts de sa société. Par conséquent, toutes les fois que l'intérêt de la société qui possède des participations l'exige, il doit exercer la direction

[844] VON BÜREN, SPR VIII/6, p. 53.

unique[845]. Il doit donc chercher à maximiser le profit de l'ensemble du groupe.

3. Limites de la direction unique

Le problème central du droit de l'affiliation provient du conflit qui peut éclater entre l'intérêt du groupe et l'intérêt de l'une ou de l'autre de ses filiales, restée juridiquement indépendante et devant par conséquent être gérée par ses organes dans son propre intérêt. En cas de conflit, l'intérêt du groupe doit céder le pas devant l'intérêt individuel de la filiale. En effet, le droit positif ne déroge pas, au profit du groupe, à la réglementation générale en matière de sociétés indépendantes. Autrement dit, la société mère ne peut et ne doit imposer l'intérêt du groupe par rapport aux intérêts de ses filiales que dans la mesure où les intérêts de ses filiales sont compatibles avec celui du groupe. 2422

Si le droit suisse possédait un véritable droit des groupes, et pas seulement quelques règles applicables aux groupes, il devrait trancher expressément le conflit entre l'intérêt du groupe et celui de ses filiales. Il ne pourrait le faire qu'au profit du groupe. Mais il devrait accorder des compensations aux intérêts menacés par cette prééminence de l'intérêt du groupe, notamment aux actionnaires minoritaires et aux créanciers. 2423

Lorsque la société mère n'a qu'une participation majoritaire, elle doit respecter les règles visant à protéger les actionnaires et les créanciers de la filiale. Si la participation de la société mère est totale, elle peut se contenter de respecter celles qui visent à protéger les créanciers de la filiale[846]. 2424

La situation est relativement simple en théorie. Elle l'est beaucoup moins en pratique. En effet, la société mère a tendance à faire prévaloir l'intérêt du groupe, même au détriment de ses filiales. Les administrateurs de filiale deviennent alors les arbitres de la situation. Censés promouvoir les intérêts de leur société (art. 717 al. 1 CO), ils doivent, en cas d'instructions défavorables à leur société données par la société mère, refuser de les exécuter. En outre, l'article 716a al. 1 CO leur confère un certain nombre d'attributions inaliénables et intransmissibles. Pratiquement, ils se trouvent dans une situation très inconfortable. Ils naviguent entre la révocation, de la part de la société mère, et l'action en responsabilité, de la part des actionnaires minoritaires et des créanciers de leur société, voire l'action pénale (art. 158 CPS). 2425

Afin de pallier ce dilemme, il est fréquent que la société mère conclue avec les administrateurs de ses filiales un contrat par lequel elle s'engage, en cas d'action en responsabilité contre l'un de ces administrateurs, à 2426

---

[845] BÖCKLI, § 13 N 309, 619; pour le droit allemand: HOMMELHOFF, PETER, Die Konzernleitungspflicht, Cologne/Berlin/Bonn/Munich 1982.

[846] Pour un résumé des opinions de la doctrine, voir VON BÜREN, SPR VIII/6, p. 54–66.

intervenir à sa place et souvent à conclure en plus une assurance. La validité de ce contrat est contestée par une partie de la doctrine, étant donné que son but est de promouvoir, en quelque sorte, la violation de la loi[847]. Mais les auteurs ont plutôt tendance à admettre sa validité, en invoquant sa nécessité face à la direction unique, caractéristique de l'affiliation expressément reconnue par la loi[848].

§ 2 Protection des intérêts légitimes

2427 L'affiliation met en danger plusieurs catégories d'intérêts, aussi bien dans la société mère que dans les filiales. Le droit positif permet, dans une certaine mesure, de protéger les intérêts menacés, aussi bien avant que pendant l'affiliation. La protection préventive est particulièrement importante. Elle limite, voire supprime, le besoin de protection pendant l'affiliation.

1. Avant l'affiliation

2428 Avant l'affiliation, les intérêts menacés sont surtout ceux des actionnaires, aussi bien de la future société mère que de la future filiale. Pour les protéger, une bonne information et la possibilité de quitter la société s'imposent.

1.1. Dans la future société mère

2429 Les actionnaires de la future société mère ont intérêt à savoir à partir de quel moment leur société possède des filiales, car cela implique qu'elle est soumise à l'obligation d'établir des comptes de groupe. Dans ce but, toute société doit indiquer dans ses comptes annuels, plus particulièrement dans le bilan (art. 663a al. 4 CO) et dans l'annexe (art. 663b ch. 7 CO), les participations (art. 665a al. 2 s. CO) essentielles à l'appréciation du patrimoine et des résultats de la société.

[847] PICENONI, VITO, Rechtsformen konzermässiger Abhängigkeit. Ein Beitrag zur Frage des «abhängigen Verwaltungsrats», RSJ 51 (1955), p. 321–328; VON STEIGER, FRITZ, Zur Frage der rechtlichen Stellung des «abhängigen» Verwaltungsrates, SAS 27 (1954/1955), p. 33 ss, *40*.

[848] VON BÜREN, SPR VIII/6, p. 169, *172 s.*; SCHUCANY, EMIL, Zur Frage der rechtlichen Stellung des «abhängigen» Verwaltungsrates, SAS 27 (1954/1955), p. 109 ss, *112*.

1.2. Dans la future filiale

1.2.1. Information et publication

Les actionnaires de la future filiale ont aussi, et même plus, intérêt 2430
à connaître à partir de quel moment leur société risque d'être affiliée. Dans ce but, les actionnaires de toute société cotée en bourse[849] dont la participation atteint ou dépasse certains seuils en matière de droit de vote (5, 10, 20, $33^{1}/_{3}$, 50 ou $66^{2}/_{3}$ pour cent) doivent avertir la société et la bourse où les titres sont cotés (art. 20 al. 1 LBVM[850]). La société mentionne ces informations dans son annexe (art. 663c al. 1 CO) et les publie (art. 697h al. 1 CO, 21 LBVM), notamment dans la Feuille officielle suisse du commerce (art. 19 OBVM-CFB[851]).

1.2.2. Offre publique d'acquisition

En cas de participation importante risquant de mener à, ou cons- 2431
tituant, une affiliation, un des moyens les plus efficaces de protéger les actionnaires de la future filiale est de leur permettre de sortir de leur société. Dans ce but, les actionnaires de sociétés cotées en bourse dont la participation atteint le seuil de $33^{1}/_{3}$ pour cent (que les statuts peuvent relever jusqu'à 49 pour cent) des droits de vote doivent en principe présenter une offre publique d'acquisition (art. 32 al. 1 LBVM).

2. Pendant l'affiliation

2.1. Dans la société mère

2.1.1. Protection des actionnaires minoritaires

2.1.1–1. Généralités

La société mère doit continuer d'informer sur ses participations 2432
importantes[852] et en principe établir des comptes annuels consolidés (art. 663e al. 1 CO).

---

[849] Y compris de toutes les banques non cotées en bourse. Voir ATF 124 II 581, *584 ss* (all.).
[850] RS 954.1.
[851] RS 954.193.
[852] Voir N 2430.

2.1.1–2. Comptes consolidés

2.1.1–2.1. Définition

2433 Chaque société doit établir des comptes annuels de manière à donner un aperçu aussi sûr que possible de son patrimoine et de ses résultats (art. 662a al. 1 CO).

2434 Dans son bilan, la société mère fait état de ses propres biens (essentiellement des participations) et de ses propres dettes (notamment les emprunts contractés par elle-même pour financer les activités du groupe). Dans son compte de profits et pertes, elle renseigne sur ses propres produits (notamment les dividendes provenant de ses filiales) et ses propres charges (notamment les charges d'intérêts).

2435 Ces comptes annuels ne permettent pas aux actionnaires de la société mère de se faire une idée précise de la situation du groupe de sociétés, qui est pourtant déterminante pour l'appréciation de la situation de la société mère. Ils ne leur permettent pas de connaître le genre et la valeur des biens (immeubles, machines, brevets, créances) possédés par les filiales, ni le résultat réel du groupe dans son ensemble.

2436 Pour obtenir ces renseignements, les actionnaires de la société mère doivent pouvoir consulter, en plus des comptes annuels de leur société, ses comptes consolidés.

2437 Les comptes consolidés sont les comptes de la société mère établis dans la fiction qu'elle forme une seule et unique entreprise avec ses filiales[853] (ce qui n'est évidemment pas le cas en réalité, en tout cas juridiquement). Ils comprennent un bilan, un compte de profits et pertes et une annexe.

853 Article 26 al. 1 de la septième directive du Conseil de la Communauté européenne concernant les comptes consolidés (J.O. L 193 du 18.07.1983, p. 1 ss).

Figure n° 67 *Définition des comptes consolidés*

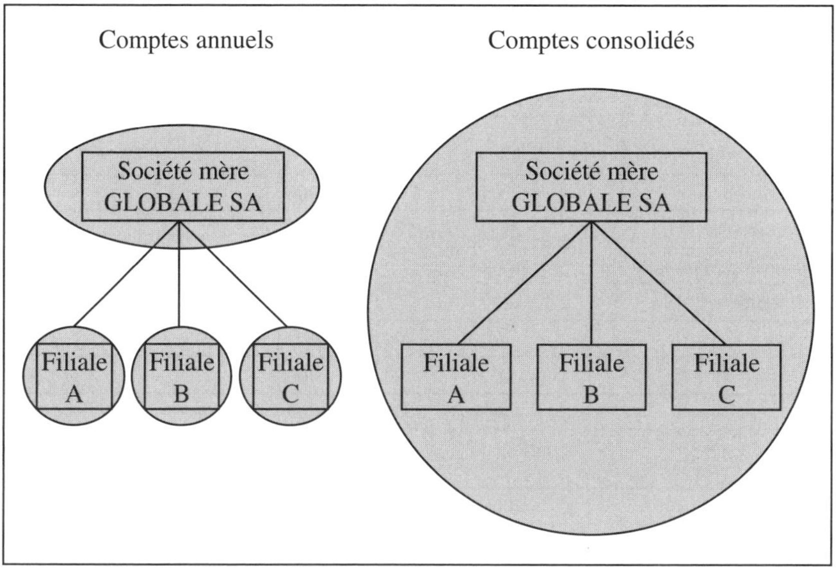

La consolidation consiste: 2438

- à remplacer: 2439
  - au bilan de la société mère, la rubrique «participation» par l'ensemble des biens et des dettes des filiales, 2440
  - au compte de profits et pertes de la société mère, la rubrique «résultat des participations» par l'ensemble des produits et des charges des filiales, 2441
- à éliminer toutes les opérations internes. 2442

Techniquement, la consolidation passe par les étapes suivantes: 2443

- harmonisation des comptes annuels (notamment en matière de date de clôture, de monnaie, de présentation et d'évaluation) de toutes les sociétés du groupe, 2444
- cumul des comptes annuels de toutes les sociétés du groupe, 2445
- élimination de toutes les opérations internes, notamment: 2446
  - au bilan, des participations de la société mère dans les filiales et des fonds propres des filiales, ainsi que des créances et des dettes internes au groupe. 2447

    Si les participations sont sous-évaluées ou surévaluées dans le bilan annuel de la société mère, un écart de consolidation apparaît dans le bilan consolidé, soit au passif, soit à l'actif, 2448
  - au compte de profits et pertes, des produits et des charges résultant d'opérations internes au groupe. 2449

2450 – établissement des comptes consolidés.

Figure n° 68 *Tableau de consolidation*

Bilan	Société mère	Filiale	Cumul	Eliminations	**Comptes consolidés**
Actif					
Terrain	100		100		**100**
Constructions	2000	1000	3000		**3000**
Participation dans la filiale	1000		1000	–1000	
Prêt à la filiale	200		200	–200	
Clients	700	700	1400		**1400**
Banque	100	300	400		**400**
Total	4100	2000	6100		**4900**
Passif					
Capital société mère	1000		1000		**1000**
Capital filiale		500	500	–500	
Réserves société mère	600		600		**600**
Réserves filiale		700	700	–700	
Résultat société mère	50		50		**50**
Résultat filiale		100	100	–100	
Provisions	500	200	700		**700**
Emprunt à la société mère		200	200	–200	
Emprunt bancaire	950	200	1150		**1150**
Fournisseurs	1000	100	1100		**1100**
Ecart de consolidation					**300**
Total	4100	2000	6100		**4900**

2.1.1–2.2. Assujettissement à l'obligation de consolider

2.1.1–2.2.1. Principe

2451 Toute société mère suisse doit établir des comptes consolidés (art. 663e al. 1 CO).

2.1.1–2.2.2. Exceptions

2452 N'ont pas l'obligation de consolider:

2453 – la société mère d'un petit groupe, c'est-à-dire d'un groupe dont deux des valeurs suivantes ne sont pas dépassées au cours de deux exercices successifs (art. 663e al. 2 nCO):

  - total du bilan de 10 millions de francs,
  - chiffre d'affaires de 20 millions de francs,
  - 200 emplois à plein temps en moyenne annuelle;
- la société filiale mère, c'est-à-dire la société qui est à la fois mère d'un sous-groupe et filiale d'une autre société mère (art. 663f CO). 2454

Figure n° 69 *Sous-groupe*

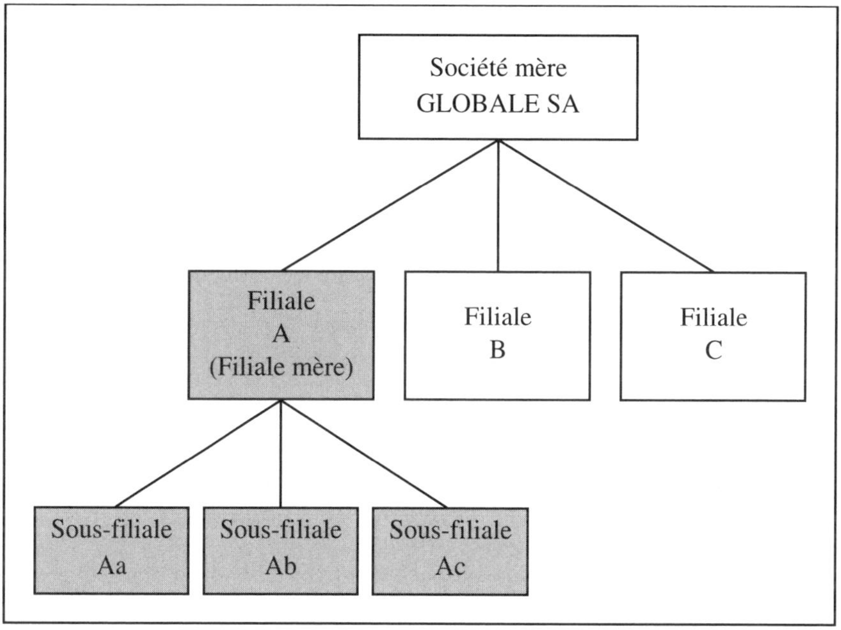

Encore faut-il que la société filiale mère soit comprise dans les comptes consolidés, établis et vérifiés selon les dispositions du droit suisse ou d'un droit étranger équivalent, de sa société mère et que ces comptes consolidés soient portés à la connaissance de ses actionnaires et de ses créanciers comme ses propres comptes annuels (art. 663f al. 1 CO). 2455

2.1.1–2.2.3. Exceptions aux exceptions

La société mère d'un petit groupe et la société filiale mère doivent tout de même consolider (art. 663e al. 3, 663f al. 2 CO): 2456
- si elles ont l'obligation de publier leurs comptes annuels (art. 697h al. 1 CO),
- si des actionnaires représentant dix pour cent au moins du capital-actions l'exigent,
- si la consolidation est nécessaire pour atteindre le but de la comptabilité.

2.1.1–2.3. Périmètre de consolidation

2457 Doivent être inclues dans la consolidation toutes les sociétés qui font partie du groupe, y compris celles qui ont leur siège à l'étranger.

2.1.1–2.4. Règles de consolidation

2458 Le Code des obligations ne fixe pas lui-même les règles de consolidation. Il exige en revanche que la société mère les mentionne dans l'annexe aux comptes de groupe (comptes consolidés) (art. 663g al. 2 CO).

2459 Certaines lois spéciales vont plus loin.

Exemple: le règlement de cotation de la bourse suisse[854] (art. 66, 67, 69) prévoit que les comptes annuels et consolidés des sociétés cotées doivent donner une image fidèle (*true and fair view*) de la situation.

2.1.2. Protection des créanciers

2460 La société mère doit en principe établir des comptes annuels consolidés (art. 663e al. 1 CO) et soit les publier (art. 697h al. 1 CO), soit autoriser les créanciers qui ont un intérêt digne de protection à les consulter (art. 697h al. 2 CO).

2.2. Dans la filiale

2.2.1. Protection des actionnaires minoritaires

2461 Dans les filiales dont la totalité du capital est détenu par la société mère, il n'y a pas d'actionnaires minoritaires. Le problème de leur protection ne se pose pas.

2462 Dans les autres filiales, vu l'absence d'un véritable droit des groupes de sociétés, les actionnaires minoritaires ne bénéficient que de la protection des actionnaires minoritaires en général, qui n'est évidemment pas toujours suffisante. Il s'agit:

- de la soumission de l'activité des organes de la filiale aux buts (final et social) de la filiale,
- de l'interdiction des distributions cachées de bénéfice (art. 678 CO),
- des principes de l'égalité de traitement (art. 706 al. 2 ch. 3, 717 al. 2 CO) et de l'exercice mesuré des droits (art. 706 al. 2 ch. 3 CO),
- des droits protégés, notamment des droits à l'information,
- de la dissolution judiciaire de la filiale pour de justes motifs (art. 736 ch. 4 CO).

[854] Publié in: THÉVENOZ/ZULAUF, 48–2.

2.2.2. Protection des créanciers

Vu l'absence d'un véritable droit des groupes de sociétés, les créanciers de filiales ne bénéficient que de la protection des créanciers en général, qui n'est évidemment pas toujours suffisante, notamment pour des questions de preuve. Il s'agit de: 2463

- la levée du voile corporatif *(Durchgriff)*, c'est-à-dire de la prise en compte de la réalité économique plutôt que de la réalité juridique en cas d'abus de l'indépendance juridique des sociétés anonymes d'un même groupe, notamment en cas de sous-capitalisation d'une filiale et de prêt de la société mère à cette filiale pour remédier à la sous-capitalisation[855], 2464
- la restitution de prestations indues ou exagérées (art. 678 CO), 2465
- l'action révocatoire (art. 285 ss LP), 2466
- la responsabilité de la société mère pour les actes de ses propres organes (art. 722 CO) ou de ses auxiliaires (art. 55 CO) en tant qu'administrateurs ou directeurs de droit ou de fait de la filiale[856], 2467
- la responsabilité pour la confiance éveillée, notamment lorsqu'une société mère crée l'impression d'être prête à répondre des dettes de sa filiale[857]. Cette protection peut être considérée comme typique du créancier de filiale. 2468

---

855 Voir VON BÜREN, SPR VIII/6, p. 182 s.

856 Voir VON BÜREN, SPR VIII/6, p. 204 ss.

857 ATF 124 III 297, *303–305*/SJ 1998, p. 460, *466–467*, avec commentaires de VON BÜREN, ROLAND, RSDA 71 (1999), p. 54–57; ATF 120 II 331, *335*/JdT 1995 I 359, *363*, avec commentaires de AMSTUTZ, MARC/WATTER, ROLF, PJA 1995, p. 502–508 et de DRUEY, JEAN NICOLAS, RSDA 67 (1995), p. 93–97; BRECHBÜHL, BEAT, Haftung aus erwecktem Konzernvertrauen, thèse Berne 1998; CHAPPUIS, CHRISTINE, La responsabilité fondée sur la confiance, SJ 1997, p. 165–176; DRUEY, JEAN NICOLAS, Misstrauen in die Vertrauenshaftung? Nochmals zum «Konzernvertrauen», RSDA 73 (2001), 190–194; GONZENBACH, RAINER, Senkrechtstart oder Bruchlandung? – Unvertraute Vertrauenshaftung aus «Konzernvertrauen», recht 1995, p. 117–130; KUZMIC, KRISTINA, Haftung aus «Konzernvertrauen», thèse Zurich 1998; SCHNYDER, ANTON K., Haftung aus erwecktem Konzernvertrauen im schweizerischen Recht und mögliche Auswirkungen für das Kollisionsrecht, in: Collisio legum: Beiträge zum Internationalen Privatrecht für Gerardo Broggini, Milan 1997, p. 485–495.

Neuvième partie
Aspects transnationaux

Titre 1 Droit international

Chapitre 1 Droit international privé

Bibliographie

Aspects du droit international des sociétés, Journée suisse de droit international, Neuchâtel, 25 novembre 1994, Etudes suisses de droit international, vol. 92, Zurich 1995; BUCHER, ANDREAS/BONOMI, ANDREA, Droit international privé, 2e éd., Bâle/Genève/Zurich 2004; DUTOIT, BERNARD, Commentaire de la loi fédérale du 18 décembre 1987, 4e éd., Bâle/Francfort-sur-le-Main 2005, ad art. 150 à 165, p. 431–465; EBENROTH, CARSTEN THOMAS/MESSER, ULRICH, Das Gesellschaftsrecht im neuen schweizerischen IPRG, RDS 108 (1989) I, p. 49–106; GROSSFELD, BERNHARD, Internationales und Europäisches Unternehmensrecht, 2e éd., Heidelberg 1995; FURRER, ANDREAS/GIRSBERGER, DANIEL/SCHRAMM, DOROTHEE, Internationales Privatrecht I, Zurich/Bâle/Genève 2006; GUILLAUME, FLORENCE, «Lex societatis»: principes de rattachement des sociétés et correctifs institués au bénéfice des tiers en droit international privé suisse, thèse Zurich 2001; HONSELL, HEINRICH/VOGT, NEDIM PETER/SCHNYDER, ANTON K. (éd.), Internationales Privatrecht, Commentaire bâlois, 2e éd., Bâle/Francfort-sur-le-Main, 2006, ad art. 150 à 165; KNOEPFLER, FRANÇOIS/SCHWEIZER PHILIPPE, Droit international privé suisse, 3e éd., Berne 2005; LALIVE, PIERRE/VISCHER, FRANK (présidents), Le droit international privé des groupes de sociétés, Etudes suisses de droit européen, vol. 14, Genève 1974; LUTTER, MARCUS (éd.), Die Gründung einer Tochtergesellschaft im Ausland, in: Zeitschrift für Unternehmens- und Gesellschaftsrecht, Sonderheft 3, 3e éd., Berlin/New York 1995; NOBEL, PETER, Transnationales und Europäisches Aktienrecht, Berne 2006; NOBEL, PETER (éd.), Internationales Gesellschaftsrecht, cahiers 1 ss, Berne 1998 ss; NOBEL, PETER, Zum Internationalen Gesellschaftsrecht im IPR-Gesetz, in: Beiträge zum neuen IPR des Sachen-, Schuld- und Gesellschaftsrechts, Festschrift für Prof. Rudolf Moser, Zurich 1987, p. 179–191; PERRIN, JULIEN, Le droit international privé de la société anonyme, in: Aspects actuels du droit de la société anonyme, Lausanne 2005, p. 673–691; REYMOND, PHILIPPE, Les personnes morales et les sociétés dans le nouveau droit international privé suisse, in: Le nouveau droit international privé suisse, Lausanne 1988, p. 143–207; RINDISBACHER, SABINE, Anerkennung gesellschaftsrechtlicher Gebilde im Internationalen Privatrecht, thèse Zurich 1995; SCHNYDER, ANTON K./LIATOWITSCH, MANUEL, Internationales Privat- und Zivilverfahrensrecht, Zurich 2000; SCHWANDER, IVO, Einführung in das internationale Privatrecht, Bd. 2: Besonderer Teil, Saint-Gall/Lachen 1997, p. 311–368; SIEHR, KURT, Das Internationale Privatrecht der Schweiz, Zurich 2002; VISCHER, FRANK, IPRG Kommentar, 2e éd, Zurich 2004, ad art. 150 à 165. 2469

Section 1 Définitions

§ 1 Droit international privé

2470 Le droit international privé est le «*droit spécial, applicable aux personnes privées impliquées dans des relations juridiques internationales*»[858]. Il permet notamment la détermination du juge compétent (section 2) et du droit applicable (section 3)[859].

Exemple: une société constituée aux Iles Caïmans, avec siège au même endroit, agit en Suisse contre un de ses associés de nationalité marocaine, domicilié en Suisse, pour violation du devoir de fidélité. A l'aide du droit international privé, le juge suisse saisi devra, dans un premier temps, déterminer s'il est compétent pour trancher le litige. En cas de réponse positive, il devra déterminer le droit applicable au litige (droit des Iles Caïmans, droit marocain, droit suisse ou autre droit).

2471 En Suisse, sous réserve d'un traité[860], le droit international privé est essentiellement réglé par la Loi fédérale du 18 décembre 1987 sur le droit international privé (LDIP)[861].

§ 2 Société en droit international privé

2472 En droit international privé, la société est «*toute société de personnes organisée et tout patrimoine organisé*» (art. 150 al. 1 LDIP). Cette définition est à la fois plus large et plus étroite que la définition du droit matériel[862]:

2473 – plus large, car elle englobe notamment les associations, les fondations et les fonds de placement,

2474 – plus étroite, car elle exclut les sociétés simples qui ne sont pas organisées, c'est-à-dire celles qui, en fait, ne possèdent pas une certaine structure reconnaissable pour les tiers.

858 MAYER, PIERRE, Droit international privé, 8e éd., Paris 2004, N 2.

859 Le droit international privé traite aussi de la reconnaissance et de l'exécution des décisions étrangères, questions très importantes en pratique, mais qui ne seront pas abordées dans le présent ouvrage.

860 Par exemple: Convention du 16 septembre 1988 concernant la compétence judiciaire et l'exécution des décisions en matière civile et commerciale (Convention de Lugano [CL], RS 0.275.11).

861 RS 291.

862 Voir N 680 s.

Section 2 Compétence

Sous réserve d'une prorogation de for[863] valable, l'article 151 LDIP règle la compétence des tribunaux suisses en ce qui concerne les différends relevant du droit des sociétés. 2475

Les tribunaux suisses sont compétents si l'une des conditions alternatives suivantes est réalisée[864]: 2476

- le siège[865] de la société se trouve en Suisse (art. 151 al. 1 LDIP); 2477
- le domicile ou la résidence habituelle du défendeur se trouve en Suisse, lorsqu'il s'agit d'une action contre un associé ou une autre personne responsable en vertu du droit des sociétés (art. 151 al. 2 LDIP); 2478
- l'émission publique de titres de participation et d'emprunts a eu lieu en Suisse, lorsqu'il s'agit d'une action en responsabilité pour cause de cette émission (art. 151 al. 3 LDIP). 2479

Section 3 Droit applicable

Sauf exception (§ 2), le droit applicable est déterminé par la loi (§ 1). 2480

§ 1 Selon la loi

1. Cascade

La loi connaît un système en cascade: 2481

- principalement, le droit applicable est celui du lieu de la création de la société (1.1),
- subsidiairement, le droit applicable est celui du lieu de l'administration effective de la société (1.2).

1.1. Rattachement principal

La circonstance principale de rattachement est le lieu de la création de la société[866] (art. 154 al. 1 LDIP) (théorie de l'incorporation, généralement admise dans les pays de droit anglo-américain[867]). Elle répond 2482

---

863 La prorogation de for est une convention qui a pour objet de fonder la compétence d'un tribunal.

864 Sous réserve de traités internationaux divergents (art. 1 al. 2 LDIP), notamment de la Convention de Lugano (voir note 860) (art. 2 ss).

865 Pour une définition du siège, voir article 21 LDIP.

866 Par exemple: ATF 128 III 346, *347 ss*/JdT 2004 I 349, *350 ss;* ATF 117 II 494 (fr.).

867 Cette théorie avait déjà été consacrée par la jurisprudence du Tribunal fédéral avant l'entrée en vigueur de la LDIP. Voir ATF 108 II 398, *402* (fr.).

le mieux à l'exigence de la sécurité du droit en garantissant que la personnalité juridique, une fois acquise, ne pourra plus être remise en question.

2483 Elle est utilisée chaque fois que l'une des deux conditions alternatives suivantes est réalisée:

2484 – accomplissement des formalités d'enregistrement et de publicité imposées par l'Etat de création,

2485 – en cas d'absence de telles règles, respect des autres règles de constitution.

1.2. Rattachement subsidiaire

2486 La circonstance subsidiaire de rattachement est le lieu de l'administration effective de la société (art. 154 al. 2 LDIP) (théorie du siège effectif, généralement admise dans les pays de l'Union européenne, sauf en Grande-Bretagne).

2487 Elle est utilisée chaque fois que les conditions du rattachement principal ne sont pas réalisées, c'est-à-dire:

2488 – lorsque la société a violé une règle d'enregistrement ou de publicité au moment de sa création,

2489 – lorsqu'il n'est pas possible de localiser l'Etat de création de la société.

2. Correctifs éventuels

2490 Les règles de rattachement peuvent être corrigées dans ce qu'elles ont de trop absolu par quelques principes généraux: clause d'exception (art. 15 LDIP), réserve de l'ordre public (art. 17 LDIP) et lois d'application immédiate (art. 18 LDIP).

3. Domaine d'application

2491 Dans un but d'unité et de clarté, le droit applicable à la société régit en principe toutes les questions juridiques relatives à la société, notamment (art. 155 LDIP):

- sa création,
- sa nature juridique,
- sa raison sociale,
- ses rapports internes et ses rapports externes,
- sa fin.

2492 Pour tenir compte d'intérêts prépondérants de tiers, la loi soumet certaines questions à des rattachements spéciaux:

- la protection du nom et de la raison sociale (art. 157 LDIP),
- la restriction des pouvoirs de représentation (art. 158 LDIP),

- la responsabilité des personnes agissant pour une société étrangère (art. 159 LDIP)
- les prétentions découlant de l'émission publique de titres de participation et d'emprunts (art. 156 LDIP).

4. Reconnaissance des sociétés étrangères

L'ordre juridique suisse reconnaît automatiquement la per- 2493
sonnalité juridique d'une société étrangère qui a été régulièrement constituée en application de règles étrangères (art. 154 LDIP) et à laquelle le droit étranger accorde la personnalité juridique. Il s'agit d'une conséquence de la théorie de l'incorporation. Cette reconnaissance vaut également pour des formes de société auxquelles le droit suisse n'accorde pas la personnalité juridique ou qui sont inconnues en droit suisse.

§ 2 Selon la convention des parties

Les parties n'ont en principe pas la faculté de déterminer le droit 2494
applicable au contrat de société, sauf pour les rapports internes dans les sociétés simples dotées d'une organisation, les sociétés en nom collectif et les sociétés en commandite.

Chapitre 2 Droit international public

Bibliographie

CAFLISCH, LUCIUS CONRAD, La protection des sociétés commerciales et des 2495
intérêts indirects en droit international public, thèse Genève 1968; CAFLISCH, LUCIUS CONRAD, La pratique suisse de la protection diplomatique, in: La protection diplomatique, Bruxelles 2003, p. 73–86; CARREAU, DOMINIQUE, Droit international, 8e éd., Paris 2004; COTTIER, THOMAS/MERKT, BENOÎT, La protection diplomatique des sociétés commerciales, FJS 270; DUPUY, PIERRE-MARIE, Droit international public, 7e éd., Paris 2004; EVANS, MALCOLM D., International Law, Oxford 2003; HEFTI, THOMAS, La protection de la propriété étrangère en droit international public, thèse Neuchâtel 1989; IPSEN, KNUT, Völkerrecht, 5e éd., Munich 2004; MERCIAI, PATRIZIO, Les entreprises multinationales en droit international, Bruxelles 1993; NGUYEN, HUU-TRU, Le réseau suisse d'accords bilatéraux d'encouragement et de protection des investissements, RGDIP 92 (1988), p. 577–671; NGUYEN QUOC, DINH/DAILLIER, PATRICK/PELLET, ALAIN, Droit international public, 7e éd., Paris 2002; QUADRI, GIANNI, Le citoyen (suisse) a-t-il le droit d'exiger la protection diplomatique?, thèse Berne 1977; RUZIÉ, DAVID, Droit international public, 18e éd., Paris, 2006; SHAW, MALCOLM N., International Law, 5e éd., Cambridge 2003; TOUZÉ, SÉBASTIEN, Le régime de protection diplomatique et consulaire des citoyens de

l'Union européenne, PJA 7/2005, p. 834–850; VITZTHUM, WOLFGANG (éd.), Völkerrecht, 3e éd., Berlin 2004; WALLACE, REBECCA M. M., International law, 3e éd., Londres 1997.

Section 1 Définition

2496 Le droit international public, autrefois appelé droit des gens, est constitué par l'ensemble des règles de droit qui s'appliquent à la société internationale, c'est-à-dire aux Etats et aux organisations internationales, ainsi que, à titre exceptionnel, aux individus.

Exemple: les agents de l'Etat A sabotent sur le territoire de l'Etat B une usine exploitée par une société anonyme qui a son siège dans l'Etat C, mais qui est contrôlée par des actionnaires de nationalité D. Le droit international public règle la responsabilité et les rapports des Etats A, B, C et D à propos de ce sabotage.

Section 2 Nationalité de la société

§ 1 Principe

2497 La société n'a pas une nationalité au sens strict du terme. Toutefois, de nombreuses normes, notamment de droit public, font référence au caractère national ou étranger de la société.

2498 Chaque Etat détermine librement les critères de sa nationalité[868].

2499 En Suisse, le critère le plus souvent retenu est celui du contrôle[869], c'est-à-dire de la nationalité de la majorité des associés, des administrateurs/gérants, voire des créanciers de la société.

§ 2 Exemples

1. Protection diplomatique

2500 La directive non publiée du 30 janvier 2002 du Département fédéral des affaires étrangères, édictée conformément au Règlement du Service diplomatique et consulaire suisse du 24 novembre 1967[870], précise que la Suisse accorde la protection diplomatique selon le principe du contrôle. Est par conséquent déterminante la domination effective de la personne morale par des citoyens suisses. Dans les sociétés de capitaux, cette domination doit représenter au moins la moitié des participations.

---

868 CAFLISCH, LUCIUS CONRAD, La pratique suisse en matière de droit international public 1993, RSDIE 1994, p. 597 ss, *604 s.* (avec un extrait de note de la Direction du droit international public du Département fédéral des affaires étrangères du 4 octobre 1993).

869 COTTIER/MERKT (cité N 2495), p. 10–12.

870 Art. 16 al. 2 (RS 191.1).

2. Acquisition d'immeubles par des personnes à l'étranger

La Loi fédérale sur l'acquisition d'immeubles par des personnes à l'étranger (LFAIE) du 16 décembre 1983[871] donne une définition particulièrement précise de l'appartenance à un Etat. Sont considérées comme à l'étranger: 2501

- les sociétés qui ont leur siège statutaire ou réel à l'étranger (art. 5 al. 1 lettre b LFAIE), 2502
- les sociétés qui ont leur siège statutaire et réel en Suisse, mais dans lesquelles des personnes à l'étranger ont une position dominante, c'est-à-dire peuvent exercer une influence prépondérante sur l'administration ou la gestion grâce à l'importance de leur participation financière, l'étendue de leur droit de vote ou pour d'autres raisons (art. 5 al. 1 lettre c, 6 al. 1 LFAIE). 2503

3. Activité bancaire

Selon la Loi fédérale sur les banques et les caisses d'épargne (LB) du 8 novembre 1934[872], sont aussi considérées comme banques étrangères les banques organisées selon le droit suisse, mais dans lesquelles les participations étrangères s'élèvent à plus de la moitié des voix ou qui sont dominées d'une autre manière par des étrangers (art. 3bis al. 3 LB). 2504

Section 3 Protection diplomatique

Par protection diplomatique, on entend l'intervention d'un Etat au bénéfice d'un de ses nationaux (personne physique ou morale), auquel un autre Etat a causé un préjudice par des mesures contraires au droit international public, dans le but d'obtenir réparation de cet autre Etat[873]. 2505

Exemple: le centre de production d'une société anonyme de nationalité X sur le territoire de l'Etat Y est détruit lors d'une opération de commando imputable aux troupes de l'Etat Z. L'Etat X peut intervenir pour la société contre l'Etat Z.

Lorsqu'un Etat exerce la protection diplomatique, il fait valoir son propre droit à exiger le respect du droit international. Il se substitue au lésé qui possède sa nationalité[874]. En principe, il ne peut intervenir que lorsque tous les moyens d'actions ordinaires offerts par la législation de l'Etat dont 2506

---

871 RS 211.412.41.

872 RS 952.0.

873 Message du Conseil fédéral du 2 juillet 1965 à l'Assemblée fédérale concernant l'insertion dans la constitution d'un article 45bis sur les Suisses à l'étranger, FF 1965 II 451–452.

874 CAFLISCH, LUCIUS CONRAD, La pratique suisse en matière de droit international public 1995, RSDIE 1996, p. 593 ss, *613*; COTTIER/MERKT (cité N 2495), p. 9; NGUYEN QUOC/DAILLIER/PELLET (cité N 2495), N 496; QUADRI (cité N 2495), p. 5.

la responsabilité est recherchée ont été épuisés par le lésé[875] et que ce dernier ne possède pas en même temps la nationalité de cet Etat.

2507 L'Etat peut aussi exercer la protection consulaire. Il se borne alors à appuyer les démarches de ses nationaux.

Section 4 Expropriation

2508 L'expropriation consiste en la privation de droits de propriété d'une personne physique ou morale et en leur transfert à l'Etat expropriant.

2509 En matière de sociétés, l'expropriation peut être directe (transfert à l'Etat des droits de propriété de la société) ou indirecte (transfert à l'Etat des titres de participation de la société).

2510 Le droit international public permet à un Etat d'exproprier une société possédant une nationalité étrangère à la condition qu'il offre une indemnisation. Les avis sont partagés quant à l'importance de l'indemnisation[876]. La Suisse a conclu plusieurs accords bilatéraux concernant la protection des investissements (y compris ceux des sociétés) à l'étranger[877]. Selon ces accords, l'indemnité doit en principe être effective et adéquate[878]. Sur le plan interne (rapports entre la Suisse et les investisseurs), une loi fédérale fixe la procédure applicable à la demande d'indemnisation[879].

---

875 CAFLISCH, LUCIUS CONRAD, La pratique suisse en matière de droit international public 1995, RSDIE 1996, p. 593 ss, *612 s.*; NGUYEN QUOC/DAILLIER/PELLET (cité N 2495), N 495.

876 Voir à ce sujet: HEFTI (cité N 2495); voir également l'affaire Libyan American Oil Company (LIAMCO) contre The Government of the Libyan Arab Republic (12 avril 1977) in: ILM (International Legal Materials) 1981 I, p. 1 ss, notamment p. 66 ss.

877 NGUYEN, HUU TRU (cité N 2495), p. 625 ss.

878 Par exemple: article 6 de l'Accord entre le Conseil fédéral suisse et le Gouvernement de la République Algérienne Démocratique et Populaire concernant la promotion et la protection réciproque des investissements, conclu le 30 novembre 2004 (RS O.975.212.7).

879 Loi fédérale du 21 mars 1980 sur les demandes d'indemnisation envers l'étranger (RS 981), complétée par une ordonnance du 1er décembre 1980 (RS 981.1).

Titre 2 Droit européen

Bibliographie

BEHRENS, PETER, Gesellschaftsrecht, in: Dauses, Manfred A., Handbuch des EU-Wirtschaftsrechts, Munich 1993 ss; BÉRAUD, SYLVESTRE, Le Groupement Européen d'Intérêt Economique, Genève 1991; BIEBER, ROLAND/MAIANI, FRANSCESCO, Précis de droit européen, Berne 2004; BOULOUIS, JEAN, Droit institutionnel de l'Union européenne, 6e éd., Paris 1997; BRILL, JEAN-PIERRE/GYSELEN, LUC/KOVAR, ROBERT/POILLOT-PERUZZETTO, SYLVAINE, L'incidence du droit communautaire de la concurrence sur le droit des sociétés, Paris 1992; VOM BROCKE, KAI, Die Europäische Genossenschaft, eine europäische Gesellschaftsform?, thèse Würzburg 1995; BÜHLER, STEFAN P., Strukturänderung von Gesellschaften in der Union, thèse Bâle 1997; BURKHALTER, PETER, Die Europäische wirtschaftliche Interessenvereinigung (EWIV) und ihre konzernrechtlichen Beziehungen, thèse Bâle 1997; COLOMBANI, JACQUES-LOUIS/FAVERO, MARC, *Societas europaea*, Paris 2002; DRINKUTH, HENRIK, Die Kapitalrichtlinie – Mindest- oder Höchstnorm?, thèse Bielefeld 1997; GAVALDA, CHRISTIAN/PARLEANI, GILBERT, Droit des affaires de l'Union européenne, 4e éd., Paris 2002; GÖKE, CHRISTIAN, Die Europäische Aktiengesellschaft, Im Verhältnis zum deutschen und italienischen Recht, Aix-la-Chapelle 1995; GRUNDMANN, STEFAN, Europäisches Gesellschaftsrecht, Heidelberg 2004; HABERSACK, MATHIAS, Europäisches Gesellschaftsrecht, 2e éd., Munich 2003; HAGEN-ECK, REGINE, Die europäische Genossenschaft, thèse Tübingen 1993/1994; HOMMELHOFF, PETER/ TEICHMANN, CHRISTOPH, Die Europäische Aktiengesellschaft – das Flaggschiff läuft vom Stapel, RSDA 74 (2002), p. 1–12; ISAAC, GUY/BLANQUET, MARC, Droit général de l'Union européenne, 9e éd., Paris 2006; JÄGER, CARSTEN, Die Europäische Aktiengesellschaft – europäischen oder nationalen Rechts, thèse Bonn 1993/1994; LEMEUNIER, FRANCIS, Groupement d'intérêt économique (GIE), groupement européen d'intérêt économique (GEIE), 10e éd., Paris 1999; LUTTER, MARCUS, Europäisches Unternehmensrecht, in: Zeitschrift für Unternehmens- und Gesellschaftsrecht, Sonderheft 1, 4e éd., Berlin/New-York 1996; LUTTER, MARCUS, *Societas europaea*, in: Internationales Gesellschaftsrecht, Berne 2004, p. 19–45; MAGNIER, VÉRONIQUE, Rapprochement des droits dans l'Union européenne et viabilité d'un droit commun des sociétés, Paris 1999; MANZ, GERHARD/MAYER, BARBARA/SCHRÖDER, ALBERT (éd.), Europäische Aktiengesellschaft, Baden-Baden 2005; MENJUCQ, MICHEL, Droit international et européen des sociétés, Paris 2001; MUSTAKI, GUY/ENGAMMARE, VALÉRIE, Le droit européen des sociétés, FJS 97 (2005); NOBEL, PETER, Transnationales und Europäisches Aktienrecht, Berne 2006; PENSE, ANDREAS, Die personalistische Eurokapitalgesellschaft als Instrument der Unternehmenskooperation in der EU, thèse Hambourg 1997; POILLOT-PERUZZETTO, SYLVAINE/ LUBY, MONIQUE, Le droit communautaire appliqué à l'entreprise, Paris 1998; SIMON, DENYS, La directive européenne, Paris 1997; SCHULZE, REINER (éd.), Europäische Genossenschaft, Baden-Baden 2004; THEISEN, MANUEL RENÉ/WENZ, MARTIN (éd.), Die Europäische Aktiengesellschaft, 2e éd., Stuttgart 2005; WERLAUF, ERIK, EU-Company Law, Copenhague 2003; WINKLER, CHRISTIAN, Der gegenwärtige Stand und die konzeptionellen Grundlagen des europäischen Gesellschaftsrechts, thèse Tübingen 1996. 2511

Chapitre 1 Définitions

Section 1 Droit européen

2512 Le droit européen est notamment constitué des traités instituant les communautés européennes et des normes édictées par les institutions de ces communautés en application des traités. La plus importante de ces communautés est la Communauté européenne[880] créée par le Traité de Rome du 25 mars 1957 (Traité CE), plusieurs fois révisé[881]. L'un des buts de la Communauté européenne est l'établissement d'un marché commun (art. 2[882] Traité CE), notamment par l'abolition, entre les Etats membres, des obstacles à la libre circulation des marchandises, des personnes, des services et des capitaux (art. 3 lettre c Traité CE).

Section 2 Droit européen des sociétés

2513 Par droit européen des sociétés on désigne les normes de droit édictées par les institutions de la Communauté européenne qui visent à l'harmonisation (section 3) et à l'unification (section 4) des droits des sociétés des Etats membres[883].

2514 Plus généralement, le droit européen des sociétés fait partie du droit européen de l'entreprise[884] et joue un rôle important en relation avec le droit de la concurrence[885].

Section 3 Harmonisation

§ 1 Définition

2515 L'harmonisation du droit des sociétés consiste en le rapprochement des législations des Etats membres sur des points précis de droit matériel.

---

880 Anciennement Communauté économique européenne (CEE).

881 Le Traité de Maastricht sur l'Union européenne du 7 février 1992 a institué l'Union européenne, qui regroupe les mêmes Etats (actuellement 25) que les communautés européennes et leur emprunte leurs institutions communes (art. 1 al. 3 du Traité). Voir à ce sujet ISAAC/BLANQUET (cité N 2511), p. 16 s.

882 La numérotation des articles correspond à la nouvelle numérotation du Traité d'Amsterdam, en vigueur depuis le 1er mai 1999.

883 WINKLER, p. 26 s. (cité N 2511).

884 Pour une définition du droit européen de l'entreprise, voir LUTTER, Europäisches Unternehmensrecht (cité N 2511), p. 4 s.

885 Voir à ce sujet BRILL/GYSELEN/KOVAR/POILLOT-PERUZZETTO (cité N 2511).

§ 2 Moyen

Les institutions de la Communauté européenne édictent des directives (art. 249 al. 3 Traité CE), qui fixent à l'intention des Etats membres des buts contraignants, mais leur laissent le libre choix de la forme de législation et des moyens à utiliser pour les atteindre[886]. Dans la pratique, les directives sont souvent très précises, réduisant ainsi la marge de manœuvre laissée aux Etats membres. 2516

§ 3 Champ d'application

L'harmonisation vise surtout les sociétés de capitaux, parce que: 2517

- les sociétés de capitaux, beaucoup plus que les sociétés de personnes, déploient leur activité économique sur la scène internationale;
- la protection des créanciers nécessite une prévention contre la sous-capitalisation des sociétés de capitaux provenant d'autres Etats membres;
- l'harmonisation des règles sur les sociétés de personnes se heurterait à des difficultés d'ordre juridique et surtout d'ordre politique presque insurmontables, étant donné qu'elle aurait des incidences non négligeables sur les concepts de base des divers systèmes juridiques des Etats membres.

A l'intérieur de la catégorie des sociétés de capitaux, ce sont, jusqu'à présent, surtout les grandes formes de sociétés de capitaux[887] qui ont été visées par les directives. Cela présente naturellement le risque d'entraîner une fuite vers les formes d'organisation des petites sociétés de capitaux[888], moins contraignantes. 2518

Section 4 Unification

§ 1 Définition

L'unification du droit des sociétés consiste en la création d'un seul droit (loi uniforme) pour l'ensemble de la Communauté européenne, sans qu'une transposition des règles communautaires par les Etats nationaux dans leurs ordres juridiques respectifs soit nécessaire. La compétence des Etats membres se limite à quelques tâches d'exécution. 2519

[886] Pour les détails, voir ISAAC/BLANQUET (cité N 2511), p. 205–209.
[887] Correspondant à la société anonyme du droit suisse.
[888] Correspondant à la société à responsabilité limitée du droit suisse.

§ 2 Moyen

2520 Les institutions de la Communauté européenne édictent des règlements (art. 249 al. 2 Traité CE), qui ont une portée générale, sont obligatoires et directement applicables dans tous les Etats membres (sortes de lois européennes)[889].

§ 3 Champ d'application

2521 Dans le domaine du droit des sociétés, les institutions de la Communauté européenne ont fait peu usage de leur faculté (parfois controversée) d'unifier le droit matériel.

Section 5 Société en droit européen

2522 Le Traité de Rome (art. 48 al. 2) prévoit pour quelles formes de société les institutions de la Communauté européenne peuvent édicter des règles: «*Par sociétés, on entend les sociétés de droit civil ou commercial, y compris les sociétés coopératives, et les autres personnes morales relevant du droit public ou privé, à l'exception des sociétés qui ne poursuivent pas de but lucratif*».

2523 Deux règlements récents[890] donnent une définition de la Société anonyme européeenne («SE»), d'une part, et de la Société coopérative européenne («SEC»), d'autre part.

Chapitre 2 Sources principales

Section 1 Droit originaire

2524 Le droit européen originaire est constitué des traités instituant les Communautés européennes. Il habilite les institutions de la Communauté européenne à coordonner, dans la mesure nécessaire et en vue de les rendre équivalentes, les garanties qui sont exigées des sociétés dans les Etats membres «*pour protéger les intérêts tant des associés que des tiers*» (art. 44 al. 3 lettre g Traité CE).

[889] ISAAC/BLANQUET (cité N 2511), p. 203–205.

[890] Voir N 2534 et 2537.

Section 2 Droit dérivé

Le droit européen dérivé est constitué des actes législatifs édictés sur la base du droit originaire par les institutions de la Communauté européenne. 2525

Dans le domaine du droit des sociétés, le droit dérivé se compose de plusieurs directives et règlements[891] (§ 1). Plusieurs projets de directives et de règlements ont été élaborés par les institutions de la Communauté européenne (§ 2). 2526

§ 1 Droit positif

1. Directives

Les directives peuvent être classées en trois catégories. 2527

1.1. Directives applicables à toutes les sociétés de capitaux

Sont applicables à toutes les sociétés de capitaux: 2528

- la première directive du 9 mars 1968 concernant les exigences de publicité, la validité des engagements et la nullité des sociétés[892];
- la quatrième directive du 25 juillet 1978 concernant les comptes annuels de certaines formes de sociétés [893];
- la septième directive du 13 juin 1983 concernant les comptes consolidés[894];
- la huitième directive du 17 mai 2006 concernant les contrôles légaux des comptes annuels et des comptes consolidés[895];
- la dixième directive du 26 octobre 2005 sur les fusions transfrontalières des sociétés de capitaux[896];
- la onzième directive du 21 décembre 1989 concernant la publicité de certains documents relatifs aux succursales[897];
- la treizième directive du 21 avril 2004 concernant les offres publiques d'acquisition[898].

[891] Les textes législatifs intégraux sont réunis (par exemple) dans LUTTER (cité N 2511), p. 101–307 et dans: L'harmonisation du droit des sociétés dans la Communauté européenne, Office des publications officielles des Communautés européennes, Luxembourg 1996.
[892] J.O. L 65 du 14.03.1968, p. 8–12.
[893] J.O. L 222 du 14.08.1978, p. 11–31.
[894] J.O. L 193 du 18.07.1983, p. 1–17.
[895] J.O. L 157 du 09.06.2006, p. 87–107.
[896] J.O. L 310 du 25.11.2005, p. 1–9.
[897] J.O. L 395 du 30.12.1989, p. 36–39.
[898] J.O. L 142 du 30.04.2004, p. 12–23.

1.2. Directives applicables uniquement aux sociétés anonymes

2529 Sont applicables uniquement aux sociétés anonymes:

- la deuxième directive du 13 décembre 1976 concernant la constitution de la société anonyme ainsi que le maintien et les modifications de son capital [899];
- la troisième directive du 9 octobre 1978 concernant les fusions des sociétés anonymes[900];
- la sixième directive du 17 décembre 1982 concernant les scissions des sociétés anonymes[901].

1.3. Directive applicable uniquement aux sociétés à responsabilité limitée

2530 La douzième directive du 21 décembre 1989 ne s'applique qu'à la société à responsabilité limitée. Elle concerne l'admissibilité de la société à responsabilité limitée à un seul associé[902].

2. Règlements

2.1. Règlement du 25 juillet 1985 relatif à l'institution d'un Groupement européen d'intérêt économique[903]

2.1.1. Définition

2531 Le Groupement européen d'intérêt économique (GEIE) est la première forme de société communautaire. Il s'inspire d'une forme juridique du droit français, le groupement d'intérêt économique (GIE). Sa personnalité juridique dépend de l'Etat membre dont il relève. Ses associés répondent de manière illimitée de ses dettes.

2.1.2. Création

2532 Le Groupement européen d'intérêt économique peut être créé par des personnes physiques, des sociétés ou d'autres entités de droit privé ou public, créées en conformité de la législation d'un Etat membre et ayant leur siège statutaire et leur administration dans au moins deux Etats membres différents.

---

[899] J.O. L 26 du 31.01.1977, p. 1–13.
[900] J.O. L 295 du 20.10.1978, p. 36–43.
[901] J.O. L 378 du 31.12.1982, p. 47–54.
[902] J.O. L 395 du 30.12.1989, p. 40–42.
[903] J.O. L 199 du 31.07.1985, p. 1–9.

2.1.3. But

Le Groupement européen d'intérêt économique a pour but de faciliter la coopération économique transfrontalière de ses associés. Il ne doit pas exercer d'activité lucrative propre, ni fonctionner comme société holding. 2533

2.2. Règlement du 8 octobre 2001 relatif au statut de la Société européenne (SE)[904]

2.2.1. Définition

La Société européenne (SE) est une forme de société communautaire à personnalité juridique. Son capital social est divisé en actions. Chaque actionnaire ne s'engage qu'à concurrence de l'apport qu'il a promis. 2534

2.2.2. Création

La Société européenne peut être créée par fusion (SA seulement), par constitution d'une société holding (SA et Sàrl seulement), par constitution d'une filiale commune ou par transformation (SA seulement). Peuvent être fondatrices les sociétés et entités constituées selon le droit d'un Etat membre et n'ayant pas toutes leur siège statutaire et leur administration centrale dans le même Etat membre. 2535

2.2.3. But

La Société européenne a pour but de favoriser, au moyen d'un instrument juridique souple, le regroupement de sociétés de nationalités différentes dans une entité juridique unique. 2536

2.3. Règlement du 22 juillet 2003 relatif au statut de la Société coopérative européenne (SEC)[905]

2.3.1. Définition

La Société coopérative européenne est une forme de société communautaire à personnalité juridique. Son capital social est divisé en parts, dont le nombre est variable. Les associés, dont le nombre est aussi variable, peuvent devoir répondre des dettes sociales de manière limitée. 2537

904 J.O. L 294 du 10.11.2001, p. 1–21.
905 J.O. L 207 du 18.08.2003, p. 1–24.

2.3.2. Création

2538 La Société coopérative européenne peut être créée par au moins cinq personnes physiques et/ou formes de société ou entités juridiques de droit privé ou public et par fusion ou par transformation de sociétés coopératives. Ses fondateurs, personnes physiques ou entités concernées, doivent résider dans au moins deux Etats membres ou être régies par la législation d'au moins deux Etats membres.

2.3.3. But

2539 La Société coopérative européenne a pour but de doter les sociétés coopératives nationales d'instruments juridiques adéquats pour faciliter le développement de leurs activités transnationales sur un pied d'égalité avec les autres formes de société.

§ 2 Projets principaux[906]

1. Directives

2540 Comme pour les directives en vigueur, les projets de directives concernent avant tout les grandes sociétés de capitaux (sociétés anonymes):
- proposition de cinquième directive concernant la structure des sociétés anonymes et les pouvoirs et obligations de leurs organes;
- avant-projet de neuvième directive concernant les groupes de sociétés;
- avant-projet de quatorzième directive concernant les transferts de siège.

2. Règlements

2541 Des études ont été faites et des projets de règlement ont été élaborés notamment pour les formes de sociétés supranationales suivantes:
- l'association européenne[907],
- la société mutuelle européenne[908],
- la société européenne privée[909].

[906] Voir NOBEL (cité N 2511), p. 388–393.
[907] WINKLER (cité N 2511), p. 164–176.
[908] WINKLER (cité N 2511), p. 185–188.
[909] KELLERHALS, ANDREAS/NÄGELI, ESTHER, Es spielt keine Rolle, ob die Katze schwarz ist oder weiss, Hauptsache sie fängt Mäuse, in: Neuere Tendenzen im Gesellschaftsrecht, Festschrift für Peter Forstmoser, Zurich 2003, p. 65, *75* s.; TEICHMANN, CHRISTOPH, The European Private Company, European Company Law, 2004, p. 162–171.

Index

Les numéros renvoient aux paragraphes. Seuls sont indiqués les paragraphes qui traitent spécifiquement de l'entrée d'index envisagée.